alpsoft gmbh
arnimstr. 1
81369 münchen

11. 5. 2007

D1734905

JavaScript

Stefan Koch

JavaScript

Einführung, Programmierung und Referenz – inklusive Ajax

4., komplett überarbeitete Auflage

Stefan Koch

Lektorat: René Schönfeldt
Copy-Editing: Annette Schwarz, Ditzingen
Herstellung: Birgit Bäuerlein
Umschlaggestaltung: Helmut Kraus, www.exclam.de
Druck und Bindung: Koninklijke Wöhrmann B.V., Zutphen, Niederlande

Bibliografische Information Der Deutschen Bibliothek
Die Deutsche Bibliothek verzeichnet diese Publikation in der Deutschen Nationalbibliografie;
detaillierte bibliografische Daten sind im Internet über <http://dnb.ddb.de> abrufbar.

ISBN-10: 3-89864-395-6
ISBN-13: 978-3-89864-395-5

4., komplett überarbeitete Auflage 2007
Copyright © 2007 dpunkt.verlag GmbH
Ringstraße 19 B
69115 Heidelberg

Inhaltsübersicht

Anhang

Inhaltsverzeichnis

1 Einleitung

Es sind fast zehn Jahre seit der ersten Auflage dieses Buches vergangen. Damals hätte wohl niemand geglaubt, dass das Thema JavaScript in der schnelllebigen Internetwelt so lange aktuell bleibt. Doch heute ist JavaScript aus dem Internet kaum wegzudenken. Viele große Anbieter setzen diese Sprache konsequent ein. Ich freue mich, dass mein Buch die Entwicklung von JavaScript begleiten konnte und dass es so positiv aufgenommen wurde. Ich hoffe, Sie auch mit der neuen Auflage bei der Erstellung Ihrer Webapplikationen unterstützen zu können.

JavaScript ist in der Anfangszeit zwischen all den neuen Technologien beinahe untergegangen. Ich kann mich noch gut daran erinnern, dass JavaScript am Anfang sogar etwas belächelt wurde. Die Fähigkeiten und damit auch die Einsatzzwecke der Sprache waren zu Beginn noch recht bescheiden, so dass JavaScript beispielsweise mit den Fähigkeiten eines Java-Applets nicht mithalten konnte.

Die Zeiten haben sich geändert. Viele der hoffnungsvollen Technologien von gestern sind in der Bedeutungslosigkeit verschwunden. In der gleichen Zeit konnte JavaScript kontinuierlich an Fähigkeiten hinzugewinnen und hat sich so zu einem Grundpfeiler der Webprogrammierung entwickelt.

Dass JavaScript die Zeiten der einfachen Gimmicks verlassen hat, zeigt insbesondere die zentrale Bedeutung von JavaScript in Ajax-Applikationen, die momentan von Anbietern wie Google mit großem Eifer entwickelt werden. Ajax verspricht eine neue Art von Webapplikationen, die auf einem engen Zusammenspiel zwischen Client und Server basieren. Die Clientseite wird hierbei meistens von JavaScript gesteuert. Man spricht im Zusammenhang mit den neuen Webapplikationen häufig vom Web 2.0, um die Bedeutung dieses Umbruchs hervorzuheben.

Während der Kern der Sprache in den letzten Jahren kaum verändert wurde, ist ein deutlicher Trend zu der Anwendung von Standards zu spüren. Die Unterschiede zwischen den einzelnen Browsern waren in der Anfangszeit eines der Hauptprobleme. Durch den Einsatz von Standards kann dieses Problem gelöst werden, so dass die Frage, welcher Browser verwendet wird, an Bedeutung verliert.

1.1   Ziel dieses Buches

Standards

Dieses Buch soll Ihnen zeigen, wie JavaScript-Anwendungen für eine große Anzahl von Anwendern geschrieben werden können. Es stehen also nicht spezielle Fähigkeiten der einzelnen Browser im Vordergrund, sondern die Frage, wie man Skripte schreibt, die möglichst in allen gängigen Browsern funktionieren. Der Schlüssel hierzu sind insbesondere die Standards HTML bzw. XHTML, ECMAScript, DOM und CSS.

Gängige Browser

In diesem Buch wird immer wieder von *gängigen Browsern* gesprochen. Dies sind die Browser, die heutzutage eingesetzt werden und einen Großteil des Browsermarketes darstellen. Dazu zählen insbesondere die Browser Microsoft Internet Explorer 6+, Netscape 6+, Mozilla 1+, Firefox 1+, Safari 1+ und Opera 7+. Diese und neuere Browserversionen stehen im Mittelpunkt dieses Buches.

Viele Bücher setzen den Schwerpunkt auf nette Effekte, die mit JavaScript erzielt werden können. Häufig werden dabei die Sprachelemente nur oberflächlich beschrieben. Mir kommt es jedoch darauf an, dass die einzelnen Bausteine verständlich werden. Nur so kann man später anspruchsvolle eigene Skripte schreiben. Natürlich lernen Sie auch hier, wie man den einen oder anderen Effekt in eine Webseite einbaut. Darüber hinaus soll dieses Buch aber zeigen, dass JavaScript für wesentlich komplexere Problemstellungen geeignet ist.

Ajax

Dies zeigt sich insbesondere im Zusammenhang mit Ajax. Wenn Sie Ajax-Applikationen entwickeln wollen, werden Sie sehen, dass ein gutes Verständnis von Objekten, Ereignissen und dem Document Object Model notwendig ist. Das will ich Ihnen in diesem Buch vermitteln.

1.2   Aufbau dieses Buches

1.2.1   ECMAScript

ECMAScript

Nach einem allgemeinen Überblick (Kapitel 2) beschreiben die ersten Kapitel (Kapitel 3 bis 9) dieses Buches die wesentlichen Elemente von ECMAScript und bilden damit die Grundlage für die Programmierung mit JavaScript. Zwar werden die Beispiele im Webbrowser gezeigt, jedoch lassen sich die Ausführungen auch leicht auf andere Einsatzzwecke der Sprache übertragen.

Reguläre Ausdrücke (Kapitel 14) gehören zwar auch zum ECMA-Script-Standard, jedoch wurde dieses Thema aus didaktischen Gründen hinter das Formular-Kapitel gelegt.

1.2.2 JavaScript im Browser

Im zweiten Teil (Kapitel 10 bis 17) wird speziell auf die Anwendung von JavaScript im Webbrowser eingegangen. Dabei wird zunächst erläutert, wie sich ein HTML-Dokument aus JavaScript-Sicht darstellt. Dies ist wichtig, damit wir später auf die einzelnen Elemente einer Webseite zugreifen und diese mit JavaScript verändern können. Von großer Bedeutung sind hierbei Cascading Style Sheets (CSS) und das Document Object Model (DOM). Weiterhin wird im Kapitel über Ereignisse gezeigt, wie Sie mit JavaScript auf Eingaben des Anwenders reagieren können. *CSS und DOM*

In diesem Zusammenhang wird auch gezeigt, wie man Skripte für verschiedene Browser programmiert, obwohl es zwischen den einzelnen Browsern durchaus Unterschiede gibt. *Browserunabhängige Programmierung*

1.2.3 Webapplikationen

Nachdem die grundlegenden Elemente einer Webseite und die dazugehörigen Standards eingehend behandelt wurden, werden wir auf weiterführende Themen zu sprechen kommen (Kapitel 18 bis 20). Hier steht der Aufbau einer Webapplikation im Mittelpunkt. Neben Fragen, wie Daten zwischen den einzelnen Seiten ausgetauscht werden und Skripte mit Java kommunizieren können, ist hier insbesondere das Thema Ajax von Bedeutung. An dieser Stelle wird gezeigt, wie man aufbauend auf den vorhergehenden Kapiteln mit dem Server kommunizieren und Daten in eine bestehende Seite integrieren kann. *Ajax*

1.2.4 Referenz

Eine Referenz über die wichtigsten Objekte, die in den gängigen Browsern zur Verfügung stehen, schließt das Buch ab.

1.2.5 Beispieldateien

Die Webseite zu diesem Buch finden Sie unter *http://www.dpunkt.de/javascript/*. Dort werden die Quellcodes der hier gezeigten Beispiele zur Verfügung gestellt, damit Ihnen die Tipparbeit erspart bleibt. *Beispielprogramme zum Herunterladen*

1.3   Danksagungen

An dieser Stelle möchte mich bei allen bedanken, die mir bei der Erstel-
lung dieses Buches geholfen haben. Die zahlreichen Anregungen und
Kritiken, die ich zu den ersten Auflagen dieses Buches erhalten habe,
waren sehr hilfreich. Andrew Wooldridge bin ich in vielfacher Hin-
sicht zu Dank verpflichtet. Für die Korrektur danke ich Patrick Ben
Koetter, Harald Nikolaus und Michael Krutwig, ebenso Annette
Schwarz für das Copy-Editing. Besonders möchte ich mich bei Erik
Behrens, Jürgen Dufner, Andreas Henke, Christian Jäger, Nadine und
Alexander Mackert, Karsten Schulmann, Judith Lehmann, Peter Koch
und meinen Eltern bedanken. Beim dpunkt.verlag, insbesondere bei
René Schönfeldt und Dr. Michael Barabas, möchte ich mich auch dies-
mal für die sehr gute Zusammenarbeit bedanken.

2 Überblick

Dieses Kapitel gibt Ihnen einen allgemeinen Überblick über das Internet und die verschiedenen Technologien, die im World Wide Web zum Einsatz kommen.

2.1 Das Internet

Ja, was ist das Internet? Eigentlich eine einfache Frage, aber eine einfache Antwort fällt mir etwas schwer. Das mag Sie verwundern, schließlich redet jeder über das Internet. Nicht nur, dass das Internet ein äußerst komplexes Gebilde ist, sondern jeder versteht etwas anderes darunter. Die meisten werden das Internet als unerschöpfliche Datenquelle sehen, die Informationen zu jedem erdenklichen Thema bietet. Das ist natürlich richtig, aber nur die halbe Wahrheit. Schließlich kann man nicht nur Daten abrufen, sondern auch mit anderen in Kontakt treten, die unterschiedlichsten Sachen bestellen und dergleichen.

Diese Dinge macht man normalerweise über das World Wide Web (kurz *Web* oder *WWW*). Für viele sind Internet und Web das Gleiche. Das stimmt aber nicht, denn das Internet bietet unterschiedliche Dienste, und das Web ist nur einer davon. Ein anderer Dienst, den jeder kennt, ist E-Mail. Auch wenn viele ihre Mailbox über das Web aufrufen, um E-Mails zu lesen, handelt es sich um einen eigenen Dienst. So gibt es eine Reihe weiterer Dienste, mit denen die meisten Anwender jedoch oft nicht direkt in Kontakt kommen. Also besteht das Internet aus Anwendersicht aus verschiedenen Diensten, die zum weltweiten Datenaustausch genutzt werden können.

Das Web, E-Mail und andere Dienste

Aus technischer Sicht ist das Internet ein riesiges Netzwerk, das weltweit Millionen von Computern miteinander verbindet. Ausgehend vom ARPANet, das in den 60er-Jahren des 20. Jahrhunderts für militärische Zwecke entwickelt wurde, wächst das Internet mit rasanter Geschwindigkeit.

Client und Server

Die einzelnen Computer haben verschiedene Funktionen und werden deshalb unterschiedlich bezeichnet. Für uns ist insbesondere die Unterscheidung zwischen Client und Server von Bedeutung. Wenn Sie mit Ihrem Computer ins Internet gehen, bezeichnet man Ihren Computer als den *Client-Computer* (oder kurz *Client*). Auf dem Client-Computer ist ein Programm zum Betrachten von Webseiten installiert, der

Webbrowser

so genannte *Webbrowser* (kurz *Browser*).

Sie rufen in Ihrem Webbrowser eine Seite wie Google auf. Ihr Computer kontaktiert nun den Google-Server, d.h., der *Server* ist hier der Computer, der die Webseite zur Verfügung stellt (in Wahrheit ist es nicht ein einzelner Computer, sondern eine ganze Farm von sehr leistungsfähigen Rechner).

Neben Client und Server gibt es auch andere Arten von Computern im Internet, wie etwa die Router, die den Verkehr regeln. Daten werden in Form von Datenpaketen verschickt und zwischen Client und Server von Router zu Router gereicht.

Die Komplexität dieses Systems, das in den letzten Jahrzehnten aufgebaut wurde, ist kaum vorstellbar. Mit einfachen Mitteln kann man einen kleinen Einblick hinter die Kulissen dieser faszinierenden Welt bekommen. So existiert auf den meisten Computern ein kleines Programm, das anzeigt, welchen Weg eine Anfrage im Internet nimmt. Unter Windows heißt dieses Programm beispielsweise *tracert* (unter Linux *traceroute*). Wenn Sie unter Windows im Ausführen-Fenster (über *Start –> Ausführen*) den Befehl

```
tracert www.google.com
```

eingeben, sehen Sie, welche Computer Ihre Anfrage nacheinander bearbeiten und diese bis zum Server weiterreichen. Die Abbildung (da diese vom Bildschirm quasi abfotografiert ist, sagt man auch *Screenshot*) zeigt ein Beispiel.

Abb. 2–1
Routenverfolgung zu
www.google.com

```
C:\>tracert www.google.com

Routenverfolgung zu www.google.com [216.239.59.103] über maximal 30 Abschnitte:

  1     2 ms     2 ms     2 ms  .
  2    47 ms    46 ms    47 ms  frn9-d933c001.pool.mediaWays.net [217.51.192.1]
  3    46 ms    47 ms    48 ms  xmwc-frnk-de01-vlan-56.nw.mediaways.net [213.20.252.209]
  4    47 ms    47 ms    45 ms  195.71.236.179
  5    48 ms    48 ms    46 ms  rmws-frnk-de16-pos-6-0.nw.mediaways.net [213.20.249.198]
  6    47 ms    46 ms    46 ms  xmws-frnk-de03-vlan-2.nw.mediaways.net [213.20.255.12]
  7    47 ms    46 ms    47 ms  72.14.198.21
  8    48 ms    46 ms    46 ms  216.239.46.47
  9    62 ms    61 ms    60 ms  72.14.232.208
 10    61 ms    61 ms    61 ms  216.239.43.90
 11    70 ms    80 ms    70 ms  216.239.43.91
 12    82 ms    81 ms    81 ms  216.239.48.146
 13   118 ms    90 ms    90 ms  66.249.95.164
 14    93 ms    82 ms    81 ms  www.l.google.com [216.239.59.103]

Ablaufverfolgung beendet.

C:\>_
```

Die vier aufeinander folgenden Zahlen, die durch einen Punkt getrennt sind, stellen die so genannte IP-Adresse eines Rechners dar. Mit der IP-Adresse lässt sich jeder Computer im Internet eindeutig identifizieren. Die gewählte Route muss bei mehrmaligem Ausführen nicht immer die gleiche sein.

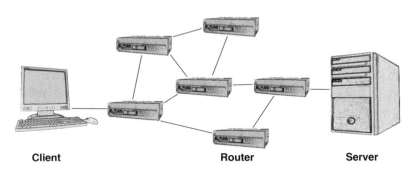

Abb. 2–2
Client, Server und Router

Client   Router   Server

Da zur Programmierung von Webanwendungen im Normalfall nur interessiert, was auf dem Computer des Anwenders und dem Server passiert, wird in Schaubildern das Internet häufig als direkte Verbindung gezeigt. Auch wenn wir wissen, dass zwischen dem Client und Server einige Computer hängen, können wir so tun, als ob eine unmittelbare Verbindung besteht.

Abb. 2–3
Vereinfachte Darstellung einer Internetverbindung

Client   Server

2.2 Das World Wide Web

Bevor wir uns anschauen, welche Technologien im Web zum Einsatz kommen, müssen noch einige Begriffe geklärt werden. Außerdem stellt sich die Frage, welche Hilfsmittel der Anwender benötigt.

Die Informationen im Web werden auf so genannten *Webseiten* angezeigt. So ist beispielsweise Yahoo oder Google eine Webseite, genauso wie Amazon.com. Der Begriff Webseite ist jedoch nicht klar definiert, denn manchmal bezeichnet man damit lediglich ein einzelnes Dokument, wie z.B. die Startseite von Yahoo, und manchmal meint man damit das komplette Angebot mit allen Unterdokumenten, d.h. in unserem Beispiel alle Dokumente, die zu Yahoo gehören.

Webseiten

Verknüpfungen über Links   Ein besonderes Merkmal im Web ist die Verknüpfung einzelner Seiten durch so genannte Links. Ein Link erlaubt den Sprung auf eine andere Webseite, ähnlich wie ein Verweis in einem Buch auf ein anderes Kapitel.

2.2.1   Webbrowser

Wie bereits erwähnt wurde, benötigt der Anwender einen Webbrowser zum Anzeigen einer Webseite. Der Browser ist für die Darstellung der Seite zuständig und ermöglicht die Navigation zwischen mehreren Seiten. Es gibt eine große Anzahl von Browsern von verschiedenen Anbietern.

Netscape und Internet Explorer   Mitte der Neunziger war der Netscape Navigator (später auch Netscape Communicator) der beliebteste Browser. Innerhalb kürzester Zeit gewann Microsoft mit dem Microsoft Internet Explorer (MSIE) im so genannten *»browser war«* große Marktanteile. Netscape konnte die Stellung nicht halten und entschied sich, den eigenen Browser als Open-Source-Projekt weiterzuführen. Aus diesem Projekt geht der *Mozilla*-Browser hervor. Im Sinne des Open-Source-Gedankens kann jeder an der Weiterentwicklung mitarbeiten und basierend auf Mozilla auch eigene Browser erstellen. So ist es zu erklären, dass es auf Basis des Mozilla-Browsers eine Reihe weiterer Browser gibt. Der momentan populärste Mozilla-Ableger ist *Firefox*, der vom Internet Explorer wieder Marktanteile zurückgewinnen konnte. Es gibt aber nach wie vor einen offiziellen Netscape-Browser, der natürlich auch auf Mozilla aufbaut.

Neben dem Internet Explorer und den Mozilla-Ablegern gibt es zahlreiche andere Browser, wie z.B. Opera oder Safari. Normalerweise ist auf einem neuen Computer heutzutage bereits ein Browser installiert. Viele verwenden diesen vorinstallierten Browser und laden keine aktuelleren Versionen oder andere Browser herunter. Aus der Sicht der Mozilla-Anhänger hat der Internet Explorer einen ungerechtfertigten Wettbewerbsvorteil, da die meisten Windows verwenden und dort normalerweise der Internet Explorer vorinstalliert ist.

Die Browser haben unterschiedliche Fähigkeiten. Gerade in der Anfangszeit gab es große Unterschiede zwischen den Browsern. Mittlerweile verfügen die gängigen Browser über vergleichbare Fähigkeiten, da es im Laufe der Jahre zu einer Angleichung kam. Die gängigen Browser, die einen Großteil des Gesamtmarktes abdecken, stehen in diesem Buch im Vordergrund (siehe *Ziel dieses Buches*, S. 2). Man sollte in diesem Zusammenhang jedoch bedenken, dass es immer noch Browser gibt, die kein JavaScript verstehen.

Abb. 2–4

Der Browser Firefox mit der Startseite von Google

Zum Erstellen von Webseiten und JavaScript-Anwendungen ist es sinnvoll, verschiedene Browser zum Testen zu haben. Am Ende dieses Buches finden Sie einige Links zu Browseranbietern (siehe *Anhang B Literatur und Online-Ressourcen*, S. 423). Die meisten Browser können problemlos nebeneinander installiert werden (auch wenn einige Browser auf dem Desktop einen Kleinkrieg darum führen, welcher Browser als Standardbrowser konfiguriert sein darf ...).

Um die Vielfalt im Internet zu verdeutlichen, zeigen die Abbildungen in diesem Buch unterschiedliche Browser auf verschiedenen Betriebssystemen.

2.2.2 HTML

HTML stellt die Grundlage des Webs dar. Tim Berners-Lee entwickelte im Jahr 1990 HTML auf Basis der Sprache SGML. HTML steht für *HyperText Markup Language*. Ein HTML-Dokument ist eine Datei, die den Aufbau einer einzelnen Seite im Web vorgibt. Diese Dokumente können über Links miteinander verknüpft werden, wofür das *Hypertext* in HTML steht. So kann der Anwender zwischen einzelnen Dokumenten hin- und herspringen.

Zunächst sei an einem einfachen Beispiel erläutert, wie im Web HTML-Dokumente verschickt und angezeigt werden. Angenommen Sie rufen die Startseite von Google auf. Dazu geben Sie *http://www.google.com/*

in Ihren Webbrowser wie Internet Explorer oder Firefox ein. Diese Anfrage wird über das Internet an den Server, auf dem die Webseite von Google gespeichert ist, weitergeleitet. Dort wird die Anfrage entgegengenommen und verarbeitet. Der Google-Server antwortet auf Ihre Anfrage mit dem Zurücksenden eines HTML-Dokuments. Da Sie die Adresse *http://www.google.com/* eingegeben haben, handelt es sich dabei um die Startseite von Google. Diese wird nun wiederum über das Internet von Router zu Router an Sie weitergereicht. Auf Ihrem Computer angekommen, sorgt der Webbrowser dafür, dass die Seite richtig dargestellt wird.

Abb. 2–5

Anfrage und Antwort

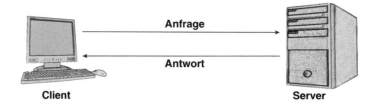

Anfrage

Antwort

Client   **Server**

Protokolle   Zum Übermitteln von Daten werden so genannte *Protokolle* verwendet, die festlegen, wie die beteiligten Computer miteinander kommunizieren. Im Web kommt das HTTP-Protokoll zur Anwendung, das ja auch am Anfang einer Webadresse mit *http://...* erscheint.

Das HTML-Dokument enthält Vorgaben, wie die Seite anzuzeigen ist, z.B. welche Überschrift oder welche Links zu anderen Dokumenten dargestellt werden sollen. Die Struktur der HTML-Seite wird über so *HTML-Tags* genannte Tags (engl. für *Etikett, Marke*) festgelegt. So gibt es spezielle Tags für Überschriften, Links usw.

Bilder sind nicht Teil des HTML-Dokuments selbst, sondern die HTML-Datei enthält nur einen Verweis auf die Stelle im Internet, wo das anzuzeigende Bild zu finden ist. Es ist nun Aufgabe des Webbrowsers, das Bild zu holen, wenn dieser auf solch einen Verweis auf ein Bild stoßen sollte. Das bedeutet also wieder eine Anfrage an den Server mit der Bitte, auch noch das Bild zu schicken. Statt mit einem HTML-Dokument antwortet der Server in diesem Fall mit dem Versenden einer Bilddatei. So werden nach und nach alle Elemente geladen, bis die Seite komplett dargestellt wird.

2.2.3   Serverseitige Verarbeitung

In dem Beispiel wurde so getan, als ob die Startseite von Google schon als fertige Datei auf dem Server vorliegt und nur noch abgeholt werden muss. Dies ist (von einfachen Webseiten abgesehen) normalerweise

nicht der Fall. Vielmehr bastelt der Server nach Erhalten der Anfrage
ein spezielles HTML-Dokument zusammen, das dann exklusiv an
einen einzelnen Nutzer geschickt wird. Kommt die nächste Anfrage,
wird wiederum eine neue Seite zusammengebaut.

Warum macht man sich diese Mühe? Nur so kann die Seite indivi-
dualisiert werden. Jemand aus Deutschland erhält so z.B. bei vielen
Seiten deutschsprachige Werbung, mit der ein Amerikaner normalerweise wenig anfangen könnte. Oder vielleicht ist der Anwender regel-
mäßiger Besucher und hat sich eine Startseite speziell konfiguriert. Es
gibt viele Gründe, warum man bei komplexen Webseiten normalerweise nicht mit statischen HTML-Dokumenten hantiert, sondern diese
im Moment der Anfrage (man sagt *on the fly*) erstellt. Ganz offensicht-
lich wird es bei einer Suchanfrage nach der Eingabe eines Suchbegriffs.
Es wäre schlichtweg unmöglich, für alle erdenklichen Suchbegriffe fertige HTML-Dokumente bereitzuhalten (und zu pflegen) und bei Bedarf
zu verschicken. Stattdessen sind alle Informationen in einer Datenbank   *Datenbanken*
gespeichert, die man mit Suchbegriffen füttern kann. Die Datenbank
ist so aufgebaut, dass sie Resultate in Form von Links liefert. Der Server generiert aus dieser Liste dann ein HTML-Dokument und schickt
dieses an den Anwender.

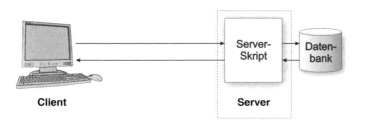

Client   Server

Abb. 2–6
*Serverseitige Verarbeitung
mit Anbindung einer
Datenbank*

Die bisherige Darstellung, dass der Server lediglich für die Verteilung
von HTML-Dokumenten und Bilddateien zuständig ist, war also eine
Vereinfachung. Vielmehr findet häufig eine Verarbeitung auf dem Server statt. Es gibt ganz unterschiedliche Möglichkeiten, diese zu programmieren. Sehr beliebt sind die Sprachen PHP, Perl und Java. Je   *PHP, Perl und Java*
nach Einsatzzweck hat jede Sprache Vor- und Nachteile. Das grund-
legende Prinzip ist jedoch, dass basierend auf einer Anfrage bestimmte
Aktionen durchgeführt und als Resultat normalerweise ein HTML-
Dokument zurückgeliefert wird.

Während bei einer Suchanfrage das Resultat aus der Datenbankabfrage in einer HTML-Datei verpackt werden muss, kommt es natürlich auch vor, dass neue Informationen in der Datenbank auf dem Server gespeichert werden sollen. Dies ist z.B. beim Buchen eines Tickets
bei einer Fluggesellschaft der Fall. Die Adress- und Flugdaten müssen

auf dem Server gespeichert werden, um die Reservierung im System durchführen zu können.

Vom Prinzip ist dies alles eigentlich recht einfach, aber wenn man bedenkt, dass auf Webseiten wie Yahoo oder Google innerhalb kürzester Zeit Millionen von Anfragen einprasseln und jeder sofort eine Antwort erwartet, ist das schon irgendwie beeindruckend!

2.2.4   Clientseitige Verarbeitung

Die Daten sind nun also auf dem Weg zum Anwender – verpackt in Form eines HTML-Dokuments. Das HTML-Dokument gibt zwar vor, wie die Seite aufgebaut ist, z.B. wie die Überschrift lautet, welcher Text eingebunden ist usw. Aber die Seite ist starr, wenn man sich auf HTML beschränkt, da HTML nur die Struktur der Seite vorgibt. Wollen wir den Anwender bei einer Formulareingabe unterstützen, auf Benutzereingaben reagieren oder dem Besucher mit lustigen Bildchen, die über den Bildschirm fliegen, gehörig auf die Nerven gehen, kommen wir um eine clientseitige Verabeitung nicht herum. Auch auf der Clientseite gibt es eine ganze Reihe von Technologien zum Anzeigen und Verarbeiten unterschiedlicher Inhalte. Zu den beliebtesten gehören JavaScript und Flash.

Bei reinem HTML findet lediglich eine Anzeige der übertragenen Daten statt. Bei JavaScript und häufig auch bei Flash werden Befehle in Form eines ausführbaren Programms über das Internet übertragen, die dann beim Client ausgeführt werden.

Flash Flash ist ein Format von Adobe (ursprünglich war es von Macromedia, diese Firma wurde jedoch von Adobe aufgekauft), das zur Erstellung von Animationen und auch aufwendigeren Programmen auf dem Client dient. Zur Anzeige von Flash-Dateien benötigt man einen Plugin. Ein Plugin ist eine Art Browsererweiterung, die es aber nicht für alle Browser gibt. Bei einigen Browsern wird ein Flash-Plugin mitgeliefert. Während Flash im Internet sehr populär ist, ist es ein wesentlicher Nachteil, dass einige Anwender gar keinen entsprechenden Plugin installiert haben. Weiterhin ist vor allem in kleineren Projekten von Bedeutung, dass das Programm zur Erstellung von Flash-Dateien nicht kostenlos ist.

Java-Applets Während Java hauptsächlich auf dem Server zum Einsatz kommt, kann man Java auch auf dem Client verwenden. Hierzu werden so genannte Java-Applets erstellt, die dann über das Internet übertragen und beim Client ausgeführt werden. Java und JavaScript sind in diesem Zusammenhang nicht miteinander zu verwechseln, da es sich um verschiedene Technologien handelt. Beide können jedoch gemeinsam eingesetzt werden, wie wir später sehen werden (siehe *JavaScript und andere Technologien*, S. 357).

2.2.5 Weiterentwicklungen der Markup-Sprachen

Die vorhergehenden Beschreibungen gehen davon aus, dass die Grundlage für die Anzeige beim Client ein HTML-Dokument ist. Dies ist in der Praxis häufig der Fall. Es darf jedoch nicht übersehen werden, dass es auch hier verschiedene Technologien und Weiterentwicklungen gibt.

Zu nennen ist hier XHTML, das viele Schwachstellen von HTML eliminiert und im Web immer mehr an Bedeutung gewinnt. Für den grundlegenden Aufbau der Seiten und die Programmierung mit JavaScript macht es kaum einen Unterschied, ob HTML oder XHTML zum Einsatz kommt. Die Beispiele in diesem Buch sind in XHTML geschrieben. Hier wird jedoch grundsätzlich von HTML gesprochen, da sich die Beispiele sowohl in HTML als auch in XHTML umsetzen lassen und sich der Begriff HTML eingebürgert hat.

Weiterhin ist XML (eXtensible Markup Language) eine wichtige Sprache, die im Internet zum Austausch von strukturierten Daten kommt. Diese Sprache eignet sich insbesondere, wenn auf dem Client eine Weiterverarbeitung der Daten stattfinden soll. Wir werden hierauf im Zusammenhang mit Ajax eingehen, da XML zum Austausch von Daten mit dem Server dienen kann, die später vom Client mit JavaScript aufbereitet werden (siehe *XML*, S. 352). Der grundlegende Ablauf, wie XML-Dokumente vom Server angefordert und zum Client geschickt werden, ist jedoch genauso wie bei HTML-Dokumenten.

2.3 JavaScript

2.3.1 Entstehungsgeschichte

JavaScript ist im Dezember 1995 von Netscape Communications Corp. entwickelt worden. Zunächst hieß die Sprache *LiveScript*, der Name wurde jedoch schnell in *JavaScript* geändert. Brendan Eich von Netscape wird als Vater dieser jungen Computersprache gesehen. Die Einbindung von JavaScript in Netscapes populären Internetbrowser Netscape Navigator (seit der Version 2.0) führte auch zu einer großen Popularität von JavaScript. Durch die rasche Verbreitung des Browsers war es Webautoren möglich, die neue Technik relativ schnell zu verwenden, ohne sich auf einen kleinen Teil der Internetnutzer beschränken zu müssen.

Netscapes JavaScript

Seit der ersten Einführung wurde JavaScript ständig erweitert und verbessert. Auch heute noch setzt sich die Entwicklung fort, auch wenn nicht mehr ganz so rasant wie in den ersten Monaten und Jahren. JavaScript hatte den Ruf, sich nur für Laufschriften und kleine Animationen zu eignen. In der Anfangszeit war dies in der Tat ein häufiger Einsatzzweck. JavaScript hat sich jedoch wesentlich weiterentwickelt.

Microsoft brachte im Internet Explorer schnell eine eigene Java-Script-Version auf den Markt. Aus Lizenzgründen durfte Microsoft jedoch nicht den Namen *JavaScript* verwenden, weshalb Microsofts *Microsofts JScript* Sprache *JScript* heißt. Beide Unternehmen versuchten, sich von ihrem jeweiligen Konkurrenten durch eigene Weiterentwicklungen abzuheben.

Damit sich die beiden Sprachen nicht zu sehr auseinander entwi-*ECMAScript* ckeln, wurde im Juni 1997 der Standard *ECMAScript* von der europäischen Organisation ECMA verabschiedet. Seither sind zwei weitere Versionen dieses Standards mit der Bezeichnung ECMA-262 erschienen (im Juni 1998 und im Dezember 1999). ECMAScript wurde außerdem im April 1998 als internationaler Standard ISO/IEC 16262 verabschiedet. Seitdem es den Standard ECMAScript gibt, sind Netscapes JavaScript und Microsofts JScript als spezielle ECMAScript-Implementation zu sehen. Die Standardisierung hat zu einer Angleichung der beiden Sprachen geführt, so dass sich JavaScript von JScript nur noch in Kleinigkeiten unterscheidet.

Neben ECMA-262 gibt es den Standard ECMA-357, der den Einsatz von ECMAScript im Zusammenhang mit XML-Dokumenten – *E4X* dem so genannten E4X – beschreibt.

Es wird oft von JavaScript gesprochen, auch wenn man Microsofts JScript meint. Ich selbst möchte in diesem Buch nicht automatisch den Microsoft Internet Explorer ausschließen, wenn ich von JavaScript rede. Wenn ich mich nur auf Netscapes ECMAScript-Implementation beziehe, wird dies explizit angegeben.

Hier sei darauf hingewiesen, dass sich der Standard ECMAScript nur auf die grundlegenden Sprachelemente bezieht. Wie JavaScript im Webbrowser verwendet werden soll, wird damit nicht standardisiert. *Cascading Style Sheets* Dafür gibt es vor allem die beiden Standards Cascading Style Sheets *und das Document Object* (CSS) und das Document Object Model (DOM), die für die JavaScript-*Model* Programmierung im Webbrowser wichtig sind. Diese Standards sind für uns in diesem Buch von zentraler Bedeutung. Wenn es in den Browsern Unterschiede gibt, ist es meistens hier und nicht bei der Definition der grundlegenden Sprachelemente.

2.3.2 Client-side JavaScript

Seit der Einführung von JavaScript im Netscape Navigator 2.0 hat es viele verschiedene JavaScript-Versionen gegeben. Wird von JavaScript gesprochen, ist im Allgemeinen Client-side JavaScript (CSJS) gemeint, d.h. JavaScript, das in einem Browser auf dem Computer des Anwenders ausgeführt wird.

Der Netscape Navigator versteht JavaScript seit der Version 2.0. Microsofts Internet Explorer unterstützt JScript seit der Version 3.0. Seitdem wurde JavaScript bzw. JScript ständig weiterentwickelt. Die heute gängigen Browser unterstützen ECMAScript in der dritten Version.

Die folgende Tabelle gibt einen Überblick über die JavaScript-Versionen in Netscape- bzw. Mozilla-basierten Browsern.

Browser	JS 1.0	JS 1.1	JS 1.2	JS 1.3	JS 1.5	JS 1.6	JS 1.7
Netscape 2.x	x						
Netscape 3.x		x					
Netscape 4.0 – 4.05			x				
Netscape 4.06 – 4.7x				x			
Netscape 6 / Mozilla 1.x					x		
Firefox 1.5						x	
Firefox 2.x							x

Tab. 2–1
JavaScript-Versionen in Mozilla-basierten Browsern

JavaScript 1.4 wurde nur während der Entwicklung des Mozilla-Browsers verwendet. Es gab nie eine offizielle Browserversion mit JavaScript 1.4 und auch kein Netscape 5.

Microsoft hat andere Versionsnummern für JScript gewählt. Die folgende Tabelle zeigt, welche JScript-Versionen im Internet Explorer implementiert sind:

Browser	1.0	3.0	5.0	5.5	5.6
Internet Explorer 3.0	x				
Internet Explorer 4.0		x			
Internet Explorer 5.0			x		
Internet Explorer 5.5				x	
Internet Explorer 6.0 / 7.0					x

Tab. 2–2
JScript-Versionen im Microsoft Internet Explorer

Die JScript-Versionen 2.0 und 4.0 wurden nur in anderen Microsoft-Produkten verwendet. Es gab jedoch keine Internet-Explorer-Versionen, die diese JScript-Versionen implementierten.

JavaScript 1.0

Die erste JavaScript-Version war noch sehr einfach gehalten. Zudem hatte diese Version viele Kinderkrankheiten, z.B. gab es zahlreiche Unterschiede zwischen den einzelnen Plattformen.

JavaScript 1.1 und JScript 1.0

Es dauerte nur ungefähr ein halbes Jahr, bis Netscape im Netscape Navigator 3.0 die JavaScript-Version 1.1 veröffentlichte. Diese Version war wesentlich zuverlässiger als die erste JavaScript-Version. Hauptsächliche Verbesserungen waren die Unterstützung von Arrays, Java-JavaScript-Kommunikation und die Möglichkeit, Bilder dynamisch zu verändern.

Ungefähr zeitgleich mit der Veröffentlichung von JavaScript 1.1 zog Microsoft mit JScript 1.0 nach. Auch JScript hatte anfänglich mit diversen Problemen zu kämpfen. Hinzu kamen nun Schwierigkeiten, die sich aus Inkompatibilitäten zwischen JavaScript und JScript ergaben.

JScript 1.0, das im Funktionsumfang vergleichbar mit JavaScript 1.0 war, konnte sich mit JavaScript 1.1 nicht messen.

JavaScript 1.2 und JScript 3.0

Die nächsten JavaScript- bzw. JScript-Versionen ließen etwas länger auf sich warten. Ungefähr ein Jahr nach der Veröffentlichung von JavaScript 1.1 und JScript 1.0 wurden JavaScript 1.2 und JScript 3.0 vorgestellt. Diese Versionen beinhalteten zahlreiche Neuheiten. Microsofts JScript hatte im Funktionsumfang mächtig aufgeholt. Mittlerweile waren die beiden Sprachen im Kern relativ ähnlich. Auf verschiedenen Gebieten gab es dennoch große Unterschiede. Wichtige Ergänzungen waren reguläre Ausdrücke, aber auch Sprachelemente wie switch-Anweisungen.

In diesen Versionen besteht eine weitgehende Übereinstimmung mit dem ersten ECMAScript-Standard. Jedoch keiner der beiden Hersteller hält sich vollkommen an die Vorgaben.

JavaScript 1.3 und JScript 5.0

Diese beiden Versionen enthalten relativ wenige Ergänzungen im Vergleich zu den Vorgängerversionen. Es handelt sich hauptsächlich um kleine Verbesserungen, um die Sprachen dem ECMAScript-Standard anzupassen. Darunter fällt beispielsweise die Unterstützung von Unicode in JavaScript 1.3. Auch jetzt erfüllen die beiden Sprachen noch nicht vollkommen die ECMAScript-Vorgaben.

JavaScript 1.5 und JScript 5.5/5.6

Diese Versionen sind mit dem dritten ECMAScript-Standard konform. Die Änderungen zu JavaScript 1.3 bzw. JScript 5.0 sind nur gering.

Da JavaScript 1.5 bereits im Jahre 2000 herauskam und seither nur kleine Änderungen an den grundlegenden Elementen der Sprache vorgenommen wurden, gibt es in den gängigen Browsern eine breite Unterstützung dieser JavaScript-Version.

JavaScript 1.6/1.7

Diese Version beinhaltet nur kleine Verbesserungen und Ergänzungen, wie beispielsweise zusätzliche Methoden der String- und Array-Klassen.

2.3.3   Server-side JavaScript

JavaScript kann auch auf dem Server eingesetzt werden (so genanntes Server-side JavaScript, SSJS). Die Grundelemente der Sprache sind die gleichen wie bei Client-side JavaScript. Da der Einsatzzweck natürlich etwas anders ist, gibt es auf dem Server natürlich ein paar andere Objekte und Befehle, so z.B. für den Zugriff auf Datenbanken.

Im Gegensatz zu PHP, Perl und Java wird JavaScript auf dem Server nicht allzu häufig verwendet.

2.3.4   Ajax

Im Internet findet im Moment Asynchrones JavaScript mit XML, das mit Ajax abgekürzt wird, große Beachtung. Dies ist keine eigenständige Technologie, sondern stellt eine neue Herangehensweise im Zusammenhang mit bereits bekannten Technologien und Standards wie JavaScript, XML, HTML und DOM dar.

Der wesentliche Unterschied zum herkömmlichen Ansatz ist, dass sich der Anwender nicht mehr von Seite zu Seite klicken muss, sondern dass die Bedienung ähnlich einer Desktop-Applikation abläuft und die Serveranfragen aus Anwendersicht in den Hintergrund treten.

Was zunächst vielleicht nicht revolutionär klingt, wird im Internet häufig als Grundstein für eine neue Generation des Webs gesehen, wofür der Begriff Web 2.0 verwendet wird.   *Web 2.0*

Mit Ajax werden wir uns in einem separaten Kapitel beschäftigen. Sie werden jedoch feststellen, dass Themen wie das DOM oder das Ereignismodell von großer Bedeutung für Ajax sind. Insofern bildet das gesamte Buch eine Grundlage zur Erstellung von Ajax-Applikationen.

2.3.5   Andere Einsatzgebiete von JavaScript bzw. ECMAScript

Windows Script Host

Immer öfter wird JavaScript auch außerhalb von Internetbrowsern oder Internetservern eingesetzt. Beispielsweise stehen mit Hilfe des *Windows Script Hosts* in Microsoft Windows verschiedene Skriptsprachen zur Verfügung. Was früher mit Batch-Files (Dateien mit der Endung .bat) programmiert werden musste, kann man nun mit Sprachen wie JScript und VBScript erreichen. Ähnlich wie dies von Unix her bekannt ist, lassen sich unterschiedliche Abläufe automatisieren. Darunter fällt beispielsweise das Kopieren von Dateien, das Ausführen von Programmen usw.

Der Windows Script Host ist standardmäßig in neueren Windows-Versionen integriert. Microsoft liefert den Windows Script Host mit JScript und VBScript aus.

Adobe Acrobat

Auch Adobe Acrobat und damit *pdf*-Dokumente können mit JavaScript umgehen.

JavaScript-Engine

Da die Browserhersteller ihre JavaScript-Engines (das ist der Teil des Browsers, der für JavaScript zuständig ist) für andere Einsatzzwecke zur Verfügung stellen, setzen viele Softwareentwickler JavaScript auch in anderen Applikationen ein. So erhält man beispielsweise auf der Mozilla-Homepage die JavaScript-Engine, die im Firefox zum Einsatz kommt.

ActionScript

In Flash-Dateien kommt die Sprache ActionScript zum Einsatz. Diese Sprache basiert auf ECMAScript, so dass JavaScript-Programmierer leicht ActionScript erlernen können.

Leider kann in diesem Buch nicht auf alle erdenklichen JavaScript-Varianten eingegangen werden. Durch den ECMAScript-Standard, der sozusagen den gemeinsamen Nenner jeder JavaScript-Variante darstellt, sollten Sie mit diesem Buch jedoch schnell in der Lage sein, JavaScript-Programme für neue Umgebungen zu schreiben. Das Ziel der ersten Kapitel ist es deshalb, Ihnen ein fundiertes Verständnis des ECMAScript-Standards zu geben.

2.3.6   Weiterentwicklung und zusätzliche Informationen

JavaScript 2.0

Die Entwicklung von JavaScript geht weiter voran. So wird JavaScript auch in Zukunft neue interessante Fähigkeiten erhalten. Im Moment wird an JavaScript 2.0 gearbeitet. Diese Version verspricht u.a. einige Neuigkeiten im Bereich der objektorientierten Programmierung.

Wie das Beispiel Ajax zeigt, muss es sich bei der Weiterentwicklung nicht unbedingt um eine neue JavaScript-Version handeln, sondern kann auch auf neuen Herangehensweisen und neuen Kombinationsmöglichkeiten mit anderen Technologien beruhen. Standards wie

Cascading Style Sheets und das Document Object Model entwickeln sich ebenfalls weiter, so dass auch aus dieser Ecke Veränderungen kommen können.

Im Internet gibt es zahlreiche Quellen zu JavaScript. Am Ende dieses Buches finden Sie einige Bücher und Links zu Webseiten zu Themen rund um JavaScript (siehe *Anhang B Literatur und Online-Ressourcen*, S. 423).

Wichtige Links und Literatur

Hat man Fragen zu JavaScript, findet man in einer JavaScript-Newsgroup schnell Hilfe. Es gibt die englische Newsgroup *comp.lang.javascript* und die deutsche Newsgroup *de.comp.lang.javascript*.

Newsgroups

Bitte verwenden Sie nicht die Java-Newsgroups für Fragen zu JavaScript und umgekehrt. Es gibt sehr viele falsch platzierte Postings, die das Lesen der Newsgroups nur unnötig erschweren. Außerdem sollte man davon absehen, eine Frage gleich in mehreren Newsgroups zu stellen.

3   Erste Schritte in JavaScript

Nun ist es Zeit für ein paar einfache Beispiele in JavaScript. Dieses Kapitel zeigt die grundlegenden Schritte für die Erstellung und Ausführung eines JavaScript-Programms. Dabei ist vor allem von Interesse, wie JavaScript-Code in eine Webseite eingebunden wird.

Befehle

Ein Programmierer gibt mit Befehlen einem Computer Anweisungen, was dieser machen soll. Ein solcher Befehl kann z.B. sein, dass der Computer das Wort *Hallo* auf dem Bildschirm ausgeben soll. Da man meist nicht nur einen einzigen Befehl ausführen möchte, werden mehrere Befehle in einem Programm zusammengefasst. Ein Programm könnte den Computer etwa anweisen, dass das Ergebnis aus 17+5*3 berechnet und auf dem Bildschirm ausgegeben werden soll.

Maschinen- und Programmiersprachen

Damit der Computer Ihre Befehle ausführen kann, müssen Sie diese in einer Art und Weise eingeben, die für den Computer verständlich ist. Die Sprache des Computers besteht eigentlich nur aus 0 und 1, der so genannten Maschinensprache. Diese Sprache ist für die menschliche Denkweise viel zu abstrakt. Aus diesem Grund gibt es unterschiedliche Programmiersprachen. Durch eine Programmiersprache kann der Programmierer dem Computer Befehle in einer der menschlichen Denkweise angepassten Form geben. Der Computer übersetzt das dann für sich in Maschinensprache. Dadurch bleibt es Ihnen erspart, selbst in Nullen und Einsen denken zu müssen.

Um einem Computer Befehle in einer bestimmten Programmiersprache zu geben, muss man sich strikt an die vorgegebene Schreibweise und Befehlsfolge halten. Ein Italiener wird Sie ja auch nur verstehen, wenn Sie sich (mehr oder weniger) an die Regeln der italienischen Sprache halten. Der Unterschied ist, dass der Computer keine Intelligenz besitzt, um Ihre möglicherweise falsch gegebenen Befehle umzudeuten. Ein Italiener wird Sie vielleicht auch noch verstehen, wenn Sie mit Händen und Füßen reden. Beim Computer funktioniert dies jedoch nicht. Geben Sie dem Computer einen falschen Befehl, führt der Computer stur diesen Befehl aus, auch wenn er noch so sinnlos ist.

3.1   Erstellung eines HTML-Dokuments mit JavaScript-Code

JavaScript wird normalerweise direkt in ein HTML-Dokument eingebunden. Deshalb wollen wir uns zunächst eine einfache HTML-Datei
anschauen, die noch keine JavaScript-Befehle enthält. Danach werden
wir diesem HTML-Dokument JavaScript-Befehle hinzufügen. Die
meisten Beispiele in diesem Buch sind nach diesem Schema aufgebaut.

3.1.1   Die grundlegende HTML-Datei

HTML-Tags   Eine HTML-Datei ist durch so genannte Tags aufgebaut, die die Struktur des Dokuments festlegen. HTML-Tags bestehen aus bestimmten
Schlüsselwörtern, die in spitzen Klammern geschrieben werden, z.B.
<html> oder <body>. Mit Hilfe der Tags erfährt der Browser den Aufbau
der Seite und leitet daraus ab, wie diese darzustellen ist. Die folgenden
Zeilen zeigen eine einfache HTML-Datei:

hallo1.html

```
<html>
<head>
   <title>HTML-Beispiel</title>
</head>
<body>
   <p>
      Das ist HTML!
   </p>
</body>
</html>
```

Abb. 3–1

Anzeige des
HTML-Dokuments

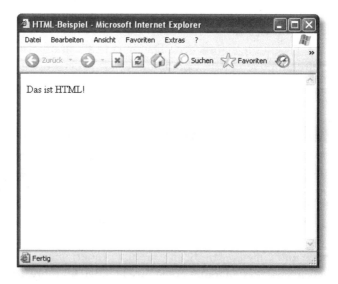

Wie die Abbildung zeigt, wird durch diese HTML-Seite der Text *Das ist HTML!* ausgegeben. Wenn Sie die obige HTML-Datei anschauen, werden Sie diesen Text zwischen den Tags `<p>` und `</p>` finden. In der Titelleiste des Browsers erscheint der Text *HTML-Beispiel*. Dies wird in unserer HTML-Datei durch den Text zwischen den `<title>`- und `</title>`-Tags festgelegt.

Von manchen Tags gibt es Anfangs- und Endtags, wie in unserem Beispiel `<body>` und `</body>`. Nicht für jedes Tag gibt es auch ein Endtag, so lässt sich z.B. durch ein einfaches `<br>`-Tag ein Zeilenumbruch erzielen.

Doch wie erstellt man eine HTML-Datei grundsätzlich und wie öffnet man diese in einem Webbrowser? Da hier die gleichen Schritte notwendig sind wie später bei den JavaScript-Programmen, sei bereits an dieser Stelle die grundlegende Vorgehensweise dargestellt.

Bearbeiten und Anzeigen einer HTML-Datei

Auch wenn Sie vorhaben, Ihre Werke später im Internet zu veröffentlichen, benötigen Sie zum Testen noch keine Internetverbindung oder Platz auf einem Webserver, sondern Sie können alles lokal auf Ihrem eigenen Computer erstellen und testen.

Zunächst benötigen Sie einen einfachen Texteditor. Es gibt auf allen Computern ein solches Programm, mit dem man so genannte ASCII-Dateien erstellen kann. Unter Windows können Sie das Programm mit dem Namen *Editor* verwenden (manchmal heißt es auch *Notepad*). Textverarbeitungsprogramme wie *Word* eignen sich nicht besonders gut, da diese Programme zur Formatierung verschiedene Steuerzeichen hinzufügen, was Ihre HTML-Datei verändern würde. Ein guter Texteditor unter Windows ist *Textpad*, der unter *http://www.textpad.com/* heruntergeladen werden kann. Wie gesagt reicht aber auch der normale Windows *Editor*. Unter Unix und Linux gibt es zahlreiche Texteditoren, so z.B. *emacs* oder *vi*. Auf dem Mac können Sie das Programm *Text Edit* verwenden.

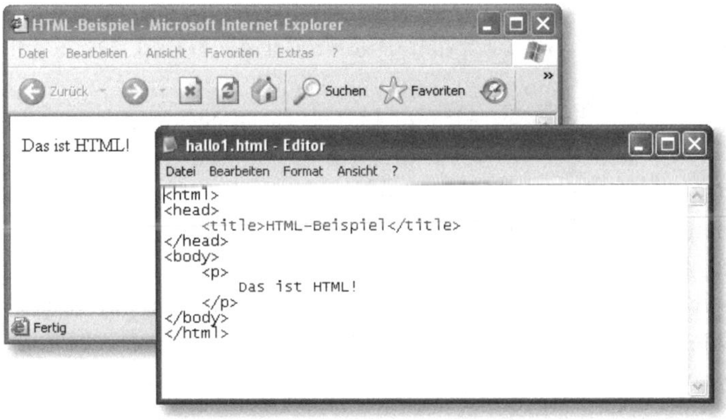

Texteditor

Abb. 3–2
Erstellen eines
HTML-Dokuments

In dem Schaubild ist der *Editor* unter Windows zu sehen. Dort wird der HTML-Code wie gezeigt eingegeben. Zeilenumbrüche haben in HTML-Dateien normalerweise keinen Einfluss auf das spätere Resultat, so dass Sie zwecks Übersichtlichkeit beliebig viele Leerzeilen einfügen können. Danach speichern Sie die Datei – am besten in einem eigenen Ordner, damit Sie diese später leicht wiederfinden. Der Dateiname muss die Endung *html* oder *htm* haben. Dadurch weiß der Computer, dass es sich um eine HTML-Datei handelt. In unserem Beispiel heißt die Datei *hallo1.html*.

Öffnen eines HTML-Dokuments

Nun können Sie diese Datei in Ihrem Webbrowser öffnen. Dafür gibt es zahlreiche Möglichkeiten. Eine Möglichkeit ist, den Webbrowser zu starten und über das Menü *Datei–>Öffnen* die eigene HTML-Datei zu öffnen. Dies ist in dem folgenden Screenshot im Internet Explorer 6 dargestellt. Im Internet Explorer 7 sieht man die Menüleiste erst, wenn man die *Alt*-Taste drückt.

Abb. 3–3
Öffnen eines HTML-Dokuments im Internet Explorer

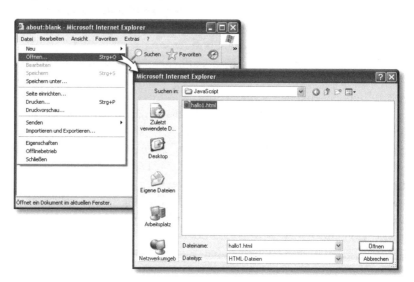

Alternativ können Sie auch den Ordner, der die HTML-Datei enthält, im Dateimanager anzeigen und die HTML-Datei mit einem Doppelklick im Webbrowser öffnen. Haben Sie mehrere Browser installiert, öffnet sich der Browser, den Sie als Standardbrowser definiert haben. Je nach Betriebssystem und verwendetem Browser gibt es verschiedene andere Möglichkeiten, die HTML-Datei zu öffnen.

Das HTML-Dokument aktualisieren

Am besten halten Sie den Texteditor und den Browser gleichzeitig geöffnet. Machen Sie eine Änderung im HTML-Dokument, müssen Sie die Datei erneut speichern und im Webbrowser auf *Aktualisieren* (manchmal heißt es auch *Reload* oder *Refresh*) klicken. Dann werden Ihre Änderungen sichtbar.

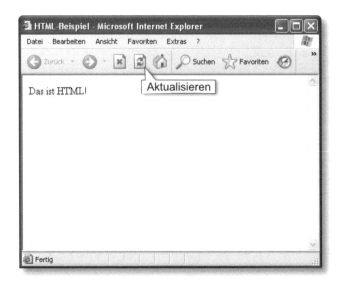

Abb. 3–4
Aktualisieren nach einer Änderung des HTML-Dokuments

Werfen wir nun noch einmal einen Blick auf die HTML-Datei. Eine HTML-Datei sollte zumindest aus den Tags <html>, <head>, <title> und <body> (und den entsprechenden Endtags) bestehen. Wenn Sie diese Tags weglassen, werden Sie zwar feststellen, dass die meisten Browser das Dokument dennoch darstellen können. Jedoch sollte man nicht auf die Großzügigkeit der Browser setzen, die auch teilweise mit weniger Tags auskommen. Zumal man dann ja nicht mehr weiß, ob auch alle Browser die Seite richtig darstellen. Im Internet gibt es jedoch viele Seiten, die sich an die Grundstruktur eines HTML-Dokuments nicht halten.

Grundaufbau eines HTML-Dokuments

Grundsätzlich teilt sich das HTML-Dokument in einen <head>- und einen <body>-Teil auf. Der <head>-Teil gibt dem Browser Auskunft über ein Dokument. Diese Angaben werden vom Browser im Normalfall nicht ausgegeben. Im <body>-Teil hingegen stehen generell die Elemente, die im Browserfenster angezeigt werden sollen.

3.1.2 Einfügen von JavaScript-Code

Jetzt kommt der JavaScript-Code hinzu. Wir wollen den Text *Hallo Welt! Das ist JavaScript.* in einem Hinweisfenster ausgeben. Zugegebenermaßen ist dies noch nicht besonders anspruchsvoll. Momentan ist jedoch nur der grundlegende Aufbau eines JavaScript-Programms von Interesse.

Geben Sie die folgenden Zeilen in einem Texteditor ein, genauso wie Sie das bei der Erstellung der ersten HTML-Datei getan haben:

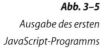*hallo2.html*

```
<html>
<head>
  <title>Hallo Welt!</title>
</head>
<body>
  <p>
  Das ist HTML.
  </p>
  <script type="text/javascript">
      alert("Hallo Welt! Das ist JavaScript.");
  </script>
</body>
</html>
```

Speichern Sie diese Datei danach unter dem Namen *hallo2.html* auf Ihrem Computer ab. Genauso wie vorher muss die Datei die Endung html oder htm haben, da es sich ja nach wie vor um eine HTML-Datei handelt – nun jedoch mit integriertem JavaScript-Code. Die Befehle *Quellcode* eines Computerprogramms werden üblicherweise als Quellcode (auch Programm- oder Sourcecode) bezeichnet. Die Datei *hallo2.html* beinhaltet also den Quellcode für unser erstes Beispiel.

Damit Sie nicht sämtliche Beispielprogramme abtippen müssen, hier nochmals der Hinweis, dass Sie diese unter *http://www.dpunkt.de/ javascript/* herunterladen können.

Öffnen Sie das erzeugte Dokument *hallo2.html* nun in einem Java-Script-fähigen Browser (siehe *Webbrowser*, S. 8). Die Abbildung 3–5 zeigt das Ergebnis.

Abb. 3–5
Ausgabe des ersten
JavaScript-Programms

Schauen Sie sich nun den Quellcode in *hallo2.html* etwas näher an. Im *Das <script>-Tag* Vergleich zu unserer ersten HTML-Datei sind die Tags <script> und </script> hinzugekommen. Zwischen diesen beiden Tags steht der

JavaScript-Code. Wir werden später noch eine andere Möglichkeit kennen lernen, wie JavaScript-Code eingebunden werden kann. Das `<script>`-Tag kommt jedoch häufig zum Einsatz.

Sie können in einem HTML-Dokument beliebig zwischen HTML und JavaScript hin- und herspringen. Das heißt, Sie können so viele `<script>`-Tags verwenden, wie Sie wollen.

Alles, was innerhalb der `<script>`-Tags steht, wird als JavaScript interpretiert. Wir haben hier lediglich einen Befehl, den der Browser ausführen soll. Dieser Befehl lautet:

```
alert("Hallo Welt! Das ist JavaScript.");
```

In Worten ausgedrückt heißt dieser Befehl: *Erzeuge ein Hinweisfenster mit dem Inhalt »Hallo Welt! Das ist JavaScript.«*. `alert()` ist ein Java-Script-Befehl, der den Computer dazu veranlasst, ein Hinweisfenster zu generieren, das auch häufig als Popup-Fenster bezeichnet wird. Der Text, der angezeigt werden soll, wird in Anführungszeichen in die Klammern von `alert()` geschrieben. Die Anführungszeichen werden dabei nicht mit ausgegeben. Sie dienen als Abgrenzung, damit der Computer weiß, welcher Teil ausgegeben werden soll. Sie können in JavaScript sowohl doppelte (") als auch einfache (') Anführungsstriche verwenden. *(am Rand:)* *Hinweisfenster mit alert()*

Hinweisfenster, die mit `alert()` erzeugt werden, sieht man im praktischen Einsatz sehr selten, da sie meistens störend wirken. Für den Einstieg in JavaScript ist dieser Befehl allerdings nützlich, da man damit leicht ausgeben kann, was der Computer gerade macht. Wir werden diesem Befehl hier also häufiger begegnen, auch wenn wir wissen, dass wir damit im wahren Leben sparsam umgehen müssen.

In dem `<script>`-Tag sehen Sie `type="text/javascript"`. Damit geben Sie die Skriptsprache an, in der der nachfolgende Programmcode geschrieben ist. Diese Information benötigt der Browser, da es auch andere Skriptsprachen gibt, die wie JavaScript in HTML-Dokumente eingebunden werden können, z.B. die Skriptsprache VBScript. Viele Browser definieren JavaScript zwar als Standard-Skriptsprache, aber davon sollten Sie als Programmierer nicht ausgehen. Deshalb ist es ratsam, immer die Eigenschaft type anzugeben. *(am Rand:)* *Festlegen der verwendeten Skriptsprache*

Früher wurde `<script language="JavaScript">` geschrieben. Dies werden Sie in älteren Skripten noch häufig sehen. Der HTML-Standard gibt die Schreibweise mit `<script type="text/javascript">` vor, so dass in Zukunft nur noch diese verwendet werden sollte. Alle gängigen Browser unterstützen diese Schreibweise.

An dieser Stelle sei angemerkt, dass JavaScript-Code am besten im `<head>`-Teil des Dokuments untergebracht wird. Die ersten Beispiele in diesem Buch verwenden das `<script>`-Tag im `<body>`-Teil, um die Beispiele einfach zu halten und die Funktionsweise zu demonstrieren.

Eigentlich ist dies kein guter Stil, da so der JavaScript-Code mit dem HTML-Teil zu stark vermischt wird.

3.1.3   Mehrere JavaScript-Befehle

Innerhalb der <script>-Tags wird man meist nicht nur eine einzige Anweisung unterbringen. Beispielsweise kann man veranlassen, dass der Computer mehrere alert()-Befehle ausführt. Dies kann etwa so aussehen:

hallo3.html
```
<html>
<head>
   <title>Hallo Welt!</title>
</head>
<body>
   <script type="text/javascript">
      alert("Hallo Welt!");
      alert("Das ist JavaScript.");
      alert("Eine tolle Skriptsprache.");
   </script>
</body>
</html>
```

Wenn Sie diesen Code ausführen, sehen Sie an einem eindrucksvollen Beispiel, warum man mit alert() vorsichtig umgehen sollte. Man kann dem Anwender damit ziemlich auf die Nerven gehen. Aber hier geht es ja zunächst nur darum, anhand dieses einfachen Befehls die Funktionsweise von JavaScript zu demonstrieren.

Abarbeitung der Befehle von oben nach unten
Um eine HTML-Seite darzustellen, arbeitet der Browser die Quelldatei von oben nach unten durch. Genauso wird der JavaScript-Quellcode, der in der HTML-Datei integriert ist, behandelt. Das heißt, dass der Befehl

```
alert("Hallo Welt!");
```

zuerst ausgeführt wird. Nachdem der Anwender das erste Hinweisfenster geschlossen hat, wird der nächste alert()-Befehl ausgeführt.

Strichpunkte
Sie sehen, dass die drei alert()-Befehle alle mit einem Strichpunkt abgeschlossen werden. Ein Strichpunkt wird dazu verwendet, Befehle voneinander zu trennen. Während in anderen Sprachen der Strichpunkt Pflicht ist, wird er in JavaScript nicht immer benötigt. JavaScript schreibt den Strichpunkt nur vor, wenn mehrere Befehle in einer Zeile stehen. Häufig wird der Strichpunkt verwendet, auch wenn nur ein Befehl pro Zeile angegeben wird.

Die Einrückung der Zeilen hat keine Bedeutung für die Ausführung von JavaScript-Programmen. Durch die Einrückung erzielt man einen optischen Eindruck von zusammengehörenden Befehlen. Man findet sich in einem Programm leichter zurecht. Dies ist vor allem bei großen Programmen von Bedeutung. Das Programm läuft aber genauso, wenn Sie die Einrückung weglassen. Damit ist dies nur für die eigene Orientierung wichtig. Das Gleiche gilt für Leerzeilen, die Sie beliebig einfügen können.

Einrückung der Zeilen

Leerzeilen

Später werden Sie sehen, dass Computerprogramme recht unübersichtlich werden können. Strichpunkte, Einrückungen und Leerzeilen helfen dabei, den Quellcode zu strukturieren und so für etwas Klarheit zu sorgen.

3.1.4 Einfache Berechnungen

Mit JavaScript kann man auch mathematische Berechnungen durchführen und das Ergebnis mit alert() auf dem Bildschirm ausgeben. Das folgende Programm berechnet das Ergebnis aus 17+5*3 (der Stern steht in der Computerwelt für eine Multiplikation):

```
<html>
<head>
   <title>Berechnungen</title>
</head>
<body>
   <script type="text/javascript">
      alert(17 + 5 * 3);
   </script>
</body>
</html>
```

hallo4.html

Der Befehl

```
alert(17 + 5 * 3);
```

bedeutet dabei in Worten: *Berechne 17+5*3 und gib das Ergebnis in einem Hinweisfenster aus.* Der Computer hält sich dabei an die mathematischen Regeln und berechnet die Multiplikation vor der Addition. Das Ergebnis ist also 32.

Ihnen ist vielleicht aufgefallen, dass die Berechnung nicht in Anführungszeichen steht. Würden Sie hier Anführungszeichen verwenden, würde der Computer die Formel *17+5*3* wie normalen Text direkt ausgeben, ohne eine Berechnung durchzuführen. Die fehlenden Anführungszeichen signalisieren dem Computer also, dass es sich hier um eine Berechnung handelt, die er durchführen muss. Setzen Sie die Formel einmal in Anführungstriche und Sie werden den Unterschied sehen.

3.2 Reaktion auf Benutzereingaben

In den ersten Beispielen wurde der JavaScript-Code beim Laden des HTML-Dokuments sofort ausgeführt. Zwar kann dies manchmal gewünscht sein. Häufig soll JavaScript jedoch erst als Reaktion auf eine Benutzereingabe ausgeführt werden. Man kann sich beispielsweise eine Schaltfläche vorstellen, auf die der Benutzer klicken kann, um dann als Reaktion darauf ein Hinweisfenster zu erhalten.

Ereignisse   Benutzereingaben lösen so genannte Ereignisse aus, auf die wir mit JavaScript reagieren können (siehe *Ereignisse*, S. 181). Zwar werden wir Ereignisse erst später genau untersuchen, jedoch soll das Grundprinzip bereits hier vorgestellt werden, da dies ein zentraler Mechanismus für die JavaScript-Programmierung ist und wir damit in den ersten Kapiteln bereits arbeiten wollen.

Hier sei gezeigt, wie ein Skript erfährt, dass der Anwender auf eine Schaltfläche geklickt hat. Der folgende Code demonstriert dies:

hallo5.html
```
<html>
<head>
   <title>Ereignisse</title>
   <meta http-equiv="Content-Script-Type"
      content="text/javascript" />
</head>
<body>
   <form>
      <input type="button" value="Test"
         onclick="alert('Hallo!')" />
   </form>
</body>
</html>
```

Die Schaltfläche wird über die Tags `<form>` und `<input>` erzeugt. Wie dies genau funktioniert, erfahren wir später (siehe *Formulare*, S. 203). Im `<input>`-Tag sehen Sie die Eigenschaft `onclick`. Damit wird ein so genannter Event-Handler definiert, mit dem Sie festlegen, was passieren soll, wenn der Benutzer auf die Schaltfläche klickt.

Hinter `onclick` steht der JavaScript-Code, der beim Eintritt des Ereignisses ausgeführt werden soll. Bitte beachten Sie, dass dieser Code in Anführungsstrichen stehen muss. Es sind generell sowohl einfache als auch doppelte Anführungsstriche möglich. In den Klammern benötigen wir auch Anführungsstriche. Damit der Browser nicht durcheinander kommt, dürfen wir an beiden Stellen nicht die gleiche Art von Anführungsstrichen verwenden.

Mit `onclick` wollen wir den Befehl `alert('Hallo!')` ausführen. Wie der Screenshot zeigt, wird also ein Hinweisfenster generiert, sobald auf die Schaltfläche mit der Aufschrift *Test* geklickt wird.

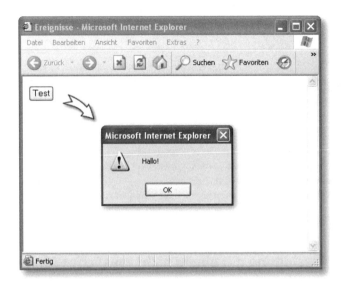

Abb. 3–6
Reaktion auf Ereignisse

Woher weiß der Browser in diesem Fall eigentlich, um welche Skriptsprache es sich handelt? In den vorhergehenden Beispielen haben wir im <script>-Tag die Skriptsprache angegeben. Da wir jetzt kein <script>-Tag verwenden, muss es eine andere Möglichkeit geben, die Skriptsprache festzulegen.

Wenn Sie sich den eben gezeigten Quellcode anschauen, werden Sie ein <meta>-Tag im <head>-Teil sehen. Mit Hilfe der Eigenschaften http-equiv und content legen Sie die Standard-Skriptsprache fest. Dieses Tag wird gerne weggelassen, womit darauf vertraut wird, dass der Browser die verwendete Sprache richtig errät. Sie sollten dieses Tag auf jeden Fall verwenden, wenn Sie JavaScript-Code in HTML-Tags direkt einbinden.

Das <meta>-Tag

3.3 Kommentare

Kommentare sind Anmerkungen des Programmierers im Quellcode, die vom Computer ignoriert werden. Diese sollen in erster Linie die Lesbarkeit des Quellcodes erhöhen, was insbesondere bei größeren Programmen die Übersichtlichkeit verbessert. Wenn mehrere Personen an einem Programm arbeiten, ist die Verwendung von Kommentaren sehr wichtig. Für einen Außenstehenden ist es besonders schwierig, den Quellcode eines anderen nachzuvollziehen. Aber auch wenn man sich die eigenen Programme nach ein paar Monaten selbst wieder anschaut, können Kommentare sehr hilfreich sein.

Lesbarkeit des Quellcodes

Zu unterscheiden sind ein- und mehrzeilige Kommentare. Für einzeilige Kommentare benutzt man zwei Schrägstriche //. Der Kommentar steht rechts davon. Links können ganz normal JavaScript-Befehle

Einzeilige Kommentare

stehen. Der Computer beachtet die Zeichen hinter den beiden Schrägstrichen nicht:

```
alert("Hallo"); // Dies ist ein Kommentar
```

Mehrzeilige Kommentare   Mehrzeilige Kommentare werden mit /* eingeleitet und enden mit */,
wie es das folgende Beispiel zeigt:

```
alert("Hallo");

/* Dies ist ein mehrzeiliger Kommentar.
Befehle, die innerhalb eines Kommentars stehen,
werden vom Browser nicht beachtet.
Der Kommentar endet nach diesen Zeichen. */

alert("Hallo");
```

3.4   Darstellung mit einem nicht JavaScript-fähigen Browser

Nicht jeder verwendet einen Browser, der JavaScript versteht. Außer-
dem schalten einige Leute die Ausführung von JavaScript-Code in ihrem
Browser aus. Aus diesem Grund muss man sich immer fragen, wie eine
HTML-Seite mit JavaScript-Teil auf anderen Browsern aussieht.

Das <noscript>-Tag   Es gibt ein <noscript>-Tag, das vom Browser nur beachtet wird,
wenn kein JavaScript ausgeführt werden kann. Hierin lässt sich beispielsweise ein Hinweis unterbringen, dass für die Betrachtung einer Seite
JavaScript vorausgesetzt wird. Besser wäre natürlich ein Link auf eine
alternative Seite, die die Bedienung auch ohne JavaScript ermöglicht.

hallo6.html
```
<html>
<head>
   <title>noscript-Beispiel</title>
</head>
<body>
  <p>
  Das ist HTML.
  </p>
  <script type="text/javascript">
     alert("Hallo Welt! Das ist JavaScript.");
  </script>
  <noscript>
     <p>Diese Seite benötigt JavaScript.</p>
  </noscript>
</body>
</html>
```

Ist JavaScript in dem verwendeten Browser verfügbar, so wird der
Inhalt des <noscript>-Tags ignoriert.

Der eben gezeigte Weg ist bei Browsern, die das <noscript>-Tag kennen, nützlich. Was passiert aber, wenn ein Browser weder das <script>- noch das <noscript>-Tag kennt? In HTML werden unbekannte Tags einfach übergangen. Allerdings gilt dies nur für das Tag an sich. Die Zeilen, die innerhalb des Anfangs- und des Endtags stehen, werden trotzdem beachtet. Der Browser weiß in diesem Fall nicht, was mit den JavaScript-Befehlen innerhalb der <script>-Tags angefangen werden soll, d.h., die JavaScript-Befehle werden von dem Browser nicht als solche erkannt. Aus der Perspektive eines solchen Browsers sind die JavaScript-Befehle nichts anderes als normal darzustellender Text. Aus diesem Grund werden die Befehle in diesem Fall wie normaler HTML-Code ausgegeben. Die Ausgabe unseres obigen Beispiels sieht in solch einem Browser so aus:

```
Das ist HTML.
alert("Hallo Welt! Das ist JavaScript.");
Diese Seite benötigt JavaScript.
```

Ausgabe in einem nicht JavaScript-fähigen Browser

Dies kann mit Sicherheit nicht beabsichtigt sein. Um zumindest zu verhindern, dass der alert()-Befehl mit ausgegeben wird, wurden früher häufig HTML-Kommentare eingesetzt. So kann man den Skriptteil vor einem Browser, der das <script>-Tag nicht kennt, verbergen. HTML-Kommentare werden mit <!-- eingeleitet und enden mit -->. Damit JavaScript in einem JavaScript-fähigen Browser wiederum nicht über das --> stolpert, setzt man davor einen JavaScript-Kommentar, so dass man insgesamt // --> schreibt.

HTML-Kommentare

Das folgende Beispiel demonstriert die Verwendung von HTML-Kommentaren:

```
<html>
<head>
   <title>noscript-Beispiel</title>
</head>
<body>
   <p>
   Das ist HTML.
   </p>
   <script type="text/javascript">
   <!--

       alert("Hallo Welt! Das ist JavaScript.");

   // -->
   </script>
   <noscript>
       <p>Diese Seite benötigt JavaScript.</p>
   </noscript>
</body>
</html>
```

hallo7.html

Mit diesem Trick haben wir den Quellcode vor Browsern versteckt, die das <script>-Tag nicht kennen. Diese Vorgehensweise wurde früher sehr häufig verwendet. Man sieht es auch heute noch in vielen Seiten, weshalb ich es Ihnen hier zeige. Da diese Schreibweise jedoch nicht dem HTML- bzw. XHTML-Standard entspricht, sollte man sie in Zukunft nicht mehr benutzen. Die Verwendung einer Bibliotheksdatei, die wir uns im Folgenden anschauen, ist der bessere Ansatz.

3.5   js-Bibliotheksdatei

JavaScript-Code kann man nicht nur in einem HTML-Dokument, sondern auch in einer js-Bibliotheksdatei unterbringen. Damit lagern Sie den gesamten JavaScript-Code in eine separate Datei mit der Endung js aus. In der HTML-Datei geben Sie dann im <script>-Tag nur noch an, wo die js-Datei zu finden ist. Ein JavaScript-fähiger Browser holt die Datei und führt den JavaScript-Code entsprechend aus. Ein Browser, der JavaScript nicht kennt, lädt auch nicht die js-Datei und gibt somit auch nicht den Quellcode aus.

Ein weiterer Vorteil ist, dass eine js-Datei von mehreren HTML-Dateien eingebunden werden kann. So erreicht man eine Trennung des HTML- und JavaScript-Codes und erspart sich außerdem das Hin- und Herkopieren des JavaScript-Codes zwischen den Dokumenten. Insbesondere im Zusammenhang mit Funktionen, die wir später behandeln werden, können wir den JavaScript-Code so allgemein formulieren, dass dieser in verschiedenen HTML-Dokumenten einsetzbar ist. Vor allem wenn unsere Beispiele später komplexer werden, dürfte es einleuchten, dass dies von großem Nutzen sein kann.

Hier wollen wir anhand eines einfachen Beispiels demonstrieren, wie js-Dateien verwendet werden. Dazu nehmen wir das obige Beispiel *hallo4.html* und gliedern den JavaScript-Code in eine Datei mit dem Namen *test.js* aus. Dies ist eine ganz normale Textdatei wie unsere HTML-Dokumente auch. Wie Sie sehen, enthält die js-Datei jedoch keine Tags:

test.js
```
alert(17 + 5 * 3);
```

Um diese js-Datei in ein HTML-Dokument einzubinden, verwenden wir wieder das <script>-Tag:

```
<html>                                              hallo8.html
<head>
  <title>Berechnungen</title>
</head>
<body>
  <script type="text/javascript" src="test.js">
  </script>
</body>
</html>
```

Das <script>-Tag enthält nun die Eigenschaft src (kurz für *source* –   *src*
engl. für *Quelle*). Damit geben Sie die Adresse der js-Datei an. Da wir
die js-Datei im gleichen Ordner speichern wie die HTML-Datei, reicht
die Angabe des Dateinamens. Sonst müssten wir die komplette Adresse
mit *http://*... angeben.

3.6   Quellcode anzeigen

Die meisten Browser bieten die Möglichkeit, das zugrunde liegende
HTML-Dokument einer Seite anzuzeigen. Im Firefox ist dies beispielsweise über das Menü *Ansicht–>Seitenquelltext anzeigen* möglich. Dies
funktioniert auch bei fremden Seiten im Internet, wie z.B. Google oder
Yahoo.

Aber nicht erschrecken! Wenn Sie sich den HTML-Code einiger
Seiten im Internet anschauen, dürfen Sie sich von der Komplexität
nicht überwältigen lassen. Auf den ersten Blick mag die Struktur man-
cher Seite recht verwirrend aussehen, da der HTML-Code häufig nicht
schön formatiert ist. Wenn Sie jedoch die einzelnen Bausteine in
HTML und JavaScript kennen, werden Sie schnell hinter die Kulissen
blicken können. Außerdem muss man feststellen, dass viele Seiten leider kein sauberes HTML verwenden.

3.7   Vorbereitungen vor der Veröffentlichung

Wenn Sie ein HTML- bzw. XHTML-Dokument im Internet veröffentlichen wollen, gibt es ein paar Dinge, die Sie beachten sollten.

In Ihren Dokumenten sollten Sie einen so genannten *Doctype*   *Doctypes*
angeben. Damit legen Sie fest, welche HTML- bzw. XHTML-Version
Sie verwenden. Da es verschiedene Versionen gibt, räumen Sie so
Zweifelsfälle aus. Viele HTML-Dokumente im Internet lassen diese
Zeilen weg. Die meisten Browser können damit umgehen. Jedoch sollten Sie es nicht dem Browser überlassen, die richtige Darstellung zu
erraten.

Die Doctype-Definition wird vor das <html>-Tag eingefügt. Häufig wird für XHTML-Dokumente im Internet folgende Angabe verwendet:

```
<!DOCTYPE html
PUBLIC "-//W3C//DTD XHTML 1.0 Transitional//EN"
"http://www.w3.org/TR/xhtml1/DTD/xhtml1-transitional.dtd">
```

Mit dieser Doctype-Angabe zeigt sich der Browser großzügig und lässt einige Abweichungen vom vorgegebenen Standard zu. Mit der folgenden Angabe sagen Sie, dass Sie sich strikt an die Vorgaben des Standards XHTML 1.0 halten:

```
<!DOCTYPE html
PUBLIC "-//W3C//DTD XHTML 1.0 Strict//EN"
"http://www.w3.org/TR/xhtml1/DTD/xhtml1-strict.dtd">
```

Namespaces

Wenn Sie XHTML verwenden, sollten Sie weiterhin im <html>-Tag den so genannten *Namespace* angeben. Dies sieht so aus:

```
<html xmlns="http://www.w3.org/1999/xhtml"
   xml:lang="de" lang="de">
```

<![CDATA[..]]>

Wenn Sie XHTML verwenden, kann es sein, dass der Browser über bestimmte Zeichen in Ihren Skripten stolpert. Das sind beispielsweise die Zeichen < und &. Diese Zeichen haben in XHTML eine besondere Bedeutung. Um dieses Problem zu umgehen, sollte der JavaScript-Code laut XHTML-Standard in die Zeichenfolgen <![CDATA[und]]> eingeschlossen werden. Dies sieht etwa so aus:

```
<script type="text/javascript">
<![CDATA[

// JavaScript-Codes

]]>
</script>
```

Problematisch hierbei ist, dass ältere Browser hiermit nicht umgehen können und eine Fehlermeldung auswerfen. Um eine Kompatibilität zu älteren Browsern zu gewährleisten, sollte man deshalb den JavaScript-Code eher in js-Bibliotheksdateien auslagern.

Nähere Informationen zu diesen Themen finden Sie unter *http://www.w3c.org/*.

Um die Beispiele kurz und übersichtlich zu halten, wurde in diesem Buch in den Quellcodes auf die Angabe von Doctypes, Namespaces und <![CDATA[..]]> verzichtet. Wenn Sie Ihre Skripte im Internet veröffentlichen wollen, sollten Sie diese jedoch angeben.

4 Variablen

Bisher haben wir nur einfache Ausgaben getätigt. Selbst das Ergebnis einer Berechnung haben wir sofort ausgegeben. Der Computer kann sich jedoch auch das Ergebnis einer Berechnung merken und dieses später weiterverwenden. Oder der Computer kann den Anwender auffordern, seinen Namen einzugeben, um ihn später direkt ansprechen zu können. Hierfür verwenden Sie Variablen. Eine Variable ist eine Speicherstelle im Computer, in der Sie unterschiedliche Werte festhalten können. Dieses Kapitel zeigt, wie Sie Variablen einsetzen können.

Speicherstellen

4.1 Einsatz von Variablen

Angenommen Sie wollen ein Programm schreiben, mit dem man eine Temperaturangabe in Fahrenheit in Celsius umrechnen kann. Dazu benötigen Sie zunächst die Formel, mit der die Umrechnung erfolgt. Diese Formel lautet:

```
Fahrenheitwert = 9/5 * Celsiuswert + 32
```

Der Schrägstrich steht in der Computerwelt für eine Division, das Sternchen für eine Multiplikation. Nach dieser Formel sind 100 °C gleich 212° Fahrenheit (= 9/5 * 100 + 32). Wie wir bereits gesehen haben, kann der Computer solche Berechnungen durchführen. Das folgende Programm gibt das Ergebnis der Berechnung in einem Popup-Fenster aus, wie das im vorhergehenden Kapitel gezeigt wurde:

```
<html>
<head>
<title>Variablen</title>
</head>
<body>
  <script type="text/javascript">

  alert(9/5 * 100 + 32);
```

variablen1.html

```
    </script>
  </body>
</html>
```

Für jeden Temperaturwert, den Sie umrechnen möchten, müssten Sie nach dieser Vorgehensweise den Inhalt des alert()-Befehls ändern und das JavaScript-Programm neu ausführen. Eleganter wäre es natürlich, wenn Sie dem Computer nur die Umrechnungsformel vorgeben und diese dann mit unterschiedlichen Werten füttern könnten.

Der Celsiuswert lässt sich in einer Variablen speichern. Um das Ergebnis der Berechnung festzuhalten, verwenden wir eine weitere Variable. Nennen wir die Variable für unseren Celsiuswert celsius und für das Ergebnis in Fahrenheit fahrenheit. Damit sieht unser Beispielprogramm wie folgt aus:

variablen2.html

(Auszug)

```
var celsius = 100;
var fahrenheit = 9/5 * celsius + 32
alert(fahrenheit);
```

In der obersten Zeile wird festgelegt, dass wir eine Variable celsius definieren möchten, die den Wert 100 haben soll. In der folgenden Zeile steht auf der rechten Seite die Formel zur Berechnung des Fahrenheitwerts. Wie Sie sehen, wird in dieser Formel die Variable celsius verwendet, die im Moment der Ausführung den Wert 100 hat. Der Computer berechnet also an dieser Stelle das Ergebnis aus 5/9 * 100 + 32. Auf der linken Seite steht die Variable fahrenheit. Ihr wird das Resultat aus unserer Berechnung zugewiesen, also der Wert 212.

Um den Inhalt der Variablen fahrenheit in der dritten Zeile auszugeben, müssen wir nur den Namen der Variablen im alert()-Befehl angeben.

Noch immer ist das Programm sehr starr. Für jeden Temperaturwert, den man umrechnen will, muss der Quellcode abgeändert werden. Später werden wir verschiedene Möglichkeiten kennen lernen, mit denen der Anwender selbst Daten eingeben kann. Diese Eingaben lassen sich in Variablen speichern und mit JavaScript verarbeiten. Man könnte unser Programm also so abändern, dass der Anwender einen Temperaturwert in ein Formular eingeben kann und dann auf Knopfdruck das Ergebnis unserer Formel erhält. In diesem Fall kommen Sie um die Verwendung einer Variablen nicht herum, da Sie zum Zeitpunkt der Programmierung ja nicht wissen können, welchen Wert der Anwender eingeben wird. In dem gezeigten Beispiel habe ich dies alles weggelassen, um nur die grundlegende Funktionsweise von Variablen zu demonstrieren.

4.2 Definition von Variablen

In unserem Temperatur-Beispiel wurden die Variablen celsius und fahrenheit mit dem Schlüsselwort var definiert. Für jede Variable muss ein Computerprogramm Speicherplatz reservieren, um den Inhalt der Variablen speichern zu können. Dies findet im Arbeitsspeicher des Computers statt. Spätestens nach der Beendigung des Programms kann der Inhalt der Variablen gelöscht und auch der Speicherplatz wieder freigegeben werden.

var

JavaScript besteht nicht darauf, dass Variablen explizit mit var definiert werden müssen, bevor sie verwendet werden. Das heißt, in unserem Beispiel kann das Schlüsselwort var weggelassen werden. Andere Programmiersprachen sind in diesem Zusammenhang strenger und verweigern die Ausführung, wenn nicht alles vorher schön definiert wurde. JavaScript sieht das nicht so eng. Variablen werden einfach dann angelegt, wenn sie benötigt werden. Sobald JavaScript auf eine bisher unbekannte Variable stößt, wird der Speicherplatz automatisch reserviert.

Obwohl die Verwendung des Schlüsselworts var nicht zwingend ist, sollte man nicht unbedingt darauf verzichten. Mit var signalisieren Sie, dass eine Variable das erste Mal verwendet wird. Dem Schlüsselwort var kommt eine besondere Bedeutung bei der Definition von so genannten globalen und lokalen Variablen zu, wie wir später sehen werden (siehe *Globale und lokale Variablen*, S. 81).

Was kann man nun alles in einer Variablen speichern? Wie wir bereits gesehen haben, lassen sich darin Zahlen speichern und verarbeiten. Es lassen sich dabei nicht nur ganze Zahlen speichern, sondern auch Kommazahlen. Hierbei ist zu beachten, dass statt eines Kommas in der amerikanischen Schreibweise ein Punkt verwendet wird. Java-Script arbeitet deshalb zur Darstellung einer Kommazahl mit einem Punkt. Möchte man also 17,5 in einer Variablen x speichern, schreibt man:

Ganze Zahlen und Kommazahlen

```
var x = 17.5;
```

In einer Variablen lassen sich aber auch Texte speichern (so genannte Strings). Strings werden in JavaScript in einfachen oder doppelten Anführungsstrichen angegeben:

Strings

```
var name = "Fred";
```

Neben Zahlen und Strings können außerdem die Werte true (engl. für *wahr*) und false (engl. für *falsch*) in Variablen gespeichert werden. Man spricht in diesem Fall von booleschen Variablen. Dieser Begriff geht auf den englischen Mathematiker George Boole zurück, der mit

Boolesche Werte

seiner Forschung den Grundstein für die formale Logik legte. Wie wir später sehen werden, kommen boolesche Variablen häufig im Zusammenhang mit Abfragen zum Einsatz. Mit der folgenden Zeile erhält die Variable fertig den Wert true:

```
var fertig = true;
```

Datentypen In anderen Programmiersprachen muss man gewöhnlich festlegen, wofür eine Variable verwendet werden soll. Soll darin eine ganze Zahl, eine Kommazahl oder ein Text gespeichert werden? Wie viel Speicherplatz soll dafür reserviert werden? JavaScript ist etwas flexibler und ermöglicht die Speicherung ganz unterschiedlicher Werte in ein und derselben Variablen.

Dies ist für den Programmierer natürlich bequem, bringt aber auch Nachteile mit sich. Woher weiß der Computer z.B. wie viel Speicherplatz für eine Variable zu reservieren ist? Wenn eine Variable nur Werte zwischen 1 und 10 annehmen soll, reicht wesentlich weniger Speicherplatz, als wenn ein Wert von 2 Milliarden gespeichert werden soll.

JavaScript macht es sich da einfach und vergibt relativ großzügig Speicherplatz. Natürlich wird dadurch Speicherplatz verschwendet. Aber da JavaScript für kleine Programme ausgelegt ist, fällt das bei den riesigen Arbeitsspeichern, die heute verfügbar sind, nicht ins Gewicht. Die einfache Programmierung steht bei JavaScript also im Vordergrund, auch wenn dadurch etwas an Effizienz verloren geht.

Ganz anders sieht die Situation natürlich aus, wenn man ein Programm schreibt, das mit großen Datenmengen umgehen muss, wie etwa ein Filmbearbeitungsprogramm. In diesem Fall muss man sich über die Verwendung des verfügbaren Speichers genau Gedanken machen. Hierfür werden andere Programmiersprachen wie C, C++ oder Java verwendet, die dem Programmierer unterschiedliche Datentypen zur Verfügung stellen, mit denen man die Speichernutzung steuern kann.

loose typing und Die Art und Weise, wie JavaScript mit Datentypen umgeht, nennt
strong typing man *loose typing*, im Gegensatz zum *strong typing* in anderen Programmiersprachen, bei denen man die verwendeten Datentypen konkret festlegen muss.

Neben der Ineffizienz kann es beim loose typing in einigen Fällen zu Problemen kommen. Dies ist etwa der Fall, wenn mehrere Variablen unterschiedlichen Typs miteinander in Verbindung gebracht werden. Der Computer kann etwas anders interpretieren, als es der Programmierer eigentlich beabsichtigt hat. Wenn Sie beispielsweise die Variablendeklarationen

```
var x = "5";
var y = 12;
```

vornehmen und diese beiden Variablen addieren, kann der Computer nicht eindeutig entscheiden, was Sie eigentlich bezwecken. Soll z=x+y eine Verknüpfung von Textstrings sein, oder wollen Sie das Ergebnis aus 5+12 berechnen? Im Zweifelsfall behandelt JavaScript alle Variablen wie Strings. Das heißt, in diesem Beispiel würde z bei z=x+y den Wert "512" als String annehmen. Aber vielleicht wollten Sie die Zahlen addieren und erwarten deshalb den Wert 17 als Ergebnis.

Es ist dringend davon abzuraten, Variablen mit unterschiedlichem Datentyp miteinander zu verbinden. Im Allgemeinen lässt sich das recht gut verhindern. Möchte man beispielsweise, dass der Inhalt eines Strings als Zahl interpretiert wird, kann man die beiden Funktionen parseInt() und parseFloat() verwenden (siehe *Vordefinierte Funktionen*, S. 85).

4.3   Ausgangswert einer Variablen

Wenn man eine neue Variable anlegt, weist man dieser normalerweise sofort einen Wert zu, z.B.:

```
var x = 17;
```

Mit dieser Zeile wird die Variable x definiert und darin der Wert 17 gespeichert. Man kann auch sagen, dass die Variable x mit dem Wert 17 initialisiert wird.

Welchen Wert hat eine Variable, wenn man ihr zu Beginn keinen Wert zuweist? JavaScript verwendet hierfür den Wert undefined. Dies ist ein spezieller Wert, der angibt, dass in der Variable nichts gespeichert ist. Nach der Zeile

undefined

```
var y;
```

hat y also den Wert undefined.

Häufig wird auch der Wert null verwendet, wenn Sie explizit festlegen wollen, dass in einer Variable nichts gespeichert ist:

```
var y = null;
```

Da der Wert null in JavaScript eine wichtige Rolle spielt, werden wir im Laufe dieses Buchs häufig darauf stoßen. null ist jedoch nicht zu verwechseln mit dem Zahlenwert 0. Der Wert null gibt an, dass die Variable leer ist, wobei eine Variable, in der die Zahl 0 gespeichert ist, ja tatsächlich einen Wert enthält. Die Notwendigkeit und Bedeutung dieser Unterscheidung ist im Moment vielleicht nur schwer zu erkennen, wird aber in den folgenden Kapiteln wahrscheinlich etwas klarer.

null

4.4   Variablennamen

Bisher haben wir ganz unterschiedliche Namen für Variablen verwendet. Sie sind in der Wahl der Variablennamen relativ frei. Es gibt jedoch einige Dinge, die Sie beachten müssen.

Zunächst sollten Variablennamen so gewählt werden, dass man leicht auf den Inhalt schließen kann. Das vereinfacht die Arbeit wesentlich, wenn man viele verschiedene Variablen in einem Programm definiert.

Ob Sie Variablennamen groß oder klein schreiben, hat für das Programm keine Bedeutung. Sie müssen sich jedoch an die einmal gewählte Schreibweise halten. So sind in JavaScript `celsius`, `Celsius` und `CELSIUS` drei verschiedene Variablen, die nichts miteinander zu tun haben. Im Englischen sagt man dazu, dass JavaScript *case-sensitive* ist (HTML beispielsweise ist nicht case-sensitive, da es keine Rolle spielt, ob Sie Tags groß oder klein schreiben).

Das ist natürlich eine potenzielle Fehlerquelle. Schreibt man am Anfang eines Programms immer `celsius` (mit kleinem *c*) und plötzlich am Ende `Celsius` (mit großem *C*) behandelt JavaScript dies als zwei verschiedene Variablen. Das Ergebnis ist am Ende wahrscheinlich falsch, und der Programmierer muss den Fehler suchen.

Deshalb sollten Sie sich eine einheitliche Schreibweise angewöhnen. Ich schreibe Variablennamen gewöhnlich klein. Wenn mehrere Wörter zusammengesetzt werden, schreibe ich dies so:

```
diesIstEineVariable
```

Es gibt natürlich auch andere Schreibweisen. Beliebt ist auch die Verwendung des Unterstrichs:

```
dies_ist_eine_Variable
```

Es gibt ein paar so genannte reservierte Wörter, die Sie für Variablennamen nicht benutzen dürfen. Dies sind meist Befehle der Programmiersprache. Der Computer hätte Schwierigkeiten, die Variablen von den Befehlen zu unterscheiden. Die folgende Tabelle zeigt die reservierten Wörter, die Sie nicht benutzen dürfen:

abstract	enum	int	synchronized
boolean	export	interface	this
break	extends	long	throw
byte	false	native	throws
case	final	new	transient
catch	finally	null	true
char	float	package	try
class	for	private	var
const	function	protected	void
continue	goto	public	volatile
debugger	if	return	while
default	implements	short	with
do	import	static	
double	in	super	
else	instanceof	switch	

Tab. 4–1
Reservierte Wörter

Nicht alle Wörter, die hier aufgelistet sind, werden von ECMAScript bzw. JavaScript in der momentanen Version benutzt. Einige der reservierten Wörter sind erst für spätere ECMAScript-Versionen vorgesehen.

Verwendbare Zeichen

In einem Variablennamen (und anderen Bezeichnern) dürfen alle Buchstaben, Zahlen und der Unterstrich (das Zeichen _ – engl. *underscore*) vorkommen. Es dürfen keine Satzzeichen oder Sonderzeichen wie +, - (Minus und Bindestrich), $, %, (,), Leerzeichen usw. benutzt werden. Zusätzlich darf das erstes Zeichen einer Variablen keine Zahl sein.

Wir werden im Verlauf dieses Buches weitere Bezeichner kennen lernen, wie z.B. die Namen von Funktionen oder Objekten. Für diese Bezeichner gelten die gleichen Regeln, wie sie hier für Variablennamen besprochen wurden.

4.5 Berechnungen

Mathematische Regeln

Der Computer geht bei Berechnungen nach mathematischen Regeln vor. Es gibt jedoch einige Besonderheiten, die es zu beachten gilt.

Hoffentlich werden Sie durch den Begriff *Mathematik* nicht abgeschreckt. Keine Sorge, dies ist kein gut getarntes Mathematikbuch. Nach allgemeiner Erkenntnis halbiert sich die Leserzahl eines Buchs mit jeder Formel. Es ist leicht einzusehen, dass es schon aus diesem Grund nicht in meinem Interesse liegt, in die Tiefen der Mathematik vorzudringen. Aber vielleicht bekommen Sie über die Programmierung erst den richtigen Einstieg in die Mathematik. Sie wären bestimmt nicht die/der Einzige.

Der Befehl x=2 weist der Variablen x den Wert 2 zu. Dies ist wahrscheinlich noch leicht einzusehen. Der Befehl x=2+3 bedeutet: *Berechne die Summe aus 2 und 3 und speichere das Ergebnis (=5) in der Variab-*

len x. Auf der rechten Seite steht grundsätzlich der zu berechnende Ausdruck. Auf der linken Seite steht die Variable, die das berechnete Ergebnis entgegennimmt. Sie können nach dieser Definition niemals etwas wie 2=x oder 2+3=x schreiben. Hier liegt ein entscheidender Unterschied zur Schulmathematik. Mathematisch gesehen ist 2+3=x vollkommen korrekt. Die Variable x nimmt in der Mathematik wie zuvor den Wert 5 an.

Für den Computer ergibt der Befehl 2+3=x jedoch keinen Sinn. Der Befehl würde bedeuten: *Nimm den Wert von x und speichere diesen in der 'Variablen 2+3'*. Es ist einfach vorgegeben, wie Sie Berechnungen durchführen müssen. Wenn Sie gegen diese Regeln verstoßen, läuft Ihr Programm nicht.

x=x+1   Das Paradebeispiel für den Unterschied zwischen der Schulmathematik und der Computermathematik ist x=x+1. Betrachtet man x=x+1 von der mathematischen Seite, sieht das geübte Auge, dass man auf beiden Seiten x subtrahieren kann. Die vermeintliche Lösung ist 0=1, was jedem Mathematiklehrer die Haare zu Berge stehen lässt. Auch wenn dieses *Ergebnis* in einer Vielzahl von Mathematik-Klassenarbeiten zu finden ist, ist dies kein Hinweis auf die Richtigkeit.

Aus der Sicht des Computers sieht es jedoch etwas anders aus. Der Unterschied ist, dass x=x+1 gar keine Gleichung im mathematischen Sinne darstellt. Hier handelt es sich um eine Zuweisung. Auf beiden Seiten x zu subtrahieren, ist somit nicht zulässig. Streng nach unserer Regel berechnet der Computer zuerst das Ergebnis aus x+1. War x vorher 16, so ist x+1 gleich 17. Dieses Ergebnis wird nun der Variablen x zugewiesen. Dass die Variable x dabei auf beiden Seiten vertreten ist, stört den Computer wenig, da die Reihenfolge der Berechnung und Zuweisung für den Computer eindeutig ist.

Berechnungen mit   An dieser Stelle soll ein Problem im Zusammenhang mit Komma-
Kommazahlen   zahlen angesprochen werden. Als Ergebnis aus der folgenden Berechnung würde man 0.3 erwarten:

```
var x = 0.1 + 0.2;
alert(x);
```

Das Ergebnis ist jedoch 0.30000000000000004. Diese Ungenauigkeit hängt mit der Art und Weise zusammen, wie JavaScript intern mit Kommazahlen rechnet. Dieses Problem kann man mit der Methode Math.round() in den Griff bekommen (siehe *Die Math-Klasse*, S. 103).

4.6 Operatoren

4.6.1 Rechenoperatoren

Einige Rechenoperatoren haben wir in diesem Kapitel bereits kennen gelernt. Wir haben lediglich die Grundrechenarten benutzt.

Rechenarten	Zeichen
Addition	+
Subtraktion	-
Multiplikation	*
Division	/
Modulo	%

Tab. 4–2

Rechenoperatoren

Vielleicht ist es etwas seltsam, für die Multiplikation einen Stern und für die Division einen Schrägstrich (statt eines Doppelpunkts) zu benutzen. Dies ist jedoch die für den Computer übliche Schreibweise.

JavaScript kennt außer den Grundrechenarten den so genannten Modulo-Operator, mit dem man den Rest einer Ganzzahldivision ermitteln kann. In JavaScript wird dafür das Prozentzeichen % benutzt. Der Befehl

Modulo-Operator

```
x = 17 % 5;
```

(sprich: 17 modulo 5) bewirkt, dass x den Wert 2 erhält, da der Rest aus der Ganzzahldivision 17 durch 5 gleich 2 ist.

4.6.2 Inkrement- und Dekrement-Operatoren

Sehr oft muss man eine Variable um eins erhöhen oder um eins verringern. Da Programmierer im Allgemeinen recht schreibfaul sind, gibt es dafür in JavaScript eine Kurzschreibweise. Um eine Variable um eins zu erhöhen, schreibt man lediglich den Variablennamen, gefolgt von zwei Pluszeichen, z.B.:

Operatoren ++ und --

```
x++;
```

Dieser Befehl ist gleichdeutend mit x=x+1. Entsprechend kann man eine Variable um eins verringern, wenn man zwei Minuszeichen verwendet. Diese Schreibweise ist vor allem aus den Sprachen C und C++ bekannt (die Sprache C++ hat sogar ihren Namen vom Inkrement-Operator – C++ ist demnach der Nachfolger von C).

Man kann diese Schreibweise auch im Zusammenhang mit einer Zuweisung verwenden:

```
y = x++;
```

Wenn x vorher den Wert 2 hatte, ist klar, dass x nach diesem Befehl den Wert 3 speichert. Welchen Wert bekommt allerdings y zugewiesen? Die Pluszeichen stehen nach dem x. Der Befehl lautet für den Computer: *Weise der Variablen y den Wert von x zu und erhöhe danach x um eins.* Die Variable y nimmt demnach den Wert 2 an.

Es funktioniert auch Folgendes:

```
y = ++x;
```

Dies bedeutet, dass die Variable x zuerst um eins erhöht werden soll. Danach wird der Wert von x der Variablen y zugewiesen. Hat x zu Beginn einen Wert von 2, würden beide Variablen x und y nach diesem Befehl den Wert 3 annehmen.

4.6.3   Zuweisungsoperatoren

Möchte man den Wert einer Variablen um 5 erhöhen, kann man Folgendes schreiben:

```
x = x + 5;
```

Dies kann man allerdings auch abkürzen. Man schreibt dafür lediglich:

```
x += 5
```

Der Operator += bedeutet also, dass ein Wert zu einem bestehenden Wert addiert werden soll. Einen entsprechenden Operator gibt es für die restlichen Grundrechenarten sowie für einige andere Operatoren.

Tab. 4–3

Zuweisungsoperatoren

Zeichen	Beispiel	Gleichbedeutend mit
+=	x += 5	x = x + 5
-=	x -= 5	x = x - 5
*=	x *= 5	x = x * 5
/=	x /= 5	x = x / 5
%=	x %= 5	x = x % 5
&=	x &= 5	x = x & 5
|=	x |= 5	x = x | 5
^=	x ^= 5	x = x ^ 5
<<=	x <<= 5	x = x << 5
>>=	x >>= 5	x = x >> 5
>>>=	x >>>= 5	x = x >>> 5

Wenn Sie sich mit diesen Operatoren nicht anfreunden können, müssen Sie sie nicht selbst anwenden. Die normalen Schreibweisen sind nicht falsch. Allerdings kann man sich etwas Tipparbeit sparen.

Die unteren sechs Einträge in der Tabelle 4–3 sind bitweise Operatoren, die am Ende dieses Kapitels dargestellt werden.

4.6.4   Der typeof-Operator

Mit `typeof` kann man feststellen, von welchem Typ eine Variable ist. Mit `typeof` bekommen Sie eines der folgenden Resultate:

- `undefined`
- `boolean`
- `function`
- `number`
- `object`
- `string`

Wenn Sie beispielsweise Folgendes schreiben, dann bekommt `typ` den Wert `"number"` zugewiesen, da in x ein Zahlenwert gespeichert ist:

```
var x = 17;
var typ = typeof x;
```

Das folgende Beispiel weist der Variablen typ den Wert `"string"` zu:

```
var text = "Dies ist ein String.";
var typ = typeof text;
```

Da typeof gegebenenfalls den Wert `undefined` zurückliefert, kann man leicht überprüfen, ob eine Variable überhaupt definiert ist, ohne eine Fehlermeldung zu riskieren.

Prüfen, ob eine Variable definiert ist

4.6.5   Bitweise Operatoren

Bitweise Operatoren spielen in JavaScript eine eher untergeordnete Rolle. Zwecks Vollständigkeit werden diese Operatoren hier aufgeführt, ohne dass jedoch auf die Details eingegangen wird.

Operator	Bedeutung
&	Bitweises UND (AND)
|	Bitweises ODER (OR)
^	Bitweises ausschließendes ODER (XOR)
~	Bitweises NICHT (NOT)
<<	Bitweise Linksverschiebung
>>	Bitweise Rechtsverschiebung
>>>	Bitweise Rechtsverschiebung Vorzeichen ignorierend

Tab. 4–4

Bitweise Operatoren

Bitweise Operatoren wirken auf die einzelnen Bits einer Ganzzahl. So kann man die Bits eines Werts gezielt verändern. Beispielsweise dreht der bitweise Negationsoperator (NICHT-Operator) sämtliche Bits um. Wenn an einer Stelle zuvor eine 1 stand, steht dort nach der Anwendung des NICHT-Operators eine 0. Bitweise Operatoren haben im Vergleich zu anderen Operatoren einen Geschwindigkeitsvorteil. Allerdings lohnt sich der Aufwand meist nur bei zeitkritischen Anwendungen.

5 Verzweigungen

Bisher hat der Computer alle Befehle, die ihm aufgetragen wurden, stur nacheinander ausgeführt. Man kann die Ausführung eines Befehls jedoch auch von einer Bedingung abhängig machen. Der Computer entscheidet dann im Moment der Ausführung, welcher Befehl ausgeführt werden soll. Beispielsweise kann man zwei Variablen miteinander vergleichen und abhängig davon, welcher Wert größer ist, einen bestimmten Text ausgeben. Später werden wir dies etwa benötigen, wenn wir prüfen wollen, ob eine Formulareingabe des Anwenders korrekt ist oder nicht. Dieses Kapitel zeigt die grundlegenden Befehle für die Umsetzung solcher Verzweigungen.

5.1 if-Abfragen

Als Erstes wollen wir zwei Variablen miteinander vergleichen. Die beiden Variablen heißen tim und tom und sollen das Alter von Tim und Tom als Zahlenwert enthalten. Je nachdem wer älter ist, soll ein entsprechender Text ausgegeben werden.

Zuerst wollen wir prüfen, ob Tim älter als Tom ist. Das wäre etwa der Fall, wenn die Variable tim den Wert 12 und tom den Wert 10 enthält.

Einfache Abfragen werden in JavaScript mit einer if-Abfrage verwirklicht. Diese wird mit dem Schlüsselwort if (englisch für *wenn*) eingeleitet. Danach wird die zu prüfende Bedingung angegeben, gefolgt von dem auszuführenden Befehl, wenn die Bedingung zutrifft.

Der folgende Quellcode enthält eine einfache if-Abfrage:

```html
<html>
<head>
  <title>if</title>
</head>
<body>
  <script type="text/javascript">
```
if01.html

```
var tim = 12;
var tom = 10;

if (tim > tom) {
    alert("Tim ist älter.");
}

</script>
</body>
</html>
```

Wenn Sie dieses Beispiel ausführen, erhalten Sie die Ausgabe *Tim ist älter.* Ändern Sie die Zahlenwerte der beiden Variablen, so dass tom größer als tim ist, so erhalten Sie keine Ausgabe.

Die Bedingung in unserer if-Abfrage lautet (tim>tom). Im Gegensatz zu anderen Programmiersprachen muss in JavaScript die Bedingung einer if-Abfrage in Klammern stehen. Die Bedingung prüft, ob der Wert der Variable tim größer als tom ist. Ist dies der Fall, wird der alert()-Befehl hinter der Bedingung ausgeführt. Wenn nicht, wird dieser Befehl übersprungen, d.h., wenn die Bedingung nicht zutrifft, passiert in unserem Beispiel gar nichts.

Abb. 5–1
Die if-Abfrage

wenn   Tim älter als Tom ist   dann gib "Tim ist älter." aus

Geschweifte Klammern

Der Befehl nach der if-Abfrage wurde in unserem Beispiel in geschweiften Klammern geschrieben. Wenn man nur einen Befehl ausführen möchte, falls die Bedingung zutrifft, kann man die geschweiften Klammern weglassen. Man kann in unserem Beispiel also auch Folgendes schreiben:

```
if (tim > tom) alert("Tim ist älter");
```

Sollen mehrere Befehle ausgeführt werden, wenn die Bedingung zutrifft, kann man auf die geschweiften Klammern jedoch nicht verzichten.

Mit der Abfrage (tim>tom) haben wir nur geprüft, ob Tim älter als Tom ist. Es kann jedoch auch sein, dass Tom der Ältere ist. Möchten wir auch das noch prüfen, können wir eine zweite if-Abfrage formulieren, wie der folgende Code zeigt:

if02.html
(Auszug)

```
if (tim > tom) alert("Tim ist älter.");
if (tim < tom) alert("Tom ist älter.");
```

5.1.1 Vergleichsoperatoren

Jetzt haben wir geprüft, ob Tim oder Tom der Ältere ist. Was passiert jedoch, wenn beide gleich alt sind? In diesem Fall hätten die beiden Variablen `tim` und `tom` den gleichen Wert, und unsere bisherigen Beispiele würden nichts ausgeben. Wir wollen ein Skript schreiben, das diesen Fall prüft. Um zu testen, ob zwei Variablen gleich groß sind, verwendet man den Vergleichsoperator `==`, wie es dieses Beispiel zeigt:

```
if (tim==tom) alert("Beide sind gleich alt.");
```

*if03.html
(Auszug)*

Bitte beachten Sie, dass hier in der Bedingung nicht ein einzelnes Gleichheitszeichen benutzt wird. Das einzelne Gleichheitszeichen wird in JavaScript für die Zuweisung von Werten verwendet. Beispielsweise bedeutet `x=2`, dass x den Wert 2 zugewiesen bekommt. Wenn Sie aber `x==2` schreiben, soll der Computer überprüfen, ob x gleich 2 ist. Benutzt man in einer `if`-Abfrage nur ein Gleichheitszeichen, bekommt man eine Fehlermeldung, da der Computer keine Bedingung finden kann, die er überprüfen soll.

= und ==

Soll überprüft werden, ob zwei Werte ungleich sind, verwendet man den Vergleichsoperator `!=`. Das folgende Beispiel gibt einen Text aus, wenn Tim und Tom nicht gleich alt sind:

!=

```
if (tim!=tom) alert("Beide sind nicht gleich alt.");
```

*if04.html
(Auszug)*

Die folgende Tabelle zeigt die in JavaScript verfügbaren Vergleichsoperatoren, die im Zusammenhang mit `if`-Abfragen verwendet werden können.

Operator	Bedeutung
==	gleich
!=	ungleich
===	strikt gleich
!==	strikt ungleich
<	kleiner
>	größer
<=	kleiner oder gleich
>=	größer oder gleich

*Tab. 5–1
Vergleichsoperatoren*

Die Operatoren `===` und `!==` sind im Zusammenhang mit unterschiedlichen Datentypen von Bedeutung. Bei der Verwendung unterschiedlicher Datentypen wandeln die beiden Operatoren `==` und `!=` die zu vergleichenden Werte zunächst um; anschließend vergleicht man die umgewandelten Werte. Wenn `str` gleich `"3"` und `zahl` gleich 3 ist, dann

=== und !==

trifft die Bedingung (str == zahl) zu, da JavaScript in diesem Fall beide Werte vor dem Vergleich in Zahlen umwandelt. Möchte man verhindern, dass die Werte vor dem Vergleich umgewandelt werden, verwendet man ===. In unserem Beispiel würde (str === zahl) nicht zutreffen.

5.1.2   Die else-Anweisung

Wenn wir uns die folgenden Zeilen anschauen, stellen wir fest, dass die zweite if-Abfrage genau das Gegenteil der ersten überprüft. Nur eine der beiden Bedingungen kann wahr sein.

```
if (tim == tom) {
    alert("Beide sind gleich alt.");
}
if (tim != tom) {
    alert("Beide sind nicht gleich alt.");
}
```

Diese zwei if-Abfragen kann man auch zu einer zusammenfassen, indem man eine else-Anweisung verwendet, wie es die folgenden Zeilen demonstrieren:

if05.html
(Auszug)

```
if (tim == tom) {
    alert("Beide sind gleich alt.");
} else {
    alert("Beide sind nicht gleich alt.");
}
```

Hängt man an eine if-Abfrage eine weitere Anweisung mit else (engl. für *sonst*) an, wird diese ausgeführt, falls die Bedingung nicht zutrifft. Das folgende Schaubild veranschaulicht die Funktionsweise einer if-else-Abfrage.

Abb. 5–2
Eine if-else-Abfrage

Auch hinter else können mehrere Befehle angegeben werden. In diesem Fall sind auch hier geschweifte Klammern zwingend.

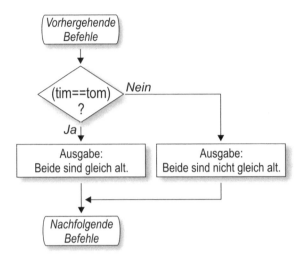

Abb. 5–3

Flussdiagramm einer

if-else-Abfrage

5.1.3   Überprüfen von booleschen Variablen

Die Bedingung in einer if-Abfrage muss entweder wahr oder falsch sein. Im vorhergehenden Kapitel wurden bereits boolesche Variablen angesprochen. Dies sind Variablen, die entweder true (=*wahr*) oder false (=*falsch*) sein können. Diese Variablen können in Verbindung mit if-Abfragen eingesetzt werden, wie das nächste Beispiel zeigt:

```
var bool = true;

if (bool) alert("Die Variable bool ist true.")
   else alert("Die Variable bool ist false.");
```

if06.html

(Auszug)

Dieses Beispiel zeigt nur den grundlegenden Aufbau einer solchen if-Abfrage und lässt den praktischen Einsatzzweck noch nicht wirklich erkennen. Solche if-Abfragen werden jedoch durchaus häufig eingesetzt. So kann man sich beispielsweise einen Fragebogen vorstellen, in dem der Anwender angeben soll, ob er Sport treibt. Für die Speicherung der Antwort kann eine boolesche Variable verwendet werden, die sich dann mit einer if-Abfrage auswerten lässt.

Später werden wir Funktionen bzw. Methoden kennen lernen, die bestimmte Befehle ausführen und danach einen Ergebniswert zurückgeben (siehe *Funktionen*, S. 71). Als Vorgriff auf dieses Kapitel soll hier erwähnt werden, dass auch Funktionen im Zusammenhang mit if-Abfragen eingesetzt werden können. Liefert eine Funktion einen booleschen Wert zurück, kann diese direkt in eine if-Abfrage eingebaut werden. Im folgenden Beispiel zeigt confirm() ein kleines Auswahlfenster und liefert je nach Antwort des Anwenders entweder true oder false:

if07.html

(Auszug)

```
if (confirm("Abfrage"))
    alert("Es wurde auf OK geklickt.");
else alert("Es wurde auf Abbrechen geklickt.");
```

5.1.4   Geschachtelte if-Abfragen

Mehrere if-Abfragen können ineinander geschachtelt werden. So kann man endlose Ketten von if-Abfragen erstellen, was aber leicht unübersichtlich werden kann.

Wenn wir beispielsweise wissen, dass Tim und Tom gleich alt sind, müssen wir nicht mehr testen, wer älter ist. Dies müssen wir nur tun, wenn wir wissen, dass sie nicht gleich alt sind. Eine geschachtelte if-Abfrage für diesen Zweck könnte so aussehen:

if08.html

(Auszug)

```
if (tim != tom) {
    if (tim > tom) {
        alert("Tim ist älter.");
    } else {
        alert("Tom ist älter.");
    }
} else {
    alert("Beide sind gleich alt.");
}
```

Da bei solchen Anweisungen oftmals die Übersichtlichkeit etwas leidet, sollte man die Einrückung der Zeilen entsprechend wählen, damit der Quellcode leichter zu lesen ist. Das ist natürlich nicht zwingend, erleichtert aber die Programmierung und die eventuelle Fehlersuche etwas.

In unserem Beispiel könnte man auf die geschweiften Klammern verzichten, da wir immer nur einen Befehl angeben. Hier wurden die geschweiften Klammern jedoch nicht weggelassen, da auch das etwas zur Übersichtlichkeit beiträgt.

5.1.5   Der Negationsoperator

!

Durch den Negationsoperator, der durch ein einfaches Ausrufezeichen dargestellt wird, wird der Wahrheitswert einer Bedingung umgekehrt. Im folgenden Beispiel trifft die Bedingung also nicht zu, da bool den Wert true hat und !bool dadurch false ist.

if09.html

(Auszug)

```
var bool = true;

if (!bool) alert("Die Variable bool ist false.")
    else alert("Die Variable bool ist true.");
```

5.1.6   Boolesche Operatoren

Wenn man sicherstellen möchte, dass zwei Bedingungen erfüllt sind, kann man, wie wir gesehen haben, zwei if-Abfragen ineinander schachteln, wie es dieser Codeabschnitt zeigt:

```
if (a > 0) {
   if (b > 0) {
      // hier sind a und b groesser 0
   }
}
```

Einfacher geht dies mit booleschen Operatoren. Mit dem booleschen Operator && sieht dieser Code so aus:

```
if ((a > 0) && (b > 0)) {
   // hier sind a und b groesser 0
}
```

Es handelt sich um eine *UND*-Verknüpfung, d.h., dieses Beispiel prüft, ob a größer als 0 ist *und* ob b größer als 0 ist. Beide Bedingungen müssen erfüllt sein, damit der nachfolgende Befehl ausgeführt wird.

UND-Verknüpfungen

a	b	(a>0) && (b>0)
0	0	-
1	0	-
0	1	-
1	1	+

Abb. 5–4

Eine UND-Verknüpfung

mit Beispielwerten

Mit dem booleschen Operator || kann eine *ODER*-Verknüpfung realisiert werden. Es muss mindestens eine der Bedingungen erfüllt sein. Dies sieht z.B. so aus:

ODER-Verknüpfungen

```
if ((a > 0) || (b > 0)) {
   // hier ist a oder b groesser 0
}
```

Diese if-Abfrage ist erfüllt, wenn a *oder* b größer als 0 ist. Die Bedingung ist aber auch erfüllt, wenn beide Variablen größer als 0 sind.

a	b	(a>0) || (b>0)
0	0	-
1	0	+
0	1	+
1	1	+

Abb. 5–5

Eine ODER-Verknüpfung

mit Beispielwerten

JavaScript kennt kein entweder-oder, d.h., es gibt keinen booleschen Operator, bei dem man prüfen kann, ob entweder a oder b größer als 0 ist.

5.2 Der Konditional-Operator ?:

if-else-Ersatz Es gibt eine Kurzschreibweise, die man anstelle einer if-else-Abfrage einsetzen kann. Dazu verwendet man den Konditional-Operator, der allgemein folgenden Aufbau hat:

```
(Bedingung) ? TrifftZu : TrifftNichtZu
```

Dies entspricht folgender if-Abfrage:

```
if (Bedingung) TrifftZu
    else TrifftNichtZu
```

JavaScript prüft zunächst die Bedingung. Trifft die Bedingung zu, wird der Befehl nach dem Fragezeichen augeführt. Ist dies nicht der Fall, kommt der Befehl nach dem Doppelpunkt zum Zug. Ein Beispiel wäre:

if10.html
(Auszug)
```
(tim == tom) ?
    alert("Beide sind gleich alt.") :
    alert("Beide sind nicht gleich alt.");
```

Man kann jedes ?:-Gebilde durch eine if-else-Abfrage ausdrücken. Wer sich an ?: nicht gewöhnen kann, kann deshalb bei if-else bleiben. Zugegebenermaßen kann der Konditional-Operator oft etwas kryptisch aussehen. Der Vorteil ist, dass der Programmcode kompakt bleibt. Jedoch kann die Lesbarkeit des Quellcodes darunter leiden.

Im Gegensatz zu einer if-Abfrage kann der Konditional-Operator auf der rechten Seite einer Zuweisung stehen. Damit kann man einer Variablen in Abhängigkeit einer Bedingung unterschiedliche Werte zuweisen:

```
z = (x > y) ? 10 : 17;
```

Diese Zeile entspricht der folgenden if-else-Verzweigung:

```
if (x > y) z = 10;
    else z = 17;
```

5.3 switch-Anweisungen

Kann eine Variable unterschiedliche Werte annehmen, die man mit if abfragen will, kann dies recht mühselig und unübersichtlich werden.

Die switch-Anweisung kann eingesetzt werden, wenn mehrere Fälle eintreten können, die man unterschiedlich behandeln will. Folgendes Beispiel gibt zu einer eingegebenen Schulnote einen Kommentar ab:

switch.html

(Auszug)

```javascript
var note = 2;

switch (note) {
  case 1:   alert("Hervorragend!");
            break;
  case 2:   alert("Super.");
            break;
  case 3:   alert("Ok.");
            break;
  default:  alert("Naja.");
}
```

Hier wird geprüft, welchen Wert die Variable note hat. Die zu überprüfende Variable schreibt man hinter das Schlüsselwort switch (engl. für *Schalter, Weiche*) in Klammern. Die zu unterscheidenden Fälle werden mit case (engl. für *Fall*) aufgelistet. Tritt einer dieser Fälle ein, wird der dahinter stehende Code ausgeführt. Es können auch mehrere Befehle angegeben werden. Hierzu braucht man ausnahmsweise mal keine geschweiften Klammern.

Es können beliebig viele case-Anweisungen verwendet werden. Für den Fall, dass keine der Bedingungen passt, kann man eine default-Anweisung (engl. für *Standardeinstellung*) einfügen, dies entspricht also der else-Anweisung einer if-Abfrage.

default

Bitte beachten Sie die Verwendung von break. Um zu verstehen, was break tut, sollten Sie in dem oben gezeigten Beispiel versuchsweise alle break-Anweisungen entfernen. Sie werden sehen, dass alle alert()-Befehle außer dem ersten nacheinander ausgeführt werden. Dies liegt daran, dass sobald eine case-Anweisung zutrifft (in unserem Fall ist dies case 2), die restlichen Befehle in der switch-Anweisung ausgeführt werden, es sei denn, Sie verwenden break, um vorzeitig aus der switch-Anweisung *auszubrechen*. Die break-Anweisung vergisst man schnell. Ich kann nicht verheimlichen, dass mir das ständig passiert.

Obiges Beispiel hat den Nachteil, dass nur ganze Zahlen eingegeben werden können. Möchte man auch »halbe« Noten abdecken, kann man dafür zusätzliche case-Anweisungen einfügen oder vor der switch-Anweisung die Note mit Math.round() auf eine ganze Zahl runden (siehe *Die Math-Klasse*, S. 103). Mit der switch-Anweisung lassen sich leider keine Wertebereiche abfragen, so dass man in diesem Fall wieder auf if-Abfragen zurückgreifen muss.

Es lassen sich nicht nur Zahlen, sondern auch Strings im Zusammenhang mit der switch-Anweisung verwenden.

6 Schleifen

Schleifen kommen immer dann zum Einsatz, wenn Sie in einem Computerprogramm eine Aktion mehrmals durchführen wollen. Als Beispiel kann man sich die Ausgabe einer Umrechnungstabelle für verschiedene Temperaturwerte in Celsius und Fahrenheit vorstellen. Angenommen wir zeigen auf der linken Seite der Tabelle die Celsius-Werte von 10° und 100° Celsius in 10-Grad-Schritten. Um die Fahrenheit-Werte auf der rechten Seite anzeigen zu können, müssen wir die Formel aus dem letzten Kapitel auf jede Zeile anwenden. Der Parameter (der Celsius-Wert) ist zwar in jeder Zeile ein anderer, aber es handelt sich immer um die gleiche Formel.

JavaScript kennt unterschiedliche Arten von Schleifen. Die üblichsten sind for- und while-Schleifen. Jedoch kennt JavaScript auch do-while- und for..in-Schleifen. Dieses Kapitel geht auf for-, while- und do-while-Schleifen ein und zeigt, wie diese eingesetzt werden können.

Verschiedene Arten von Schleifen

for..in-Schleifen sind im Zusammenhang mit Objekten nützlich. Wir werden in einem späteren Kapitel auf diese Schleifenform eingehen (siehe *for..in-Schleife*, S. 121). In E4X (ECMAScript für XML) gibt es noch eine for each..in-Schleife, auf die hier jedoch nicht näher eingegangen wird, da diese Schleife nicht Teil von ECMA-262 ist und damit in den meisten Browsern nicht unterstützt wird.

Bisher haben wir in unseren Beispielen den alert()-Befehl verwendet, um die Resultate unserer Skripte anzuzeigen. Um die Funktionsweise von Schleifen zu veranschaulichen, wollen wir die Beispiele in diesem Kapitel so schreiben, dass jeder Schritt zu einer Ausgabe führt und wir somit genau sehen, was die einzelnen Befehle machen. Dazu verwenden wir folgenden Grundaufbau der HTML-Datei:

Grundaufbau der Beispiele

```
<html>
<head>
  <title>Schleifen</title>
</head>
```

```
<body>
  <div id="ausgabe"></div>
  <script type="text/javascript">
  var ausgabe = document.getElementById("ausgabe");
  // Hier wird der Beispielcode eingefügt
  </script>
</body>
</html>
```

Ausgabebereich

Sie sehen, dass im <body>-Teil ein <div>-Tag verwendet wird. Wir werden uns später dieses nützliche Tag im Detail ansehen. An dieser Stelle sei nur gesagt, dass wir damit den Ausgabebereich für unser Skript festlegen. Im <script>-Teil wird der Befehl getElementById() verwendet, um auf den Ausgabebereich zuzugreifen. Wir definieren auf diese Weise eine Variable ausgabe, so dass wir mit dem folgenden Befehl einen Text ausgeben können:

```
ausgabe.innerHTML += "Test";
```

document.write()

Die Funktionsweise der Ausgabe ist an dieser Stelle nicht so wichtig, da wir darauf später genauer eingehen werden. Sie werden sich vielleicht wundern, warum wir nicht den Befehl document.write() verwenden. Dieser Befehl wurde früher oft genutzt, sollte laut XHTML-Standard jedoch nicht mehr verwendet werden. Da ältere Browser wie Netscape 4 die Methode getElementById() nicht kennen, funktionieren diese Beispiele dort nicht.

6.1 Die for-Schleife

for-Schleifen werden verwendet, wenn bereits vorher feststeht, wie oft eine Befehlsfolge ausgeführt werden soll. Die Erstellung einer Temperaturtabelle mit zehn unterschiedlichen Celsius-Werten wäre solch ein Beispiel. Zu der for-Schleife gehört ein Anweisungsblock, der so genannte Schleifenrumpf, der bei jedem Schleifendurchgang abgearbeitet wird. In unserem Beispiel wäre das die Formel zur Berechnung des Fahrenheit-Werts und die Ausgabe einer Tabellenzeile.

6.1.1 Grundaufbau der for-Schleife

Schleifenvariable, Index

Zur Steuerung der for-Schleife wird zu Beginn eine Variable definiert. Diese Schleifenvariable, die auch als Index bezeichnet wird, hat am Anfang gewöhnlich den Wert 0 und wird bei jedem Schleifendurchgang um eins erhöht. Erreicht die Schleifenvariable den vorher festgelegten Endwert, wird die Schleife beendet und das Programm wird mit dem nächsten Befehl fortgesetzt. Die Schleifenvariable wird üblicherweise i oder j genannt, was allerdings nicht zwingend ist.

Das Schaubild veranschaulicht den Aufbau einer for-Schleife.

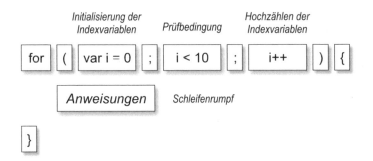

Abb. 6–1

Aufbau einer for-Schleife

Möchte man beispielsweise zehn Mal einen Text ausgeben, kann man in der Datei, die am Anfang dieses Kapitels dargestellt wurde, Folgendes schreiben:

```
for (var i = 0; i < 10; i++) {
    ausgabe.innerHTML += "Diese Seite ist toll.<br />";
}
```

schleife1.html

(Auszug)

Als Erstes wird die Schleifenvariable i deklariert und mit 0 initialisiert. Danach wird die Prüfbedingung bzw. Testbedingung mit i<10 angegeben, d.h., die Schleife wird ausgeführt, solange i kleiner als 10 ist. Mit i++ wird festgelegt, dass i nach jedem Schleifendurchgang um eins hochgezählt werden soll.

Die Schleife wird abgebrochen, wenn die Prüfbedingung nicht mehr erfüllt ist. In unserem Beispiel ist dies der Fall, wenn i den Wert 10 annimmt. Beim ersten Schleifendurchgang ist i gleich 0, beim letzten Durchgang ist i gleich 9. Das ergibt insgesamt zehn Schleifendurchgänge.

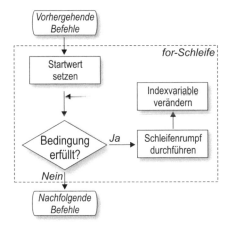

Abb. 6–2

Flussdiagramm einer

for-Schleife

6.1.2   Die Schleifenvariable selbst einsetzen

Die Schleifenvariable kann in dem Schleifenrumpf selbst benutzt werden. Sie können somit immer feststellen, bei welchem Element die Schleife sich gerade befindet. Mit den folgenden Befehlen werden zehn durchnummerierte Zeilen dargestellt:

schleife2.html
(Auszug)

```
for (var i = 0; i < 10; i++) {
    ausgabe.innerHTML += "Text Nr. " + i + "<br />";
}
```

Abb. 6–3
for-Schleife mit Ausgabe
der Schleifenvariable

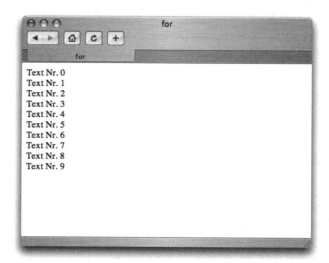

6.1.3   Die Schrittweite festlegen

Durch die dritte Angabe im Schleifenkopf wird die Schrittweite festgelegt. In unseren bisherigen Beispielen wurde mit i++ angegeben, dass i bei jedem Schleifendurchgang um eins hochgezählt werden soll, d.h., die Schrittweite beträgt 1.

In JavaScript kann die Schrittweite beliebig festgelegt werden. So kann man genauso eine Schrittweite von 2, 3 oder 2.5 wählen. In der folgenden Schleife werden mithilfe einer Schrittweite von 2 alle geraden Zahlen von 0 bis 100 addiert:

```
var summe = 0;
for (var i = 0; i <= 100; i += 2) {
    summe = summe + i;
}
```

Auch negative Schrittweiten sind möglich. In diesem Fall wird die Schleifenvariable nicht hochgezählt, sondern heruntergezählt. Dabei ist zu beachten, dass man auch die Prüfbedingung entsprechend wählt, damit die Schleife zu einem Ende kommt. Eine for-Schleife, in der i von 10 bis 1 rückwärts gezählt wird, sieht so aus:

```
for (var i = 10; i > 0; i--) {
    ausgabe.innerHTML += "Text Nr. " + i + "<br />";
}
```

Zur Erstellung unserer Tabelle mit Temperaturwerten können wir folgenden Codeabschnitt verwenden:

```
for (var i = 10; i <= 100; i += 10) {
    ausgabe.innerHTML += "Celsius: " + i +
        " - Fahrenheit: " + (9/5 * i + 32) + "<br />";
}
```

schleife3.html

(Auszug)

Da wir die Celsius-Werte 10°C, 20°C, ... 100°C umrechnen wollen, hat i zu Beginn der Schleife den Wert 10 und wird bei jedem Schleifendurchgang um 10 hochgezählt, bis die Bedingung i<=100 nicht mehr zutrifft. Wie Sie sehen, wird hier der Operator <= verwendet, damit die Schleife als Letztes den Wert 100°C umrechnet.

6.1.4 Endlosschleifen

Es kann vorkommen, dass die Testbedingung nie falsch wird. Das bedeutet, dass die Schleife endlos fortgesetzt wird. Im Normalfall sind Endlosschleifen nicht gewollt, sondern meistens wird einfach nur die Testbedingung falsch angegeben. Die folgende Schleife wird beispielsweise nie abgebrochen, da i immer kleiner als 100 ist und damit die Prüfbedingung immer wahr ist:

```
var summe = 0;
for (var i = 0; i < 100; i--) {
    ausgabe.innerHTML += "Text Nr. " + i + "<br />";
}
```

Endlosschleifen sind nicht auf for-Schleifen begrenzt und können genauso bei den anderen Schleifenarten auftreten.

6.1.5 Sofortiger Abbruch

Ein weiterer häufiger Fehler ist, dass der Schleifenrumpf nie ausgeführt wird. Das kann passieren, wenn die Testbedingung gleich zu Beginn falsch ist. Die folgende Schleife bricht sofort ab, da i nicht größer als 100 ist:

```
var summe = 0;
for (var i = 0; i > 100; i++) {
    summe = summe + i;
}
```

6.2 Die while-Schleife

Die while-Schleife ist der for-Schleife ähnlich. Viele Dinge lassen sich in der Tat sowohl mit einer for- als auch mit einer while-Schleife umsetzen. Im Gegensatz zur for-Schleife besitzt die while-Schleife keinen Initialisierungs- und Aktualisierungsteil. Es wird lediglich bei jedem Schleifendurchgang ein Testausdruck auf Wahrheit überprüft. Das Schaubild zeigt den generellen Aufbau einer while-Schleife.

Abb. 6–4

Aufbau einer while-Schleife

Ist die Prüfbedingung wahr, wird der Schleifenrumpf ausgeführt. Dies wird so lange wiederholt, bis die Prüfbedingung irgendwann falsch wird. Möchten Sie wie bei einer for-Schleife eine Schleifenvariable einsetzen, können Sie Folgendes schreiben:

schleife4.html
(Auszug)

```
var i = 0;
while (i < 100) {
    ausgabe.innerHTML += "Text Nr. " + i + "<br />";
    i++;
}
```

Wie Sie sehen, sind alle Elemente, die wir bei der for-Schleife angeben mussten, auch vorhanden. Zunächst definieren wir die Schleifenvariable i und setzen diese auf 0. Die Testbedingung stellt sicher, ob i kleiner als 100 ist. Ist dies der Fall, wird die Schleife durchgeführt und i am Schluss um eins hochgezählt.

Genau wie bei der for-Schleife kann es vorkommen, dass eine while-Schleife gar nicht durchlaufen wird. Wenn die Bedingung gleich zu Beginn falsch ist, wird die Schleife erst gar nicht angefangen. Dies liegt daran, dass die Bedingung *vor* jedem Schleifendurchlauf überprüft wird.

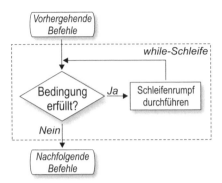

Abb. 6–5

Flussdiagramm einer

while-Schleife

Ein einfaches Beispiel für eine while-Schleife könnte so aussehen:

```html
<html>
<head>
  <title>while</title>
</head>
<body>
  <script type="text/javascript">

  var fortsetzen = true;
  var x = 0;

  while (fortsetzen) {
      x++;
      fortsetzen = confirm("x hat den Wert " + x +
          "\nSchleife fortsetzen?");
  }

  </script>
</body>
</html>
```

schleife5.html

confirm() erzeugt ein kleines Fenster, in dem auf *OK* oder *Abbrechen* geklickt werden kann (siehe *Popup-Fenster*, S. 139). Wird auf *OK* geklickt, erhält fortsetzen den Wert true, ansonsten den Wert false.

Abb. 6–6

Variable Anzahl von

Schleifendurchgängen

Der wichtigste Unterschied zu einer for-Schleife ist, dass die Anzahl der Schleifendurchgänge vorher nicht feststehen muss. In unserem Beispiel bricht die while-Schleife erst ab, wenn die *Abbrechen*-Schaltfläche des *confirm*-Fensters gedrückt wird. In diesem Beispiel liegt es im Ermessen des Anwenders, wie oft die Schleife durchlaufen werden soll.

Mögliche Fehlerquellen   Möchte man eine while-Schleife benutzen, muss man an zwei Dinge denken. Als Erstes muss man dafür sorgen, dass die Testbedingung irgendwann falsch wird. Ansonsten erzeugt man eine Endlosschleife. Zweitens vergisst man oft, einen Startwert zu setzen. So kann es sein, dass die Schleife erst gar nicht angefangen wird, da die Bedingung von vorneherein falsch ist. Würde man in unserem Beispiel vergessen, der Variablen fortsetzen den Wert true zuzuweisen, wäre die Bedingung gleich zu Beginn falsch.

Zahlenraten

Das nächste Beispiel soll die Verwendung einer while-Schleife demonstrieren. Das Programm stellt ein Zahlenratspiel dar. Der Computer *überlegt* sich eine Zahl zwischen 1 und 100. Der Benutzer muss diese Zahl erraten. Der Computer gibt an, ob die geratene Zahl zu hoch oder zu niedrig war. Der Spieler muss so lange raten, bis die richtige Zahl gefunden wurde.

Abb. 6–7
Zahlenraten

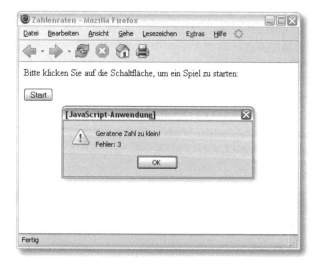

```html
<html>
<head>
<title>Zahlenraten</title>
<meta http-equiv="Content-Script-Type"
   content="text/javascript" />

<script type="text/javascript">
function zahlenRaten() {
   var zahl = Math.round(Math.random() * 99) + 1;
   var fehler = 0;
   var fertig = false;

   while (!fertig) {
      eingabe = prompt("Bitte erraten Sie die Zahl:","");
      if (!eingabe) {
         fertig = true;
      } else {
         if (eingabe == zahl) {
            alert("Gewonnen!");
            fertig = true;
         } else {
            fehler++;
            if (eingabe < zahl)
               alert("Geratene Zahl zu klein!\n" +
                  "Fehler: " + fehler)
            else alert("Geratene Zahl zu gross!\n" +
                  "Fehler: " + fehler);
         }
      }
   }
}

</script>
</head>
<body>

   <p>
   Bitte klicken Sie auf die Schaltfl&auml;che,
   um ein Spiel zu starten:
   </p>
   <form>
      <p>
      <input type="button" value="Start"
         onclick="zahlenRaten()" />
      </p>
   </form>

</body>
</html>
```

Unser Skript erzeugt eine Schaltfläche. Wird diese Schaltfläche gedrückt, ruft der Computer die Funktion `zahlenRaten()` auf. Am Anfang dieser Funktion wird eine Zufallszahl ermittelt. Dafür ist `Math.random()` zuständig. Auf diese Methode wird in dem Kapitel über vordefinierte Objekte näher eingegangen. Die verwendete Befehlszeile erzeugt eine ganze Zahl zwischen 1 und 100 (siehe *Zufallszahlen*, S. 104).

Abbruch, wenn die Variable fertig true wird

Die Funktion `zahlenRaten()` besteht großteils aus einer `while`-Schleife. Die Prüfbedingung ist die boolesche Variable `fertig`. Diese Variable wird am Anfang auf `false` gesetzt. Die Schleife wird unterbrochen, wenn `fertig` den Wert `true` annimmt. Die Variable `fertig` soll den Wert `true` annehmen, wenn die Zahl richtig geraten wurde oder wenn der Spieler das Spiel abbricht.

Abb. 6–8
Eingabe der Zahl

Eingabe der Zahlen

Die Zahlen werden in einem `prompt`-Fenster eingegeben (siehe *Popup-Fenster*, S. 139). Klickt der Spieler in diesem Fenster auf die *Abbrechen*-Schaltfläche, gibt `prompt()` den Wert `false` zurück. Ist dies der Fall, wird `fertig` auf `true` gesetzt. Wird im *prompt*-Fenster jedoch eine Zahl eingegeben und auf *OK* geklickt, wird überprüft, ob die Zahl richtig geraten wurde. Der eingegebene Wert wird in der Variablen `eingabe` festgehalten.

Überprüfen der Eingabe

Wurde die richtige Zahl eingegeben, wird ein Glückwunsch ausgesprochen und die Variable `fertig` auf `true` gesetzt. Damit ist das Spiel zu Ende. Wurde falsch geraten, wird die Variable `fehler` um eins hochgezählt und angezeigt, ob die geratene Zahl zu groß oder zu klein war.

6.3 break

Wir haben bereits die `break`-Anweisung im Zusammenhang mit `switch` kennen gelernt. Mit `break` kann man auch die Ausführung einer Schleife abbrechen. Der Browser setzt dann mit den nachfolgenden Befehlen fort. In dem folgenden Beispiel wird nach der Ausgabe der fünften Zahl abgebrochen:

break.html
(Auszug)

```
for (var i = 1; i <= 10; i++) {
    if (i == 6) break;
    ausgabe.innerHTML += "Nummer " + i + "<br />";
}
```

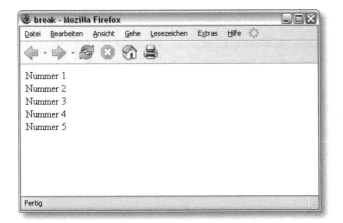

Abb. 6–9
*Abbruch einer Schleife
mit break*

6.4   continue

Die continue Anweisung verursacht, dass die nachfolgenden Befehle im Schleifenrumpf einer Schleife übersprungen werden. Der Computer setzt mit dem nächsten Schleifendurchgang fort. In dem folgenden Beispiel wird die Ausgabe der fünften Zahl übersprungen:

```
for (var i = 1; i <= 10; i++) {
    if (i == 5) continue;
    ausgabe.innerHTML += "Nummer " + i + "<br />";
}
```

*continue.html
(Auszug)*

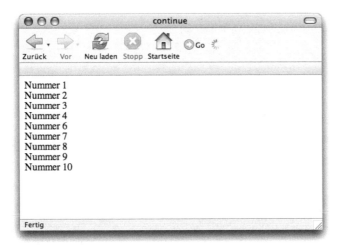

Abb. 6–10
*Überspringen des fünften
Elements mit continue*

6.5   Die do-while-Schleife

Die do-while-Schleife ist vergleichbar mit der while-Schleife. Der Unterschied ist, dass die Überprüfung, ob die Schleife beendet werden soll, am Ende der Schleife stattfindet, d.h. *nach* dem Schleifenrumpf. Bei einer while-Schleife geschieht dies *vor* der Durchführung des Schleifenrumpfs. Daraus folgt, dass der Schleifenrumpf einer do-while-Schleife immer mindestens einmal durchgeführt wird. Das Schaubild veranschaulicht den Aufbau einer do-while-Schleife.

Abb. 6–11

Aufbau einer

do-while-Schleife

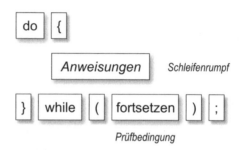

Hier ein Beispiel zur Verwendung der do-while-Schleife:

schleife6.html

(Auszug)

```
var i = 0;

do {
    ausgabe.innerHTML += i + "<br />";
    i++;
} while (i < 10);
```

Abb. 6–12

Flussdiagramm einer

do-while-Schleife

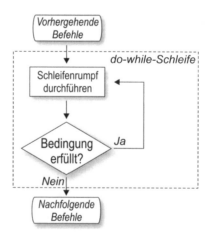

7 Funktionen

Beim Programmieren stößt man immer wieder auf ähnliche Problemstellungen. Statt jedes Mal das Rad neu erfinden und mehrfach den gleichen Codeabschnitt schreiben zu müssen, kann man eine Befehlsfolge in einer so genannten Funktion verpacken. Die Funktion lässt sich immer wieder verwenden und kann an unterschiedlichen Stellen im Programm aufgerufen werden. Neben der Wiederverwendung von bereits geschriebenem Code dienen Funktionen auch der Übersichtlichkeit. Gerade etwas größere Programme gewinnen dadurch an Struktur.

In den vorhergehenden Kapiteln wurden einige vordefinierte Befehle benutzt. Diese erledigten irgendeine Aufgabe, ohne dass man sich fragen musste, wie sie das tun. Beispielsweise mussten wir uns nie fragen, wie alert() arbeitet. Wir mussten lediglich wissen, wie wir damit umzugehen haben. Zwar handelt es sich bei alert(), wie wir später sehen werden, um keine Funktion im eigentlichen Sinne, jedoch ist die Arbeitsweise vergleichbar.

JavaScript definiert eine Reihe von Funktionen, die der Programmierer einfach verwenden kann. Wir werden ein paar nützliche Funktionen im Laufe dieses Kapitels kennen lernen. Zunächst wollen wir uns jedoch ansehen, wie man Funktionen selbst definiert.

7.1 Definieren und Aufrufen einer Funktion

7.1.1 Aufbau einer Funktion

Funktionen werden mit dem Schlüsselwort function definiert. Eine Funktion hat im Normalfall einen eigenen Namen, mit dem man diese aufrufen kann. Eine einfache – zugegebenermaßen sinnfreie – Funktion könnte so aussehen:

```
function schreibeText() {
    var ausgabe = document.getElementById("ausgabe");
    ausgabe.innerHTML += "Diese Seite ist toll! ";
    ausgabe.innerHTML += "Man kann es nicht oft genug " +
        "wiederholen... <br />";
}
```

Funktionsnamen

Diese Funktion hat den Namen schreibeText. Der Name einer Funktion kann nach den gleichen Regeln festgelegt werden wie der Name einer Variablen (siehe *Variablennamen*, S. 42). Im Unterschied zu Variablen sehen Sie jedoch, dass hinter dem Funktionsnamen Klammern angegeben werden. Die Bedeutung dieser Klammern werden wir später kennen lernen. Wenn ich von Funktionen spreche, gebe ich normalerweise die Klammern mit an, damit man diese nicht mit Variablen verwechselt.

Im Anschluss an den Funktionsnamen und die runden Klammern stehen in geschweiften Klammern die Befehle, die zu der Funktion *Befehlsblock* gehören. Die geschweiften Klammern bilden einen Befehlsblock. In unserem Fall wird bei jedem Funktionsaufruf ein Text im Ausgabebereich, der wie im letzten Kapitel durch ein <div>-Tag definiert wird, ausgegeben.

7.1.2   Aufrufen einer Funktion

Eine Funktion wird über den Namen aufgerufen. Dazu muss man die runden Klammern mit angeben. In unserem Beispiel können wir mit dem Befehl schreibeText() also die Funktion aufrufen und letztendlich die darin enthaltenen Befehle ausführen.

Im folgenden Beispielcode sehen Sie, wie die Funktionsdefinition eingebunden wird und die Funktion dreimal aufgerufen wird:

funktion01.html

```
<html>
<head>
<title>Funktionen</title>

<script type="text/javascript">

function schreibeText() {
    var ausgabe = document.getElementById("ausgabe");
    ausgabe.innerHTML += "Diese Seite ist toll! ";
    ausgabe.innerHTML += "Man kann es nicht oft genug " +
        "wiederholen... <br />";
}

</script>
</head>
```

```
<body>

    <div id="ausgabe"></div>

    <script type="text/javascript">

    // 3 Funktionsaufrufe
    schreibeText();
    schreibeText();
    schreibeText();

    </script>
</body>
</html>
```

Sie sehen, dass hier zwei <script>-Blöcke definiert werden. Dies ist nicht unbedingt notwendig. Allerdings sollte man Funktionen möglichst im <head>-Teil des Dokuments unterbringen, so dass hier eine Aufteilung des JavaScript-Teils gewählt wurde.

Wie wir wissen, geht der Computer prinzipiell den Code von oben nach unten durch und führt die Befehle nacheinander aus. In unserem Beispiel stößt er zunächst auf die Definition der Funktion schreibe-Text() mit dem Schlüsselwort function. Der Code in der Funktionsdefinition wird an dieser Stelle nicht ausgeführt, da dies erst beim Aufruf der Funktion passiert.

Reihenfolge der Ausführung der Befehle

Im <body>-Teil unseres Dokuments findet der Computer nun den ersten Funktionsaufruf schreibeText(). Der Computer springt bildlich gesprochen hoch in die Funktion und führt dort die entsprechenden Befehle aus. Nachdem dies passiert ist, springt der Computer wieder an die vorhergehende Stelle zurück und geht zum nächsten Befehl über. In unserem Fall ist dies der zweite Aufruf von schreibeText().

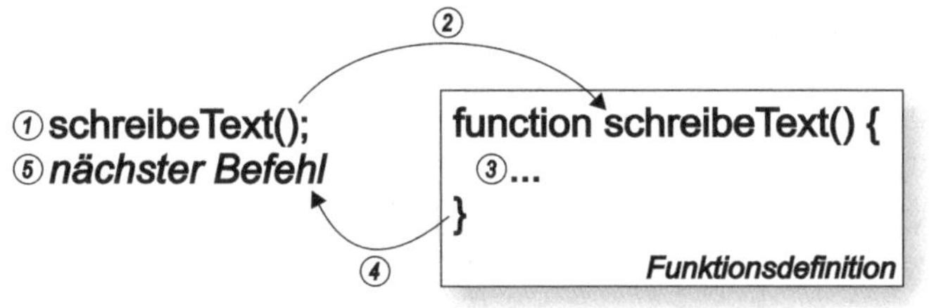

Abb. 7–1
Ablauf eines Funktionsaufrufs

Funktionen selbst können wiederum Funktionsaufrufe enthalten. Das macht den Befehlsfluss natürlich etwas komplexer, aber das Prinzip, dass nach Beendigung einer Funktion wieder an die Stelle des Funktionsaufrufs zurückgesprungen wird, bleibt erhalten.

7.1.3   Aufrufen einer Funktion als Reaktion auf Benutzereingaben

Es wurde bereits gezeigt, wie JavaScript auf Benutzereingaben reagieren kann (siehe *Reaktion auf Benutzereingaben*, S. 30). In diesem Zusammenhang bietet sich der Einsatz von Funktionen an. So muss man nicht alles in ein HTML-Tag quetschen, sondern kann eine entsprechende Funktion definieren. Nun muss man im HTML-Tag nur noch den Funktionsaufruf unterbringen. Ein Funktionsaufruf könnte folgendermaßen aussehen:

funktion02.html

```
<html>
<head>
<title>Funktionen</title>
<meta http-equiv="Content-Script-Type"
      content="text/javascript" />

<script type="text/javascript">

function test() {
   alert("Dies ist ein Test.");
}

</script>

</head>
<body>

    <form>
        <input type="button" value="Test" onclick="test()" />
    </form>

</body>
</html>
```

7.2   Übergabewerte

Funktionen zeigen ihre Stärke erst richtig bei der Verwendung von Übergabewerten. Damit lassen sich Funktionen allgemein definieren. Beim Aufruf einer Funktion können so Werte mitgegeben werden, die von der Funktion verarbeitet werden können.

7.2.1   Feste Anzahl von Argumenten

Stellen Sie sich vor, Sie wollen eine HTML-Seite erzeugen, auf der verschiedene Schaltflächen zu sehen sind. Auf jeder Schaltfläche steht ein Name. Die erwarteten Besucher sollen sich anhand der Schaltflächen identifizieren. Danach soll ein Popup-Fenster mit einer entsprechenden Begrüßung erscheinen. Erwartet man nur einen bestimmten Besucher, würde man vielleicht Folgendes schreiben:

```
function begruessung() {
  var name = "Fred";
  var text = "Hallo " + name + "!";
  alert(text);
}
```

Diese Funktion sorgt für die Begrüßung von Fred, wenn die entsprechende Schaltfläche gedrückt wird. Für die zweite Person schreibt man vielleicht eine neue Funktion mit deren Namen. Diese beiden Funktionen ähneln einander jedoch sehr. Schließlich ist nur der Name unterschiedlich. Kommen jetzt mehrere Personen dazu, wird der Programmtext erheblich länger, ohne dass Sie etwas spektakulär Neues hinzugefügt haben.

Wäre es nicht wesentlich sinnvoller, eine Funktion für alle Personen zu definieren? Der Funktion muss dabei nur der jeweilige Name mitgeteilt werden. Genau dies erledigen Übergabewerte. Schauen wir uns die Funktion an, wie sie mit einem Übergabewert aussieht:

Allgemeine Funktionen

```
function begruessung(name) {
  var text = "Hallo " + name + "!";
  alert(text);
}
```

Wie Sie sehen, ist die Definition des Namens aus der Funktion verschwunden. Wir wollen ja schließlich eine allgemeine Funktion schreiben, die sich nicht auf einen speziellen Namen festlegt.

Als zweite Veränderung steht nun name in den Klammern hinter dem Funktionsnamen. Dies ist im Prinzip die Definition einer Variablen name, die innerhalb der Funktion Gültigkeit hat. Beim Aufruf der Funktion begruessung() kann ein Wert übergeben werden, der dann in der Variablen name gespeichert wird.

Dies hat zur Folge, dass wir unseren Funktionsaufruf etwas umformulieren müssen. Wir müssen in den Klammern des Funktionsaufrufs nun einen Wert angeben. In diesem konkreten Beispiel würde unser Funktionsaufruf begruessung("Fred") lauten. Es erscheint jetzt also der Name der Person, die wir begrüßen wollen, in den Klammern des Funktionsaufrufs.

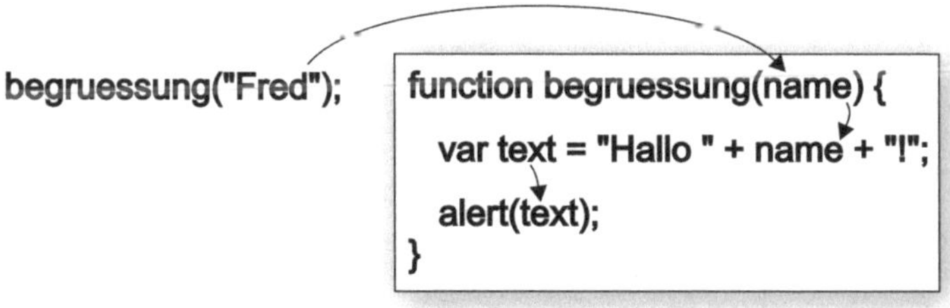

Abb. 7–2
Funktionsaufruf mit
Übergabewert

Wenn der Funktionsaufruf begruessung("Fred") lautet, bekommt die Variable name den Wert "Fred". Die Funktion verarbeitet diesen Namen dann weiter. Die Funktion ist nun so flexibel, dass wir beim Aufruf der Funktion unterschiedliche Namen angeben können, z.B. begruessung("Barney"). Es wird jeweils der Name, der der Funktion übergeben wird, mit alert() ausgegeben. Der Ausdruck, der an eine Funktion *Argumente, Parameter* übergeben wird, wird auch als Argument oder Parameter bezeichnet. Unsere Funktion erwartet demnach die Angabe eines Arguments.

Hier das komplette Programm:

funktion03.html

```html
<html>
<head>
<title>Funktionen</title>
<meta http-equiv="Content-Script-Type"
    content="text/javascript" />

<script type="text/javascript">

function begruessung(name) {
    var text = "Hallo " + name + "!";
    alert(text);
}

</script>
</head>
<body>
    <p>Bitte identifiziere Dich:</p>
    <form>
        <p>
        <input type="button" value="Fred"
            onclick="begruessung('Fred')" />
        <input type="button" value="Wilma"
            onclick="begruessung('Wilma')" />
        <input type="button" value="Barney"
            onclick="begruessung('Barney')" />
        <input type="button" value="Betty"
            onclick="begruessung('Betty')" />
        </p>
    </form>
</body>
</html>
```

Abb. 7–3
Übergabewerte

Bitte beachten Sie die Verwendung der Anführungsstriche beim Aufruf der Funktion. Da wir unseren Funktionsaufruf innerhalb von onclick angeben und in diesem Zusammenhang doppelte Anführungsstriche verwendet werden, können wir beim Übergabewert nicht noch einmal doppelte Anführungsstriche verwenden. JavaScript kann sowohl mit einfachen als auch mit doppelten Anführungsstrichen umgehen. Damit der Computer nicht durcheinander kommt, werden hier beim Funktionsaufruf einfache Anführungsstriche verwendet. *Anführungsstriche*

Es können auch mehrere Argumente an eine Funktion übergeben werden. Die einzelnen Argumente werden durch Kommata getrennt. Die folgende Funktion addiert die beiden übergebenen Argumente und gibt das Ergebnis in einem *alert*-Fenster aus: *Mehrere Argumente*

```
function addition(x, y) {
    alert(x + y);
}
```
funktion04.html
(Auszug)

Der Funktionsaufruf geschieht dann z.B. mit addition(12,5). Ein Popup-Fenster erscheint daraufhin mit der Zahl 17.

Die Anzahl der Argumente, die beim Funktionsaufruf an eine Funktion übergeben werden, muss normalerweise immer gleich der Anzahl der von der Funktion erwarteten Argumente sein. Hiervon gibt es eine Ausnahme, wie wir später sehen werden.

7.2.2   Funktionsaufrufe mit Variablenübergabe

Übergabewerte müssen nicht unbedingt fest vorgegebene Werte wie 10, -5 oder "Hallo Welt!" sein. Man kann auch den aktuellen Wert einer Variablen an eine Funktion übergeben. Man kann z.B. Folgendes schreiben:

```
var text = "Hallo Welt!";
ausgabe(text);
```

Den Funktionsaufruf, den der Computer schließlich ausführt, ist ausgabe("Hallo Welt!"), da der Wert der Variablen text eingesetzt wird. Oft steht es während des Schreibens eines Programms noch gar nicht fest, mit welchem Wert die Funktion letztendlich aufgerufen wird. Man könnte sich z.B. ein Programm vorstellen, bei dem jemand einen Namen eingeben soll. Der eingegebene Name wird in einer Variablen gespeichert. Mit dieser Variablen kann der Programmierer genauso arbeiten wie mit einem von vorneherein fest vorgegebenen Wert. So kann man sehr flexible Programme schreiben, die unterschiedliche Eingaben verarbeiten können.

Call by Value   Man spricht in diesem Zusammenhang von *Call by Value*, da bei einfachen Datentypen nur der Wert der Variablen übergeben wird und nicht die Variable selbst. Das heißt, der Inhalt der ursprünglichen Variablen bleibt erhalten, auch wenn innerhalb der Funktion der Wert verändert wird. Dies lässt sich am besten an einem Beispiel verdeutlichen:

```
function meineFunktion(x) {
    // 2. x bekommt den Wert 10 uebergeben

    x += 5;
    // 3. x wird um 5 erhoeht und hat nun den Wert 15
}

// 1. xyz hat zu Beginn den Wert 10
var xyz = 10;

meineFunktion(xyz);

// 4. xyz hat nach der Bearbeitung der Funktion immer
// noch den Wert 10
```

Vor dem Funktionsaufruf meineFunktion(xyz) hat die Variable xyz den Wert 10. Dieser Wert wird an die Funktion übergeben. Dort wird der übergebene Wert in der Variablen x gespeichert. Der Wert der Variablen x wird innerhalb der Funktion um fünf erhöht. Nachdem die Funktion beendet ist, kehrt der Computer wieder an die vorherige Stelle zurück. Obwohl sich der Wert x innerhalb der Funktion geändert hat, ändert sich nicht der Wert der Variablen xyz, mit der die Funktion aufgerufen wurde.

Call by Value wird in JavaScript bei einfachen Datentypen wie
Zahlen verwendet. Im Zusammenhang mit Objekten wird in Java-
Script *Call by Reference* verwendet (siehe *Auf Eigenschaften und* *Call by Reference*
Methoden zugreifen, S. 96).

7.2.3 Variable Anzahl von Argumenten

JavaScript kann im Gegensatz zu vielen anderen Programmiersprachen
mit einer variablen Anzahl von Übergabewerten umgehen. Man kann
eine Funktion mit mehr Argumenten aufrufen, als die Funktion eigentlich verlangt. Dies hat natürlich nur einen Sinn, wenn die aufgerufene
Funktion diese zusätzlichen Parameter auch auswerten kann. Um die
einzelnen Argumente auszulesen, verwendet man innerhalb der Funktion folgende Schreibweise:

```
funktionsName.arguments[index]
```

Der Funktionsname wird dabei ohne runde Klammern angegeben,
index steht für die Nummer des Übergabewertes, auf den Sie zugreifen
möchten. Die Nummerierung beginnt dabei mit dem ersten Argument,
das die Nummer 0 bekommt. Wenn Sie also beispielsweise eine Funktion summe() haben und auf den dritten Übergabewert zugreifen wollen, schreiben Sie innerhalb der Funktion:

```
summe.arguments[2]
```

Die Gesamtzahl der Übergabewerte erfährt man mit:

```
summe.arguments.length
```

Als Beispiel soll die Funktion summe() geschrieben werden, die eine
beliebige Anzahl von Zahlenwerten aufaddiert:

```
<html>                                                    funktion05.html
<head>
<title>Funktionen</title>
<meta http-equiv="Content-Script-Type"
  content="text/javascript" />

<script type="text/javascript">

function summe() {
  var ergebnis = 0;
  for (var i = 0; i < summe.arguments.length; i++) {
    ergebnis += summe.arguments[i];
  }
  alert(ergebnis);
}
```

```
    </script>
    </head>
    <body>

      <form>
      <p>
      <input type="button" value="Berechnung 1"
          onclick="summe(23,33,53,12)" />
      <input type="button" value="Berechnung 2"
          onclick="summe(87,23,12,43,64,120,32,12)" />
      <input type="button" value="Berechnung 3"
          onclick="summe(12,5)" />
      </p>
      </form>

    </body>
    </html>
```

Mit einer for-Schleife werden hier alle Übergabewerte nacheinander ausgelesen und zusammenaddiert.

In manchen Browsern können Sie statt summe.arguments[2] auch summe[2] schreiben. Diese Schreibweise entspricht jedoch nicht dem ECMAScript-Standard, so dass Sie sie nicht verwenden sollten.

7.3   Rückgabewerte

Funktionen können nicht nur Werte entgegennehmen, sie können auch einen Wert zurückliefern, z.B. das Ergebnis einer Berechnung. Den zurückgelieferten Wert einer Funktion nennt man Rückgabewert.

Stellen Sie sich vor, Sie möchten eine Funktion quadrieren() schreiben, die das Quadrat einer Zahl berechnet. Die Funktion soll jedoch nur für die Berechnung zuständig sein. Die Ausgabe soll an einer anderen Stelle stattfinden. Ein Grund für diese Vorgehensweise könnte sein, dass Sie das Ergebnis weiterverarbeiten wollen, bevor es ausgegeben wird. Hier bietet sich an, das Resultat der Funktion als Rückgabewert festzulegen.

Rückgabewerte funktionieren im Prinzip wie Übergabewerte. Während eine Funktion mehrere Übergabewerte entgegennehmen kann, kann sie im Normalfall jedoch nur einen Rückgabewert haben. Eine Ausnahme hierzu gibt es in JavaScript 1.7 (siehe *Destructuring*, S. 90).

Die Funktion quadrieren() sieht nun so aus:

```
function quadrieren(x) {
    var y;
    y = x * x;
    return y;
}
```

Kürzer kann man die Funktion so schreiben:

```
function quadrieren(x) {
    return x * x;
}
```

funktion06.html
(Auszug)

Mit dem Schlüsselwort `return` wird ein bestimmter Wert zurückgegeben. Wie empfängt das Programm jedoch diesen Rückgabewert? Der Funktionsaufruf sieht nun so aus:

Rückgabe mit return

```
var quadrat = quadrieren(2);
```

Sie sehen, dass `quadrieren()` mit dem Wert 2 aufgerufen wird. Vor dem Funktionsaufruf steht jetzt `quadrat=`. Die Variable `quadrat` bekommt den Rückgabewert, also in unserem Fall das Ergebnis der Berechnung, zugewiesen. Die Funktion `quadrieren()` berechnet das Quadrat und liefert als Ergebnis den Wert 4 zurück. Dieser Wert wird in der Variablen `quadrat` gespeichert.

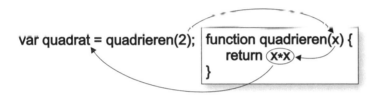

Abb. 7–4
Rückgabewert

7.4   Globale und lokale Variablen

JavaScript kennt, wie die meisten anderen Programmiersprachen, sowohl globale als auch lokale Variablen. Unter globalen Variablen versteht man Variablen, die im ganzen Programm verfügbar sind. Im Gegensatz dazu sind lokale Variablen nur innerhalb eines bestimmten Bereichs definiert.

7.4.1   Globale Variablen

Generell erzeugen Sie eine globale Variable dadurch, dass Sie eine Variable außerhalb einer Funktion oder Schleife mit dem Schlüsselwort `var` definieren. Damit ist die Variable und deren Inhalt für alle Programmteile verfügbar.

   In dem folgenden Beispiel wird die Variable x global definiert. Die Funktion `ausgabe()` kann darauf problemlos zugreifen. Bitte beachten Sie, dass x nicht durch einen Übergabewert der Funktion überreicht wird. Vielmehr wird innerhalb der Funktion auf die globale Variable x zugegriffen.

global1.html

```
<html>
<head>
<title>Globale Variablen</title>
<meta http-equiv="Content-Script-Type"
   content="text/javascript" />

<script type="text/javascript">

// x global definieren
var x = 17;

function ausgabe() {
   alert("Der Wert von x ist " + x);
}

</script>
</head>
<body>
   <form>
      <p>
      <input type="button" value="Test"
         onclick="ausgabe()" />
      </p>
   </form>
</body>
</html>
```

7.4.2   Lokale Variablen

Definieren Sie eine Variable mit var innerhalb einer Funktion, dann
erzeugen Sie eine lokale Variable, die nur in dieser Funktion Gültigkeit
besitzt. Außerhalb dieser Funktion ist die Variable nicht bekannt.
Nach Beendigung der Funktion kann man demnach nicht auf eine
lokale Variable dieser Funktion zugreifen.

lokal.html

```
<html>
<head>
   <title>Lokale Variablen</title>
</head>
<body>
   <script type="text/javascript">

   function funktion1() {
      // wird lokal definiert!
      var y = 17;
   }

   function funktion2() {
      // Fehler, da die lokale Variable y hier nicht
      // bekannt ist
      alert("Der Wert von y ist " + y);
   }
```

```
// Funktionsaufrufe
funktion1();
funktion2();

</script>
</body>
</html>
```

Sie können in diesem Beispiel von `funktion2()` aus nicht auf die Variable y zugreifen, da diese lokal in `funktion1()` definiert und damit außerhalb dieser Funktion nicht zugänglich ist.

Eine Variable ist generell nur in dem Anweisungsblock gültig, in dem sie definiert wurde. Ein Anweisungsblock kann z.B. eine Funktion, eine Schleife oder eine `if`-Abfrage sein. Wird eine Variable in einem Anweisungsblock definiert, gilt sie innerhalb dieses Anweisungsblocks und in allen darin enthaltenen Anweisungsblöcken.

Gültigkeit innerhalb eines Anweisungsblocks

Wird eine Variable innerhalb einer Funktion lokal definiert und versucht man auf diese Variable außerhalb der Funktion zuzugreifen, hat das nicht immer eine Fehlermeldung zur Folge, obwohl natürlich ein Fehler vorliegt. Da Variablen in JavaScript oftmals automatisch deklariert werden, wenn sie nicht bekannt sind, können Sie so außerhalb der Funktion möglicherweise eine neue Variable erzeugen. Solche Fehler sind sehr schwer zu finden. Man sollte deshalb stets den Überblick haben, welche Variablen global und welche lokal definiert sind.

7.4.3   let

In JavaScript 1.7 kann man mit `let` lokale Variablen definieren. Wie bei var sind diese Variablen dann nur in dem Anweisungsblock, in dem sie definiert wurden, gültig. Wie das folgende Beispiel zeigt, kann man mit `let` jedoch eine globale und eine lokale Variable mit dem gleichen Namen nebeneinander verwenden:

```
var x = 5; var y = 3;
if (x>y) {
   let x = 7;
   alert(x+y); // Ausgabe 10
}
alert(x+y); // Ausgabe 8
```

let1.html
(Auszug)

Es wird hier mit `let` also temporär eine neue Variable x erzeugt. Ob diese Vorgehensweise jedoch empfehlenswert ist, ist fraglich. Auf jeden Fall macht es den Code schwerer lesbar.

Eine andere Schreibweise zeigt der folgende Codeabschnitt. So kann man mit `let` eigene Anweisungsblöcke definieren:

let2.html
(Auszug)

```
var x = 5; var y = 3;
let (x = 7, y = 2) {
    alert(x+y); // Ausgabe 9
}
alert(x+y); // Ausgabe 8
```

Da let bisher nicht Teil des ECMAScript-Standards ist, funktionieren diese Beispiele nur in Firefox 2.x.

7.4.4   Globale oder lokale Variablen?

Möglichst lokale Variablen verwenden

Auch wenn es zunächst sinnvoll erscheinen mag, alle Variablen global zu definieren, kann man von dieser Vorgehensweise nur abraten. Ein Programm, das nur globale Variablen benutzt, wird schnell unübersichtlich und schwer verständlich.

Funktionen sind als separate Einheiten mit nur wenigen Berührungspunkten zu dem restlichen Programm zu sehen. Mit lokalen Variablen kann man Funktionen recht eigenständig machen und damit die Komplexität im gesamten Skript reduzieren. Dies hilft auch anderen, die versuchen, sich in den Quellcode eines anderen einzulesen.

Globale Definition beim Weglassen von var

Leider ist die Art und Weise, wie JavaScript globale und lokale Variablen definiert, teilweise etwas seltsam. Es gibt nämlich einen Unterschied, ob man var vor die Variablendeklaration schreibt oder nicht. Wenn man innerhalb einer Funktion eine Variable deklariert und das var weglässt, wird diese Variable global definiert und nicht lokal, wie man vielleicht meinen könnte. In einer Funktion sollte man nur lokale Variablen definieren, d.h., man sollte bei Variablendefinitionen innerhalb von Funktionen stets var verwenden.

Der folgende Programmcode demonstriert, wie man globale Variablen innerhalb von Funktionen definieren kann, wovon allerdings abzuraten ist.

global2.html

```
<html>
<head>
   <title>Globale und lokale Variablen</title>
</head>
<body>
   <script type="text/javascript">

   function funktion1() {
       // wird global definiert!
       y = 17;
   }
```

```
function funktion2() {
    // kein Fehler, wenn funktion1()
    // vorher aufgerufen wurde
    alert("Der Wert von y ist " + y);
}

// Funktionsaufrufe
funktion1();
funktion2();

</script>
</body>
</html>
```

Dieses Beispiel ist genauso aufgebaut wie die Datei lokal.html. Der einzige Unterschied ist das fehlende var in der Funktion funktion1(). Dieses Programm funktioniert problemlos. Das ist sicherlich etwas verwirrend. Diese Unterscheidung zwischen Variablendeklaration mit und ohne var ist sicherlich etwas unglücklich gewählt.

Es ist leicht einzusehen, dass in dem obigen Beispiel die Variable y nur definiert wird, wenn die Funktion funktion1() auch aufgerufen wird. Löschen Sie beispielsweise den Funktionsaufruf von funktion1(), bekommen Sie eine Fehlermeldung. Erst nach dem Funktionsaufruf von funktion1() ist y global zugänglich.

Sie sehen, dass diese Vorgehensweise der globalen Variablendefinition einige Probleme bereitet. Deshalb ist davon im Normalfall abzuraten.

7.5   Vordefinierte Funktionen

JavaScript kennt ein paar vordefinierte Funktionen. Dazu zählen u.a.:

- parseInt()
- parseFloat()
- eval()

Diese Funktionen werden gewöhnlich zum Global-Objekt gezählt. Deshalb finden Sie eine Beschreibung der vordefinierten Funktionen in der Referenz unter dem Global-Objekt.

7.5.1   parseInt()

Mit der Funktion parseInt() können Sie einen String, der eine Zahl enthält, in eine Ganzzahl konvertieren. Dies kann z.B. praktisch sein, wenn ein Benutzer eine Zahl eingeben soll. Jetzt kann es passieren, dass der Benutzer außer einer Zahl noch Buchstaben und andere Zei-

String in Ganzzahl umwandeln

chen eingibt. Dies sollte ein gutes Programm nicht durcheinanderbringen. Der Anwender könnte z.B. auch eine Kommazahl eingeben, obwohl das Programm nur eine Ganzzahl annehmen soll. Für all diese Zwecke eignet sich die Funktion parseInt() besonders gut. Der folgende Funktionsaufruf liefert z.B. die Zahl 17 zurück:

parseInt.html
(Auszug)

```
x = parseInt("17xyz");
```

Die Zahl muss dabei links in dem String stehen. Ansonsten bekommen Sie keine Zahl als Ergebnis. Wenn in einem String mehrere Zahlen vorkommen, wird nur die Zahl am Anfang des Strings zurückgeliefert. Der folgende Funktionsaufruf liefert z.B. den Wert 123 zurück:

```
x = parseInt("123xyz17");
```

Sie können auch Kommazahlen von den Nachkommastellen befreien:

```
x = parseInt(10.7);
```

Dies liefert den Wert 10 zurück. Wir werden später die Klasse Math kennen lernen, mit der man u.a. Kommazahlen runden kann. Diese Klasse eignet sich meist besser, um aus einer Kommazahl eine Ganzzahl zu machen.

Fehlschlagen der
Konvertierung

Wenn die Konvertierung nicht gelingt, wird der Wert NaN (das steht für *Not a Number*) zurückgegeben. Um zu überprüfen, ob dies der Fall ist, verwendet man die Funktion isNaN(). Liefert isNaN(x) im obigen Beispiel false, so ist die Konvertierung gelungen.

Als zweites Argument können Sie in parseInt() das gewünschte Zahlensystem angeben. Die Zahlen 2, 8, 10 und 16 stehen jeweils für das Binär-, Oktal-, Dezimal- und das Hexadezimalsystem. Folgender Befehl kann zu einem unerwarteten Ergebnis führen:

```
x = parseInt("09");
```

Zahlen mit einer führenden Null interpretiert JavaScript als Oktalzahlen. Da eine 9 jedoch im Oktalsystem nicht vorkommt (dort gibt es nur die Ziffern 0 bis 7), ist der Wert, der in x gespeichert wird, gleich 0. Sie vermeiden dieses Problem und erhalten den Wert 9, wenn Sie explizit angeben, dass Sie das Dezimalsystem verwenden möchten:

```
x = parseInt("09", 10);
```

7.5.2   parseFloat()

Strings in Kommazahlen
umwandeln

parseFloat() ist vergleichbar mit der Funktion parseInt(). Der Unterschied liegt darin, dass parseFloat() eine Kommazahl zurückliefert. Beispielsweise könnte man den Anwender veranlassen, einen Preis in Euro einzugeben. Einige werden vielleicht *Euro* an das Ende der Kommazahl hängen. In diesem Fall benutzt man `parseFloat()`, um die Zahl von den Buchstaben *Euro* zu befreien.

```
var eingabe = "17.50 Euro";
var preis = parseFloat(eingabe);
alert(preis);
```

parseFloat.html

(Auszug)

Die Ausgabe in dem Programm lautet 17.5. Bitte beachten Sie, dass diese Funktion nur Kommazahlen erkennt, wenn Sie einen Punkt benutzen. Das in Deutschland übliche Komma zur Trennung der Nachkommastellen von dem Ganzzahlanteil wird nicht erkannt. Sie können also nicht 17,50 statt 17.50 schreiben.

7.5.3   eval()

Die `eval()`-Funktion ist in der Lage, JavaScript-Code, der in einem String enthalten ist, zu interpretieren. Wenn Sie beispielsweise x=eval("12+5") schreiben, wird x gleich 17. Man könnte in diesem Beispiel natürlich genauso gut x=12+5 schreiben.

Dennoch kann `eval()` in einigen Situationen sehr nützlich sein, wie wir später sehen werden. Die Funktion `eval()` findet im Zusammenhang mit Ajax (siehe *JSON*, S. 356) und bei der Kommunikation zwischen Java und JavaScript Verwendung (siehe *Das JSObject-Objekt*, S. 364).

7.6   Fortgeschrittene Themen im Zusammenhang mit Funktionen

An dieser Stelle werden fortgeschrittene Themen im Zusammenhang mit Funktionen diskutiert, die für den Einstieg nicht unbedingt notwendig sind. Wir werden auch auf die folgenden Kapitel vorgreifen, so dass Sie viele Dinge hier erst verstehen werden, wenn Sie etwas tiefer in der Materie stecken. Sie können deshalb gegebenenfalls diesen Abschnitt überspringen und später zurückkommen.

7.6.1   Die Function-Klasse

Eine Funktion muss nicht unbedingt mit dem Schlüsselwort function definiert werden. Man kann auch mit der Function-Klasse Funktionen erzeugen.

```
var addieren = new Function("x","y","return x + y");
alert(addieren(12, 5));
```

funktion07.html

(Auszug)

Die mit dem Konstruktor `Function()` erzeugte Funktion nimmt die Argumente x und y entgegen und liefert als Ergebnis die Summe der beiden Zahlen. Wie Sie in der zweiten Zeile sehen, können Sie eine so erstellte Funktion ganz normal aufrufen.

Bitte beachten Sie, dass Sie den Konstruktor mit großem F schreiben müssen. Ansonsten erwartet JavaScript eine *traditionelle* Funktionsdefinition, da Sie das Schlüsselwort `function` benutzen.

7.6.2   Anonyme Funktionen

In bestimmten Zusammenhängen benötigt man keinen Funktionsnamen. Dies ist beispielsweise bei Event-Handlern häufig der Fall. Dort will man nur festlegen, dass ein bestimmter Codeabschnitt ausgeführt wird, wenn ein Ereignis eintritt. Hier bieten sich anonyme Funktionen an. Üblicherweise schreibt man etwas wie:

```
function init() {
   alert("Fertig.");
}
window.onload = init;
```

Mit einer anonymen Funktion sieht das so aus:

funktion08.html
(Auszug)

```
window.onload = function() { alert("Fertig."); }
```

7.6.3   Innere Funktionen

Funktionen können in anderen Funktionen enthalten sein, wie es der folgende Codeabschnitt demonstriert:

funktion09.html
(Auszug)

```
function test() {
   function test1(x, y) {
      return x + y;
   }

   return test1(8, 15);
}

alert(test());
```

Die Funktion `test1()` ist auf diese Weise nur innerhalb von `test()` verfügbar.

Die innere Funktion kann auf Variablen der äußeren Funktion zugreifen. Man spricht in diesem Zusammenhang von *Closures*. Das folgende Codebeispiel zeigt dies:

```
function test() {
    var z = 3;
    function test1(x, y) {
        return x + y + z;
    }

    return test1(7, 2);
}

alert(test());
```

funktion10.html

(Auszug)

7.6.4   Rekursive Funktionen

Funktionen können sich selbst aufrufen, auch wenn dies zunächst vielleicht etwas verwundert. Man spricht in diesem Fall von rekursiven Funktionen. Es erfordert etwas mehr Aufwand, sich in den Programmablauf einer rekursiven Funktion hineinzudenken.

Sich selbst aufrufende Funktionen

Das typische Beispiel für Rekursion ist die Berechnung der Fakultät einer Zahl. Die Fakultät von 5 ist gleich 5*4*3*2*1. In der Mathematik wird dies als 5! geschrieben (sprich: 5 Fakultät). Die Fakultät ist also die Multiplikation aller natürlichen Zahlen von 1 bis zu einer anderen positiven, natürlichen Zahl. Wenn Sie sich 5!=5*4*3*2*1 näher anschauen, stellen Sie fest, dass in 5! auch 4! enthalten ist. Genauso wie 3!, 2! und 1!. 5! ist also gleich 5*4!, da 4!=4*3*2*1 ist. 4! ist jedoch wiederum 4*3! usw.

Wir definieren im folgenden Beispiel eine Funktion fakultaet(), die als Argument eine Zahl entgegen nimmt. Wie soeben festgestellt, entspricht der Aufruf von fakultaet(5) gleich der Berechnung von 5*fakultaet(4). Die Funktion fakultaet() ruft sich im folgenden Beispiel also selbst auf, indem vom Übergabewert immer 1 abgezogen wird. Das wird so lange fortgesetzt, bis wir beim Wert 1 angekommen sind. Die Fakultät von 1 ist gleich 1.

```
function fakultaet(n) {
    if (n != 1) {
        // Aufruf von sich selbst
        return n * fakultaet(n - 1);
    }
    else {
        // Fakultaet von 1 ist gleich 1
        return 1;
    }
}

var x = fakultaet(10);
```

fakultaet.html

(Auszug)

Dieses Beispiel demonstriert den Umgang mit rekursiven Funktionen. Die Fakultät einer Zahl kann man jedoch auch ohne Rekursion berechnen. Das ist in diesem Fall sogar vorzuziehen, da man hierfür nur eine einfache Schleife braucht.

7.6.5   Generatoren

In JavaScript 1.7 wurden Generatoren eingeführt, die bisher allerdings nur in Firefox 2.x verfügbar sind. Generatoren sind spezielle Funktionen, die man schrittweise ausführen kann. Hierzu wollen wir uns folgendes Beispiel ansehen:

generator.html
(Auszug)

```
function test() {
    var x = 0;
    while(true) {
        yield x * x;
        x++;
    }
}
var t = test();
for (var i = 0; i < 4; i++) {
    alert(t.next());
}
```

yield

Die Funktion test() zählt in einer Endlosschleife die Variable x hoch und berechnet in jedem Schritt das Quadrat von x. Unbekannt ist bisher das Schlüsselwort yield. Mit yield wird die Ausführung der Funktion angehalten und ein Wert zurückgeliefert. Dies funktioniert also ähnlich wie bei Rückgabewerten mit return, mit dem Unterschied, dass bei der Verwendung von yield die Ausführung der Funktion fortgesetzt werden kann. Dafür rufen wir next() auf und springen damit zurück in die Funktion.

7.6.6   Destructuring

Mehrere Rückgabewerte

Im ECMAScript-Standard können Funktionen nur einen Rückgabewert haben (siehe *Rückgabewerte*, S. 80). In JavaScript 1.7 gibt es über das so genannte Destructuring jedoch die Möglichkeit, mehrere Werte zurückzugeben. Da davon auszugehen ist, dass dieses Vorgehensweise in den nächsten ECMAScript-Standard einfließt, sei diese hier kurz angesprochen, auch wenn die gezeigten Beispiele erst ab Firefox 2.0 funktionieren:

```
function f() {
   return [3, 5];
}

var x, y;
[x, y] = f();
alert(x+y); // Ausgabe 8
```

destruct1.html

(Auszug)

In diesem Beispiel werden die Werte 3 und 5 in den Variablen x bzw. y gespeichert. Die Schreibweise entspricht der Kurzschreibweise von Arrays, die wir uns später ansehen werden (siehe *Verkürzte Schreibweise*, S. 118).

Interessiert man sich für einen Rückgabewert nicht, kann man diesen überspringen, wie im folgenden Beispiel gezeigt:

```
function f() {
   return [1, 3, 5];
}

var x, y;
[x,, y] = f();
alert(x+y); // Ausgabe 6
```

destruct2.html

(Auszug)

Da für den zweiten Rückgabewert keine Variable angegeben wurde, wird dieser Wert einfach fallen gelassen.

8 Objekte

Wie die meisten anderen modernen Programmiersprachen basiert Java-Script auf Objekten. Um JavaScript effektiv einsetzen zu können, müssen Sie wissen, was Objekte sind und wie Sie damit umgehen können.

Dieses Kapitel zeigt zunächst, was unter Klassen und Objekten zu verstehen ist und wie Sie damit arbeiten können. Jede ECMAScript-Implementation stellt gewisse Klassen zur Verfügung, die man einfach verwenden kann. Diese vordefinierten Klassen werden in diesem Kapitel näher betrachtet. Am Ende dieses Kapitels werden Sie außerdem erfahren, wie man Klassen selbst definieren kann. Für die Programmierung im Webbrowser sind die Objekte, die der Browser zur Verfügung stellt, von besonderer Bedeutung. Diese werden wir uns später anschauen (siehe *JavaScript im Browser*, S. 137).

Hier sei angemerkt, dass JavaScript zur Vereinfachung auf wesentliche Aspekte der objektorientierten Programmierung (OOP) verzichtet. So kennt JavaScript z.B. keinen Vererbungsmechanismus, wie dieser in Sprachen wie Java und C++ verwendet wird. Aus diesem Grund hört man ab und zu Stimmen, dass JavaScript gar keine echte objektorientierte Sprache ist. Dem würde ich mich nicht anschließen, auch wenn klar ist, dass Java und C++ in diesem Aspekt wesentlich komplexer sind als JavaScript.

Objektorientierte Programmierung (OOP)

8.1 Was sind Objekte?

Das Konzept der objektorientierten Programmierung hat man sich in der realen Welt abgeschaut. Jeder Gegenstand hat bestimmte Eigenschaften und Fähigkeiten. So hat ein Fahrrad beispielsweise eine Farbe (Eigenschaft) und kann verwendet werden, um zu einem anderen Ort zu fahren (Fähigkeit). Objekte im Computer zeichnen sich ebenfalls durch Eigenschaften und Fähigkeiten aus. Ein Objekt ist z.B. ein Browserfenster. Eigenschaften eines Browserfensters sind dessen Größe, dessen Position auf dem Bildschirm usw. Zu den Fähigkeiten ist zu zählen, dass man verschiedene HTML-Dokumente anzeigen kann, dass das Fenster verschoben oder geschlossen werden kann und dergleichen.

Ein weiteres Objekt ist ein Eingabefeld in einer HTML-Seite. Die Größe, die Farbe und natürlich der eingegebene Text sind alles Eigenschaften eines Eingabefeldes. Es besitzt die Fähigkeit, Text aufzunehmen und anzuzeigen.

Eigenschaften   Eigenschaften eines Objekts sind im Prinzip wie Variablen zu verstehen. Einer Variablen x können Sie den Wert 100 zuweisen. Wenn Sie möchten, dass ein Browserfenster 100 Pixel zum linken Bildschirmrand positioniert wird, weisen Sie der entsprechenden Eigenschaft dieses Objekts *BrowserFenster* den Wert 100 zu (wie dies genau gemacht wird und woher Sie wissen, welche Eigenschaften ein Objekt hat, wird später erklärt). Statt *Eigenschaften* verwendet man oft auch die Begriffe *Elemente* oder *Attribute*. Es sei jedoch darauf hingewiesen, dass der Begriff *Element* auch für ein *Objekt* selbst verwendet wird, z.B. im Begriff *Formularelement*. Man muss also aufpassen, in welchem Zusammenhang dieser Begriff verwendet wird (siehe Seite 170).

Methoden   Fähigkeiten eines Objekts nennt man Methoden. Methoden lassen sich am ehesten mit Funktionen vergleichen. Methoden sind einfach gesagt Funktionen, die in Bezug zu einem bestimmten Objekt stehen. So gibt es eine Methode `close()`, mit der man ein bestimmtes Browserfenster schließen kann. Ohne Bezug zu einem Objekt wäre diese Methode nicht anwendbar, da der Computer nicht wüsste, welches Browserfenster geschlossen werden soll.

Objekte stehen häufig in Beziehung zueinander. Ein Eingabefeld wird beispielsweise in einem Browserfenster dargestellt und ist damit *Abhängigkeit von* von diesem abhängig. Verschiebt oder schließt der Anwender das *Objekten* Browserfenster, ist davon auch das Eingabefeld betroffen. Aus objektorientierter Sicht können wir den Browser und die darin geladenen Seiten also als Ansammlung von Objekten, die irgendwie miteinander interagieren, verstehen. Die Abhängigkeit zwischen Objekten wird uns im Weiteren noch oft beschäftigen und ist für das Programmieren mit JavaScript essentiell. Zunächst soll jedoch näher auf den Aufbau eines einzelnen Objekts eingegangen werden.

8.2   Arbeiten mit Objekten

Die Arbeit mit Objekten lässt sich grob in folgende Schritte einteilen:

- Eine Klasse definieren
- Ein Objekt erzeugen
- Auf Eigenschaften und Methoden zugreifen
- Das Objekt zerstören

8.2.1   Eine Klasse definieren

Bevor Sie mit einem Objekt arbeiten können, muss definiert sein, wie
dieses Objekt aufgebaut ist. Im Falle des Browserfensters musste sich
also ein Programmierer zunächst überlegen, welche Eigenschaften und
Methoden ein Browserfenster benötigt. Er erstellt also im Prinzip einen
Bauplan für ein Browserfenster. Dieser Bauplan definiert eine Klasse,   *Klassen*
d.h., alle Browserfenster, die später nach diesem Bauplan erzeugt werden, gehören dieser Klasse an.

In JavaScript arbeiten wir oft mit vordefinierten Klassen und brauchen uns deshalb um den eigentlichen Aufbau dieser Klassen nicht zu
kümmern. So müssen wir nicht unsere eigene Klasse Browserfenster
definieren, da diese bereits existiert. Ein anderes Beispiel ist die String-
Klasse zum Arbeiten mit Zeichenketten, die wir später in diesem Kapitel kennen lernen.

8.2.2   Ein Objekt erzeugen

Eine Klasse ist nur ein abstraktes Gebilde, genauso wie der Bauplan
eines Fahrrads nur den allgemeinen Aufbau beschreibt. Bevor Sie sich
auf ein Fahrrad dieses Typs (d.h. dieser Klasse) schwingen können,
müssen Sie ein Fahrrad nach diesem Bauplan bauen. Das fertige Fahrrad ist dann ein Objekt, das Sie zur Fortbewegung verwenden können.   *Objekte*
Alle Objekte, die nach einem bestimmten Bauplan erstellt werden,
haben den gleichen Aufbau, sie können sich jedoch in ihren Eigenschaften unterscheiden, genauso wie es blaue und rote Fahrräder eines
Typs gibt.

Objekte einer Klasse werden oftmals auch als Instanzen dieser   *Instanzen*
Klasse bezeichnet. Dieser Begriff ist eigentlich nicht besonders gut, hat
sich jedoch als direkte (eigentlich falsche) Übersetzung des englischen
Begriffs *instance* im Deutschen eingebürgert.

In JavaScript werden üblicherweise automatisch bestimmte
Objekte erzeugt, so dass Sie sich um deren Erzeugung nicht kümmern
müssen. Dazu gehört z.B. das window-Objekt, das vom Computer selbständig erzeugt wird, sobald ein neues Browserfenster geöffnet wird.

Andere Objekte müssen Sie erst selbst erzeugen. Wenn Sie beispielsweise mit einer Zeichenkette arbeiten wollen, müssen Sie zuerst
ein Objekt der Klasse String erzeugen. Dazu verwenden Sie den Operator new. Mit der folgenden Zeile erstellen Sie ein neues String-   *new*
Objekt:

```
var str = new String("Dies ist ein Test");
```

Mit new rufen Sie den so genannten Konstruktor auf. Einen Konstruktor kann man sich als eine spezielle Methode einer Klasse vorstellen, die zur Erzeugung eines Objekts dieser Klasse verwendet wird. Der Konstruktor hat immer den gleichen Namen wie die Klasse, hier also String(). Als Argument kann man dem Konstruktor der String-Klasse eine Zeichenkette übergeben. Diese Zeichenkette wird in dem neuen String-Objekt gespeichert. Es gibt, wie wir später in diesem Kapitel sehen werden, noch weitere Möglichkeiten, ein String-Objekt zu erzeugen.

Im Zusammenhang mit der Objekterzeugung haben wir in diesem Beispiel auch eine Variable str definiert. Diese Variable wird verwendet, um eine Referenz auf unser String-Objekt zu speichern. Das bedeutet, dass wir später mit dieser Variablen auf unser String-Objekt zugreifen können.

Hier sei noch erwähnt, dass es einige Fälle gibt, bei denen man kein Objekt erzeugen muss. Dann hat man es mit so genannten statischen Eigenschaften und Methoden zu tun. Wir werden sehen, dass dies bei der Math-Klasse so ist. Diese Klasse stellt unterschiedliche mathematische Funktionen zur Verfügung, z.B. zum Runden von Zahlen. Da es hier lediglich darum geht, diese mathematischen Funktionen zu bündeln und man die einzelnen Berechnungen gewöhnlich nur einmal durchführt, benötigen wir gar kein spezielles Objekt dafür.

8.2.3 Auf Eigenschaften und Methoden zugreifen

Nachdem Sie nun ein konkretes Objekt erzeugt haben, können Sie auf dieses zugreifen und damit arbeiten. Dazu zählen das Auslesen und Setzen von Eigenschaften und der Aufruf von Methoden. Dies ist der Bereich, in dem wir uns in den nächsten Kapiteln am meisten aufhalten werden. Um im Beispiel des Fahrrads zu bleiben, geht es jetzt darum, das Fahrrad zu verwenden. Wir können es anschauen und umlackieren (Eigenschaften feststellen und verändern) und auch damit fahren (Methoden aufrufen).

Wie Sie später in diesem Kapitel erfahren werden, kennt ein String-Objekt die Eigenschaft length, mit der man die Länge eines Strings feststellen kann. Der folgende Codeausschnitt zeigt, wie Sie auf diese Eigenschaft zugreifen können:

```
var str = new String("Dies ist ein Test");
var x = str.length;
```

Nach der Ausführung dieser Befehle hat x den Wert 17, da unsere Zeichenkette "Dies ist ein Test" aus 17 Zeichen besteht.

In `str` wird eine Referenz auf unser `String`-Objekt gespeichert. Um auf die Eigenschaft `length` zuzugreifen, schreiben wir `str.length`. Allgemein kann man auf die Eigenschaften eines Objekts wie folgt zugreifen:

```
objekt.eigenschaft
```

Ein `String`-Objekt definiert u.a. die Methode `charAt()`, mit der man feststellen kann, welches Zeichen an einer bestimmten Stelle in der Zeichenkette steht. Das folgende Beispiel zeigt dies:

Methoden aufrufen

```
var str = new String("Dies ist ein Test");
var c = str.charAt(0);
```

Die Variable c hat nun den Wert `"D"`, da der erste Buchstabe ein *D* ist (da JavaScript beim Zählen mit der 0 anfängt, erhält man mit `charAt(0)` den ersten Buchstaben). Man könnte natürlich argumentieren, dass der erste Buchstabe eines Strings eher eine Eigenschaft als eine Methode ist. Dies ist auch tatsächlich der Fall. Der erste Buchstabe ist eine Eigenschaft unseres `String`-Objekts, aber zum Auslesen muss der Computer den String auseinandernehmen und den ersten Buchstaben feststellen. Also lesen wir mit der Methode `charAt()` indirekt eine Eigenschaft des `String`-Objekts aus.

Allgemein kann man auf Methoden eines Objekts nach dem folgenden Schema zugreifen:

```
objekt.methode(argumente)
```

Wie eine Funktion kann eine Methode einen Rückgabewert liefern, wie es das obige Beispiel mit `charAt()` zeigt.

Genauso wie wir Zahlen an eine Funktion übergeben haben, können wir auch ganze Objekte an eine Funktion oder auch Methode übergeben. Im Zusammenhang mit einfachen Datentypen wird *Call by Value* verwendet, da nur der Wert einer Variablen übergeben wird (siehe *Funktionsaufrufe mit Variablenübergabe*, S. 78). Wenn man ein Objekt an eine Funktion übergibt, erhält die Funktion eine Referenz auf das Objekt. Man spricht von *Call by Reference*. Ändert man innerhalb der Funktion das Objekt, bleiben diese Änderungen erhalten, da man diese Änderung nicht an einer Kopie des Objekts macht, sondern am Original, auf das die Referenz zeigt.

Call by Value und Call by Reference

8.2.4   Das Objekt zerstören

Wenn ein Objekt nicht mehr benötigt wird, kann es gelöscht bzw. zerstört werden. Dadurch wird der Speicherplatz, den das Objekt belegt hat, wieder für andere Dinge freigegeben.

delete   In JavaScript gibt es einen Operator delete, mit dem ein Objekt gelöscht werden kann. Ist beispielsweise ein String-Objekt mit dem Namen str definiert, können wir dieses mit folgendem Befehl löschen:

```
delete str;
```

Wir müssen uns jedoch meist nicht selbst um die Zerstörung von Objekten kümmern. Es greift ein Mechanismus, der mit der Garbage Collection in Java vergleichbar ist. Nicht mehr referenzierte Objekte werden automatisch zerstört. Wenn wir den Speicherplatz, den ein Objekt belegt, freigeben und damit das Objekt löschen wollen, müssen wir nur die Referenz auf dieses Objekt aufheben. Dazu kann man den Wert null verwenden. Um die Referenz auf ein String-Objekt str zu entfernen, schreiben wir str=null. Der Computer erkennt, dass das alte String-Objekt nicht mehr referenziert wird, und wird es deshalb zerstören.

Da JavaScript-Programme meistens recht kurz sind und der Speicherplatz während der Durchführung des Skripts normalerweise kein Problem ist, verzichtet man häufig auf die Zerstörung des Objekts. Nach der Durchführung eines Skripts verlieren sowieso die meisten Referenzen ihre Gültigkeit, und damit werden auch die entsprechenden Objekte automatisch zerstört.

8.3   Vordefinierte Klassen

Nach diesen allgemeinen Erklärungen werden wir uns nun anschauen, welche Klassen in JavaScript zur Verfügung stehen. Das heißt, wir überspringen zunächst den Schritt, wie man Klassen selbst definiert, und betrachten erst die in ECMAScript vordefinierten Klassen. Auf das Thema selbstdefinierte Klassen wird am Ende dieses Kapitels eingegangen. Hier würde es die Erklärungen nur unnötig verkomplizieren.

Die folgenden vordefinierten Klassen sollten in jeder ECMAScript-Implementation zur Verfügung stehen:

- Array
- Boolean
- Date
- Function
- Math
- Number
- RegExp
- String

Die Klassen Date, Math, String und Array wollen wir uns im Folgenden näher anschauen. Die Function-Klasse wurde bereits erwähnt (siehe *Fortgeschrittene Themen im Zusammenhang mit Funktionen*, S. 87). Reguläre Ausdrücke im Zusammenhang mit der RegExp-Klasse sind das Thema eines späteren Kapitels (siehe *Reguläre Ausdrücke*, S. 241). Eine Beschreibung der restlichen Klassen finden Sie in der Referenz.

8.4 Die Date-Klasse

Die Date-Klasse ermöglicht die Arbeit mit Datumsangaben. Mit ihrer Hilfe können Sie beispielsweise die aktuelle Zeit ausgeben, die Zeit in verschiedenen Zeitzonen ermitteln oder die Zeitspanne zwischen zwei Zeitpunkten berechnen.

Ein Datum wird rechnerintern durch eine sehr lange Zahl repräsentiert. Diese Zahl gibt die Millisekunden an, die seit dem 1.1.1970 um 0:00:00 Uhr verstrichen sind. Klingt kompliziert, braucht Sie aber nicht zu stören, denn um die Details kümmert sich der Computer.

1.1.1970 0:00 Uhr als Bezugspunkt

Die Vorgehensweise hat den Nachteil, dass man die Date-Klasse für Daten vor dem 1.1.1970 nicht verwenden kann.

8.4.1 Erzeugung eines Date-Objekts

Um mit einem Date-Objekt arbeiten zu können, müssen wir zuerst eine Instanz der Date-Klasse erzeugen. Wir können z.B. mit

```
heute = new Date();
```

ein neues Date-Objekt mit dem Namen heute erzeugen. Jedes Date-Objekt repräsentiert ein bestimmtes Datum und eine bestimmte Uhrzeit. Praktischerweise bekommt das Objekt heute automatisch die aktuelle Uhrzeit und das aktuelle Datum zugewiesen, wenn man den Konstruktor Date() ohne Argumente aufruft. Nachdem die oben genannte Zeile ausgeführt wurde, repräsentiert das Objekt heute also das aktuelle Datum mit der momentanen Uhrzeit.

Woher bekommt JavaScript jedoch das Datum und die Uhrzeit? Jeder Computer besitzt eine Systemuhr. JavaScript bezieht von dort die Werte für das aktuelle Datum und die momentane Uhrzeit. Die Uhrzeit ist also nicht irgendeine Uhrzeit aus dem Internet, sondern die lokale Zeit auf dem Computer des Anwenders. Natürlich muss die Systemuhr des Anwenders korrekt gestellt sein, damit die richtige Uhrzeit angezeigt wird.

Systemuhr

Die Date-Klasse definiert viele Eigenschaften und Methoden, die wir für unsere Zwecke verwenden können. Hier wird nur ein Teil dargestellt. Weitere Informationen über die verfügbaren Eigenschaften und Methoden erhalten Sie in der Referenz.

8.4.2   Festlegen des Datums und der Uhrzeit

Möchte man ein spezielles Datum haben, gibt es verschiedene Möglichkeiten, dieses anzugeben. Die Date-Klasse definiert also eine ganze Reihe von Konstruktoren, mit denen ein Date-Objekt erzeugt werden kann:

```
datum = new Date(jahr, monat, tag);
datum = new Date(jahr, monat, tag, std, min, sek);
datum = new Date("monat tag, jahr std:min:sek");
```

Wenn Sie ein Date-Objekt mit dem Datum 11. April 2010 haben möchten, schreiben Sie Folgendes:

```
datum = new Date(2010, 3, 11);
```

Das einzig Tückische hierbei ist, dass dem Monat Januar die Nummer 0 zugeordnet wird und nicht die Nummer 1, wie man zunächst annehmen würde. Deshalb steht im obigen Beispiel eine 3 für April, obwohl es der vierte Monat ist.

8.4.3   Ausgabe eines Datums

Ist das Date-Objekt erstellt, kann man die Uhrzeit oder das Datum auslesen. Es gibt auch Methoden, mit denen man die Uhrzeit oder das Datum verändern kann. Wir wollen uns zunächst ein Programm anschauen, das die Uhrzeit in einem Hinweisfenster ausgibt.

Es sei darauf hingewiesen, dass die Uhrzeit im Date-Objekt nicht automatisch weiterläuft, auch wenn man ein Date-Objekt mit der aktuellen Zeit generiert (wenn man also den Konstruktor ohne Argumente aufruft). Das Date-Objekt bekommt eine bestimmte Uhrzeit und ein bestimmtes Datum zugewiesen. Danach ändert sich jedoch nichts mehr automatisch daran. Das Date-Objekt speichert also ein fixes Datum. Um eine laufende Uhr zu bekommen, kann man einen Timer verwenden (siehe *Timer*, S. 145).

Hier nun das Beispielprogramm, das ein Objekt mit der aktuellen Zeit und dem aktuellen Datum erzeugt. Anschließend wird die Uhrzeit mittels alert() ausgegeben. Um die Anzahl der Stunden zu erfahren, bedient man sich der Methode getHours() des Date-Objekts. Die Minuten erhält man mit getMinutes() usw.

```
heute = new Date();

alert("Jetzt ist es: " +
    heute.getHours() + ":" +
    ((heute.getMinutes()<10) ? "0" : "") +
    heute.getMinutes() + " Uhr.");
```

date1.html
(Auszug)

In der vorletzten Zeile wird geprüft, ob die Minutenzahl einstellig ist und eine führende Null eingefügt werden muss. Um das Datum auszugeben, können Sie Folgendes schreiben:

```
alert("Datum: " +
    heute.getDate() + "." +
    (heute.getMonth() + 1) + "." +
    heute.getFullYear());
```

8.4.4 Berechnung von Zeitdifferenzen

Das folgende Beispiel zeigt, wie man in JavaScript berechnet, wie viele Tage es noch bis zu einem bestimmten Datum sind. Es wird die verbleibende Zeitdifferenz in Tagen bis zum nächsten Weihnachtsfest (24.12.) berechnet:

```
// Date-Objekte erzeugen
var heute = new Date();
var jahr = heute.getFullYear();

var weihnachten = new Date(jahr, 11, 24);

// Ist Weinachten dieses Jahr schon vorbei?
if (heute.getTime() > weihnachten.getTime())
    weihnachten.setYear(jahr + 1);

// Berechnung der Differenz
var differenz = weihnachten.getTime() -
    heute.getTime();
var tage = Math.ceil( differenz /
    (1000 * 60 * 60 * 24));

// Ausgabe
alert("Es sind noch " + tage + " Tage bis Weihnachten.");
```

date2.html
(Auszug)

Das Skript erzeugt zwei Date-Objekte. Das Date-Objekt heute repräsentiert das heutige Datum, während weihnachten für den 24.12. des gleichen Jahres steht. In einer if-Abfrage wird festgestellt, ob Weihnachten dieses Jahr schon vorbei ist. Ist dies der Fall, muss das Datum im Objekt weihnachten um ein Jahr *weitergestellt* werden.

Wie berechnen wir nun eine Zeitdifferenz in Tagen? Wir können natürlich überlegen, welche Monate betroffen sind, und dann die Tage abzählen. Jedoch müssen wir dabei nicht nur beachten, dass die Monate nicht gleich lang sind, sondern es gibt ja auch Schaltjahre.

*Berechnung von
Zeitdifferenzen*

Jedes vierte Jahr kommt ein Tag hinzu. Das wäre ja noch recht einfach. Allerdings ist jedes volle Jahrhundert von dieser Regel ausgenommen. Wem dies noch nicht zu kompliziert ist, dem sei gesagt, dass alle Jahreszahlen, die durch 400 teilbar sind, doch wieder Schaltjahre sind. Das Jahr 2000 war demnach ein Schaltjahr.

Doch wozu haben wir ein Date-Objekt? Es übernimmt solche Berechnungen für uns. Wenn wir zwei Daten haben, können wir diese in Millisekunden ausgeben. Jetzt kann man ganz einfach die Differenz aus diesen beiden Werten berechnen. Wir erhalten die Zeitdauer, zwischen unseren beiden Daten – zwar noch in Millisekunden, aber das können wir leicht umrechnen. Das Tolle ist, dass in der Angabe der Millisekunden die unterschiedliche Länge der Monate und alle Schaltjahre berücksichtigt sind.

Um ein Datum in Millisekunden auszugeben, wird getTime() verwendet. Das heißt, in unserem Beispiel erhalten wir mit

```
heute.getTime()
```

die Anzahl der Millisekunden, die seit dem 1.1.1970 bis jetzt verstrichen sind. Wenn wir wissen, wie viele Millisekunden zwei verschiedene Zeitpunkte jeweils von einem dritten Zeitpunkt entfernt sind, können wir auch die Differenz zwischen den beiden ersten Zeitpunkten berechnen. Ziehen wir die beiden Angaben in Millisekunden, die wir aus den Objekten heute und weihnachten bekommen, voneinander ab, erhalten wir die Differenz zwischen diesen beiden Zeitpunkten in Millisekunden.

Da wir mit einer Angabe in Millisekunden nicht sehr viel anfangen können, müssen wir diese in Tage umrechnen. Dazu müssen wir die Differenz in Millisekunden durch 86400000 (=1000*60*60*24) teilen, was der Länge eines Tages in Millisekunden entspricht. Da man nicht annehmen kann, dass die Division immer exakt aufgeht (dies ist nur genau zu Mitternacht der Fall), muss man das Ergebnis aufrunden. Dafür kennt JavaScript die Methode ceil() der Math-Klasse. Diese Klasse werden wir weiter unten näher kennen lernen.

Wenn Sie für den Fall, dass heute oder morgen Weihnachten ist, spezielle Texte ausgeben möchten, können Sie am Ende des Skripts eine Verzweigung mit einer if-Abfrage einfügen.

8.4.5   Das Jahr-2000-Problem

Computer haben lange Zeit mit zweistelligen Jahreszahlen gerechnet. Problematisch ist dabei, dass das Jahr 2000 durch 00 abgekürzt wird, was alte Computerprogramme als 1900 interpretieren. Im Zusammenhang mit dem Wechsel ins Jahr 2000 waren deshalb aufwendige Umstellungen alter Computerprogramme notwendig. Dieses Problem wurde Jahr-2000-Problem oder Y2K (kurz für *year 2000*) genannt. Das Problem war lange Zeit vor dem Jahr 2000 bekannt. Umso erstaunlicher ist, dass so eine junge Programmiersprache wie JavaScript zu Beginn nicht konsequent mit vierstelligen Jahreszahlen rechnete.

Die ersten Browserversionen haben beim Aufruf der Methode getYear() die Jahreszahlen ausgehend vom Jahr 1900 dargestellt. Das Jahr 99 war demnach das Jahr 1999. Das Jahr 2000 wurde durch die Zahl 100 angegeben. Man muss also 1900 hinzuaddieren, um die richtige vierstellige Jahreszahl zu erhalten. In einigen neueren Browsern wurde diese recht eigenwillige Vorgehensweise durch eine vierstellige Ausgabe der Jahreszahlen ersetzt. Während dies in neueren Versionen des Internet Explorers der Fall ist, hat Mozilla die alte Vorgehensweise beibehalten.

getYear()

Jetzt steht man als Skriptprogrammierer vor dem Problem, dass einige Browser bei getYear() eine vierstellige Jahreszahl liefern und einige die Anzahl der Jahre seit 1900. In ECMAScript gibt es aus diesem Grund die Methode getFullYear(), die immer eine vierstellige Jahreszahl liefert. Man sollte in Zukunft nur noch diese Methode verwenden. Mittlerweile sind auch die Browser, die getFullYear() nicht kennen (die Versionen vor Internet Explorer 4 und Netscape 4) so gut wie nicht mehr in Verwendung.

getFullYear()

8.5   Die Math-Klasse

Die Math-Klasse ermöglicht dem Programmierer, auf einige wichtige mathematische Funktionen zuzugreifen. Dazu zählen z.B. trigonometrische, Exponential- oder Wurzelfunktionen. Besonders praktisch sind die Methoden zum Runden von Zahlen. Die Referenz am Ende dieses Buches beschreibt die einzelnen Eigenschaften und Methoden.

Um mit der Math-Klasse zu arbeiten, müssen Sie keine Instanz erzeugen (Sie brauchen den new-Operator hier also nicht). Man sagt dazu, dass die Methoden der Math-Klasse als statische Methoden definiert sind. Um z.B. die Zahl 17,4 mit der Methode round() zu runden, schreibt man:

```
x = Math.round(17.4);
```

8.5.1   Vordefinierte Konstanten

Die Math-Klasse kennt einige vordefinierte Konstanten. Dazu gehört beispielsweise die Kreiszahl Pi. Diese lässt sich wie folgt ausgeben:

```
alert(Math.PI);
```

Beachten Sie, dass Sie PI (und alle anderen Math-Konstanten) mit Großbuchstaben schreiben müssen. JavaScript ist bekanntlich case-sensitive, d.h., es findet eine Unterscheidung zwischen Groß- und Kleinbuchstaben statt.

8.5.2   Runden von Zahlen

Es gibt drei verschiedene Methoden zum Runden von Zahlen. Die
Methode floor() (engl. für *Boden*) rundet Zahlen grundsätzlich ab. Es
werden also quasi die Nachkommastellen abgeschnitten. Mit ceil()
(*ceil* ist kurz für *ceiling*, das im Englischen für *Decke* steht) werden
Zahlen grundsätzlich aufgerundet. Verwendet man round(), wird aufgerundet, wenn die erste Nachkommastelle mindestens 5 ist. Ansonsten wird abgerundet. Dies veranschaulicht das folgende Schaubild.

Abb. 8–1
Runden von Zahlen

	Math.round(x)	Math.floor(x)	Math.ceil(x)
x = 3.2	3	3	4
x = 3.7	4	3	4

8.5.3   Zufallszahlen

Mit Math.random() erhalten Sie eine Zufallszahl zwischen 0 und 1. Dies
ist im Prinzip nicht wirklich eine Zufallszahl. Der Computer *berechnet*
Zufallszahlen. Dafür gibt es eine Reihe von Vorgehensweisen. Normalerweise wird die Systemzeit als Ausgangswert benutzt, um eine
Zufallszahl zu berechnen.

Möchte man eine Zufallszahl zwischen 1 und 100 ohne Komma-
stellen haben, kann man diese mit Hilfe der Math-Klasse erzeugen:

zufall.html
(Auszug)

```
var zufall = Math.round(Math.random() * 99) + 1;
```

8.6   Die String-Klasse

Die String-Klasse wird benutzt, um mit Zeichenketten (so genannten
Textstrings) zu arbeiten. Zuerst muss man eine Instanz der String-
Klasse erzeugen. Dies kann z.B. so aussehen:

```
var text = new String("Dies ist ein String");
```

Man kann mit new auch einen leeren String erzeugen und erst danach
dem Objekt einen Wert zuweisen:

```
var text = new String();
text = "Dies ist ein String";
```

Für die Definition von Strings gibt es eine abkürzende Schreibweise. Sie können einer Variablen eine Zeichenkette direkt zuweisen. Demnach ist es egal, ob Sie

```
var text = new String("Dies ist ein String");
```

oder

```
var text = "Dies ist ein String";
```

schreiben. In beiden Fällen wird ein String-Objekt erzeugt, auf das Sie mit der Variablen text zugreifen können.

8.6.1 charAt()

Möchte man feststellen, welcher Buchstabe an einer Position in einem Textstring steht, benutzt man charAt(). Beispielsweise kann man mit

```
var zeichen = "Sein oder Nichtsein".charAt(10);
```

string1.html
(Auszug)

erfahren, welcher Buchstabe an der elften Stelle des Strings "Sein oder Nichtsein" steht.

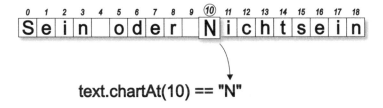

Abb. 8–2
chartAt()

Wie bereits erwähnt wurde, gibt es oftmals mehrere gleichwertige Schreibweisen. So bezwecken die folgenden Befehle dasselbe:

```
var text = "Sein oder Nichtsein";
var zeichen = text.charAt(10);

var text2 = new String("Sein oder Nichtsein");
var zeichen = text2.charAt(10);

var zeichen = "Sein oder Nichtsein".charAt(10);
```

Als Ergebnis erhält man den Buchstaben N. Man muss beachten, dass das erste Zeichen des Strings an der Position 0 steht und nicht an der Position 1, wie man vielleicht annehmen könnte. Folgender Befehl liefert den ersten Buchstaben des Strings zurück:

```
var zeichen = "Sein oder Nichtsein".charAt(0);
```

8.6.2   indexOf()

Möchte man feststellen, ob ein bestimmtes Wort oder ein bestimmter Wortteil in einem String vorkommt, bietet sich die Methode `indexOf()` an. Diese Methode gibt an, an welcher Stelle eine bestimmte Zeichenfolge steht. Der Befehl liefert die Position des ersten Zeichens der gefundenen Zeichenfolge zurück.

string2.html
(Auszug)

```
var pos = "Sein oder Nichtsein".indexOf("oder");
```

Das Ergebnis dieser Zeile ist 5, da das *o* an der sechsten Stelle steht.

Abb. 8–3
chartAt()indexOf()

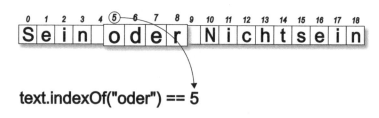

Kommt die Zeichenfolge nicht vor, erhält man als Ergebnis den Wert -1. Wenn man also überprüfen will, ob eine Zeichenfolge vorkommt, muss man praktischerweise nur prüfen, ob `indexOf()` -1 (d.h., die Zeichenfolge kommt nicht vor) oder einen höheren Wert (d.h., die Zeichenfolge kommt vor) zurückliefert.

Prüfen, ob eine Zeichenfolge überhaupt vorkommt

Kommt die Zeichenfolge mehrmals vor, liefert die Methode `indexOf()` nur die Position der ersten Zeichenfolge zurück. Sucht man in unserem String beispielsweise nach *ein*, so erhält man mit

Wenn die gesuchte Zeichenfolge mehrfach vorkommt

```
var pos = "Sein oder Nichtsein".indexOf("ein");
```

den Wert 1, da das erste *ein* an der Position 1 steht. Um die Position des zweiten *ein* herauszubekommen, kann man bei der Methode `indexOf()` ein zweites Argument angeben, das die Stelle angibt, ab der gesucht werden soll. So können wir beispielsweise ab der Position 5 suchen:

```
var pos = "Sein oder Nichtsein".indexOf("ein", 5);
```

Dieser Aufruf der Methode liefert den Wert 16 zurück, da ab der Position 5 das nächste *ein* an der Stelle 16 gefunden wird.

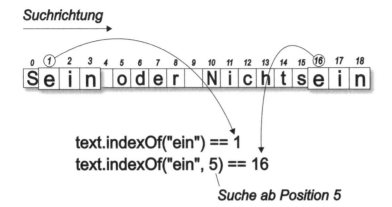

Abb. 8–4
indexOf()

8.6.3 lastIndexOf()

lastIndexOf() funktioniert genauso wie indexOf(), mit dem Unterschied, dass die Suche von hinten begonnen wird. Auch hier kann man ein zweites Argument angeben, das die Anfangsposition der Suche kennzeichnet.

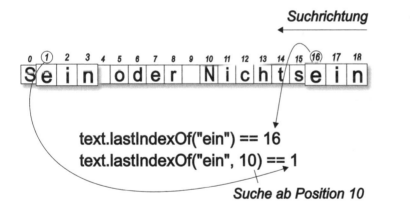

Abb. 8–5
lastIndexOf()

8.6.4 substring()

Mit substring() kann man einen Teil eines Strings zurückbekommen. Man nimmt sich sozusagen ein Stück aus einem existierenden String heraus. Die beiden Argumente geben dabei die Anfangs- und Endposition an:

```
var teil = "Sein oder Nichtsein".substring(0,9);
```

Die Variable teil nimmt in dem Beispiel den String "Sein oder" auf. Es ist darauf zu achten, dass das Zeichen, das an der Endposition steht, nicht mitkopiert wird. In unserem Beispiel steht an der Position 9 ein Leerzeichen. Da substring() die Endposition nicht mitkopiert, ist das letzte Zeichen in unserem Ergebnisstring der Buchstabe *r*.

Im folgenden Beispiel wird teil gleich "oder":

string3.html
(Auszug)

```
var teil = "Sein oder Nichtsein".substring(5,9);
```

Abb. 8–6
substring()

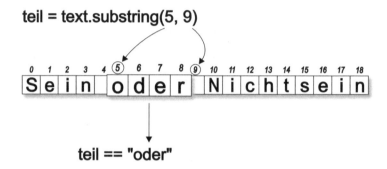

Sie bekommen keine Fehlermeldung, wenn Sie einen Endwert angeben, der größer ist als die Länge des Strings. Der folgende Aufruf von substring() funktioniert also ohne Probleme und liefert den gesamten String zurück:

```
var teil = "Sein oder Nichtsein".substring(0,100);
```

8.6.5   split()

Die split()-Methode kann dafür verwendet werden, um einen String in mehrere Teilstrings aufzuteilen. Zum Beispiel bedeutet die folgende Zeile, dass der String text an jedem Leerzeichen, das in dem String str vorkommt, aufgeteilt wird:

string4.html
(Auszug)

```
var teil = "Sein oder Nichtsein".split(" ");
```

Zurückgeliefert wird ein Array, das die Teilstrings enthält, wie es das Schaubild verdeutlicht. Auf Arrays werden wir in diesem Kapitel näher eingehen. Wir werden auf die split()-Methode später wieder zurückkommen (siehe *split(reg)*, S. 256).

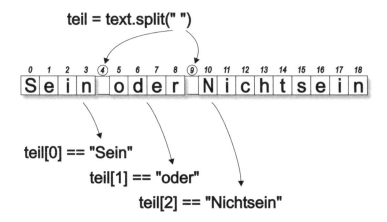

Abb. 8–7

split()

8.6.6 Länge eines Strings

Die Länge eines Strings kann man mit `length` in Erfahrung bringen. Dabei werden alle Leerzeichen und Sonderzeichen zu der Länge hinzugerechnet. Bitte beachten Sie, dass es sich bei `length` um eine *Eigenschaft* des `String`-Objekts handelt und nicht um eine *Methode*, wie dies in Java der Fall ist. Deshalb schreibt man auch keine Klammern hinter `length`. Es ist nicht möglich, die Länge eines Strings zu ändern, indem man dem `length`-Element einen neuen Wert zuweist. In der folgenden Programmzeile nimmt `laenge` den Wert 19 an:

length

```
var laenge = "Sein oder Nichtsein".length;
```

string5.html

(Auszug)

Abb. 8–8

length

8.7 Die Array-Klasse

Angenommen, man möchte 100 verschiedene Werte für spätere Berechnungen in Variablen halten. Es könnte sich z.B. um eine Messreihe von Temperaturwerten handeln, die für die spätere Auswertung gespeichert werden soll. Die Auswertung könnte darin bestehen, dass der Durchschnittswert aus den Messdaten berechnet werden soll.

Es wäre sehr aufwendig, dafür 100 Variablen zu definieren, wie wir das bisher getan haben. Für solche Zwecke gibt es in JavaScript Arrays (im Deutschen auch *Felder* genannt), die man sich als eine Ansammlung von durchnummerierten Variablen vorstellen kann. Arrays

Felder

werden in JavaScript durch die `Array`-Klasse repräsentiert, die wir im Folgenden genauer untersuchen wollen.

8.7.1 Erzeugen eines Arrays

Bei der Erzeugung einer Instanz der `Array`-Klasse mit dem Schlüsselwort `new` kann man die gewünschte Größe des Arrays angeben. Der Befehl

```
var temperatur = new Array(100);
```

erzeugt ein Feld `temperatur` mit 100 Elementen. Man kann sich diese 100 Elemente als eine Aneinanderreihung von 100 Variablen vorstellen.

undefined   Bei der Erzeugung eines Arrays werden zuerst alle Elemente automatisch auf `undefined` gesetzt.

8.7.2 Zugriff auf die Elemente eines Arrays

Nummerierung der einzelnen Elemente   Um auf die einzelnen Elemente eines Arrays zuzugreifen, verwendet man den Namen des Arrays in Kombination mit einer Laufnummer. Die Nummer schreibt man in eckige Klammern nach dem Array-Namen. Die einzelnen Array-Elemente kann man genauso wie Variablen behandeln.

Möchte man in unserem Array `temperatur` auf das zehnte Element zugreifen, schreibt man:

```
var wert = temperatur[9];
```

Die Variable `wert` erhält damit den Wert, der in dem zehnten Element des `temperatur`-Arrays gespeichert ist. Mit der folgenden Zeile können wir den Wert des zehnten Elements setzen:

```
temperatur[9] = 100;
```

Die Nummerierung beginnt auch bei Arrays immer mit der Nummer 0. Auf das erste Element wird also mit `temperatur[0]` zugegriffen. Das letzte Element unseres Arrays ist `temperatur[99]`. Im Gegensatz zu manchen anderen Programmiersprachen ist das erste Element in JavaScript immer an der Stelle 0. Dies kann nicht verändert werden.

Das folgende Beispiel zeigt, wie mit einem Array gearbeitet werden kann:

array01.html
(Auszug)

```
var meinArray = new Array(3);

meinArray[0] = "Jim";
meinArray[1] = "John";
meinArray[2] = "James";

alert(meinArray[1]);
```

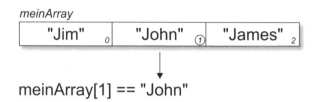

Abb. 8–9

Aufbau eines Arrays

Zuerst wird das Array `meinArray` mit drei Elementen erzeugt. Danach wird diesen drei Elementen jeweils ein Textstring zugewiesen. Der Inhalt des zweiten Feldes wird anschließend mit `alert()` ausgegeben.

Das obige Beispiel veranschaulicht zwar die Funktionsweise von Arrays, jedoch demonstriert es die eigentliche Stärke von Arrays nicht. Schließlich könnte man im obigen Beispiel auch drei normale Variablen verwenden. Die wahre Stärke von Arrays wird bei der Verwendung von Schleifen deutlich. So kann man mit einer for-Schleife alle Elemente eines Arrays durchlaufen. Dies wird im nächsten Beispiel deutlich, in dem der `alert()`-Aufruf in einer for-Schleife untergebracht wurde. Für den Aufbau der Schleife spielt es keine Rolle, ob das Array drei oder 100 Elemente enthält. Es werden alle Elemente nacheinander durchlaufen.

Arrays und Schleifen

In der for-Schleife wird die Variable `i` von 0 bis 2 durchgezählt. Die Variable `i` wird in den eckigen Klammern nach dem Array-Namen `meinArray` platziert und dient damit als Laufvariable.

```
var meinArray = new Array(3);

meinArray[0] = "Jim";
meinArray[1] = "John";
meinArray[2] = "James";

for (var i = 0; i < 3; i++) {
   alert(meinArray[i]);
}
```

array02.html
(Auszug)

Möchte man die for-Schleife noch etwas flexibler gestalten, kann man die Eigenschaft `length` verwenden. Mit dieser Eigenschaft erfährt man die Anzahl der Elemente eines Arrays. In unserem Beispiel wäre `meinArray.length` gleich 3. Die for-Schleife sieht dann so aus:

Anzahl der Elemente
eines Arrays

```
for (var i = 0; i < meinArray.length; i++) {
   alert(meinArray[i]);
}
```

8.7.3 Initialisierung eines Arrays

Ein Array kann, wie eine Variable auch, bei der Definition initialisiert werden, d.h., dass jedes Element einen bestimmten Wert zugewiesen bekommt. Dazu gibt man einfach die Anfangswerte der einzelnen Elemente im Array()-Konstruktor an. Das nächste Beispiel zeigt, wie ein Array initialisiert wird:

array03.html
(Auszug)

```
var meinArray = new Array("Jim","John","James");
alert(meinArray[1]);
```

Dieses Beispiel gibt wieder den Inhalt des zweiten Elements in einem Hinweisfenster aus. Ihnen ist sicherlich aufgefallen, dass die Anzahl der Elemente nicht mehr angegeben wird. JavaScript ermittelt dies selbst. Sie können diese Art der Initialisierung nur benutzen, wenn Sie mehr als ein Element haben. Gibt man nur einen Wert in den Klammern an, wird dies als Array-Größe interpretiert und nicht als Array-Element.

8.7.4 Dynamische Arrays

Erweitern von Arrays

Arrays, die ihre Größe verändern können, werden als dynamische Arrays bezeichnet. Arrays sind in JavaScript immer dynamische Arrays. Man kann Arrays jederzeit erweitern. Verkleinern kann man diese jedoch nicht. Angenommen, ein Array besitzt zwei Elemente. Obwohl das Element mit der Nummer 3 nicht existiert, kann man diesem Element einen Wert zuweisen. JavaScript erweitert das Array automatisch auf vier Elemente (das Element mit der Nummer 3 ist das vierte Element). Das Array wird so erweitert, dass das letzte Element noch hineinpasst. Das Element mit der Nummer 2 bleibt in diesem Fall leer, d.h., es enthält den Wert undefined.

Der folgende Quellcode zeigt den Umgang mit dynamischen Arrays. meinArray.length liefert am Anfang den Wert 2 und nach dem Setzen des vierten Elements den Wert 4.

array04.html
(Auszug)

```
// Array mit 2 Elementen erzeugen
var meinArray = new Array(2);
alert(meinArray.length); // Ausgabe 2
// 4. Element setzen
meinArray[3] = "abc";
alert(meinArray.length); // Ausgabe 4
```

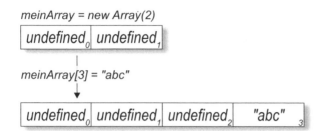

Abb. 8–10

Dynamische Arrays

Ein Array kann von Beginn an als leeres Array definiert werden. Dazu lässt man einfach alle Parameter in den Klammern des Konstruktors weg:

```
meinArray = new Array();
```

Dem Array können dann nach Bedarf neue Elemente hinzugefügt werden.

8.7.5 Unterschiedliche Datentypen in Arrays

Sie können in Arrays alle möglichen Typen von Daten speichern (wie dies auch bei Variablen der Fall ist). Es macht keinen Unterschied, ob Sie Zahlenwerte oder Textstrings speichern. Sie können sogar Datentypen mischen, wie dieses Beispiel zeigt:

```
var meinArray = new Array();
meinArray[0] = 17;
meinArray[1] = 100.5;
meinArray[2] = "John";
```

array05.html

(Auszug)

meinArray

17	100.5	"John"

Abb. 8–11

Unterschiedliche Datentypen

8.7.6 Assoziative Arrays

Die Flexibilität eines JavaScript-Arrays kommt erst richtig mit dem Gebrauch als assoziatives Array zum Ausdruck. Bisher wurden alle Elemente mit einer Nummer in Verbindung gebracht. Die Elemente wurden der Reihe nach durchnummeriert. Dies entspricht sehr der Vorgehensweise eines Computers. Man kann sich jedoch auch andere Arten von Zuordnungen vorstellen. Möchte man beispielsweise mehrere Dinge an verschiedene Personen verteilen, wird man eine Zuordnung nach Namen wählen. Jim erhält das Auto, John bekommt die Yacht usw. Möchte man dies nun auf den Computer übertragen, sieht man sich mit den meisten Programmiersprachen gezwungen, den verschiedenen Personen eine Nummer zuzuordnen. Jeder erhält sozusagen einen Platz in einem durchnummerierten Array. Diese Denkweise entspricht jedoch nicht unbedingt der natürlichen Denkweise eines Menschen. Mit assoziativen Arrays kann man eine Zuordnung nach Namen vornehmen.

Schauen Sie sich das nächste Beispiel an:

array06.html
(Auszug)

```
var meinArray = new Array();

meinArray["Jim"] = "Auto";
meinArray["John"] = "Yacht";
meinArray["James"] = "nichts";

alert(meinArray["Jim"]);
```

Abb. 8–12
Assoziative Arrays

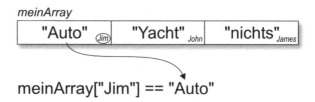

Das Programm ordnet den drei Personen mit Namen Jim, John und James unterschiedliche Gegenstände zu. Der Aufbau dieses Programms ist den vorherigen Beispielen sehr ähnlich. Es macht im Prinzip keinen Unterschied, ob Sie mit *normalen* oder assoziativen Arrays arbeiten. Sie sehen, dass mit

```
meinArray["Jim"] = "Auto";
```

dem Array-Element "Jim" der Textstring "Auto" zugewiesen wird.

Der Programmierer muss sich nicht um die interne Struktur eines assoziativen Arrays kümmern. JavaScript erledigt alle notwendigen Aufgaben. Dies macht assoziative Arrays zu einem sehr praktischen Werkzeug. Um alle Elemente eines assoziativen Arrays zu durchlaufen, bietet sich die for..in-Schleife an (siehe *for..in-Schleife*, S. 121).

8.7.7   Elemente zu einem String zusammenfügen

Mit der Methode join() eines Array-Objekts können Sie die einzelnen Elemente zu einem Textstring zusammenfügen. Dies kann z.B. nützlich sein, wenn man alle Elemente eines Arrays ausgeben will.

Wenn Sie die Methode join() ohne Argument aufrufen, wird ein Textstring erzeugt, in dem die einzelnen Array-Elemente durch ein Komma getrennt sind. Sie können jedoch auch jeden beliebigen anderen Textstring angeben, der die einzelnen Elemente voneinander trennen soll. Das folgende Skript zeigt den Aufruf von join() mit einem Schrägstrich als Trennungszeichen:

```
var meinArray = new Array();

meinArray[0] = "Jim";
meinArray[1] = "John";
meinArray[2] = "James";

var text = meinArray.join("/");
alert(text);
```

array07.html
(Auszug)

meinArray

Abb. 8–13
join()

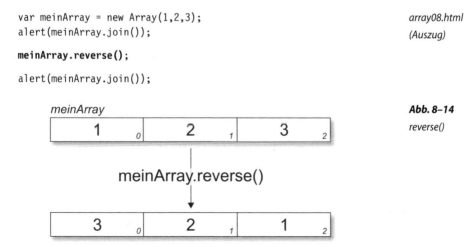

8.7.8   Reihenfolge in einem Array umkehren

Möchte man in einem Array die Reihenfolge der einzelnen Elemente umkehren, kann man dazu die Methode reverse() benutzen. Das nächste Beispiel erzeugt ein Array mit dem Inhalt 1, 2, 3. Nachdem der Inhalt in einem Hinweisfenster angezeigt wurde, wird die Methode reverse() benutzt. Die darauf folgende erneute Ausgabe des Arrays zeigt, dass sich die Reihenfolge der Elemente geändert hat.

```
var meinArray = new Array(1,2,3);
alert(meinArray.join());

meinArray.reverse();

alert(meinArray.join());
```

array08.html
(Auszug)

meinArray

Abb. 8–14
reverse()

8.7.9   Sortieren von Array-Inhalten

Sortieren nach alphabetischer Reihenfolge

Um die Elemente eines Arrays in JavaScript zu sortieren, gibt es die Methode sort(). Damit werden die Elemente nach alphabetischer Reihenfolge sortiert. Im folgenden Beispiel wird gezeigt, wie drei Textstrings in alphabetische Reihenfolge gebracht werden:

array09.html (Auszug)

```
var meinArray = new Array();
meinArray[0] = "Elch";
meinArray[1] = "Chamäleon";
meinArray[2] = "Dromedar";
alert(meinArray.join());
meinArray.sort();
alert(meinArray.join());
```

Abb. 8–15
sort()

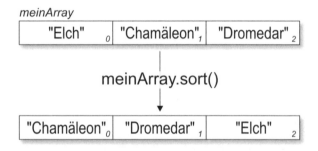

Sortieren nach Zahlenwerten

Wenn Sie in das obige Beispiel Zahlen einsetzen, werden Sie vielleicht feststellen, dass diese nicht richtig sortiert werden. Das liegt daran, dass alle Elemente in dem Array zu Strings konvertiert werden, bevor der Sortier-Algorithmus beginnt. Die Zahlen werden als Strings aufgefasst und nach alphabetischer Reihenfolge sortiert. Möchte man die Zahlen 3 und 17 sortieren, wird die 3 nach der 17 platziert, da 3 größer als 1 ist. Genauso werden Zahlen in einem Lexikon sortiert.

Möchte man Zahlen nach ihrem Wert sortieren, muss man das Programm etwas erweitern. Dazu definiert man eine Sortierfunktion, die die Vorgehensweise bei der Sortierung mit sort() vorgibt. Die Sortierfunktion vergleicht immer zwei Werte miteinander und wird durch sort() mehrfach aufgerufen. Eine Sortierfunktion ist nach folgendem Schema aufgebaut:

```
function vergleiche(a,b) {
    if (a nach einem bestimmten Kriterium kleiner als b)
        return -1
    if (a nach einem bestimmten Kriterium groesser als b)
        return 1
    // a ist gleich b
    return 0
}
```

Wenn die Funktion `vergleiche(a,b)` einen negativen Wert zurückliefert, wird a vor b sortiert. Wird eine positive Zahl zurückgegeben, kommt b vor a. Der Wert 0 signalisiert, dass die beiden Elemente gleich sind. Das hat zur Folge, dass die beiden Elemente die Position zueinander nicht verändern.

Möchte man Zahlenwerte sortieren, kann man eine sehr einfache Version der Sortierfunktion verwenden:

```
function vergleicheZahlen(a,b) {
    return a - b;
}
```

Ist a größer als b, dann ist der Rückgabewert dieser Funktion positiv. Damit wird a nach b sortiert. Ist a kleiner als b, ergibt a-b einen negativen Rückgabewert. Dies hat zur Folge, dass a vor b sortiert wird.

Damit die Methode `sort()` die richtige Sortierfunktion auch verwendet, muss der Name der Sortierfunktion (ohne Klammern) beim Aufruf von `sort()` angegeben werden. Dies kann z.B. so aussehen:

```
meinArray.sort(vergleicheZahlen);
```

Die Funktion `vergleicheZahlen()` wird als Callback-Funktion bezeichnet, da diese von `sort()` selbstständig aufgerufen wird und wir nur eine Referenz auf diese Funktion angeben müssen.

Callback-Funktion

Das nächste Beispiel demonstriert eine Sortierung nach Zahlen:

```
function vergleicheZahlen(a,b) {
    return a - b;
}

var meinArray = new Array();
meinArray[0] = 3;
meinArray[1] = 17;
meinArray[2] = 0.004;

// Unsortiert
alert(meinArray.join(", "));

// Nach alphabetischer Reihenfolge sortiert
meinArray.sort();
alert(meinArray.join(", "));

// Nach Zahlenwerten sortiert
meinArray.sort(vergleicheZahlen);
alert(meinArray.join(", "));
```

array10.html

(Auszug)

8.7.10   Verkürzte Schreibweise

Es gibt eine verkürzte Schreibweise für die Erzeugung von Arrays. Die einzelnen Elemente eines Arrays werden durch Kommata getrennt in eckigen Klammern aufgeführt. Das folgende Beispiel zeigt dies:

array11.html
(Auszug)

```
var meinArray = [17, 100.5, "John"];
alert(meinArray.join());
```

Genauso gibt es für die Erzeugung von Objekten eine verkürzte Schreibweise, die wir später kennen lernen werden. Insgesamt nennt sich die verkürzte Schreibweise von Arrays und Objekten *JavaScript Object Notation*, oder kurz JSON (siehe *JavaScript Object Notation*, S. 125).

JavaScript Object Notation

8.7.11   Erweiterungen in JavaScript 1.6 und 1.7

In JavaScript 1.6 und 1.7 wurden die Fähigkeiten der Array-Klasse weiter ausgebaut. Diese Erweiterungen sind zwar noch nicht Teil des ECMAScript-Standards, jedoch ist davon auszugehen, dass dies bei der nächsten ECMAScript-Version der Fall sein wird. Deshalb möchte ich die Erweiterungen hier kurz vorstellen. Die Beispiele hierzu funktionieren im Moment also nur in Mozilla-basierten Browsern.

indexOf() und
lastIndexOf()

In JavaScript 1.6 sind zunächst die beiden Methoden indexOf() und lastIndexOf() hinzugekommen, die genauso wie im Zusammenhang mit String-Objekten verwendet werden können:

array12.html
(Auszug)

```
var x = [1, 3, 5];
alert(x.indexOf(3)); // Ausgabe 1
```

Weiterhin gibt es in JavaScript 1.6 neue Methoden, mit denen die einzelnen Elemente eines Arrays abgefragt bzw. bearbeitet werden können. Mit der Methode forEach() kann über jedes Element eines Arrays iteriert werden und eine spezielle Funktion aufgerufen werden:

forEach()

array13.html
(Auszug)

```
function test(element, index, array) {
    alert(element);
}

var x = [1, 3, 5];
x.forEach(test);
```

Dieses Beispiel produziert für jedes Element des Arrays ein Hinweisfenster. Die Funktion test() wird hier als Callback-Funktion definiert. Diese Funktion wird für jedes Array-Element aufgerufen und bekommt als erstes den Wert des Array-Elements übergeben, dann den Index und als drittes Argument eine Referenz auf das Array-Objekt selbst.

Genauso wie bei forEach() kann mit every() jedes einzelne Array-Element durchlaufen werden. Wenn die Callback-Funktion für jedes Element true zurückliefert, gibt auch every() den Wert true zurück, ansonsten false. Das folgende Beispiel prüft, ob jedes Element kleiner als 5 ist:

every()

```
function test(element, index, array) {
    return (element < 5);
}

var x = [1, 2, 3];
if (x.every(test))
    alert("Alle Elemente sind kleiner als 5.");
    else alert("Nicht alle Elemente sind kleiner als 5.");
```

array14.html
(Auszug)

Die Methode some() liefert true, wenn die Callback-Funktion bei mindestens einem Element des Arrays true zurückliefert:

some()

```
function test(element, index, array) {
    return (element == 5);
}

var x = [1, 3, 5];
(x.some(test)) ? alert("Ja.") : alert("Nein.");
```

array15.html
(Auszug)

Mit der Methode filter() kann man aus einem Array bestimmte Elemente selektieren und daraus ein neues Array erzeugen. Man definiert auch hier wieder eine Callback-Funktion. Je nachdem, ob die Callback-Funktion true oder false zurückliefert, wird das jeweilige Element in das resultierende Array aufgenommen oder nicht:

filter()

```
function test(element, index, array) {
    return (element >= 2);
}

var x = [1, 2, 3];
var y = x.filter(test);
alert(y.join()); // Ausgabe 2,3
```

array16.html
(Auszug)

map() erzeugt auf Basis der zurückgelieferten Werte der Callback-Funktion ein neues Array. Das folgende Array berechnet für jedes Element das Quadrat. Die Ergebnisse werden in dem Array y gespeichert:

map()

```
function test(element, index, array) {
    return element * element;
}

var x = [1, 3, 5];
var y = x.map(test);
alert(y[1]); // Ausgabe 9
```

array17.html
(Auszug)

Wie bereits gezeigt wurde, gibt es seit JavaScript 1.7 so genannte Generatoren (siehe *Generatoren*, S. 90). Diese können im Zusammenhang mit der Erzeugung eines Arrays verwendet werden. Dies nennt sich Array Comprehension. Folgendes Beispiel, das Firefox 2.x voraussetzt, demonstriert dies:

```
function test(anfang, ende) {
    for (var i = anfang; i <= ende; i++) {
        yield i * i;
    }
}

var x = [i for (i in test(3, 5))];
alert(x.join()); // Ausgabe 9,16,25
```

Die Funktion test() wird als Generator definiert und zur Erzeugung des Arrays x verwendet. test() berechnet in unserem Beispiel die Quadrate von 3, 4 und 5. Das Array x wird mit den resultierenden Werten gefüllt.

8.8   Befehle zum Arbeiten mit Objekten

Im Folgenden wollen wir uns ein paar Befehle zum Umgang mit Objekten anschauen.

8.8.1   Der instanceof-Operator

Mit dem instanceof-Operator können Sie überprüfen, ob ein Objekt zu einer bestimmten Klasse gehört. Da instanceof entweder true oder false zurückgibt, eignet es sich gut für die Verwendung in if-Abfragen:

```
if (x instanceof String) ...
```

Wenn x ein Objekt der Klasse String ist, ist die Bedingung erfüllt.

8.8.2   with

Wenn man mehrere Male hintereinander auf ein Objekt zugreifen will, kann man with verwenden, um den Code kurz zu halten. Mit with sagen Sie, dass die nachfolgenden Befehle im Zusammenhang mit einem bestimmten Objekt stehen. Statt

```
var heute = new Date();
var str = new String();

str = heute.getDate() + ".";
str += (heute.getMonth()+1) + ".";
str += heute.getFullYear();
```

können Sie Folgendes schreiben:

```
var heute = new Date();
var str = new String();

with (heute) {
    str = getDate() + ".";
    str += (getMonth()+1) + ".";
    str += getFullYear();
}
```

with.html
(Auszug)

Die Befehle innerhalb der geschweiften Klammern werden so im Zusammenhang mit dem Objekt heute ausgeführt.

8.8.3   for..in-Schleife

Im Zusammenhang mit Objekten bietet sich die for..in-Schleife an, wenn man alle Eigenschaften eines Objekts durchwandern will. Dabei spielt es keine Rolle, ob es sich um ein gewöhnliches Objekt oder ein Array handelt. Das folgende Beispiel demonstriert den Einsatz der for..in-Schleife im Zusammenhang mit einem assoziativen Array:

```
var meinArray = new Array();
meinArray["Jim"] = "Auto";
meinArray["John"] = "Yacht";
meinArray["James"] = "nichts";

for (i in meinArray) {
    alert(i + " - " + meinArray[i]);
}
```

forin.html
(Auszug)

Die Schleifenvariable i bekommt nacheinander die Strings "Jim", "John" und "James" zugewiesen. Das sehen Sie an der Ausgabe, die durch alert(i) produziert wird. Mit meinArray[i] greifen Sie also auf die einzelnen Elemente meinArray["Jim"], meinArray["John"] und meinArray["James"] zu.

In JavaScript 1.7 kann man alternativ mit Iteratoren arbeiten, die jedoch noch nicht in den ECMAScript-Standard eingegangen sind und bisher nur in Firefox 2.x funktionieren. Aus diesem Grund ist die for..in-Schleife in den meisten Fällen vorzuziehen. Hier jedoch ein Beispiel, wie Iteratoren funktionieren:

Iteratoren

```
var meinArray = new Array();
meinArray["Jim"] = "Auto";
meinArray["John"] = "Yacht";
meinArray["James"] = "nichts";

var t = Iterator(meinArray);
try {
    while (true) {
```

iterator.html
(Auszug)

```
        alert(t.next());
      }
    } catch (e) {
      if (e instanceof StopIteration) alert("Fertig.")
      else alert("Fehler.");
    }
```

Mit Iterator(meinArray) erhalten wir eine Referenz auf das Iterator-Objekt. Im Anschluss daran können wir mit der Methode next() über die einzelnen Elemente von meinArray iterieren. next() liefert die Bezeichnung des einzelnen Elements und den jeweiligen Wert zurück.

Wurden alle Elemente durchlaufen, wird beim nochmaligen Aufrufen von next() eine Exception vom Typ StopIteration ausgeworfen. Aus diesem Grund müssen wir hier mit try und catch arbeiten, worauf wir später näher eingehen werden (siehe *Exception Handling*, S. 132).

Wenn wir beim Aufruf von Iterator(meinArray) als zweites Argument true angeben, erhalten wir nur die Bezeichnungen der einzelnen Elemente, also "Jim", "John" und "James".

8.9   Eigene Klassen

In JavaScript ist man nicht auf die vordefinierten Klassen beschränkt. Man kann auch eigene Klassen definieren. Das wollen wir uns im Folgenden anschauen. Für das weitere Verständnis dieses Buches ist dieser Abschnitt nicht unbedingt notwendig. Sie können hier also erst einmal weiterblättern und zu einem späteren Zeitpunkt zurückkommen, wenn Ihnen dieser Abschnitt im Moment zu weit geht.

8.9.1   Definition einer Klasse

Als Beispiel wollen wir eine Klasse Adresse erzeugen. Ein Objekt dieser Klasse soll eine Adresse speichern und Teile davon ausgeben können. Schauen Sie sich dazu folgenden Quellcode an:

adresse.html
(Auszug)

```
function Adresse(vorname,nachname,strasse,
                 nummer,plz,ort) {
  // Elemente
  this.vorname = vorname;
  this.nachname = nachname;
  this.strasse = strasse;
  this.nummer = nummer;
  this.plz = plz;
  this.ort = ort;

  // Methoden
  this.ausgabeName = ausgabeName;
}
```

```
function ausgabeName() {
   return this.vorname + " " + this.nachname;
}

var person1 = new Adresse("Erika", "Mustermann",
              "Musterstrasse", "1", "10000",
              "Musterstadt");

alert(person1.ausgabeName());
```

Auf den ersten Blick sehen Sie, dass zwei Funktionen Adresse() und ausgabeName() definiert werden. Weiter unten im Skript wird der new-Operator im Zusammenhang mit Adresse() eingesetzt. Wir verwenden hier Adresse() also als Konstruktor für unsere Klasse. Sie sehen, dass Adresse() jedoch wie eine ganz normale Funktion definiert wird.

Wenn Sie sich den Konstruktor Adresse() näher anschauen, werden Sie sich vielleicht wundern, was dieser überhaupt macht. JavaScript kümmert sich weitgehend selbst darum, ein Objekt dieser Klasse zu erstellen, wenn Sie den new-Operator verwenden. Die einzelnen Argumente werden wie bei einer Funktion an den Konstruktor übergeben. Sie müssen jetzt nur noch die einzelnen Elemente und Methoden angeben. In unserem Beispiel steht hier z.B.

Konstruktor

```
this.vorname = vorname;
```

Der Teil auf der rechten Seite ist der Wert, der als Argument an den Konstruktor übergeben wurde. Mit this.vorname legen Sie hier fest, dass Ihre Klasse Adresse die Eigenschaft vorname kennen soll. Das Objekt, das mit diesem Konstruktor erzeugt wird, hat also die Eigenschaft vorname. Diese Eigenschaft wird auf den ersten Wert, der an den Konstruktor übergeben wird, gesetzt. Mit this greifen Sie immer auf das Objekt zu, mit dem Sie momentan arbeiten.

Eigenschaften

this

Da wir das neue Objekt der Klasse Adresse (beim Konstruktoraufruf) der Variablen person1 zuordnen, können wir mit person1.vorname auf die Eigenschaft vorname lesend und schreibend zugreifen.

Im unteren Teil des Konstruktors sehen Sie, wie man eine eigene Methode hinzufügt. Die linke Seite der Zeile

Methoden

```
this.ausgabeName = ausgabeName;
```

gibt an, dass die Methode ausgabeName() heißen soll. Auf der rechten Seite steht, welche Funktion als Methode verwendet werden soll. Es ist nicht zwingend notwendig, dass Methode und Funktion hier gleich heißen, wird aber üblicherweise so gemacht. Bitte beachten Sie, dass in dieser Zeile keine Klammern verwendet werden dürfen. Wenn Sie Klammern angeben, bedeutet das, dass Sie die Methode bzw. Funktion direkt aufrufen wollen. Hier soll aber nur festgelegt werden, wie die Methode ausgabeName() aussieht.

Die Methode `ausgabeName()` soll dafür sorgen, dass der Vor- und Nachname zurückgegeben wird. Wie Sie sehen, wird in `ausgabeName()` ebenfalls das Schlüsselwort `this` verwendet. Da wir `ausgabeName()` als Methode definiert haben und diese Methode immer im Zusammenhang mit einem Objekt aufrufen, können wir mit `this` innerhalb von `ausgabe-Name()` auf das aktuelle Objekt zugreifen. Hier wird z.B. mit `this.vorname` der Vorname, der in diesem Objekt gespeichert ist, ausgelesen.

Am Ende unseres Beispiels sehen Sie den Methodenaufruf

```
person1.ausgabeName();
```

So erhalten wir den Namen, der in unserem Objekt gespeichert ist, und können diesen über `alert()` ausgeben.

Sie können mit `new` beliebig viele neue Objekte des Typs `Adresse` erzeugen. Oft ist es sinnvoll, die Klassendefinition in eine Bibliotheks-datei auszugliedern. So kann man diese einfach in mehreren Skripten verwenden.

8.9.2   Klassen erweitern

Sie können eigene Elemente und Methoden zu bestehenden Klassen hinzufügen. Damit können Sie beispielsweise die `Date`-Klasse so erwei-tern, dass eine neue Methode für die Ausgabe des Datums in einem bestimmten Format sorgt. Eigene Elemente und Methoden werden mit *prototype*   der Eigenschaft `prototype` zu der Klasse hinzugefügt. Wenn Sie bei-spielsweise eine Methode `ausgabe()` definieren wollen, schreiben Sie:

```
Date.prototype.ausgabe = datumsAusgabe;
```

`datumsAusgabe` ist dabei der Name der Funktion, die Sie hier als Methode verwenden wollen. Das folgende Beispiel erweitert die `Date`-Klasse um eine Methode, die das aktuelle Datum in deutscher Schreib-weise ausgibt:

prototyp.html
(Auszug)
```
function datumsAusgabe() {
    tag = this.getDate();
    monat = this.getMonth() + 1;
    jahr = this.getFullYear();

    return tag + "." + monat + "." + jahr;
}

// neue Methode hinzufuegen
Date.prototype.ausgabe = datumsAusgabe;

heute = new Date();

// Aufruf der neuen Methode
alert(heute.ausgabe());
```

8.9.3   JavaScript Object Notation

Objekte lassen sich durch eine verkürzte Schreibweise definieren. Die Eigenschaften und Methoden werden dafür in geschweiften Klammern zusammengefasst. Das folgende Beispiel demonstriert dies:

```
function eineFunktion() {
   alert(this.name);
}

var obj =    {  name: "Fred",
                eineMethode: eineFunktion
             }

obj.eineMethode();
```

kurz1.html
(Auszug)

Die einzelnen Eigenschaften und Methoden werden innerhalb der geschweiften Klammern durch Kommata getrennt.

Die Definition der Methode kann mit Hilfe einer anonymen Funktion auch in die Objektdefinition integriert werden, wie der folgende Code zeigt:

```
var obj =    {  name: "Fred",
                eineMethode: function() {
                   alert(this.name);
                }
             }

obj.eineMethode();
```

kurz2.html
(Auszug)

Zusammen mit der Kurzschreibweise zur Erstellung von Arrays (siehe *Verkürzte Schreibweise*, S. 118) spricht man von der *JavaScript Object Notation* (JSON). JSON kommt häufig in Ajax-Applikationen zum Einsatz (siehe *JSON*, S. 356).

9 Fehlerbehandlung

Beim Programmieren treten hin und wieder Fehlermeldungen auf. Damit Sie mit diesen Fehlermeldungen umgehen können, müssen Sie wissen, welche Fehlerarten existieren. Bevor in diesem Kapitel auf die unterschiedlichen Fehlerarten eingegangen wird, wollen wir uns zunächst anschauen, wie einzelne Browser auf Fehler im Quellcode hinweisen.

Seit der dritten ECMAScript-Version gibt es die Möglichkeit, Fehler im JavaScript-Code abzufangen. Dieses so genannte Exception Handling ist Thema der zweiten Hälfte dieses Kapitels.

9.1 Fehlermeldungen

In den ersten JavaScript-Browsern wurden Fehlermeldungen in einem Popup-Fenster angezeigt. Das hat zwar den Vorteil, dass man als Programmierer schnell erkennt, dass ein Fehler aufgetreten ist. Die Anwender dürften jedoch kaum begeistert sein, wenn sie mit Fehlermeldungen überhäuft werden. Deshalb sind neuere Browser dazu übergegangen, auf Fehler auf dezentere Art und Weise hinzuweisen. In Mozilla-basierten Browsern wird in der Statuszeile gezeigt, dass ein Fehler aufgetreten ist. Über das Menü lässt sich eine JavaScript-Konsole bzw. Fehler-Konsole öffnen, in der die Fehlermeldungen aufgelistet werden. Alternativ kann man *javascript:* in die Adressleiste eingeben (siehe Abb. 9–1).

JavaScript-Konsole

Der Internet Explorer zeigt standardmäßig durch ein kleines Symbol (ein Schild mit einem Ausrufezeichen) in der linken unteren Ecke des Browserfensters an, dass ein Fehler aufgetreten ist. Ein Doppelklick auf dieses Symbol öffnet ein Fenster mit der Fehlermeldung. In diesem Fenster können Sie auch angeben, ob zukünftige Fehlermeldungen sofort in einem Popup-Fenster angezeigt werden sollen (siehe Abb. 9–2).

Abb. 9–1

Fehlermeldung in Firefox

Abb. 9–2

Fehlermeldung im Internet Explorer

Im Opera-Browser kann ähnlich wie in Firefox über das Menü eine Fehlerkonsole angezeigt werden.

Abb. 9–3

Fehlermeldung in Opera

9.2   Fehlerarten

Fehler werden allgemein nach Syntaxfehlern, Laufzeitfehlern und logischen Fehlern unterschieden.

9.2.1   Syntaxfehler

Ein Syntaxfehler tritt auf, wenn Sie einen Befehl anders schreiben, als dies der Computer erwarten würde. Bei der Behandlung von Verzweigungen mit `if` wurde beispielsweise erwähnt, dass die Bedingung immer in Klammern stehen muss. Wenn Sie diese Klammern weglassen, bekommen Sie einen Syntaxfehler. Die vorgeschriebene Syntax lautet:

```
if (Bedingung) ...
```

Der folgende Codeabschnitt stellt wegen der fehlenden Klammern einen Verstoß gegen die vorgeschriebene Schreibweise dar:

```
if x > 17 ...
```

Ein Syntaxfehler ergibt sich auch, wenn Sie einen Funktions- oder Methodenaufruf falsch schreiben. Wenn Sie z.B. `alret()` statt `alert()` schreiben, wird der Browser beanstanden, dass er den Bezeichner `alret` nicht kennt.

Bei JavaScript bemerkt man einen Syntaxfehler erst beim Programmablauf. Der Computer schlägt aber nicht unbedingt sofort beim Laden des Programms bzw. der HTML-Seite Alarm. Wenn eine Funktion durch einen Event-Handler, etwa beim Betätigen einer Schaltfläche, aufgerufen werden soll, wird erst zu diesem Zeitpunkt überprüft, ob die Funktion überhaupt definiert ist. Das heißt, die Fehlermeldung würde bei falsch geschriebenem Funktionsaufruf erst auftreten, wenn man auf die Schaltfläche klickt. Wird auf diese Schaltfläche nie geklickt, bleibt dieser Syntaxfehler unentdeckt.

Syntaxfehler kann man meistens recht leicht finden, da in der Fehlermeldung angegeben wird, was falsch geschrieben wurde. JavaScript gibt auch die Zeilennummer an, in der der Fehler aufgetreten ist.

In JavaScript gibt es eine besondere Falle, die es in Programmiersprachen wie Java nicht gibt. Neue Variablen werden in JavaScript einfach akzeptiert. Wie wir gesehen haben, muss man zur Definition einer Variablen nicht einmal `var` verwenden. Das hat zur Folge, dass Sie durch einen Tippfehler möglicherweise eine neue Variable anlegen, ohne dies zu bemerken. Wenn Sie eine Variable mit dem Namen `variable` definieren und später aus Versehen `variabel=100` (statt `variable=100`) schreiben, fasst JavaScript dies als neue Variablendeklaration auf. Anstatt dass JavaScript eine Fehlermeldung produziert, haben Sie plötzlich zwei verschiedene Variablen – nämlich variable und variabel. Obwohl es sich hier eigentlich um einen Syntaxfehler handelt, tritt dieser Fehler in JavaScript eher wie ein logischer Fehler auf. Dieser ist wesentlich schwerer zu finden, da man nicht einmal eine Fehlermeldung als Anhaltspunkt bekommt.

9.2.2   Laufzeitfehler

Der typische Laufzeitfehler ist normalerweise eine Division durch 0. Der Ausdruck y=1/x ist in der Syntax vollkommen richtig. Solange x nicht den Wert 0 annimmt, funktioniert dies auch ohne Probleme. Eine Division durch 0 ist in der Mathematik bekanntlich nicht gestattet.

In JavaScript produziert eine Division durch 0 allerdings keine Fehlermeldung. Wird der Befehl y=1/0 ausgeführt, bekommt die Variable y den Wert Infinity zugewiesen.

Auch die folgenden Zeilen produzieren keine Fehlermeldung:

```
<html>
<head>
   <title>Fehler</title>
</head>
<body>
   <script type="text/javascript">
      var x = "xyz";
      var y = 1 / x;
      alert(y);
   </script>
</body>
</html>
```

In diesem Fall nimmt y den Wert NaN (*Not a Number*) an. Es ist insofern praktisch, dass der Anwender nicht mit Fehlermeldungen überhäuft wird, wenn solch ein Fall eintritt. Allerdings kann es auch manchmal die Fehlersuche etwas erschweren.

9.2.3   Logische Fehler

Logische Fehler produzieren keine Fehlermeldung und sind meistens wesentlich schwerer zu finden als Syntax- oder Laufzeitfehler. Einen logischen Fehler würde man etwa bekommen, wenn man in einer Berechnung statt einem Pluszeichen ein Minuszeichen verwendet. Die Befehle sind für den Computer schlüssig. Allerdings stimmt das Ergebnis meist nicht. Solche Fehler bleiben häufig sogar unentdeckt und landen dann als so genannte Bugs beim Anwender.

Oft kann es schwierig sein, einen logischen Fehler zu lokalisieren. Man sollte jeden Befehl hinterfragen. Viele Fehler lassen sich oft erst entdecken, wenn man Schritt für Schritt durch das Programm geht. Wenn Sie wissen, dass irgendwo in einer Berechnung ein Fehler steckt, können Sie versuchen, Teilergebnisse auszugeben. Meistens reicht es, wenn man mit `alert()` ein paar Zwischenergebnisse anzeigt (diese `alert()`-Aufrufe werden natürlich später wieder entfernt). Sie können aber auch einen Debugger verwenden, um einen Fehler einzukreisen.

Einkreisen von logischen Fehlern

9.3   Debugger

Debugger sind Programme, mit denen man ein Skript Schritt für Schritt ausführen kann. So lassen sich Abläufe überprüfen und der Wert der verwendeten Variablen überwachen. Damit sind Debugger für die Fehlersuche sehr hilfreich, wobei man diese Programme wahrscheinlich erst bei etwas größeren Projekten einsetzen wird.

Im Internet gibt es verschiedene Debugger, die für JavaScript verwendet werden können. Der Screenshot zeigt das Programm Venkman, das man als Add-On für Firefox installieren kann (der Fehler im gezeigten Beispiel liegt in den fehlenden `break`-Anweisungen im Zusammenhang mit `switch` – hätte man auch so sehen können ...). Auch für den Internet Explorer gibt es einen Debugger. Hinweise zu den einzelnen Debuggern finden Sie auf den Webseiten der jeweiligen Browseranbieter.

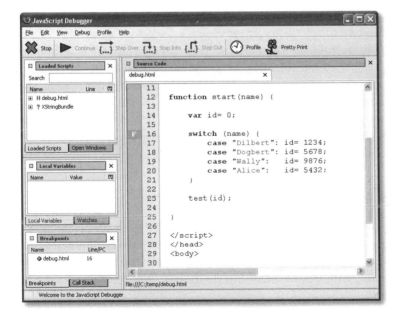

Abb. 9–4

Der Venkman-Debugger für Firefox

9.4 Exception Handling

Ein eingetretener Fehler wird in ECMAScript als *Exception* (dt. *Ausnahme*) bezeichnet. Seit der dritten ECMAScript-Version können Exceptions abgefangen werden. Die gängigen Browser können damit umgehen. Für das Exception Handling wurden neue Befehle eingeführt, die in älteren Browsern leider zu Fehlermeldungen führen. Es ist natürlich etwas paradox, dass man auf der einen Seite Fehlermeldungen abfangen möchte, aber gerade mit diesem Code in älteren Browsern eine Fehlermeldung produziert.

try und catch   Exception Handling basiert auf den Anweisungen try und catch. Nach try steht ein Anweisungsblock, der eine kritische Operation durchführt, d.h. bestimmte Befehle, die möglicherweise Fehler produzieren können. Der Block nach catch gibt an, was passieren soll, wenn im try-Block eine Exception aufgetreten ist. Der catch-Block fängt also die Exceptions aus dem try-Block auf. Das folgende Beispiel demonstriert dies:

except1.html
(Auszug)

```
try {
    xyz.test();
} catch (e) {
    alert("Fehler!");
}
```

Hier wird versucht, die Methode test() des xyz-Objekts aufzurufen. Da dieses Objekt nicht existiert (xyz also null ist), tritt ein Fehler ein. Normalerweise würden Sie in Ihrem Webbrowser jetzt eine Fehlermeldung erhalten. Stattdessen bekommen Sie ein *alert*-Fenster mit der Meldung *Fehler!*, wie es im catch-Block festgelegt wurde.

Im catch-Block kann JavaScript-Code untergebracht werden, der bei Eintritt eines Fehlers die Situation noch zu retten versucht. Folgen im try-Block noch weitere Anweisungen, werden diese nicht mehr behandelt, sobald ein Fehler eingetreten ist. Nachdem der catch-Block abgearbeitet wurde, wird mit dem Code nach den try-catch-Anweisungen fortgefahren. Tritt bei der Abarbeitung des try-Blocks keine Exception auf, wird der catch-Block nicht bearbeitet.

9.5 Das Error-Objekt

Im vorherigen Beispiel haben Sie gesehen, dass nach catch ein Ausdruck in runden Klammern angegeben wird. Dies ist der Name einer Variablen, der im Falle eines Fehlers ein Error-Objekt zugewiesen wird. Damit erhalten Sie weitere Informationen über die eingetretene Ausnahme.

Das Error-Objekt hat die Eigenschaft name, die Auskunft über den Fehlertyp gibt. Außerdem erhält die Eigenschaft message einen Fehlertext. Das folgende Beispiel zeigt dies:

Fehlertyp und Fehlertext

```
try {
    xyz.test();
} catch (e) {
    alert(e.name + ": " + e.message);
}
```

except2.html
(Auszug)

Abb. 9–5
Ausgabe im Firefox

Der Microsoft Internet Explorer gibt als Fehlertyp TypeError aus, während Firefox und Opera hier einen ReferenceError anzeigen. Die folgende Tabelle zeigt die vordefinierten Fehlertypen.

Fehlertyp	Bedeutung
EvalError	Gibt an, dass ein Fehler im Zusammenhang mit der Funktion eval() aufgetreten ist.
RangeError	Gibt im Zusammenhang mit Zahlenwerten an, dass der Wertebereich überschritten wurde (z.B. bei einem Number-Objekt).
ReferenceError	Weist auf eine ungültige Referenz hin.
SyntaxError	Gibt an, dass ein Fehler beim Parsen des Quellcodes aufgetreten ist (z.B. im Zusammenhang mit eval() oder einem regulären Ausdruck).
TypeError	Gibt an, dass der Typ eines Operanden bei der Ausführung eines Befehls falsch ist.
URIError	Gibt an, dass ein Fehler im Zusammenhang mit einer Webadresse aufgetreten ist.

Tab. 9–1
Vordefinierte Fehlertypen

In Java werden Ausnahmen ähnlich behandelt. Es gibt jedoch einige Unterschiede. Ein wichtiger Unterschied ist, dass in Java mehrere catch-Blöcke für verschiedene Fehlertypen existieren können. In JavaScript kann nur ein catch-Block verwendet werden (aufgrund des loose typing in JavaScript kann man in der catch-Anweisung keine unterschiedlichen Datentypen angeben, wie dies in Java üblich ist).

Ist mit verschiedenen Fehlertypen zu rechnen, und möchte man diese getrennt voneinander behandeln, bietet sich der instanceof-Operator an (siehe *Der instanceof-Operator*, S. 120). Damit kann man testen, ob ein Objekt zu einer bestimmten Klasse gehört. Mit der Zeile

```
if (e instanceof ReferenceError) ...
```

finally

wird z.B. getestet, ob das Error-Objekt vom Typ ReferenceError ist.

Wie in Java kann man in JavaScript auch einen finally-Block angeben. Es ist sichergestellt, dass die Anweisungen im finally-Block immer ausgeführt werden. Es spielt also keine Rolle, ob eine Ausnahme eingetreten ist oder nicht. finally wird benutzt, um abschließende Aufgaben durchzuführen, die in jedem Fall getätigt werden müssen. Das folgende Beispiel zeigt die Verwendung von finally. Unabhängig davon, ob eine Ausnahme im try-Block auftritt, wird immer ein Fenster mit dem Hinweis *Ende* angezeigt:

except3.html
(Auszug)

```
try {
    xyz.test();
} catch (e) {
    alert("Fehler!");
} finally {
    alert("Ende.");
}
```

9.6 Exceptions auslösen

Sie können in Ihrem JavaScript-Code selbst Error-Objekte erzeugen. Damit haben Sie die Möglichkeit, selbst Exceptions auszulösen. Es wird Ihnen vielleicht nicht einleuchten, wieso man selbst Fehlermeldungen erzeugen will. Schließlich ist es ja schon lästig genug, die Fehlermeldungen des Browsers zu verhindern. Bei kleinen Programmen hat es in der Tat meist nur wenig Sinn, Exceptions selbst auszuwerfen. Bei komplexeren Programmen kann das Verwenden von eigenen Exceptions jedoch von Vorteil sein.

throw

Zur Auslösung von Exceptions verwenden Sie die throw-Anweisung. Das nächste Beispiel ruft eine Funktion test() auf, die eine Exception auswirft. Diese Exception wird mit einer catch-Anweisung abgefangen.

except4.html
(Auszug)

```
function test() {
    throw new Error("Fehler!");
}

try {
    test();
} catch (e) {
    alert(e.message);
}
```

Wie Sie in diesem Beispiel sehen, erzeugt man Error-Objekte mit:

```
new Error("Text")
```

Der übergebene String ist der Text, den man über die Eigenschaft message des Error-Objekts auslesen kann.

Mit dem Konstruktor Error() wird ein ganz allgemeines Error-Objekt erzeugt. Sie können jedoch auch die anderen vordefinierten Fehlertypen verwenden, um Exceptions auszuwerfen. Um z.B. eine Ausnahme des Typs TypeError zu erzeugen, schreiben Sie:

```
new TypeError("Text")
```

Wie schon bei der Verwendung des instanceof-Operators zu erahnen war, wird jeder Fehlertyp durch eine eigene Klasse repräsentiert. Deshalb hat auch jeder Fehlertyp einen eigenen Konstruktor, wie er hier dargestellt ist.

Es wird nur selten vorkommen, dass man die vordefinierten Fehlertypen für eigene Exceptions verwendet, da diese Fehlertypen für spezielle Zwecke vorgesehen sind. Es ist jedoch auch möglich, andere Objekte im Falle eines Fehlers auszuwerfen. Das demonstriert dieses Beispiel:

```
function MeinFehler(msg) {
    this.message = msg;
    this.name = "MeinFehler";
}

function test() {
    throw new MeinFehler("Fehler!");
}

try {
    test();
} catch (e) {
    if (e instanceof MeinFehler) {
        alert("Fehler 1");
    } else {
        alert("Fehler 2");
    }
}
```

except5.html

(Auszug)

Sie sehen, dass wir eine eigene Klasse MeinFehler definieren. Im Zusammenhang mit throw wird ein Objekt dieser Klasse erzeugt. Es werden die Eigenschaften message und name gesetzt, um den Aufbau des Error-Objekts nachzuahmen (was aber nicht notwendig ist). Im catch-Block wird mit MeinFehler genauso umgegangen, wie dies bei einer Ausnahme eines vordefinierten Fehlertyps der Fall war.

10 JavaScript im Browser

Bis hierher waren die JavaScript-Programme, die wir geschrieben haben, relativ unabhängig vom Einsatzzweck. Zur Demonstration der Beispiele haben wir zwar immer einen Webbrowser verwendet, aber grundsätzlich lassen sich diese einfachen Beispiele auch in anderen JavaScript-Umgebungen umsetzen. Die vorhergehenden Kapitel behandelten die wichtigsten Elemente des ECMAScript-Standards. Wir verlassen nun dieses Gebiet und konzentrieren uns auf den Einsatz von JavaScript in Webbrowsern.

Vielfach wird übersehen, dass ECMAScript wirklich nur die grundlegenden Sprachelemente standardisiert. Wenn wir JavaScript im Webbrowser einsetzen wollen, kommen wir nicht umhin, über den Standard ECMAScript hinauszugehen. Insbesondere ist hier das Document Object Model (DOM) wichtig, das vorgibt, wie die einzelnen Elemente einer Webseite anzusprechen sind. Mit diesem Thema werden wir uns im nächsten Kapitel beschäftigen (siehe *Stylesheets und das Document Object Model*, S. 157). *DOM*

Während die grundlegenden Sprachelemente, wie sie im ECMA-Script-Standard festgelegt sind, mittlerweile von den meisten Browsern unterstützt werden, gibt es bei Client-side JavaScript, wie der Einsatz von JavaScript im Webbrowser häufig bezeichnet wird, zwischen den einzelnen Browsern noch einige Unterschiede. Zwar haben die Standardisierungsbemühungen der letzten Jahre bereits Früchte getragen, jedoch halten sich nicht alle Browser strikt an die Vorgaben, so dass der Standardisierungsprozess noch weitergehen muss. Wie Sie aber sehen werden, kann man als Programmierer diese Klippen relativ gut umschiffen. *Client-side JavaScript (CSJS)*

Neben der Behandlung einiger wichtiger Objekte werden wir uns in diesem Kapitel mit Sicherheitsfragen, die im Zusammenhang mit der Verwendung von JavaScript im Browser relevant sind, beschäftigen.

10.1   Objekte einer Webseite

Alle Elemente einer Webseite sind aus der Sicht von JavaScript eigenständige Objekte. So ist ein Eingabefeld ein Objekt, genauso wie ein Bild oder ein Link, aber auch das Browserfenster selbst.

Die unterschiedlichen Objekte, die in einem Webbrowser zur Verfügung stehen, lassen sich grob in folgende Kategorien einteilen:

- Objekte vordefinierter Klassen wie `Date`, `String` und `Math`
- Browser-Objekte wie `window`, `document` und `location`
- HTML-Objekte wie `Link`, `Form` und `Button`
- Objekte selbstdefinierter Klassen
- Sonstige Objekte

Die vordefinierten Klassen haben wir bereits kennen gelernt. Sie gehören zum Sprachstandard ECMAScript und sollten in jeder ECMAScript-Implementation vorhanden sein. Außerdem haben Sie gesehen, wie man Klassen selbst definieren kann. Auf die Browser- und HTML-Objekte werden wir jetzt und in den nächsten Kapiteln näher eingehen.

Die meisten Browser kennen noch weitere Objekte, z.B. zur Anzeige und Bearbeitung von XML-Dokumenten. Diese Objekte stehen in den nächsten Kapiteln nicht im Fokus und werden deshalb unter *sonstige Objekte* subsumiert.

Ist in einem JavaScript-Browser eine HTML-Seite geladen, existieren immer die folgenden Objekte:

- `window`
- `document`
- `location`
- `history`
- `navigator`
- `screen`

Diese Objekte werden im Laufe dieses Kapitels vorgestellt. An dieser Stelle werde ich nur auf einige Eigenschaften und Methoden dieser Objekte eingehen. Im Referenzteil dieses Buches finden Sie eine Beschreibung der einzelnen Objekte. Insbesondere die Objekte `window` und `document` werden uns durch das ganze Buch begleiten.

10.1.1   Das Browserfenster

Das Fenster, in dem eine HTML-Seite geladen ist, wird durch das `window`-Objekt repräsentiert. Das `window`-Objekt ist von zentraler Bedeutung und stellt einige grundlegende Methoden zur Verfügung. Das `window`-Objekt kennt beispielsweise die Methoden `open()` und `close()` zum

Öffnen und Schließen von Fenstern. Dies wird in einem späteren Kapitel behandelt (siehe *Fenster*, S. 259).

Das document-Objekt repräsentiert die HTML-Seite, die in einem Browserfenster geladen ist. Die Besonderheit des document-Objekts ist, dass man auf alle Komponenten einer HTML-Seite zugreifen kann. Jedes Element in einem HTML-Dokument stellt ein eigenes Objekt dar. Wie die einzelnen Objekte angesprochen werden können, legt das Document Object Model fest (siehe *Das Document Object Model*, S. 165).

Das document-Objekt selbst hat unterschiedliche Eigenschaften und Methoden. Man kann z.B. die Titelzeile auslesen oder feststellen, welche Hintergrundfarbe eingestellt ist.

Das screen-Objekt repräsentiert den Bildschirm und beinhaltet Informationen wie die verwendete Auflösung.

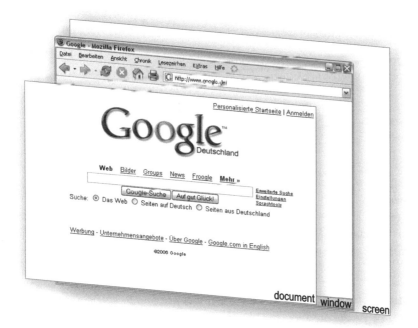

Abb. 10–1

Die Objekte document, window und screen

10.1.2   Popup-Fenster

Neben den Browserfenstern gibt es auch noch so genannte Popup-Fenster, die wir bereits in verschiedenen Beispielen als Hinweisfenster eingesetzt haben. Häufig werden diese auch Dialogfenster genannt. Popup-Fenster werden über das window-Objekt mit den Methoden alert(), confirm() und prompt() generiert. Die so erzeugten Popup-Fenster sind modal, d.h., der Anwender muss diese erst schließen, bevor das Hauptfenster des Browsers weiterbenutzt werden kann.

Hinweisfenster

Normale Browserfenster sind nichtmodal, da sie sich gegenseitig nicht blockieren.

Die Methode `alert()` haben wir bereits mehrfach eingesetzt. Jedoch wurde Ihnen bisher vorenthalten, dass es sich um eine Methode des `window`-Objekts handelt. Dies hätte die anfänglichen Erklärungen nur unnötig verkompliziert.

Korrekterweise müsste man `window.alert()`, `window.confirm()` und `window.prompt()` schreiben. Das `window`-Objekt stellt jedoch eine Ausnahme dar, so dass man die Referenz auf das `window`-Objekt weglassen kann.

alert() Ein *alert*-Fenster ist ein einfaches Hinweisfenster mit einer *OK*-Schaltfläche. Der Text, den man in den Klammern des `alert()`-Aufrufs angibt, erscheint als Hinweis in dem *alert*-Fenster. Zum Beispiel erzeugt der folgende Aufruf ein Fenster mit dem Inhalt *Hallo Welt!*:

```
alert("Hallo Welt!")
```

Abb. 10–2

Ein alert-Fenster

Sonderzeichen Um einen Zeilenumbruch in einem Hinweisfenster zu erzeugen, verwendet man das Zeichen \n. Hier ist unbedingt der rückwärts gerichtete Schrägstrich zu verwenden (engl. *Backslash*) und nicht ein normaler Schrägstrich. Der folgende Methodenaufruf verursacht, dass die Ausgabe zweizeilig erfolgt:

```
alert("Dies sind\nzwei Zeilen")
```

Mit dieser Technik kann man auch weitere Sonderzeichen ausgeben. Beispielsweise können mit der Zeichenfolge \" Anführungszeichen in einem Popup-Fenster ausgegeben werden:

```
alert("Ein Anführungszeichen \" ")
```

confirm() In einem *confirm*-Fenster hat der Anwender eine Auswahlmöglichkeit. Es gibt die beiden Schaltflächen *OK* und *Abbrechen*. Klickt der Benutzer auf *OK*, so liefert `confirm()` den Wert true zurück. Wird auf *Abbrechen* geklickt, hat dies den Rückgabewert false zur Folge. Beispielsweise könnte ein `confirm()`-Aufruf so aussehen:

```
var entscheidung =
    confirm("Wollen Sie diese Seite wirklich verlassen?")
```

Abb. 10–3
Ein confirm-Fenster

Ein *prompt*-Fenster fordert den Anwender zu einer Eingabe auf. Es wird ein einzeiliges Eingabefeld angezeigt. Der Programmierer kann beim Aufruf von prompt() zwei Argumente angeben. Als Erstes ist dies der Text, der den Anwender zur Eingabe auffordern soll. Als Zweites kann ein Text angegeben werden, der als Standardtext in dem Eingabefeld erscheinen soll. Die Methode prompt() liefert false zurück, wenn auf *Abbrechen* geklickt wurde. Wenn der Anwender auf *OK* klickt, wird die getätigte Eingabe zurückgegeben.

prompt()

```
var eingabe = prompt("Wie ist Ihr Name?",
        "Bitte geben Sie hier Ihren Namen ein")
```

Abb. 10–4
Ein prompt-Fenster

In vielen Browserversionen wird in Popup-Fenstern automatisch ein Text wie *JavaScript-Alert* oder *Skript-Eingabeaufforderung* angefügt. Dies ist ein Sicherheitsmechanismus, so dass die Anwender sehen, woher das Popup-Fenster kommt. Der Gedanke ist, dass sich ein Skript aus dem Internet sonst als eine Abfrage des Betriebssystems oder eines anderen Programms ausgeben könnte und den Anwender dazu verleiten könnte, ein geheimes Passwort preiszugeben. Dieser Text lässt sich nicht abschalten, sonst wäre der Sicherheitsmechanismus ja auch etwas sinnlos.

Während hier unter Popup-Fenster nur die drei gezeigten Dialogfenster zu verstehen sind, wird dieser Begriff im Internet auch häufig für normale Fenster, die unaufgefordert erscheinen, verwendet. So bieten verschiedene Browser eine Option, um Popup-Fenster zu blockieren. Damit sollen normale Fenster mit Werbebotschaften unterbunden werden und nicht die hier gezeigten Dialogfenster.

10.2 Navigation

Im Browserfenster werden unterschiedliche HTML-Dokumente nacheinander angezeigt. Mit JavaScript haben Sie die Möglichkeit, die aktuelle Adresse des angezeigten Dokuments zu erfahren, neue Seiten zu laden oder zwischen den zuvor angeschauten Dokumenten hin- und herzuspringen. Dafür werden die beiden Objekte location und history verwendet.

10.2.1 Das location-Objekt

Das location-Objekt gibt Auskunft über die Herkunft eines HTML-Dokuments. Der Browser benutzt dieses Objekt, um Informationen wie die Adresse, den Servernamen und das verwendetes Protokoll in Verbindung mit dem entsprechenden HTML-Dokument zu speichern. Der JavaScript-Programmierer kann die Elemente des location-Objekts auslesen.

Das location-Objekt hat folgende Eigenschaften:

- hash
- host
- hostname
- href
- pathname
- port
- protocol
- search

Aufbau einer URL   Eine Internetadresse, die auch als URL (*Uniform Resource Locator*) bezeichnet wird, setzt sich nach folgendem Muster zusammen:

```
protocol // hostname: port pathname search hash
```

In dem Element protocol wird das verwendete Protokoll festgehalten. Dies ist im Web meistens *http:*. Lädt man eine Datei von der Festplatte, bekommt man als Protokoll *file:*. Die Eigenschaft hostname gibt den Namen des Servers an (den so genannten Domain-Namen). Dies ist z.B. *www.xyz.de*. Die Portnummer wird in einer Adresse meist nicht explizit angegeben. In diesem Fall wird für eine HTTP-Verbindung die Standard-Portnummer 80 verwendet. Die Eigenschaft pathname gibt den Pfad und Dateinamen einer bestimmten Datei an.

Suchstring   In der Eigenschaft search wird der Suchstring einer Adresse festgehalten. Ein Suchstring wird mit einem Fragezeichen an die eigentliche Adresse gehängt. Dieser String wird häufig benutzt, wenn man Formulareingaben an eine andere HTML-Seite oder an den Server weitergeben will. Zum Beispiel wird der Suchstring von den meisten Suchmaschinen verwendet, um den Suchbegriff an den Server zu übermitteln. Wir werden später sehen, wie man diesen Suchstring mit JavaScript einsetzen kann, um Daten zwischen mehreren Dokumenten auszutauschen (siehe *Suchstrings*, S. 311).

In der Eigenschaft hash wird der Anker angegeben. Mit Hilfe eines Ankers kann man einen Verweis auf eine Stelle innerhalb eines HTML-Dokuments erzeugen, an die der Browser direkt springen kann. Dazu verwendet man das <a>-Tag, das auch für normale Hyperlinks benutzt wird. Der Name eines Ankers wird mit dem Zeichen # an die Adresse angehängt. Die Eigenschaft hash werden wir später im Zusammenhang mit Ajax einsetzen (siehe *Navigation und Lesezeichen*, S. 343).

Anker

host stellt die Verbindung aus hostname und port dar. Das Element href beinhaltet die komplette Adresse des Dokuments. Damit ist href das wohl meistgebrauchte Element des location-Objekts.

Mit folgendem Befehl können Sie die Eigenschaft href auslesen und erfahren so die Adresse der aktuellen Seite:

```
alert(location.href);
```

location1.html
(Auszug)

Mit dem location-Objekt können Sie auch eine neue HTML-Seite laden. Dazu weisen Sie location.href einfach eine neue URL zu, wie es folgende Zeile zeigt:

```
location.href = "http://www.dpunkt.de/";
```

location2.html
(Auszug)

Dadurch wird natürlich das aktuelle HTML-Dokument durch die neue Seite ersetzt.

10.2.2 Das history-Objekt

Im history-Objekt wird eine chronologische Liste der zuletzt besuchten Webseiten gespeichert. Der Browser benutzt dieses Objekt, um die richtigen Seiten bei der Betätigung der *Vor-* und *Zurück*-Schaltflächen zu laden. Auf dieses Objekt können Sie mit JavaScript selbst zugreifen und so etwa eine eigene Navigationsleiste generieren.

Chronologische Auflistung der besuchten Seiten

Aus Sicherheitsgründen kann man durch JavaScript nicht die eigentliche Adresse der vorher besuchten Seite erfahren, da man sonst ausspionieren könnte, wo der Anwender vorher war und auf diese Weise eventuell Dinge wie Passwörter erfahren könnte.

Das history-Objekt kennt die folgenden Methoden:

- back()
- forward()
- go()

Um z.B. in einem Dokument einen Schritt zurückzugehen, schreibt man:

```
history.back();
```

Man kann genauso

```
history.go(-1)
```

schreiben. Das Argument gibt dabei an, um wie viele Schritte man sich in welche Richtung bewegen will. Mit

```
history.forward()
```

bewegt man sich einen Schritt vorwärts in der History-Liste. Die Anzahl der Elemente in einem `history`-Objekt kann man mit der Eigenschaft `length` erfahren.

Um eine Navigationsleiste zu erstellen, verwendet man üblicherweise einen separaten Frame, über den ein zweiter Frame gesteuert wird (siehe *Frames*, S. 267).

Abb. 10–5
Die Objekte location und history

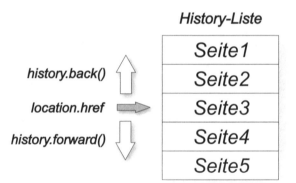

10.2.3   Browser-Cache

Der Browser verfügt über eine Art Zwischenspeicher, in dem einmal geladene Seiten abgelegt werden. Dieser Zwischenspeicher nennt sich Browser-Cache (wird wie *Cash* ausgesprochen). Soll eine bereits geladene Seite z.B. über das Betätigen der *Zurück*-Schaltfläche nochmals angezeigt werden, muss der Browser diese Seite nicht erneut vom Server anfordern, sondern kann diese aus dem Cache holen. Dies spart Zeit und reduziert die zu übertragende Datenmenge.

10.3   Ausführen von JavaScript-Code im Browserfenster

Wenn wir in einem oder in mehreren Browserfenstern verschiedene Skripte gleichzeitig ausführen, stellt sich die Frage, ob sich die Skripte gegenseitig beeinflussen. In diesem Zusammenhang schauen wir uns eine Möglichkeit an, wie JavaScript-Code nach einer vorgegebenen Zeitspanne ausgeführt werden kann.

10.3.1   Gleichzeitige Ausführung verschiedener Skripte

Grundsätzlich können mehrere Skripte gleichzeitig nebeneinander laufen. JavaScript führt also nicht zuerst ein Skript aus, um dann danach das nächste Skript anzufangen. Da JavaScript-Code häufig relativ kurz ist, kommt es im Normalfall nur selten dazu, dass zwei Skripte wirklich gleichzeitig ausgeführt werden.

Selbst wenn einmal zwei Skripte gleichzeitig ausgeführt werden, ist das normalerweise kein Problem. Schwierigkeiten kann es jedoch geben, wenn beide Skripte auf die gleichen Ressourcen wie Variablen zugreifen. Es kann zu so genannten Wettlaufsituationen (engl. *race conditions*) kommen. Fragen zwei verschiedene Skripte beispielsweise die gleiche Variable ab und verändern diese, kann es zu unerwarteten Ergebnissen kommen, je nachdem, welches Skript zuerst kommt. Solche Fehler sind sehr schwer zu finden, zumal sie nur gelegentlich auftreten. Wenn möglich, sollte man solche Situationen vermeiden, indem man nicht gleichzeitig auf die gleichen Ressourcen zugreift.

10.3.2   Timer

Timer ermöglichen die verzögerte Ausführung von JavaScript-Code. Wichtig ist dabei, dass die Seite in der Zwischenzeit nicht blockiert wird. Es kann auch anderer JavaScript-Code in der Zwischenzeit ausgeführt werden. Der Timer läuft also unabhängig vom bisherigen Code. Abgesehen von den eben beschriebenen Wettlaufsituationen kommen sich die einzelnen Codeabschnitte nicht in die Quere.

Zum Erzeugen eines Timers existieren die Methoden setTimeout() und setInterval(). Da es sich um Methoden des window-Objekts handelt, kann man auch hier wieder den Bezug auf das window-Objekt weglassen.

setTimeout()

setTimeout() sorgt dafür, dass der angegebene JavaScript-Code nach einer festgelegten Zeit einmal ausgeführt wird. setInterval() hingegen wird für die periodische Ausführung von JavaScript-Code verwendet.

Abb. 10–6

Funktionsweise eines
Timers

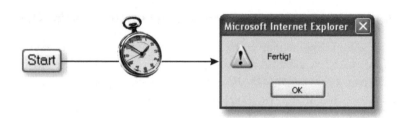

Das folgende Beispiel zeigt, wie man mit setTimeout() einen Timer in Form eines Timeouts programmieren kann:

timer.html

```html
<html>
<head>
<title>Timer</title>

<meta http-equiv="Content-Script-Type"
   content="text/javascript" />

<script type="text/javascript">

var meinTimer;

function starten() {
   meinTimer = setTimeout("alert('Fertig!')", 1000);
}

function anhalten() {
   if (meinTimer) clearTimeout(meinTimer);
}

</script>

</head>
<body>
   <form>
      <p>
      <input type="button" value="Start"
         onclick="starten()" />
      <input type="button" value="Stopp"
         onclick="anhalten()" />
      </p>
   </form>
</body>
</html>
```

Das Beispiel zeigt zwei Schaltflächen, mit denen der Timer gestartet und gestoppt werden kann. Um den Timer zu starten, wird die Zeile

```
setTimeout("alert('Fertig!')", 1000)
```

ausgeführt. Das erste Argument gibt den JavaScript-Code an, das zweite die Zeitspanne in Millisekunden, nach der dieser Code ausgeführt werden soll. Hier ist es also eine Sekunde.

Dass Timer unabhängig voneinander laufen können, sehen Sie, wenn Sie in dem Beispiel mehrmals hintereinander auf *Start* klicken. Es werden entsprechend viele Timer gestartet, ohne dass sich diese beeinflussen.

Ein Timeout lässt sich über die Methode `clearTimeout()` stoppen. *clearTimeout()* Als Argument übergibt man dieser Methode den Rückgabewert, den man bei `setTimeout()` erhalten hat. In unserem Fall wird das *alert*-Fenster nicht gezeigt, wenn man rechtzeitig auf den *Stopp*-Button klickt.

Sie sehen, dass der JavaScript-Code in `setTimeout()` in Anführungsstrichen geschrieben wird. Dies ist notwendig, wenn Sie einen Funktions- oder Methodenaufruf mit Variablenübergabe durchführen wollen. Wenn Sie eine Funktion oder Methode ohne Variablenübergabe aufrufen möchten, können Sie es auch so schreiben:

```
setTimeout(eineFkt, 1000)
```

Wir geben hier keine Klammern nach `eineFkt` an, da wir nur eine Referenz dieser Funktion übergeben wollen und diese nicht sofort ausführen möchten.

Mit der Ausführung des Befehls

```
setInterval("alert('Fertig!')", 3000)
```

setInterval() und würden wir alle drei Sekunden ein *alert*-Fenster erhalten. Dies kann *clearInterval()* über die Methode `clearInterval()` gestoppt werden.

Beispiele zu `setTimeout()` und `setInterval()` werden wir im Zusammenhang mit Animationen sehen (siehe *Animationen*, S. 294).

10.4 Browserversionen überprüfen

Auch wenn wir Skripte möglichst so schreiben sollten, dass sie auf allen Browsern laufen, kommen wir in einigen Fällen nicht umhin, zu prüfen, ob der Anwender auch den richtigen Browser verwendet. Zwar haben die Standardisierungsbemühungen bereits zu einer Vereinheitlichung zwischen den Browsern geführt, jedoch gibt es hier und da immer noch Stellen, an denen es Unterschiede gibt.

Wird dies vom Programmierer nicht beachtet, ist die Seite für einige Anwender einfach nicht bedienbar. Es ist nicht immer eine leichte Aufgabe, ein Skript so zu schreiben, dass es auch in älteren Browsern problemlos läuft.

Erstrebenswert ist eine Lösung, die auf den gängigen Browsern problemlos läuft und dort die volle Funktionalität zeigt und bei älteren Browsern zumindest einen alternativen Weg bietet, um die Seite zu bedienen. Natürlich kann dies bedeuten, dass man den doppelten Programmieraufwand hat, aber das Risiko, einen bestimmten Anwender-kreis auszuschließen, ist meistens auch keine gute Lösung. Um solch eine Fallunterscheidung machen zu können, benötigen Sie eine Mög-lichkeit, um festzustellen, welcher Browser verwendet wird. Basierend auf dieser Information kann dann der für den verwendeten Browser passende Code ausgeführt werden.

Hier sollen drei verschiedene Möglichkeiten besprochen werden:

- Abfragen des `navigator`-Objekts
- Angabe der JavaScript-Version im `<script>`-Tag
- Objekte überprüfen

Die Skripte in diesem Buch verzichten weitgehend auf eine Überprü-fung der Browserversion. Dies ist natürlich nur auf didaktische Gründe zurückzuführen, um die Beispiele einfach zu halten, und nicht etwa auf meine eigene Faulheit (wie konnten Sie das bloß annehmen? ...).

10.4.1 Abfragen des navigator-Objekts

Es gibt ein `navigator`-Objekt, das Informationen über den verwendeten Browser liefert. Die folgenden Screenshots zeigen hierzu zwei Bei-spiele, in denen die Eigenschaften des `navigator`-Objekts ausgegeben werden.

Abb. 10–7
Das navigator-Objekt im
Firefox auf Windows

Abb. 10–8

*Das navigator-Objekt im
Safari auf dem Mac*

Man sieht, dass die Eigenschaften userAgent und appName Informationen bieten, die man eventuell für eine Browserüberprüfung nutzen kann. Dies könnte beispielsweise so aussehen:

```
if (navigator.userAgent.indexOf("Firefox") != -1) {
  // Firefox
  alert("Firefox");
} else {
  // kein Firefox
  alert("Kein Firefox");

}
```

browser1.html
(Auszug)

Wie bereits gezeigt wurde, kann man mit indexOf() überprüfen, ob eine bestimmte Zeichenfolge in einem String vorkommt. Liefert indexOf() den Wert -1, wurde "Firefox" in dem String navigator.userAgent in unserem Beispiel nicht gefunden, d.h., dass der Anwender nicht Firefox verwendet.

Diese Vorgehensweise funktioniert natürlich nur, wenn die Browser auch ehrlich sind. Sie sind es nicht. So gibt es Fälle, dass sich Browser als *Internet Explorer* oder *Mozilla* ausgeben, obwohl dies gar nicht zutrifft. In anderen Browsern kann der Anwender sogar selbst festlegen, in welcher Verkleidung er durchs Internet surfen will.

Selbst wenn die Browser ehrlich wären, ist von dieser Art der Browserüberprüfung abzuraten. Der Grund ist, dass Sie damit nicht die weiteren Browserentwicklungen berücksichtigen. Stellen Sie sich vor, Sie würden ein Skript schreiben, das den Internet Explorer auf Basis der obigen Überprüfung ausschließt, da dieser Browser eine benötigte Funktion nicht besitzt. Sollte in einer späteren Browserversion diese Funktion jedoch hinzukommen, müssten Sie Ihr Skript entsprechend anpassen.

An diesem Problem ändern auch im Internet verfügbare *Client Sniffer*, die genauere Informationen über die verwendeten Browserversionen liefern, nichts.

10.4.2   Angabe der JavaScript-Version im <script>-Tag

Wir verwenden im <script>-Tag die Eigenschaft type, um die Skriptsprache festzulegen:

```
<script type="text/javascript">
```

Früher war es jedoch üblich, das language-Attribut zu verwenden. Hier konnte man auch eine Versionsnummer anhängen. Für JavaScript 1.2 sah das so aus:

```
<script language="JavaScript1.2">
alert("JavaScript 1.2 Browser!");
</script>
```

Browser, die nicht mindestens JavaScript 1.2 verstehen, führen den Code in dem <script>-Tag nicht aus. So kann man eine Fallunterscheidung nach der verwendeten JavaScript-Version erreichen.

Allerdings ist auch das keine gute Idee. Zum einen soll nach dem HTML-Standard das Attribut language nicht mehr verwendet werden. Zum anderen löst es unser Problem nicht. Es gibt zwar Unterschiede zwischen den einzelnen JavaScript-Versionen, aber der ECMAScript-Standard hat dazu geführt, dass die grundlegenden Sprachelemente heutzutage in allen Browsern weitgehend einheitlich zur Verfügung stehen.

Die meisten Unterschiede zwischen den Browsern gibt es nicht in den grundlegenden Sprachelementen, sondern in Dingen, die nicht zum ECMAScript-Standard zählen, z.B. das Document Object Model oder das Ereignismodell, worauf wir später näher eingehen werden. Das heißt, selbst wenn wir mit dieser Vorgehensweise prüfen, ob eine neuere JavaScript-Version verwendet wird, können wir nicht wissen, ob alle benötigten Funktionen zur Verfügung stehen und riskieren damit Fehlermeldungen.

Also kann man von dieser Vorgehensweise genauso wie von der Überprüfung des navigator-Objekts abraten.

10.4.3   Objekte überprüfen

Die einzige empfehlenswerte Vorgehensweise ist die Überprüfung der einzelnen Objekte, Eigenschaften und Methoden, bevor man sie verwendet. Diese Vorgehensweise nennt sich *Object Detection*. Wie wir später sehen werden, gibt es in den gängigen Browsern die Methode `getElementById()` im document-Objekt. Ruft man

Object Detection

```
x = document.getElementById("test")
```

in älteren Browsern auf, die diese Methode nicht kennen, so erhält man eine Fehlermeldung. In JavaScript kann man jedoch überprüfen, ob ein Element existiert, bevor es verwendet wird:

```
if (document.getElementById)
   x = document.getElementById("test")
else ...
```

Bitte beachten Sie, dass in der if-Abfrage keine Klammern nach getElementById stehen dürfen, da Sie ja damit die Methode sonst schon aufrufen würden. Vielmehr wird hier nur überprüft, ob der Browser eine Eigenschaft oder Methode mit dem Namen getElementById kennt. Ist das nicht der Fall, trifft die Bedingung nicht zu.

Um nicht den ganzen Code voll mit Abfragen und Fallunterscheidungen machen zu müssen, schreibt man häufig am Anfang einer Funktion etwas wie:

```
if (!document.getElementById) return false;
```

Für den Fall, dass die Methode getElementById() unbekannt ist, wird damit die Bearbeitung der Funktion an dieser Stelle unterbrochen. Im weiteren Verlauf der Funktion ist man sicher, dass getElementById() bekannt ist. Genauso wie hier die Überprüfung einer Methode gezeigt wurde, kann man auch Objekte und Eigenschaften prüfen.

Leider kann es auch mit dieser Vorgehensweise zu Problemen kommen. Beispielsweise weiß man zwar mit dieser Technik, ob ein bestimmtes Element verfügbar ist, aber man ist sich natürlich nicht sicher, dass die Funktionalität auch überall gleich ist.

Die Überprüfung der verwendeten Objekte hat den wesentlichen Vorteil, dass auch neuere oder unbekannte Browserversionen automatisch abgedeckt sind. Man muss die Browserüberprüfung also deshalb nicht ständig anpassen. Aus diesem Grund sollte man diese Vorgehensweise im Vergleich zu den anderen wählen.

10.5 Sicherheit

Wenn mehrere Computer miteinander in Verbindung treten, entsteht immer ein gewisses Sicherheitsrisiko. So lauern auch im Internet verschiedene Gefahren, wie etwa Viren, die Daten oder Programme des Anwenders zerstören, oder Programme, die geheime Daten des Anwenders ausspionieren.

Es stellt sich die Frage, welche Aktionen ein Skript ausführen darf, damit kein Schaden angerichtet werden kann. Auf der einen Seite soll der Anwender vor möglichen Gefahrenquellen geschützt werden, auf der anderen Seite wird dadurch aber möglicherweise der Programmierer zu sehr eingeschränkt. Häufig lassen sich jedoch gute Lösungen finden, ohne eine Einschränkung der Funktionalität in Kauf nehmen zu müssen.

Zugriff auf die Festplatte   Beispielsweise sollte ein Skript nicht direkt auf die Festplatte des Anwenders zugreifen können, da dies durch ein bösartiges Programm ausgenützt werden könnte, indem etwa eine wichtige Datei gelöscht wird. Aus diesem Grund ist der Zugriff auf die Festplatte durch eine Webapplikation im Normalfall unterbunden. Sollen Daten gespeichert werden, kann man dies auf dem Server tun statt auf der Festplatte des Clients. So wird diese Sicherheitsrestriktion respektiert und dennoch ist der volle Funktionsumfang gewährleistet.

Im Zusammenhang mit JavaScript gibt es einige Sicherheitsmechanismen, die wir uns im Folgenden ansehen wollen. Bei allen Sicherheitsmechanismen geht es um die Frage, auf welcher Basis man einem Skript vertrauen kann.

Absolute Sicherheit gibt es leider nicht – außer wenn Sie Ihren Computer nie einschalten ... Auf der Homepage von Microsoft wurde das einmal so ausgedrückt: *The very fact that the Internet is open means that surfing it will remain a dangerous sport. But staying on the beach is no fun at all.*

10.5.1 Herkunft eines Skripts

Im Allgemeinen kann ein Skript nur auf Webseiten der gleichen Herkunft unbeschränkt zugreifen. So wird beispielsweise verhindert, dass ein fremdes JavaScript-Programm von einem anderen Fenster aus Ihre Formulareingaben ausliest.

Kommunikation zwischen Skripten   Wie wir später sehen werden, können Skripte in verschiedenen Browserfenstern miteinander kommunizieren (siehe *Kommunikation zwischen Fenstern und Frames*, S. 275). Dies funktioniert jedoch nur, wenn die beiden Dokumente aus der gleichen Quelle stammen, wie es das Schaubild verdeutlicht.

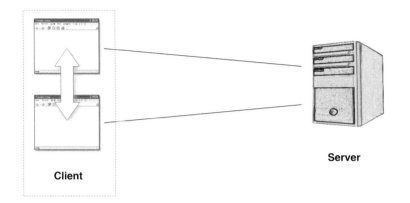

Abb. 10–9

Kommunikation zwischen zwei Skripten mit gleicher Herkunft

Stammen zwei Dokumente aus unterschiedlichen Quellen, können die Skripte nicht miteinander kommunizieren, da sonst sicherheitsrelevante Daten ausspioniert oder verändert werden könnten. Beispielsweise trifft dies auf die Eigenschaft location.href zu.

Jedes Skript bekommt sozusagen seinen eigenen Sandkasten, in dem es aktiv werden kann. Außerhalb des Sandkastens kann es jedoch keinen Schaden anrichten.

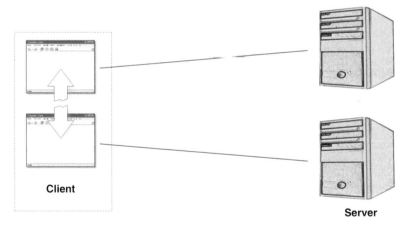

Abb. 10–10

Keine Kommunikation zwischen Skripten mit unterschiedlicher Herkunft

Dieser Sicherheitsmechanismus ist sehr sinnvoll. Jedoch kann dies für komplexere Webapplikationen eine ziemliche Einschränkung bedeuten. Heutzutage gibt es von verschiedenen Anbietern so genannte Webservices, die man in der eigenen Webapplikation nutzen kann. Beispielsweise kann man so Nachrichten oder Wettervorhersagen in die eigene Seite integrieren. Bei der Einbindung in die eigene Webseite muss man beachten, dass die Seiten aus unterschiedlichen Quellen nicht miteinander interagieren können. Dieses Problem kann mit Hilfe eines Proxy-Servers gelöst werden, der die Daten aus unterschiedlichen

Proxy-Server

Quellen sammelt und an den Client weiterreicht. Wir werden darauf im Ajax-Kapitel zurückkommen (siehe *Sicherheitsaspekte im Zusammenhang mit Ajax*, S. 338).

Fremde Webseiten

Das Konzept, dass auf bestimmte Teile einer fremden Webseite nicht zugegriffen werden kann, ist relativ leicht verständlich. Was genau ist jedoch eine *fremde* Webseite? Der Browser stellt anhand der URL einer Seite fest, ob ein Skript Zugriff auf diese Seite haben kann. Wichtige Elemente der beiden Adressen müssen übereinstimmen, um eine Interaktion zwischen zwei Seiten zu ermöglichen. Angenommen Ihr Skript hat die folgende Adresse:

```
http://www.mein-server.com/test/seite1.html
```

Wenn Sie gleichzeitig eine der folgenden Seiten in einem anderen Browserfenster oder Frame geladen haben, kann ein Skript in *seite1.html* auf alle Elemente dieser Seiten zugreifen:

```
http://www.mein-server.com/test/sub/seite2.html
http://www.mein-server.com/anderes/verz/seite3.html
```

Der Zugriff ist allerdings nicht möglich, wenn das Skript in *seite1.html* auf die folgenden Seiten zugreifen möchte:

```
http://mein-server.com/test/test.html
http://www.mein-server.com:8080/test/test2.html
file://E|/test/test3.html
```

Im ersten Fall stimmen die Domain-Namen nicht überein, während die zweite URL einen anderen Port verwendet und in der dritten Adresse die beiden verwendeten Protokolle (*http:* und *file:*) voneinander abweichen. Möchten Sie jedoch, wie im ersten Fall, auf eine Adresse zugreifen, deren Domain ein Teil des Domain-Namens des Skripts darstellt, können Sie mit document.domain den verkürzten Domain-Namen setzen. Wenn Sie in *seite1.html*

```
document.domain = "mein-server.com";
```

schreiben, kann Ihr Skript in *seite1.html* auf die Seite

```
http://mein-server.com/test/test.html
```

zugreifen.

10.5.2 Sicherheitszonen

Der Internet Explorer definiert verschiedene Sicherheitszonen, für die im Einzelnen festgelegt werden kann, welche Fähigkeiten ein Skript bekommt. Wird eine neue Seite im Internet Explorer geladen, bestimmt der Browser, zu welcher Sicherheitszone die Seite gehört.

Kommt die Seite beispielsweise aus dem unternehmensinternen Intranet, fällt diese unter die Sicherheitszone *Lokales Intranet*. In dieser Zone gelten standardmäßig wenige Restriktionen, da anzunehmen ist, dass unternehmensinterne Seiten nicht mutwillig Schaden auf Ihrem Computer anrichten werden. Der Anwender kann Seiten den verschiedenen Sicherheitszonen zuordnen und damit festlegen, was die einzelnen Skripte dürfen. Die Restriktionen in der Zone *Internet* sind sehr hoch, da hier alle bisher unbekannten Seiten hineinfallen.

Abb. 10–11

Sicherheitszonen im Internet Explorer

10.5.3 Zertifikate

Einem Skript können erweiterte Rechte eingeräumt werden, wie beispielsweise der Zugriff auf die Festplatte des Anwenders. Dies ist mit so genannten *Signed Scripts* möglich. Ein Skript wird dabei mit Hilfe eines Zertifikats mit einer digitalen Unterschrift versehen. Der Benutzer soll so erkennen können, woher ein Programm stammt. Es liegt dann in der Hand des Anwenders zu entscheiden, ob das Programm von einer vertrauenswürdigen Person bzw. Firma kommt.

Signed Scripts

Damit dieses System funktioniert, muss jedoch sichergestellt werden, dass niemand falsche Angaben über die eigene Person bzw. Firma macht. Dies ist aber kein leichtes Unterfangen. Es funktioniert so, dass

Certificate Authority   Sie sich gegenüber einer Certificate Authority, z.B. VeriSign, identifizieren. Danach erhalten Sie ein Zertifikat, das Ihre Identität bestätigt. Dieses Zertifikat verwenden Sie, um eine digitale Unterschrift für Ihr Programm zu erstellen. Unterschiedliche Verschlüsselungsverfahren sorgen dafür, dass das Zertifikat und die digitale Unterschrift relativ fälschungssicher sind.

Ein weiterer Mechanismus stellt sicher, dass das Skript mit der digitalen Unterschrift nicht nachträglich verändert wurde, wenn es beim Anwender ausgeführt werden soll. Werden also Änderungen an einem Skript mit digitaler Signatur gemacht, muss dieses mit einer neuen digitalen Unterschrift versehen werden. Das gilt auch für kleine Änderungen, wie das Einfügen von Leerzeichen.

Der Einsatz von Zertifikaten verfolgt in diesem Zusammenhang demnach zwei Ziele: Zum einen soll die Herkunft des Skripts mitgeteilt werden. Zum anderen soll überprüft werden können, ob das Skript seit der Erstellung verändert wurde. Im Internet kommt dieser Sicherheitsmechanismus allerdings nur selten zum Einsatz, da Anwender von dem Popup-Fenster, in dem sie festlegen müssen, ob sie dem Skript erweiterte Rechte einräumen wollen oder nicht, leicht abgeschreckt werden.

11 Stylesheets und das Document Object Model

Dieses Kapitel behandelt zwei wichtige Standards, die für die Webprogrammierung von großer Bedeutung sind. Zum einen sind dies Cascading Style Sheets (CSS), mit denen das Aussehen einer Webseite festgelegt werden kann. Zum anderen ist es das Document Object Model (DOM), das definiert, wie die einzelnen Objekte einer Webseite in Beziehung zueinander stehen. Gerade das DOM ist für JavaScript besonders wichtig, da für die Abfrage und Bearbeitung der Objekte die Struktur der Webseite entscheidend ist.

Die Kombination aus HTML, CSS und einer Skriptsprache wie JavaScript wird häufig als DHTML bezeichnet, das für *Dynamic HTML* steht. DHTML ist kein präzise definierter Begriff, geschweige denn eine standardisierte Technik. In den Anfangszeiten der Webprogrammierung, als die Seiten meistens noch statisch waren, wurde um DHTML viel Wirbel gemacht. DHTML versprach flexiblere, mit Leben gefüllte Webseiten, z.B. mit bewegten Bildern. Diese Abgrenzung hat heute nur noch wenig Sinn, da selten reines HTML verwendet wird und somit viele Seiten in diese Kategorie fallen. Dennoch trifft man auch heute noch oft auf diesen Begriff.

Dynamische Webseiten mit DHTML

11.1 Cascading Style Sheets

11.1.1 Was sind Stylesheets?

Einfach ausgedrückt werden Stylesheets benutzt, um das Layout einer Seite zu bestimmen. Es ist allgemein bekannt, dass präzises Layout einer Webseite mit HTML kaum möglich ist. Weniger bekannt ist, dass HTML gar nicht dafür vorgesehen ist, das Layout einer Webseite zu definieren. Sie werden sich vielleicht über diese Aussage wundern. Schließlich kann man doch Bilder einbinden und positionieren (wenn auch nur recht ungenau), und man kann Dinge wie die Schriftgröße und -farbe definieren.

Wie der Name *HyperText Markup Language* sagt, ist HTML eine Markup-Sprache. Markup-Sprachen werden dazu verwendet, um die Struktur von Dokumenten zu definieren, d.h., mit den unterschiedlichen HTML-Tags soll der Inhalt einer Webseite beschrieben werden – nicht jedoch das Aussehen. Der Sinn dahinter ist, dass der Inhalt Computern zugänglich gemacht werden soll.

Struktur einer Webseite

HTML wurde im Laufe der Zeit jedoch immer mehr vom eigentlichen Sinn und Zweck entfremdet, teils durch Hinzufügen von layoutspezifischen Dingen (z.B. Bilder, Frames usw.), teils durch Tricks, mit denen man ein gewisses Layout der Seite erreichen kann (man denke an das allseits beliebte 1-Pixel-*gif*-Bild, das man zum Positionieren von Bildern verwendet).

Es wird sehr unterschiedliche Hard- und Software verwendet, um ins Web zu gelangen. So sollen die Informationen in Webseiten genauso auf einem großen Bildschirm mit einer hohen Auflösung, wie auf einem Handy mit einer wesentlich geringeren Auflösung dargestellt werden können. Ein anderer Fall wäre, wenn der Inhalt einer Webseite Blinden mit Hilfe eines Ausgabegeräts für Blindenschrift zugänglich gemacht werden soll. Es soll dem Computer des Anwenders überlassen bleiben, wie die Seite letztendlich dargestellt wird.

Weiterhin benötigen Suchmaschinen wie Google Anhaltspunkte über den Inhalt einer Webseite. Für die Suchmaschinen ist nur der Inhalt der Seite relevant. Die Art der Darstellung ist in diesem Fall zweitrangig.

Mit CSS will das W3C erreichen, dass das Layout vom Inhalt eines Dokuments getrennt wird. Stylesheets sind vergleichbar mit Dokumentvorlagen oder Templates in Textverarbeitungsprogrammen, die lediglich das Layout eines Dokuments beschreiben.

Wenn Sie CSS richtig verwenden, sollten Ihre Seiten auch von Anwendern betrachtet werden können, die nicht die für das *richtige* Darstellen der Seite benötigte Hard- und Software besitzen. Natürlich geht in diesem Fall das Layout der Seite verloren, jedoch bleibt der Inhalt der Seite dennoch zugänglich. Das ist mit reinem HTML meist leider nicht möglich, vor allem wenn Layout-Tricks wie 1-Pixel-*gif*-Bilder verwendet werden. Sie sehen, dass Sie selbst mit Stylesheets nicht genau wissen, wie Ihre Seite beim Endanwender dargestellt wird.

CSS-Versionen

Es gibt verschiedene CSS-Versionen. Im ersten CSS-Standard (CSS-1) konnte man das Aussehen von Elementen wie Texten, Links usw. festlegen. Da man mit diesem Standard jedoch keine Elemente pixelgenau positionieren konnte, wurde CSS-Positioning (CSS-P) als Zusatz entwickelt. Die Erkenntnisse aus CSS-1 und CSS-P sind in den zweiten CSS-Standard (CSS-2) eingeflossen. Im Moment wird an CSS-3 gearbeitet.

Für uns ist die Unterscheidung der einzelnen CSS-Versionen nicht allzu wichtig. Die gängigen Browser unterstützen CSS weitgehend.

11.1.2   Einbinden von Stylesheets

Ich möchte kurz auf die allgemeine Funktionsweise von Cascading Style Sheets eingehen, damit Sie sehen, wie diese in HTML-Dokumente eingebunden werden können. Wenn Sie sich weiter für CSS interessieren, finden Sie mehr Informationen unter *http://www.w3.org/*. Die hier angesprochenen Grundprinzipien von CSS werden wir im weiteren Verlauf dieses Buchs benötigen.

Schauen Sie sich dieses Beispiel an:

```
                                                          css01.html
<html>
<head>
<title>Cascading Style Sheets</title>
<style type="text/css">

    body    {   color: white;
                background: black;
            }
    h1      {   color: blue;
                background: black;
            }

</style>
</head>

<body>
    <h1>Eine &Uuml;berschrift</h1>
</body>
</html>
```

Die Stylesheet-Definition befindet sich innerhalb des <style>-Tags.   *<style>*
Durch den ersten Teil der Stylesheet-Definition wird die Textfarbe auf weiß und die Hintergrundfarbe auf schwarz gesetzt. Da sich die Text- und Hintergrundfarben auf das ganze Dokument beziehen sollen, wollen wir das <body>-Tag verändern und schreiben deshalb am Anfang body.

Der zweite Teil der Stylesheet-Definition legt fest, dass <h1>-Elemente in blau ausgegeben werden sollen. Über das <style>-Tag bekommen Sie also einen zentralen Mechanismus, über den das Aussehen der Seite gesteuert werden kann.

Die verschiedenen Objekte auf einer Webseite haben unterschiedliche Eigenschaften, die Sie mit Stylesheets bestimmen können. Mit der folgenden Zeile können Sie beispielsweise den Strich unter einem Text-Link entfernen (einige Anwender werden dadurch jedoch vielleicht nicht mehr erkennen, dass es sich um einen Link handelt):

css02.html
(Auszug)

```
a { text-decoration: none; }
```

Eine Liste der veränderbaren Eigenschaften finden Sie auf der Webseite des W3C. Nicht alle Browserversionen implementieren den CSS-Standard jedoch vollständig. Sie sollten Ihre HTML-Seite deshalb generell in mehreren Browsern testen.

Statt des <style>-Tags können Stylesheet-Definitionen auch direkt im HTML-Tag angegeben werden. In diesem Fall gilt die Stylesheet-Angabe nur für dieses eine Element, d.h., andere HTML-Tags des gleichen Typs behalten dadurch ihr ursprüngliches Aussehen:

css03.html
(Auszug)

```
<h1 style="color: red;">Eine &Uuml;berschrift</h1>
```

Als dritte Möglichkeit können Stylesheet-Definitionen auch in eine separate Datei ausgelagert werden. So können mehrere HTML-Dokumente auf die gleiche Stylesheet-Definition zugreifen. Um eine externe Stylesheet-Datei einzubinden, wird das <link>-Tag verwendet:

css04.html
(Auszug)

```
<link rel="stylesheet" href="test.css"
    type="text/css" />
```

Das <link>-Tag, das am besten im <head>-Teil des HTML-Dokuments verwendet wird, gibt an, wo sich die Stylesheet-Definition befindet. In unserem Fall ist das die Datei test.css. Dies ist eine einfache Textdatei, die die Stylesheet-Definition, wie wir sie innerhalb der <style>-Tags angegeben haben, enthält. Die Endung css deutet darauf hin, dass es sich um eine Datei mit Cascading Style Sheets handelt.

11.1.3 Klassen

Wenn Sie möchten, dass sich eine Stylesheet-Definition nur auf bestimmte <h1>-Tags bezieht, können Sie eine Klasse definieren:

css05.html
(Auszug)

```
h1.meineKlasse { color: red; }
```

Wenn Sie nun in einem <h1>-Tag

```
<h1 class="meineKlasse">Eine &Uuml;berschrift</h1>
```

schreiben, wird diese Überschrift in roter Farbe ausgegeben. Diese Klassendefinition können Sie für mehrere <h1>-Tags in einer HTML-Datei verwenden.

Klassen lassen sich auch unabhängig von bestimmten Tags definieren. Im nächsten Beispiel wird die Klasse rot definiert, die in unterschiedlichen Tags verwendet wird:

```
<html>                                                css06.html
<head>
<title>Cascading Style Sheets</title>
<style type="text/css">

  .rot { color: red;
        font-style: italic; }

</style>
</head>
<body>
  <h1 class="rot">Eine &Uuml;berschrift</h1>
  <p>Normaler Text.</p>
  <p class="rot">Dies ist ein Paragraph.</p>
</body>
</html>
```

11.1.4   Stylesheets für ein bestimmtes Element festlegen

Wenn Sie das Aussehen nur eines Tags verändern wollen, können Sie
entweder – wie bereits gezeigt – die style-Eigenschaft direkt im
HTML-Tag angeben oder das Tag mit der id-Eigenschaft mit einem
eindeutigen Namen versehen:

```
<html>                                                css07.html
<head>
<title>Cascading Style Sheets</title>
<style type="text/css">

  #einElement { color: red; }

</style>
</head>
<body>

  <h1 id="einElement">Eine &Uuml;berschrift</h1>
  <h1>Noch eine &Uuml;berschrift</h1>

</body>
</html>
```

Hier bezieht sich die Stylesheet-Definition nur auf das Element mit der
ID einElement. Bitte beachten Sie das #-Zeichen vor dem Element-
namen in der Stylesheet-Definition.

Um einem Element ein bestimmtes Aussehen zu verleihen, benötigen Sie immer ein Tag, auf das sich eine Stylesheet-Definition beziehen
kann. In manchen Fällen hat man allerdings kein bestimmtes Tag, das
man dafür verwenden kann. In solchen Fällen bietet sich das <span>-   *Das <span>-Tag*
Tag an, das das Aussehen des Inhalts zunächst nicht verändert. Wenn

Sie beispielsweise innerhalb eines Textes einem Wort eine Stylesheet-Definition zuweisen wollen, können Sie es wie folgt schreiben:

css08.html
(Auszug)

```
Dies ist ein <span id="test">Test</span>...
```

11.1.5 Elemente positionieren

Das <div>-Tag

Um Elemente einer Webseite zu positionieren, werden diese gewöhnlich in einem `<div>`-Tag untergebracht. Zwar kann man auch andere Tags dafür verwenden. Der Vorteil ist jedoch, dass `<div>` (wie `<span>`) den Inhalt des Tags selbst nicht verändert. Im Unterschied zu `<span>` ist `<div>` ein Block-Level-Element. Das bedeutet einfach, dass vor und nach dem `<div>`-Tag vom Browser automatisch ein Zeilenumbruch eingefügt wird, so dass der Inhalt des Tags unabhängig von anderen Elementen in einer eigenen Zeile steht. Im folgenden Beispiel steht also das Wort *Test* in einer eigenen Zeile:

css09.html
(Auszug)

```
Dies ist ein <div id="test">Test</div>...
```

Der Inhalt des `<div>`-Tags kann nun mit Hilfe von Stylesheets frei im Dokument positioniert werden. Da das `<div>`-Tag ein Block-Level-Element ist, werden die umliegenden Objekte durch das Verschieben nicht beeinflusst.

Für die Positionierung der unterschiedlichen Objekte wird ein Koordinatensystem verwendet, dessen Ursprung (d.h. der Punkt mit den Koordinaten (0/0)) sich in der linken oberen Ecke des Anzeigebereichs für Dokumente im Browserfenster befindet. Die Angaben der Position erfolgt meistens in Pixel (*Pixel* steht kurz für *Picture Element* und repräsentiert damit einen einzelnen Bildpunkt). Das folgende Schaubild zeigt den grundlegenden Aufbau des verwendeten Koordinatensystems.

Abb. 11–1

Das Koordinatensystem

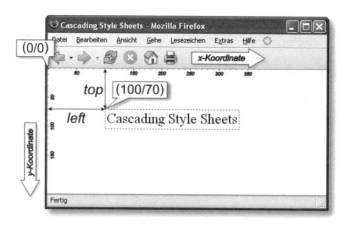

Wir werden nun das <div>-Tag dazu verwenden, einen Text an der Stelle (100/70) zu positionieren:

```
<html>
<head>
<title>Cascading Style Sheets</title>
<style type="text/css">

   #element1 {  position: absolute;
                top: 70px;
                left: 100px; }

</style>
</head>
<body>
   <div id="element1">Cascading Style Sheets</div>
</body>
</html>
```

css10.html

Die Angabe der Koordinaten, an denen der Text erscheinen soll, erfolgt in der Stylesheet-Definition. Die x- und y-Koordinaten werden mit left bzw. top angegeben. Um zu signalisieren, dass es sich um eine Pixelangabe handelt, wird die Einheit px verwendet. Da diese Koordinaten eine absolute Position im Browserfenster angeben sollen, wird zudem noch position:absolut verwendet. Möchte man das Element ausgehend von der ursprünglichen Position verschieben, schreibt man position:relative.

Innerhalb des <div>-Tags sind Sie nicht nur auf einfachen Text beschränkt. Es können beliebige Tags verwendet werden, z.B. auch Bilder, wie wir später sehen werden (siehe *Positionieren von Bildern*, S. 284).

11.1.6 Mauszeiger anpassen

Mit CSS kann auch der Mauszeiger angepasst werden, wenn dieser über ein Element hinwegbewegt wird. Da dies im Zusammenhang mit Webapplikationen nützlich sein kann, wird dies hier kurz vorgestellt.

Um den Mauszeiger zu verändern, wird die Eigenschaft cursor gesetzt:

```
a { cursor: help, }
```

css11.html

(Auszug)

Mit dieser Zeile wird festgelegt, dass über allen Links der Mauszeiger mit dem Namen *help* angezeigt wird. Welche Symbole dafür verwendet werden legt das Betriebssystem fest. Die folgende Tabelle zeigt die Werte, die man im Zusammenhang mit cursor verwenden kann, und die dazugehörigen Standard-Mauszeiger unter Windows XP.

Tab. 11–1

Mauszeiger

Werte für cursor	Darstellung Windows XP
auto	Standardcursor je nach Situation
crosshair	+
default	⇖
help	⇖?
move	✥
pointer	🖑
text	I
wait	⧖
e-resize bzw. w-resize	↔
n-resize bzw. s-resize	↕
nw-resize bzw. se-resize	↖
ne-resize bzw. sw-resize	↗

Darüber hinaus gibt es noch einige andere Werte, die im Zusammenhang mit cursor verwendet werden können, die aber nicht Teil des CSS-Standards sind und somit nicht von allen Browsern unterstützt werden. Beispiele hierfür sind hand, progress oder not-allowed.

Eigene Mauszeiger definieren

Mit url(...) kann ein eigenes Bild eingebunden werden, das unter der in den Klammern angegebenen Adresse zu finden ist. Es gibt im Internet einige Programme, mit denen eigene Mauszeiger definiert werden können. Da es verschiedene Dateiformate gibt, um einen Mauszeiger zu definieren, kann man mit url(...) mehrere Dateien angeben. Der Browser nimmt dann den ersten Cursor, der angezeigt werden kann. Für den Fall, dass gar kein selbstdefinierter Cursor funktioniert, sollte man am Schluss noch einen Mauszeiger aus der obigen Liste angeben. Insgesamt sieht das beispielsweise so aus:

```
p { cursor: url("maus1.cur"), url("maus2.csr"), text; }
```

11.1.7 Stylesheet-Konflikte

Bei der Verwendung von Stylesheets können Konflikte zwischen unterschiedlichen Stylesheet-Definitionen entstehen. Beispielsweise könnte man definieren, dass alle <h1>-Überschriften die Farbe *blau* bekommen sollen. Was passiert jedoch, wenn in einem einzelnen <h1>-Tag mit der style-Eigenschaft eine andere Farbe vergeben wird? Hier gilt der Grundsatz, dass spezielle Stylesheet-Definitionen Vorrang vor allgemeinen haben. Das heißt, in diesem Fall werden die <h1>-Überschriften blau angezeigt, außer der einen Überschrift, die eine andere Farbe bekommt. Weitere Informationen zu Stylesheet-Konflikten erhalten Sie unter *http://www.w3.org/*.

11.1.8 Verändern von Stylesheets mit JavaScript

Stylesheet-Definitionen lassen sich durch JavaScript verändern. Dafür kennt JavaScript das style-Objekt, das den Zugriff auf die Stylesheet-Definition ermöglicht. Jedes Element einer Webseite hat ein eigenes style-Objekt. Wir werden später einige Beispiele hierzu sehen (siehe *Positionieren von Bildern*, S. 284). *Das style-Objekt*

Wenn Sie die Stylesheets mit JavaScript verändern, wird die Seite sofort aktualisiert. Ältere Browser wie der Netscape Communicator 4.x konnten hingegen keine nachträglichen Änderungen der Seite anzeigen.

Stylesheet-Definitionen lassen sich auch als Reaktion auf Benutzereingaben verändern. So kann man beispielsweise die Farbe eines Links verändern, wenn der Anwender den Mauszeiger darüber hinwegbewegt. Hierzu werden wir im Ereignis-Kapitel ein Beispiel anschauen (siehe *onmouseover und onmouseout*, S. 186). Dort sehen Sie auch, dass nicht nur spezielle Stylesheet-Definitionen durch JavaScript geändert werden können, sondern ein bestimmtes Element auch einer neuen Stylesheet-Klasse zugeordnet werden kann. Haben Sie ein Objekt obj, das der Stylesheet-Klasse link1 zugeordnet ist, kann man mit folgendem Befehl die Stylesheet-Klasse mit dem Namen link2 zuweisen: *className*

```
obj.className = "link2";
```

11.2 Das Document Object Model

Das Document Object Model (DOM) ist ein Standard des W3C, der vorgibt, wie Elemente einer Webseite durch eine Skriptsprache angesprochen werden können. Das DOM bildet die einzelnen Objekte in *DOM*

Objekthierarchie einer Objekthierarchie ab und legt dadurch fest, wie die einzelnen Objekte einer Webseite in Beziehung zueinander stehen. Insbesondere durch den DOM-Standard wurde erreicht, dass browserunabhängige Skripte programmiert werden können, die auf einer großen Basis von Browsern funktionieren.

Wir wollen in den folgenden Kapiteln Formulare abfragen, Bilder verändern, neue Fenster erzeugen und zwischen Frames kommunizieren. Für all diese Aktionen ist es von großer Bedeutung zu verstehen, wie die einzelnen Objekte angesprochen und verändert werden können. Dieses Kapitel zeigt, wie Sie dies grundsätzlich machen.

DOM-Versionen Es gibt unterschiedliche DOM-Versionen. Die gängigen Browser unterstützen DOM Level 2. Es gibt zwar bereits den Standard DOM Level 3, mit dem die gängigen Browser jedoch noch nicht vollständig umgehen können. Bevor es den DOM-Standard des W3C gab, haben die ersten JavaScript-Browser ihr eigenes DOM definiert. Diese DOM-Version wird inoffiziell DOM Level 0 genannt, obwohl dies kein eigener Standard ist. Die grundlegenden Elemente von DOM Level 0 werden in allen gängigen Browsern unterstützt.

In einem Skript können Sie DOM Level 0 und DOM Level 2 parallel verwenden. Vielleicht klingt es für Sie verwirrend, dass wir in ein und demselben Browser zwei verschiedene Objekthierarchien haben. Dies sind jedoch nur zwei verschiedene Sichten auf das gleiche HTML-Dokument. Wie der Browser eine HTML-Seite intern verarbeitet, müssen wir nicht wissen. Als Einziges interessiert uns, wie wir auf die einzelnen Elemente einer Webseite zugreifen können. Dazu haben wir zwei Möglichkeiten: DOM Level 0 und DOM Level 2. DOM Level 2 lässt uns zwar das darunter liegende HTML-Dokument genauer untersuchen, aber letztendlich greifen beide DOM-Versionen auf die gleichen Daten im Browser zurück. Das DOM ist also nur die Schnittstelle zwischen der internen Repräsentation der Daten und Ihrem Java-Script-Code (oder einem Programm in einer anderen Programmiersprache).

11.2.1   DOM Level 0

An einem einfachen Beispiel soll gezeigt werden, wie HTML-Dokumente aus der Sicht des DOM Level 0 aufgebaut sind.

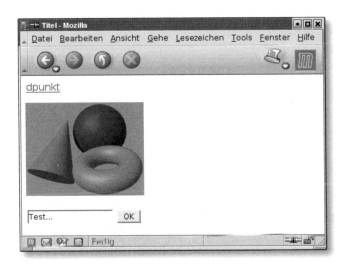

Abb. 11–2

Anzeige einer einfachen
HTML-Datei

Die gezeigte Seite wurde mit folgendem HTML-Code erzeugt:

```
<html>
<head>
<title>Titel</title>
<meta http-equiv="Content-Script-Type"
   content="text/javascript">
</head>

<body>
   <p>
      <a href="http://www.dpunkt.de/">dpunkt</a>
   </p>

   <p>
      <img src="bild1.gif" alt="Ein Bild"
         width="278" height="216" />
   </p>

   <form id="formular1" name="formular1">
      <p>
      <input type="text" id="eingabe" name="eingabe"
         value="Test..." />
      <input type="button" value="OK"
         onclick="alert('OK!')" />
      <p>
   </form>
</body>
</html>
```

Das folgende Schaubild zeigt die Objekthierarchie in DOM Level 0. Es werden lediglich das document-Objekt und die untergeordneten HTML-Objekte dargestellt. Neben dem document-Objekt sind in einem Browserfenster auch die Browser-Objekte wie window, location und history definiert, auf deren Darstellung hier jedoch zwecks Übersichtlichkeit verzichtet wurde.

Abb. 11–3

Objekthierarchie der
Beispieldatei
(DOM Level 0)

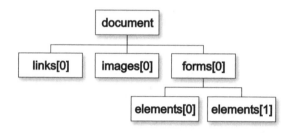

images-Array

DOM Level 0 arbeitet insbesondere mit Arrays, mit denen man auf die einzelnen HTML-Objekte zugreifen kann. So gibt es z.B. das images-Array, in dem Referenzen auf sämtliche Bilder einer HTML-Seite gespeichert sind. Das images-Array ist als Eigenschaft des document-Objekts definiert. Die einzelnen Bilder werden, mit 0 beginnend, in der durch den HTML-Code vorgegebenen Reihenfolge durchnummeriert. Da wir nur ein Bild in unserem HTML-Code haben, können wir auf dieses mit

```
document.images[0]
```

zugreifen. Möchte man also die Breite des Bildes über die Eigenschaft width in Erfahrung bringen, kann man Folgendes schreiben:

```
document.images[0].width
```

links-, forms- und
elements-Array

Neben dem images-Array gibt es weitere Arrays, z.B. das links-Array, das alle Links einer Webseite enthält. Für die Formulare gibt es das forms-Array. Da ein Formular mehrere Elemente, wie Schaltflächen und Eingabefelder, enthalten kann, kennt jedes Formular das elements-Array, mit dem man auf die einzelnen Formularelemente zugreifen kann.

Ein Eingabefeld hat beispielsweise die Eigenschaft value, mit der man erfahren kann, welcher Text momentan eingegeben ist. Wir können also mit

```
document.forms[0].elements[0].value
```

den eingegebenen Text aus dem Eingabefeld in unserem Beispiel auslesen.

Oftmals ist es recht umständlich, eine Array-Indexierung zu verwenden. Vor allem wenn man größere HTML-Seiten erstellt, kann dies sehr verwirrend sein. Hinzu kommt, dass man das Skript anpassen muss, wenn sich die Reihenfolge der Elemente verändert. Deshalb kann man den einzelnen Objekten auch Namen geben. So hat in unserem Beispiel das Formular den Namen `formular1` und das Eingabefeld den Namen `eingabe`. Statt der oben angegebenen Zeile können wir demnach auch Folgendes schreiben:

```
document.formular1.eingabe.value
```

Alternativ dazu funktioniert auch

```
document.forms["formular1"].elements["eingabe"].value
```

Dies hat den Vorteil, dass es nun keine Rolle mehr spielt, an welcher Stelle im Formular das Eingabefeld eingebunden ist.

11.2.2 DOM Level 2

Nun wollen wir uns die Objekthierarchie des gleichen HTML-Dokuments im DOM-Level-2-Standard anschauen.

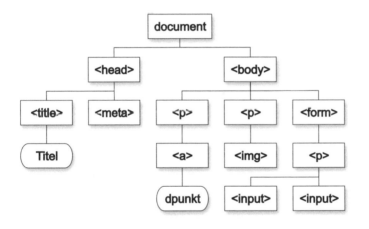

Abb. 11–4
Objekthierarchie der Beispieldatei (DOM Level 2)

Das Schaubild zeigt, dass im DOM Level 2 sämtliche Tags als Objekte abgebildet werden. Im DOM Level 0 waren dies nur ausgewählte Elemente, wie Bilder und Formulare. Hier werden jedoch auch die `<p>`-Tags als eigene Elemente aufgenommen.

Die einzelnen Positionen im Baum werden Knoten (engl. *nodes*) genannt. Die rechteckigen Kästchen im Schaubild sind Elemente (engl. *elements*). Die abgerundeten Kästchen sind Textknoten (engl. *text-nodes*). Diese bilden den Inhalt von HTML-Tags ab, d.h. den Teil, der zwischen Anfangs- und Endtag steht. Den einzelnen Elementen können Attribute (engl. *attributes*) zugeordnet werden, wie z.B. die `width`- und `height`-Eigenschaften dem `Image`-Objekt.

Knoten, Elemente, Textknoten und Attribute

Wie bereits erwähnt wurde, wird der Begriff *Element* in manchen Zusammenhängen synonym zu *Eigenschaft* verwendet. Hier wird mit *Element* aber ein *Objekt* gemeint (siehe Seite 94).

Wie auf die einzelnen Elemente auf Basis des DOM Level 2 zugegriffen werden kann, wird im Folgenden beschrieben.

11.2.3 Der DOM Inspector

Firefox bietet ein interessantes Werkzeug, den DOM Inspector, mit dem man die Struktur einer Seite anschauen und sich durch den DOM-Baum hangeln kann. Diesen kann man in Firefox über das Menü *Extras->DOM Inspector* aufrufen. Wie die Abbildung zeigt, kann man damit nicht nur eigene Seiten inspizieren, sondern auch fremde.

Solche und ähnliche Tools für die Arbeit mit dem DOM gibt es von vielen Anbietern.

Abb. 11–5
Anzeige des DOM-Baums im DOM Inspector

11.3 Der DOM-Baum

HTML-Dokumente waren in der Anfangszeit relativ starr. Nachdem sie einmal vom Server geladen wurden, haben sich allenfalls Dinge wie Bilder geändert. Die Struktur der Seite blieb jedoch erhalten, bis eine neue Seite geladen wurde. DOM Level 2 bietet die Möglichkeit, die

Struktur einer Seite komplett zu verändern. So können mit JavaScript
ganz neue HTML-Objekte hinzugefügt werden, bestehende Objekte an
eine andere Stelle verschoben werden oder sogar aus der Hierarchie
gelöscht werden. Dies wollen wir im Folgenden ausprobieren.

Als Ausgangspunkt für die folgenden Beispiele verwenden wir dieses HTML-Dokument:

```
<html>
<head>
<title>DOM-Test</title>

<script type="text/javascript">

function init() {
}

</script>

</head>
<body id="bd" onload="init()">

<div id="a1">
   <div id="a2">
      Dies ist ein <i>Test</i>...
   </div>
</div>

<div id="b1">
</div>

</body>
</html>
```

dombaum1.html

Das Schaubild zeigt den `<body>`-Teil des DOM-Baumes.

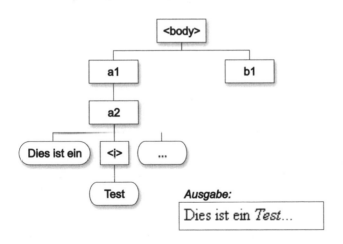

Abb. 11–6
*Der DOM-Baum zu Beginn
des Beispiels*

Die Beispiele in den folgenden Abschnitten verändern diesen DOM-Baum Schritt für Schritt. Die Änderungen finden in der Funktion init() statt, die über onload im <body>-Tag aufgerufen wird. Den gesamten Quellcode dazu finden Sie in der Datei dombaum2.html. Die Schaubilder zeigen, wie sich die einzelnen Änderungen jeweils auswirken. Dabei wird immer nur der <body>-Teil des DOM-Baums abgebildet.

Während es früher üblich war, in den einzelnen Tags die Eigenschaft name zu verwenden, wird heute eher die Eigenschaft id eingesetzt, um die Tags eindeutig zu identifizieren. Normalerweise können Browser sowohl mit name als auch mit id umgehen. Nur im Zusammenhang mit Formularen müssen wir vorsichtig sein (siehe *Formulare im Objektmodell*, S. 204).

11.3.1   Elemente direkt ansprechen

Zunächst müssen wir untersuchen, wie die einzelnen Elemente im DOM-Baum angesprochen werden können. Dazu gibt es verschiedene Möglichkeiten. Mit folgenden Methoden des document-Objekts können die Elemente direkt angesprochen werden:

- getElementById()
- getElementsByTagName()

Die erste Methode liefert das gesuchte Objekt direkt, indem man das id-Attribut als String übergibt.

Möchten wir beispielsweise auf das <div>-Tag mit dem id-Attribut a2 zugreifen, schreiben wir:

```
var x1 = document.getElementById("a2")
```

Danach ist in x1 eine Referenz auf das Objekt a2 gespeichert. Diese Referenz können wir später verwenden, um auf das Objekt zuzugreifen.

Die Methode getElementsByTagName() gibt ein Array mit allen gefundenen Objekten des angegebenen Typs zurück. In unserem Beispiel würde man mit dem Befehl

```
var d = document.getElementsByTagName("div")
```

ein Array mit Referenzen auf alle <div>-Elemente erhalten. Mit d[0] könnten wir dann auf das erste <div>-Element zugreifen, also das Element mit dem id-Attribut a1.

Die beiden Methoden getElementById() und getElementsByTag-Name() werden in allen gängigen Browsern unterstützt. Wir werden hier vor allem getElementById() verwenden, um die einzelnen Elemente anzusprechen.

11.3.2   Kinder und Eltern

Statt eine der beiden oben genannten Methoden zu verwenden, kann man sich auch mit Hilfe des `childNodes`-Arrays durch den DOM-Baum hangeln. Untergeordnete Objekte nennt man im DOM-Baum *Kinder* (*child-Nodes*), übergeordnete Objekte *Eltern* (*parent-Nodes*). Jedes Element im DOM-Baum kennt das Array `childNodes`, in dem alle direkten Kinder des aktuellen Elements enthalten sind. Um auf das erste Kind eines Knotens zuzugreifen, schreibt man: *childNodes-Array*

```
einKnoten.childNodes[0]
```

So wird jedes Kindobjekt durchnummeriert. Das erste Element im `childNodes`-Array kann man auch mit `firstChild` und das letzte mit `lastChild` ansprechen.

Es kann recht umständlich werden, wenn man sich immer von der Wurzel `document` durch den Baum hangeln muss. Deshalb verwendet man oft die `getElementById()`-Methode in Kombination mit dem `childNodes`-Array. So kann man in unserem Beispiel durch folgenden Code eine Referenz auf den Text zwischen den <i>-Tags bekommen:

```
var x1 = document.getElementById("a2");
var y1 = x1.childNodes[1].childNodes[0];
```

Die Variable `y1` zeigt danach auf den Textknoten mit dem Inhalt *Test*. Ein Knoten besitzt im W3C-Standard die Eigenschaft `nodeValue`. Da wir in `y1` eine Referenz auf einen Textknoten gespeichert haben, können wir mit dem folgenden Befehl erfahren, welcher Text an dieser Stelle steht:

```
alert(y1.nodeValue);
```

Umgekehrt kann ein Element über die Eigenschaft `parentNode` auf das übergeordnete Element zugreifen. Mit `y1.parentNode` können wir auf das <i>-Element zugreifen und mit `y1.parentNode.parentNode` wieder auf das Objekt mit dem Namen a2. *parentNode*

11.3.3   Elemente verändern

Den Inhalt eines Textknotens können wir nicht nur anzeigen, sondern auch verändern. Dazu greifen wir auf die Variable `y1` zu, in der wir vorher eine Referenz auf den Textknoten mit dem Text *Test* gespeichert haben:

```
y1.nodeValue = "Versuch";
```
Erste Änderung

Abb. 11–7

*Ausschnitt des
DOM-Baums nach der
ersten Änderung*

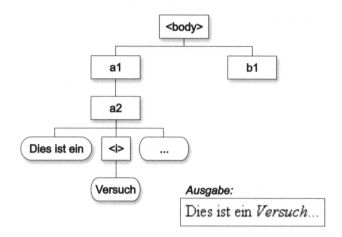

Wenn Sie dieses Beispiel im Browser ausführen, werden Sie feststellen, dass jetzt der Text *Dies ist ein Versuch...* angezeigt wird. Der String *Versuch* ist dabei kursiv, wie vorher auch der String *Test*. Das liegt daran, dass wir das <i>-Element nicht verändert haben, sondern nur den Textknoten, der den angezeigten Text repräsentiert.

*Problem im
Zusammenhang mit
dem childNodes-Array*

An dieser Stelle möchte ich Sie auf eine tückische Falle hinweisen. Wie wird der folgende HTML-Code im DOM-Baum abgebildet?

```
<div id="div1">
  <img src="bild1.gif" alt="Ein Bild" id="img1" />
</div>
```

Nach dem, was oben geschrieben wurde, müsste das Image-Objekt als childNodes[0] des div1-Elements ansprechbar sein. Einige Browser interpretieren dies auch so. Andere erzeugen jedoch drei Einträge im childNodes-Array. Das Bild kann dabei über childNodes[1] angesprochen werden. Wo kommen childNodes[0] und childNodes[2] her? So wie der HTML-Code formatiert ist, befinden sich zwischen den Tags Leerzeichen und Zeilenumbrüche. Diese Leerzeichen werden von einigen Browsern als eigene Textknoten interpretiert (jeweils ein Textknoten vor und nach dem Image-Objekt). Man kann sich darüber streiten, welche Sichtweise sinnvoller ist. Würde man den HTML-Code so formatieren

```
<div id="div1"><img src="bild1.gif" alt="Ein Bild"
  id="img1" /></div>
```

dann würde dieses Problem nicht auftreten, da zwischen den Tags keine Leerzeichen und Zeilenumbrüche auftreten.

Ärgerlich für den Skriptprogrammierer ist natürlich, dass es auf dieser Ebene Unterschiede zwischen den einzelnen Browsern gibt.

Spricht man das `Image`-Objekt direkt über `getElementById("img1")` an, geht man diesem Problem ganz aus dem Weg. Aus diesem Grund sollte man möglichst viel mit `getElementById()` arbeiten. Damit umgeht man auch Probleme, die sich ergeben, wenn sich einmal das Layout der Seite und damit die Reihenfolge der Objekte in den einzelnen `child`-`Nodes`-Arrays ändert.

11.3.4 Elemente hinzufügen

Sie können mit JavaScript dem DOM-Baum neue Knoten hinzufügen oder auch bestehende Knoten entfernen. Damit können Sie den Inhalt einer HTML-Seite dynamisch verändern.

Zunächst wollen wir dem `<div>`-Tag mit der ID `b1` einen Kindknoten hinzufügen. Es soll nur ein neuer Textknoten mit dem Text *abc* eingefügt werden. Dazu schreiben wir:

```
var x2 = document.getElementById("b1");
var y2 = document.createTextNode("abc");
x2.appendChild(y2);
```
Zweite Änderung

Die Methode `createTextNode()` des `document`-Objekts erzeugt einen neuen Textknoten. Dieser wird zunächst noch nicht angezeigt, da er dafür zuerst in den DOM-Baum eingebunden werden muss. Dafür sorgt die Methode `appendChild()`, die den als Argument übergebenen Knoten als letztes Element des `childNodes`-Arrays aufnimmt. Jedes Element im DOM-Baum (außer den Textknoten, da diese keine Elemente aufnehmen können) kennt diese Methode, so dass Sie ein neues Objekt überall im Baum einhängen können. Das Schaubild zeigt den geänderten Aufbau der Objekthierarchie.

createTextNode()

appendChild()

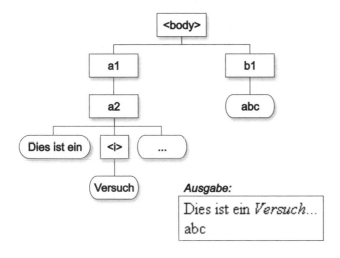

Abb. 11–8
Ausschnitt des DOM-Baums nach der zweiten Änderung

Außer einfacher Textknoten können Sie natürlich auch andere Elemente erzeugen. Zum Erzeugen eines neuen Elements kennt das document-Objekt die Methode `createElement()`. Der folgende Code erzeugt ein neues <b>-Element mit dem Textinhalt *xyz*:

createElement()

Dritte Änderung

```
var x3 = document.getElementById("b1");
var y3 = document.createElement("b");
var z3 = document.createTextNode("xyz");
y3.appendChild(z3);
x3.appendChild(y3);
```

Dieser Code entspricht dem HTML-Code <b>xyz</b> an der entsprechenden Stelle.

Abb. 11–9
Ausschnitt des
DOM-Baums nach der
dritten Änderung

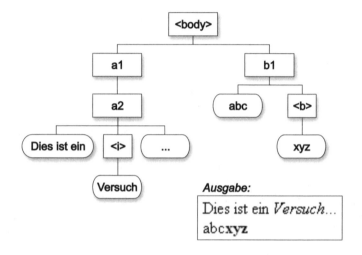

setAttribute()

Mit der Methode `setAttribute()` können Sie einem Element eine bestimmte Eigenschaft zuweisen. Im folgenden Beispiel wird ein Bild über das <img>-Tag in den DOM-Baum aufgenommen. Das src-Attribut des Image-Objekts setzen wir über die Methode `setAttribute()`.

Vierte Änderung

```
var x4 = document.getElementById("b1");
var y4 = document.createElement("img");
y4.setAttribute("src", "dpunkt.gif");
x4.appendChild(y4);
```

Statt `document.createElement("img")` hätte man auch `new Image()` schreiben können, wie wir später sehen werden (siehe *Das Image-Objekt*, S. 283).

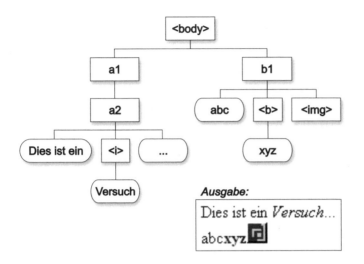

Abb. 11–10
Ausschnitt des
DOM-Baums nach der
vierten Änderung

11.3.5 Elemente umhängen und kopieren

Die Methode appendChild() kann auch im Zusammenhang mit Objekten, die bereits im DOM-Baum eingebunden sind, verwendet werden. Da ein Element nur einmal im Baum vorkommen kann, sorgt append-Child() dafür, dass das Element umgehängt und an der alten Stelle gelöscht wird.

Der folgende Code hängt das <b>-Tag mit dem Inhalt *xyz* um:

```
var x5 = document.getElementById("b1");
var y5 = document.getElementsByTagName("b")[0];
x5.appendChild(y5);
```

Fünfte Änderung

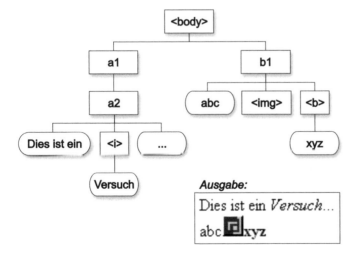

Abb. 11–11
Ausschnitt des
DOM-Baums nach der
fünften Änderung

Die Methode appendChild() fügt neue Kindobjekte am Ende des child-Nodes-Arrays an. Möchten Sie die Objekte an einer anderen Stelle einfügen, können Sie die Methode insertBefore() verwenden, die Sie im Referenzteil finden.

insertBefore()

Wollen Sie eine Kopie eines Knotens anlegen, können Sie die Methode cloneNode() verwenden. Als Argument wird ein boolescher Wert übergeben, der angibt, ob alle untergeordneten Elemente mitkopiert werden sollen (Übergabewert true) oder nicht (false). Soll in unserem Beispiel oben das <b>-Tag nicht umgehängt, sondern kopiert werden, so kann man die letzte Zeile wie folgt ändern:

cloneNode()

```
x5.appendChild(y5.cloneNode(true));
```

11.3.6 Elemente entfernen

Nun soll aus dem DOM-Baum ein Knoten entfernt werden. Dazu gibt es die Methode removeChild(), mit der man ein Kindobjekt entfernen kann. Das folgende Beispiel entfernt das Element mit der ID b1:

removeChild()

Sechste Änderung

```
var x6 = document.getElementById("b1");
var y6 = document.getElementById("bd");
y6.removeChild(x6);
```

Abb. 11–12
Ausschnitt des
DOM-Baums nach der
sechsten Änderung

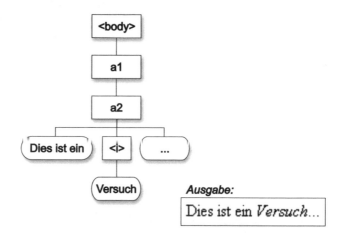

Wie Sie sehen, wird durch removeChild() der komplette Ast mit allen darunter liegenden Knoten entfernt. Wenn Sie die untergeordneten Objekte nicht löschen möchten, müssen Sie dies selbst verhindern. Sie könnten die untergeordneten Objekte beispielsweise an einer anderen Stelle im Baum mit appendChild() einfügen.

11.3.7   innerHTML

Ein Knoten im DOM-Baum hat die Eigenschaft innerHTML, über die man den enthaltenen HTML-Code in Erfahrung bringen kann. innerHTML ist zwar nicht Teil des W3C-Standards, aber nachdem diese Eigenschaft im Internet Explorer vielfach verwendet wurde, wurde diese auch in anderen Browsern eingeführt. Alle gängigen Browser können mit dieser Eigenschaft umgehen.

In unserem obigen Beispiel können wir beispielsweise Folgendes schreiben:

```
var a2 = document.getElementById("a2");
alert(a2.innerHTML);
```

dombaum3.html
(Auszug)

Ohne unsere Änderungen im DOM-Baum erhalten wir über a2.innerHTML den String "Dies ist ein <i>Test</i>...".

Der enthaltene HTML-Code lässt sich sogar ändern, indem man der Eigenschaft innerHTML einen neuen Wert zuweist. Damit ändert sich auch der DOM-Baum entsprechend.

11.3.8   document.all und document.layers

Im Internet Explorer 4 und Netscape 4 gab es die Methoden getElementById() und getElementsByTagName() noch nicht. Im Internet Explorer konnte man die einzelnen Elemente über das Array document.all ansprechen. In Netscape 4 hingegen gab es ein spezielles <layer>-Tag. Einzelne Layer-Objekte konnten über document.layers angesprochen werden. Während man document.all noch in heutigen Versionen des Internet Explorers verwenden kann, kennen Mozilla-basierte Browser keine Layer-Objekte mehr.

Internet Explorer 4
und Netscape 4

Da diese Browserversionen heute nicht mehr aktuell sind, sollte man sich auf die Verwendung der W3C-Methoden beschränken.

12 Ereignisse

JavaScript ist eine ereignisgesteuerte Programmiersprache. JavaScript-Code kann also als Reaktion auf Ereignisse ausgeführt werden. Solch ein Ereignis kann ein Mausklick des Anwenders oder das erfolgreiche Laden einer Webseite sein.

Ereignisse sind ein sehr wichtiger Mechanismus in JavaScript und für die nächsten Kapitel von großer Bedeutung. Sie werden in diesem Kapitel lernen, wie Ereignisse funktionieren, wie Ihr Programm auf Ereignisse reagieren kann und wie Standardaktionen des Browsers unterbunden werden können.

In den Anfangsjahren von JavaScript gab es zahlreiche Ereignis-modelle, d.h., jeder Browser ist mit Ereignissen auf eine etwas andere Art und Weise umgegangen. Erst in letzter Zeit kristalliert sich das Ereignismodell des W3C als Standard heraus. Leider hat sich dieser Standard noch nicht so weit durchgesetzt, dass wir die anderen Ereignismodelle komplett ignorieren können. Aus diesem Grund wird zunächst das grundlegende Ereignismodell, das jeder JavaScript-fähige Browser versteht, behandelt. Danach werden wir uns den W3C-Standard ansehen. Da Microsoft leider noch einen eigenen Weg geht, werden wir uns dann im Anschluss dem Ereignismodell des Internet Explorers widmen.

Ereignismodelle

Ich werde an dieser Stelle nicht jedes einzelne Ereignismodell der älteren Browser beschreiben, da dies den Text unlesbar machen würde. Außerdem werden die älteren Browser sowieso nur noch von sehr wenigen Leuten verwendet, so dass sich der Aufwand für eine spezielle Behandlung jedes Browsers im Normalfall nicht lohnt. Stattdessen wird man üblicherweise diese Browser so behandeln, als ob sie nur mit dem grundlegenden Ereignismodell, das jeder JavaScript-fähige Browser versteht, umgehen könnten.

So bietet z.B. das Ereignismodell des Netscape Communicators 4.x wesentlich mehr Möglichkeiten als das grundlegende Ereignismodell.

Da große Unterschiede zu den anderen Ereignismodellen bestehen, müsste man jedoch relativ viel Arbeit reinstecken, um speziell diese Browserversion zu unterstützen. In diesem Fall ist es wahrscheinlich der beste Weg, so zu tun, als ob dieser Browser nur das grundlegende Ereignismodell kennt.

Wie man ein Skript schreibt, das das Ereignismodell je nach verwendetem Browser auswählt, ist Thema eines späteren Kapitels (siehe *Browserunabhängige Programmierung*, S. 303).

12.1 Das grundlegende Ereignismodell

Das grundlegende Ereignismodell ist recht einfach aufgebaut und bietet dem Programmierer die Möglichkeit, auf einfache Ereignisse zu reagieren. Da dieses Ereignismodell in allen JavaScript-fähigen Browsern zur Verfügung steht, bildet dieses den kleinsten gemeinsamen Nenner.

12.1.1 Funktionsweise

Die Funktionsweise von Ereignissen lässt sich am besten an einem Beispiel erklären. Stellen Sie sich vor, der Anwender klickt auf eine Schaltfläche auf einer Webseite. Der Browser stellt fest, dass die Schaltfläche angeklickt wurde, und gibt eine Nachricht an das zuständige Programm, mit der Information, was passiert ist. Das Programm entscheidet nun, ob und wie auf diese Nachricht bzw. dieses Ereignis reagiert werden soll. Dafür definiert der Programmierer einen so genannten *Event-Handler*. In dem Event-Handler wird angegeben, wie das Programm auf bestimmte Ereignisse reagieren soll.

Event-Handler

Der Code für dieses Beispiel könnte z.B. so aussehen:

event1.html
(Auszug)

```html
<form>
  <p>
  <input type="button" value="Test"
    onclick="alert('Hallo!')" />
  </p>
</form>
```

Über das <input>-Tag wird eine Schaltfläche erzeugt. Mit onclick wird der Event-Handler festgelegt. Wenn der Anwender auf die Schaltfläche klickt, wird das Ereignis click ausgelöst. Nun prüft der Browser, ob ein entsprechender Event-Handler onclick im Zusammenhang mit diesem Objekt definiert ist. Ist dies der Fall, wird der dazugehörige JavaScript-Code ausgeführt. In unserem Beispiel wurde dieser Code direkt im HTML-Tag untergebracht. Hier öffnet sich ein *alert*-Fenster, wenn auf die Schaltfläche geklickt wird. Möchte man komplexere Aktionen durchführen, kann man an dieser Stelle auch eine Funktion aufrufen, wie wir bereits mehrfach gesehen haben.

Das Schaubild zeigt den grundlegenden Mechanismus im Überblick.

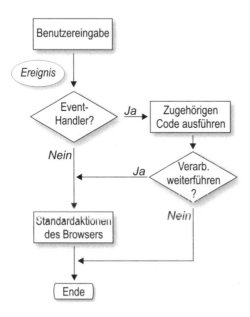

Abb. 12–1

Grundlegender Ablauf bei Eintritt eines Ereignisses

Wir haben mit diesen Erklärungen nun den oberen Teil des Schaubilds abgedeckt. Was ist jedoch mit *Standardaktionen* gemeint? Standardaktionen werden vom Browser selbständig ausgeführt, wenn ein bestimmtes Ereignis eintritt. Klickt der Anwender auf einen Link, ist dies natürlich auch ein Ereignis, wie es oben beschrieben wurde. Auf dieses Ereignis reagiert der Browser standardmäßig, indem eine neue HTML-Seite mit der im Link angegebenen Adresse geladen wird. Dies ist die Standardaktion des Browsers, wenn in Bezug auf das Link-Objekt das click-Ereignis eintritt. So definiert der Browser für einzelne Situationen ganz unterschiedliche Standardaktionen.

Standardaktionen

Wie im Schaubild angedeutet, kann man diese Standardaktionen des Browsers unterbinden. Bei der Ausführung des selbstdefinierten Event-Handlers kann man entscheiden, ob der Browser danach noch die Standardaktion durchführen soll. Wir werden später auf diesen Mechanismus näher eingehen.

Bitte beachten Sie, dass Sie beim Verwenden von JavaScript-Code in HTML-Tags, wie dies im Zusammenhang mit Event-Handlern normalerweise gemacht wird, die Standardskriptsprache mit Hilfe des <meta>-Tags festlegen sollten. Wie bereits beschrieben wurde, sollten

Sie folgendes Tag in den <head>-Teil Ihres Dokuments aufnehmen (siehe *Reaktion auf Benutzereingaben*, S. 31):

```
<meta http-equiv="Content-Script-Type"
    content="text/javascript" />
```

12.1.2 Event-Handler festlegen

Es gibt grundsätzlich zwei Möglichkeiten, einen Event-Handler festzulegen:

- Im HTML-Tag
- Im <script>-Teil des Dokuments

Die erste Möglichkeit haben wir bereits kennen gelernt. Beispielsweise lässt sich eine Funktion test() aufrufen, wenn eine HTML-Seite neu geladen wird. Dies lässt sich mit dem Event-Handler onload im <body>-Tag realisieren:

```
<body onload="test()">
```

Die zweite Möglichkeit wird häufig in größeren Webapplikationen eingesetzt. Das folgende Beispiel zeigt, wie der onload-Event-Handler im <script>-Teil definiert werden kann:

event2.html

```
<html>
<head>
<title>Ereignisse</title>
<script type="text/javascript">

function test() {
   alert("Hallo!");
}

window.onload = test;

</script>
</head>
<body>
   <p>Ereignisse</p>
</body>
</html>
```

Sie sehen, dass onload eine Eigenschaft des window-Objekts ist. Dieser Eigenschaft können wir eine Referenz auf eine Funktion zuweisen. In unserem Beispiel ist dies die Funktion mit dem Namen test. Bitte beachten Sie, dass Sie hier keine Klammern nach test angeben dürfen. Wenn Sie Klammern verwenden, ruft der Computer die Funktion test() sofort auf und speichert deren Rückgabewert in onload. Hier wollen wir jedoch dem Browser mitteilen, welche Funktion aufgerufen werden soll, wenn das onclick-Ereignis eintritt.

Oben gezeigter Code lässt sich verkürzen, indem man der Funktion gar keinen Namen gibt. Möchte man die Funktion nur im Zusammenhang mit dem Event-Handler verwenden, benötigt man keinen Namen. Hierbei handelt es sich um eine anonyme Funktion (siehe *Anonyme Funktionen*, S. 88).

```
window.onload = function () {
   alert("Hallo!");
}
```

12.1.3   Verfügbare Event-Handler

Die folgende Tabelle zeigt die Event-Handler, die seit JavaScript 1.1 verfügbar sind. Außerdem sehen Sie, im Zusammenhang mit welchen Objekten diese Event-Handler verwendet werden können. Diese Event-Handler werden in allen gängigen Browsern unterstützt.

Event-Handler	Objekte
onabort	Image
onblur	Formularelemente, window
onchange	FileUpload, Select, Text, Textarea
onclick	Button, Checkbox, Radio, Link, Reset, Submit
onerror	Image, window
onfocus	Formularelemente, window
onload	Image, window
onmouseout	Link
onmouseover	Link
onreset	Form
onselect	Text, Textarea
onsubmit	Form
onunload	window

Tab. 12–1

Event-Handler im grundlegenden Ereignismodell

An dieser Stelle werden wir nur auf ein paar dieser Event-Handler beispielhaft eingehen. In späteren Kapiteln – insbesondere im Kapitel über Formulare – werden Sie Beispiele zu weiteren Event-Handlern sehen (siehe *Formulare*, S. 203).

12.1.4 onclick

Das Ereignis click tritt ein, wenn der Anwender auf bestimmte Elemente einer HTML-Seite klickt. Meistens wird man onclick in Verbindung mit Schaltflächen, d.h. mit dem Button-Objekt, verwenden, wie wir das bereits mehrfach in den letzten Kapiteln gemacht haben.

Neben weiteren Formularelementen, die wir später kennen lernen werden, kann insbesondere das Link-Objekt auf click-Ereignisse reagieren:

```
<a href="link.html" onclick="alert('Auf Wiedersehen!')">
```

Klickt der Anwender auf diesen Link, wird zuerst das *alert*-Fenster angezeigt und danach die neue Seite geladen.

12.1.5 onmouseover und onmouseout

Wie wir bereits gesehen haben, können Stylesheets durch JavaScript verändert werden (siehe *Verändern von Stylesheets mit JavaScript*, S. 165). Im Zusammenhang mit Ereignissen kann man so etwa das Aussehen eines Links ändern, wenn sich der Mauszeiger darüber hinwegbewegt, wie es das folgende Beispiel zeigt.

Um festzustellen, ob sich ein Mauszeiger über einen Link bewegt, setzen wir die Event-Handler onmouseover und onmouseout ein. Das Ereignis mouseover tritt einmal ein, sobald der Mauszeiger das Objekt berührt. Wird der Mauszeiger wieder wegbewegt, tritt das Ereignis mouseout ein.

Die Links sind in unserem Beispiel im normalen Zustand der Stylesheet-Klasse link1 zugeordnet. Tritt das Ereignis mouseover ein, wird die Stylesheet-Klasse link2 zugewiesen. Beim Ereignis mouseout muss wieder umgekehrt die Stylesheet-Klasse link1 gesetzt werden. Wie Sie sehen, kann man nicht nur spezielle Merkmale der Stylesheets ändern, sondern auch ganze Stylesheet-Klassen zuweisen.

Um die Stylesheet-Klasse zu ändern, verwenden wir in diesem Beispiel this.className. Mit this greifen wir auf das jeweilige Objekt, über das der Mauszeiger im Moment bewegt wird, selbst zu.

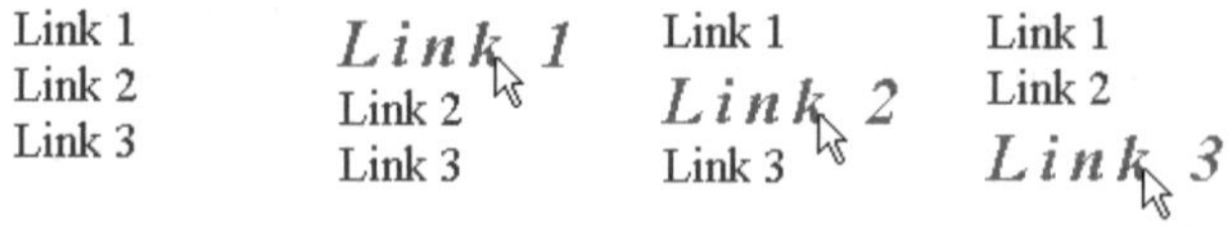

Abb. 12–2
Dynamisches Verändern
von CSS-Eigenschaften

Link 1
Link 2
Link 3

Link 1
Link 2
Link 3

Link 1
Link 2
Link 3

Link 1
Link 2
Link 3

```html
<html>                                                    mouseover.html
<head>
<title>Mouseover</title>
<meta http-equiv="Content-Script-Type"
  content="text/javascript" />

<style type="text/css">

  .link1   { font-size: 15pt;
             text-decoration: none;
           }

  .link2   { font-size: 20pt;
             font-weight: bold;
             font-style: italic;
             letter-spacing: 3pt;
             text-decoration: none;
             color: red;
           }

</style>
</head>

<body>
   <p>
   <a class="link1"
      onmouseover="this.className= 'link2';"
      onmouseout="this.className= 'link1';"
      href="seite1.html">Link 1</a>
   <br />
   <a class="link1"
      onmouseover="this.className= 'link2';"
      onmouseout="this.className= 'link1';"
      href="seite2.html">Link 2</a>
   <br />
   <a class="link1"
      onmouseover="this.className= 'link2';"
      onmouseout="this.className= 'link1';"
      href="seite3.html">Link 3</a>
   </p>
</body>
</html>
```

Da die Schriftgröße variiert wird, verändern die einzelnen Elemente in diesem Beispiel ihre Position auf dem Bildschirm.

Dieses Beispiel lässt sich auch ohne JavaScript mit reinem CSS realisieren. Dies ist in einfachen Fällen der JavaScript-Lösung vorzuziehen, da der Browser dafür kein JavaScript kennen muss. Hier ging es uns jedoch um die Funktionsweise von onmouseover und onmouseout. In CSS würde dieses Beispiel so aussehen:

hover.html

(Auszug)

```
a:hover   {   font-size: 20pt;
              font-weight: bold;
              font-style: italic;
              letter-spacing: 3pt;
              text-decoration: none;
              color: red;
          }
```

12.1.6   onload und onunload

Das Ereignis load tritt ein, sobald der Browser eine neue Seite geladen hat. Der Event-Handler onload ist sehr nützlich, wenn man gleich zu Beginn JavaScript-Code ausführen möchte. Wir haben diesen Event-Handler bereits häufig verwendet, um ein Skript auszuführen, nachdem eine Seite komplett geladen wurde.

Mit onunload kann man auf das Verlassen einer Webseite reagieren. Dieser Event-Handler kommt wesentlich seltener zum Einsatz als onload.

Eine einzelne Aktion des Benutzers kann zu mehreren Ereignissen im Browser führen, wie das folgende Beispiel demonstriert:

unload.html

(Auszug)

```
<body onunload="alert('unload')">
  <p>
  <a href="link.html" onclick="alert('click')">Link</a>
  </p>
</body>
```

Hier kommt zuerst der Event-Handler onclick zum Zug, dann onunload, und danach wird die neue Seite angezeigt.

Die Ereignisse load und unload treten auch ein, wenn der Benutzer im Browser auf *Vorwärts* oder *Zurück* klickt. Hierbei ist eine Besonderheit in Firefox zu beachten. In Firefox tritt das Ereignis load nur *pageshow* beim erstmaligen Laden der Seite ein. Hat Firefox eine Seite bereits im Cache und springt man zu dieser zurück, tritt nicht mehr das Ereignis load ein, sondern das Ereignis pageshow. Auf dieses Ereignis kann man in Firefox mit onpageshow reagieren.

12.1.7   Standardaktionen unterbinden

Wie wir am Anfang dieses Kapitels gesehen haben, berücksichtigt der Browser zuerst den Code im Event-Handler und führt im Anschluss daran die eigenen Standardaktionen aus.

Bei einem Link kommt also zuerst der onclick-Event-Handler zum Zug, bevor der Browser die neue Seite laden kann. Der JavaScript-Code in onclick kann die Ausführung der Standardaktion des Browsers unterbinden, so dass die neue Seite nicht geladen wird. Dies lässt sich mit einem Rückgabewert im Event-Handler realisieren:

Rückgabewerte

```
<a href="link.html" onclick="return false;">
```

Durch return false in onclick wird der Browser davon abgehalten, die Seite link.html zu laden. Sinnvoller ist es natürlich, das Laden der Seite nur in bestimmten Fällen zu unterbinden. Beispielsweise könnte man ein *confirm*-Fenster verwenden, in dem der Anwender gefragt wird, ob wirklich eine neue Seite geladen werden soll. Da die confirm()-Methode als Rückgabewert entweder true oder false zurückliefert, können wir dies in unserem Event-Handler einsetzen:

```
<a href="link.html"
    onclick="return confirm('Seite verlassen?');">
```

return.html
(Auszug)

Bitte beachten Sie, dass hier in dem Event-Handler auf jeden Fall return stehen muss. Es reicht also nicht, dass confirm() einen Rückgabewert hat.

Je nach Ereignis sind die Standardaktionen des Browsers völlig unterschiedlich. Bei mouseover im Zusammenhang mit Links ist es etwa das Anzeigen der Adresse des Links in der Statusleiste. Bei Formularen und dem Ereignis submit ist es das Versenden des Formulars (siehe *Formularinhalte an den Server schicken*, S. 233).

Leider ist die Vorgehensweise zur Unterbindung nachfolgender Standardaktionen des Browsers nicht einheitlich. In manchen Fällen muss man return false und in anderen Fällen return true angeben. In den Anfangszeiten von JavaScript konnte man sich wohl nicht auf ein einheitliches Schema festlegen. Nun muss diese Vorgehensweise aus Kompatibilitätsgründen zu älteren Browserversionen beibehalten werden. Die folgende Tabelle zeigt, welche Rückgabewerte die Standardaktionen unterbinden.

Event-Handler	Abbruch durch
onclick	return false
onerror	return true
onmouseover	return true
onreset	return false
onsubmit	return false

Tab. 12–2

Rückgabewerte zum Unterbinden der Standardaktionen des Browsers

Nicht jedes Ereignis hat automatische Aktionen des Browsers zur Folge, so z.B. das Ereignis onclick in Verbindung mit einer Schaltfläche. Aus diesem Grund hat es keinen Sinn, in dem onclick-Event-Handler eines Button-Objekts mit Rückgabewerten zu arbeiten.

12.1.8 Ereignisse mittels Methodenaufruf auslösen

Die einzelnen Elemente einer Webseite definieren nicht nur verschiedene Event-Handler, sondern oftmals gibt es auch spezielle Methoden, mit denen man durch JavaScript auch Ereignisse auslösen kann. So besitzt ein Button-Objekt eine click()-Methode, die einen Mausklick auf die Schaltfläche *simuliert*. Der Browser reagiert darauf so als ob der Anwender selbst auf diese Schaltfläche geklickt hätte.

In diesem Zusammenhang sind auch Methoden wie submit() in Formularen (siehe *Formularinhalte an den Server schicken*, S. 233) oder focus() in Fenstern (siehe *Ein Fenster in den Vordergrund bringen*, S. 266) zu nennen.

12.2 Ereignisse im W3C-Standard

Neben einem standardisierten DOM ist auch ein standardisiertes Ereignismodell wichtig. Die gängigen Browser unterstützen das W3C-Ereignismodell. Die große Ausnahme ist der Microsoft Internet Explorer. Aus diesem Grund muss der Internet Explorer später in diesem Kapitel separat behandelt werden.

12.2.1 Event-Listener

addEventListener()

Im W3C-Standard werden Event-Handler nicht wie bisher definiert. Stattdessen verwendet man eine Methode addEventListener(), um so genannte *Event-Listener* zu definieren. Mit einem Event-Listener kann man einem beliebigen Objekt in der Objekthierarchie die Anweisung geben, auf ein bestimmtes Ereignis zu achten. Der grundlegende Mechanismus, dass bei einem bestimmten Ereignis der dafür definierte JavaScript-Code ausgeführt wird, ist bei den herkömmlichen Event-Handlern und den neuen Event-Listenern gleich. Deswegen werden in der Praxis die beiden Begriffe häufig synonym verwendet. Event-Listener lassen sich jedoch nicht nur im Zusammenhang mit wesentlich mehr Objekten einsetzen, sondern besitzen sonst auch noch weitere Fähigkeiten, wie wir im Folgenden sehen werden.

Ein Event-Listener wird über die Methode addEventListener() mit einem Objekt im DOM-Baum verknüpft. Dies zeigt das folgende Beispiel, in dem ein Button-Objekt mit einem Event-Listener versehen wird:

w3c1.html

```
<html>
<head>
<title>W3C</title>
<meta http-equiv="Content-Script-Type"
  content="text/javascript" />
```

```
<script type="text/javascript">

function init() {
   var b1 = document.getElementById("b1");
   b1.addEventListener("click", ausgabe, false);
}

function ausgabe(evt) {
   alert("Hallo!");
}

</script>
</head>
<body onload="init()">
   <form>
      <p>
      <input type="button" id="b1" value="Test" />
      </p>
   </form>
</body>
</html>
```

Die Methode addEventListener() erwartet drei Argumente. Zunächst
übergibt man den Namen des Ereignisses als String. Das zweite Argument gibt den Namen der aufzurufenden Funktion an (ohne Klammern). Das dritte Argument wird zur Steuerung des Ereignisflusses in
der Objekthierarchie verwendet. Dazu später mehr.

Wie Sie sehen, wird addEventListener() im Zusammenhang mit
dem Button-Objekt aufgerufen. Jedes Objekt im DOM-Baum verfügt
über diese Methode.

Der Event-Listener sollte erst registriert werden, wenn die Seite
aufgebaut ist. Deshalb wird in unserem Beispiel die Funktion init()
über den onload-Event-Handler im <body>-Tag aufgerufen. Wie Sie
sehen, kann man herkömmliche Event-Handler mit neuen Event-Listenern kombinieren.

Ein Unterschied zu den herkömmlichen Event-Handlern ist, dass
man in einem Objekt mehrere Event-Listener des gleichen Typs definieren kann. Die Reihenfolge der Abarbeitung ist dabei nicht vorher-
sehbar. Die Event-Listener werden also nicht unbedingt in der Reihenfolge, in der sie definiert wurden, abgearbeitet.

Mehrere Event-Listener

12.2.2   Event-Capturing und Event-Bubbling

Bisher betrafen die Ereignisse in unseren Beispielen ein einzelnes Zielobjekt. Das Zielobjekt, wie z.B. eine Schaltfläche, wartet auf den Eintritt des Ereignisses, um darauf entsprechend zu reagieren.

Jedes Element einer Webseite ist in eine Hierarchie eingebunden. Im W3C-Standard besteht die Möglichkeit, nicht durch das Zielobjekt selbst auf ein Ereignis zu reagieren, sondern durch ein übergeordnetes Objekt. Hierzu gibt es im W3C-Standard das Event-Capturing und das Event-Bubbling. Beim Event-Capturing schnappt sich ein übergeordnetes Objekt des Zielobjekts das Ereignis, bevor es das Zielobjekt erreicht. Beim Event-Bubbling kommt umgekehrt das Zielobjekt zuerst zum Zug und danach die übergeordneten Objekte.

Aus der Perspektive des DOM-Baums kann man also sagen, dass ein Ereignis zunächst oben anfängt und dann durch die Hierarchie bis zum Zielobjekt weitergereicht wird. Greift sich in diesem Moment ein übergeordnetes Objekt das Ereignis, spricht man von Event-Capturing.

Abb. 12–3

Event-Capturing

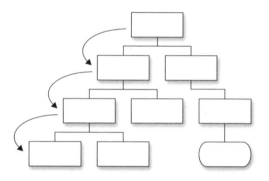

Beim Zielobjekt angekommen, kehrt das Ereignis um und steigt wie eine Luftblase im Wasser wieder nach oben in der Hierarchie. Das nennt sich Event-Bubbling.

Abb. 12–4

Event-Bubbling

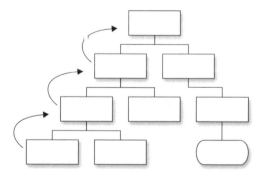

In der Methode addEventListener() gibt das dritte Argument an, wann der Event-Listener beachtet werden soll. Gibt man true an, wird Event-Capturing verwendet. Das Ereignis wird abgefangen, bevor es das Zielobjekt erreicht.

Mit dem Wert false teilt man dem Browser mit, den neuen Event-Listener erst im Event-Bubbling zu berücksichtigen. Das Ereignis erreicht zunächst das Zielobjekt und steigt dann in der Objekthierarchie auf.

Das folgende Beispiel zeigt eine einfache Objekthierarchie, in der unterschiedliche Event-Listener definiert werden.

```
<html>                                                    w3c2.html
<head>
<title>W3C</title>
<meta http-equiv="Content-Script-Type"
  content="text/javascript" />

<script type="text/javascript">

function init() {

    var b1 = document.getElementById("b1");
    var b2 = document.getElementById("b2");
    var f1 = document.getElementById("f1");
    var l1 = document.getElementById("l1");
    var t1 = l1.firstChild;

    b1.addEventListener("click", ausgabe, false);
    b2.addEventListener("click", ausgabe, false);

    f1.addEventListener("click", ausgabe, false);
    f1.addEventListener("click", ausgabe, true);

    l1.addEventListener("click", ausgabe, false);
    t1.addEventListener("click", ausgabe, false);

    document.addEventListener("click", ausgabe, true);
}

function ausgabe(evt) {
    if (evt.currentTarget == document) {
        alert("document");
    } else {
        if (evt.currentTarget != null) {
            alert(evt.currentTarget.id);
        } else {
            alert(evt.target.nodeValue);
        }
    }
}

</script>
</head>
<body onload="init()">

    <form id="f1">
        <p>
        <input type="button" id="b1" value="Button 1" />
        <input type="button" id="b2" value="Button 2" />
        </p>
    </form>
```

```
<p>
<a href="link.html" id="l1">Text</a>
</p>

</body>
</html>
```

Das Schaubild zeigt einen Teil der Objekthierarchie zusammen mit den registrierten Event-Listenern.

Abb. 12–5
Objekthierarchie mit
registrierten Event-
Listenern

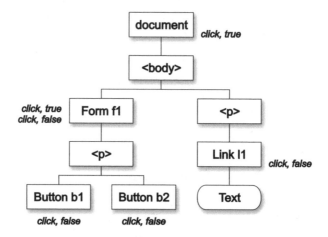

Die folgende Tabelle zeigt die Reihenfolge der Event-Listener, wenn das click-Ereignis im Beispiel auf den unterschiedlichen Objekten stattfindet.

Tab. 12–3
Reihenfolge der
Ereignisbehandlung
in der Beispieldatei

Zielobjekt	Reihenfolge der Ereignisbehandlung
Button b1	document, f1, b1, f1
Button b2	document, f1, b2, f1
Text	document, l1
document	document

Event-Listener können mit der Methode removeEventListener() wieder entfernt werden. Die Argumente entsprechen den Argumenten der Methode addEventListener().

12.2.3   Das Event-Objekt

Im W3C-Standard wird ein Event-Objekt (nicht zu verwechseln mit dem event-Objekt des Internet Explorers, das mit einem kleinen *e* geschrieben wird) definiert. Es wird automatisch an die im Event-Listener angegebene Funktion übergeben, wenn das Ereignis eintritt. So bekommt man Informationen zum Ereignis, z.B. welches Objekt das Zielobjekt des Ereignisses ist. Die folgende Tabelle zeigt ein paar wichtige Eigenschaften des Event-Objekts.

Eigenschaft	Bedeutung
bubbles	Gibt an, ob das Event-Objekt in der Objekthierarchie nach oben weitergegeben wird (Event-Bubbling).
cancelable	Gibt an, ob man die Standardaktionen des Browsers unterbinden kann.
clientX	Gibt die x-Koordinate von Mausereignissen relativ zum Browserfenster (ohne Menüleisten und Scroll-Balken usw.) an.
clientY	Gibt die y-Koordinate von Mausereignissen relativ zum Browserfenster (ohne Menüleisten und Scroll-Balken usw.) an.
currentTarget	Gibt an, welches Objekt momentan das Event-Objekt behandelt.
keyCode	Gibt den Unicode an, der der Taste, die vom Benutzer gedrückt wurde, zugeordnet ist.
eventPhase	Gibt an, in welcher Phase sich die Ereignisbehandlung befindet: 1 (=Event.CAPTURING_PHASE): Capturing-Phase 2 (=Event.AT_TARGET): Beim Zielobjekt 3 (=Event.BUBBLING_PHASE): Bubbling-Phase
target	Gibt das Zielobjekt an.
type	Gibt den Ereignis-Typ an.

Tab. 12–4

Eigenschaften des Event-Objekts im W3C-Standard

Neben diesen Eigenschaften kennt ein Event-Objekt auch folgende Methoden:

Methode	Bedeutung
initEvent(typ, bubble, cancelable)	Dient der Erzeugung eigener Event-Objekte.
preventDefault()	Unterbindet die Standardaktionen des Browsers.
stopPropagation()	Verhindert, dass das Event-Objekt an andere Objekte weitergegeben wird.

Tab. 12–5

Methoden des Event-Objekts im W3C-Standard

Die Standardaktionen des Browsers schließen sich an den Prozess des Event-Bubblings an. Das folgende Beispiel zeigt, wie Sie mit preventDefault() umgehen können, um die Standardaktionen des Browsers zu unterbinden. In der Funktion pruefen() wird anhand eines *confirm*-Fensters festgelegt, ob die Standardaktion des Browsers ausgeführt werden soll oder nicht.

preventDefault()

w3c3.html

```
<html>
<head>
<title>W3C</title>
<meta http-equiv="Content-Script-Type"
   content="text/javascript" />

<script type="text/javascript">

function init() {
   var l1 = document.getElementById("l1");
   l1.addEventListener("click", pruefen, false);
}

function pruefen(evt) {
   if (!confirm("Seite verlassen?"))
      evt.preventDefault();
}

</script>
</head>
<body onload="init()">
   <p>
   <a href="http://www.dpunkt.de/" id="l1">Link</a>
   </p>
</body>
</html>
```

stopPropagation()

Mit stopPropagation() kann die Weiterbearbeitung des Ereignisses verhindert werden. Es spielt dabei keine Rolle, in welcher Phase der Ereignisverarbeitung man sich gerade befindet. stopPropagation() sorgt dafür, dass nachfolgende Event-Listener nicht beachtet werden. Auf die Standardaktionen des Browsers hat dies keinen Einfluss, d.h., diese lassen sich nur mit preventDefault() verhindern.

Wie man mit stopPropagation() arbeiten kann, zeigt das nächste Beispiel:

w3c4.html

```
<html>
<head>
<title>W3C</title>
<meta http-equiv="Content-Script-Type"
   content="text/javascript" />

<script type="text/javascript">

function init() {
   var b1 = document.getElementById("b1");
   var f1 = document.getElementById("f1");
   b1.addEventListener("click", ausgabe1, false);
   f1.addEventListener("click", ausgabe2, false);
   document.addEventListener("click", ausgabe3, false);
}
```

```
function ausgabe1(evt) {
  alert("Button");
}

function ausgabe2(evt) {
  alert("Formular");
  evt.stopPropagation();
}

function ausgabe3(evt) {
  alert("document");
}

</script>
</head>
<body onload="init()">

  <form id="f1">
    <p>
    <input type="button" id="b1" value="Button 1" />
    </p>
  </form>

</body>
</html>
```

Hier wird ein click-Ereignis zuerst von dem Button-Objekt bearbeitet. Auch das übergeordnete Formular und das document-Objekt definieren jeweils einen Event-Listener. Nach dem Button-Objekt wird nur der Event-Listener des Formulars berücksichtigt, da dort mit stopPropagation() das Event-Bubbling abgebrochen wird.

12.2.4   Ereignisse selbst erzeugen

Im W3C-Standard kann man auch eigene Ereignisse auslösen. Zuerst muss man ein Event-Objekt erzeugen. Dazu kennt das document-Objekt die Methode createEvent(). Dieser Methode muss man einen String *createEvent()* übergeben, der angibt, um welchen Ereignistyp es sich handeln soll. Hier sieht der W3C-Standard verschiedene Ereignistypen vor, wie z.B. HTMLEvent oder MouseEvent. Leider unterstützen nicht alle gängigen Browser, die mit dem W3C-Standard prinzipiell umgehen können, die verschiedenen Ereignistypen. Nur MouseEvent scheint weitgehend verfügbar zu sein.

Die Methode createEvent() liefert ein Event-Objekt zurück. Dieses Event-Objekt muss danach mit initEvent() näher spezifiziert werden. Beispielsweise könnte das so aussehen:

```
var evt = document.createEvent("MouseEvent");        w3c5.html
evt.initEvent("click", true, true);                  (Auszug)
```

initEvent()

Hier wird ein click-Ereignis erzeugt. Andere mögliche Werte sind etwa "mousedown", "mouseup" oder "mouseover". Der zweite Parameter der Methode initEvent() gibt an, ob das Ereignis in der Objekthierarchie automatisch nach oben weitergereicht werden soll (Event-Bubbling). Der dritte Übergabewert gibt an, ob man das Standardverhalten des Browsers unterbinden können soll.

Mit initEvent() kann man nur die grundlegenden Ereignisparameter setzen. Ein MouseEvent kennt jedoch wesentlich mehr Parameter, die mit initMouseEvent() festgelegt werden können. Sie erfahren in der Referenz im Zusammenhang mit dem Event-Objekt mehr darüber.

dispatchEvent()

Nachdem Sie das Event-Objekt erzeugt haben, müssen Sie das Ereignis tatsächlich auslösen. Dazu gibt es die Methode dispatch-Event(), die man in Bezug auf jeden Knoten im DOM-Baum aufrufen kann. Wenn die Variable eingabe beispielsweise eine Referenz auf ein Eingabefeld ist, können Sie das oben erzeugte Event-Objekt verwenden, um ein focus-Ereignis in diesem Eingabefeld eintreten zu lassen:

```
eingabe.dispatchEvent(evt);
```

Selbst erzeugte Ereignisse werden genauso wie vom Browser erzeugte Ereignisse behandelt.

12.3 Ereignisse im Microsoft Internet Explorer

Das Ereignismodell im Internet Explorer unterscheidet sich vom W3C-Standard eigentlich nicht allzu sehr. Leider gibt es an verschiedenen Stellen kleine Unterschiede, die eine getrennte Behandlung der Browser notwendig machen, es sei denn, man kann auf das grundlegende Ereignismodell, das jeder JavaScript-Browser kennt, ausweichen.

Während Netscape ursprünglich auf Event-Capturing gesetzt hat, wurde im Microsoft Internet Explorer 4 das Event-Bubbling eingeführt. Im Internet Explorer 5 wurde ein Mechanismus eingeführt, der dem Event-Capturing im W3C-Standard ähnelt.

12.3.1 Event-Listener

attachEvent() und detachEvent()

Wie im W3C-Standard gibt es im Internet Explorer einen Mechanismus, mit dem man über einen Methodenaufruf Event-Listener definieren kann. Leider verwendet der Internet Explorer jedoch nicht die Methodennamen addEventListener() bzw. removeEventListener(), sondern stattdessen attachEvent() bzw. detachEvent(). Diese Methoden können im Zusammenhang mit jedem HTML-Element aufgerufen werden. Im W3C-Standard kann auch ein Textknoten einen Event-Listener haben, was im Internet Explorer jedoch nicht möglich ist.

12.3.2 Das event-Objekt

Auch im Internet Explorer ist ein event-Objekt definiert (mit kleinem *e* im Gegensatz zum Event-Objekt im W3C-Standard). Dieses hat jedoch nur sehr wenige Gemeinsamkeiten mit dem Event-Objekt im W3C-Standard. Die folgende Tabelle enthält die wichtigsten Eigenschaften des event-Objekts im Internet Explorer. Besonders wichtig ist für uns die Eigenschaft srcElement, das der target-Eigenschaft im W3C-Standard entspricht.

Eigenschaft	Bedeutung
cancelBubble	Gibt an, ob das event-Objekt an übergeordnete Objekte weitergegeben werden soll.
clientX	Gibt die x-Koordinate von Mausereignissen relativ zum Browserfenster (ohne Menüleisten und Scroll-Balken usw.) an.
clientY	Gibt die y-Koordinate von Mausereignissen relativ zum Browserfenster (ohne Menüleisten und Scroll-Balken usw.) an.
keyCode	Gibt den Unicode an, der der Taste, die vom Benutzer gedrückt wurde, zugeordnet ist.
returnValue	Gibt den Rückgabewert des Event-Handlers an.
srcElement	Gibt das Objekt an, das das Ereignis ausgelöst hat.
type	Gibt den Typ des Ereignisses an.

Tab. 12–6
Eigenschaften des event-Objekts im Internet Explorer

Ein wesentlicher Unterschied zum W3C-Standard ist, dass das event-Objekt über window.event ansprechbar ist und nicht an die Event-Listener-Funktion als Argument übergeben wird.

window.event

Im folgenden Beispiel können Sie den Mauszeiger über das angezeigte Bild bewegen. Dabei werden die Mauskoordinaten bzgl. des Bildes in einem <div>-Element angezeigt.

msie1.htm

```
<html>
<head>
<title>MSIE</title>
<meta http-equiv="Content-Script-Type"
   content="text/javascript" />

<script type="text/javascript">

var ausg;

function init() {
   var x = document.getElementById("bild");
   x.attachEvent("onmousemove", anzeigen);
}
```

```
function anzeigen() {
  var x = window.event.offsetX;
  var y = window.event.offsetY;

  if (!ausg) ausg = document.getElementById("ausgabe");
  ausg.innerHTML = "x: " + x + " y: " + y;
}

</script>
</head>
<body onload="init()">
  <p>
  <img src="obj.gif" id="bild" alt="Objekte"
     width="278" height="216" />
  </p>
  <div id="ausgabe"></div>
</body>
</html>
```

In diesem Beispiel wird der Event-Handler onmousemove des Image-Objekts verwendet. Der Event-Handler wird mit attachEvent() gesetzt. Wie Sie sehen, müssen wir hier "onmousemove" schreiben und nicht nur "mousemove". Tritt das Ereignis mousemove über dem Bild ein, wird die Funktion anzeigen() aufgerufen. Die Mauskoordinaten beim Eintritt des Ereignisses erfährt die Funktion über:

```
var x = window.event.offsetX;
var y = window.event.offsetY;
```

12.3.3   Event-Capturing und Event-Bubbling

Das Event-Bubbling im Internet Explorer und im W3C-Standard sind miteinander vergleichbar. Das folgende Beispiel zeigt das Event-Bubbling im Internet Explorer. Außerdem wird gezeigt, wie mit der Eigenschaft cancelBubble das Event-Bubbling abgebrochen werden kann. Wird cancelBubble gleich true gesetzt, wird das Ereignis nicht an das übergeordnete Objekt weitergegeben. Dies demonstriert das nachfolgende Skript:

msie2.htm
```
<html>
<head>
<title>MSIE</title>
<meta http-equiv="Content-Script-Type"
   content="text/javascript" />

<script type="text/javascript">

function reaktion() {
  alert('Button-Objekt');
  window.event.cancelBubble = true;
}
```

```
</script>
</head>
<body>

    <form onclick="alert('Form-Objekt')">
        <p>
        <input type="button" value="Test"
            onclick="reaktion();" />
        </p>
    </form>

</body>
</html>
```

Sowohl das Button- als auch das Form-Objekt definieren in diesem Skript den onclick-Event-Handler. Die Funktion reaktion() wird durch den onclick-Event-Handler des Button-Objekts aufgerufen. Da dort

```
window.event.cancelBubble = true;
```

gesetzt wird, wird das Ereignis nicht an das Form-Objekt weitergegeben. Entfernen Sie diese Zeile, wird zusätzlich der Code im Event-Handler im <form>-Tag ausgeführt.

Für das Event-Capturing im Internet Explorer gibt es die Methoden setCapture() und releaseCapture().

setCapture() und releaseCapture()

Das Beispiel hierzu zeigt die Mauskoordinaten neben dem Cursor, wenn man die linke Maustaste gedrückt hält:

```
<html>
<head>
<title>MSIE</title>
<meta http-equiv="Content-Script-Type"
    content="text/javascript" />

<script type="text/javascript">

var anz;
var an = true;

function init() {
    document.attachEvent("onmousedown", captureAn);
    document.attachEvent("onmouseup", captureAus);
}

function captureAn() {
    anz = document.getElementById("anzeige");
    anz.onmousemove = ausgabe;
    anz.setCapture();
}

function captureAus() {
    anz.releaseCapture();
}
```

msie3.htm

```
function ausgabe() {
  var evt = window.event;
  anz.firstChild.nodeValue = evt.x + "/" + evt.y;
  anz.style.left = evt.x + 10;
  anz.style.top = evt.y - 15;
}

</script>
</head>
<body onload="init()">
  <div style="position: absolute;" id="anzeige">0/0</div>
</body>
</html>
```

Zur Anzeige der Koordinaten wird das <div>-Element mit der ID anzeige verwendet. In der Funktion init() werden Event-Listener für die mousedown- und mouseup-Ereignisse gesetzt. Hier sehen Sie die Verwendung der Methode attachEvent(). Wie Sie sehen, schreibt man in attachEvent() "onmousedown" und nicht nur "mousedown", wie im W3C-Standard in der Methode addEventListener().

Bei einem mousedown-Ereignis wird die Funktion captureAn() aufgerufen. Dort wird mit setCapture() das Event-Capturing eingeschaltet. In der Funktion captureAus(), die bei einem mouseup-Ereignis aufgerufen wird, wird das Event-Capturing mit releaseCapture() wieder abgeschaltet.

Bitte beachten Sie, dass das Event-Capturing im Internet Explorer etwas anders funktioniert als im W3C-Standard. Wenn Sie setCapture() aufrufen, werden sämtliche Mausereignisse abgefangen – auch wenn Sie z.B. oben auf das Menü des Browsers klicken. Es ist sinnvoll, setCapture() nur für kurze Zeit zu verwenden.

In manchen Situationen wird das Event-Capturing abgebrochen. Das ist beispielsweise der Fall, wenn Sie ein alert-Fenster öffnen oder das Browserfenster den Fokus verliert. Für diesen Zweck gibt es den Event-Handler onlosecapture, mit dem Sie auf einen Abbruch des Event-Capturings reagieren können.

13 Formulare

Wenn Sie auf einer Webseite für eine Bestellung Ihre Anschrift eingeben, Ihre E-Mail-Adresse für das Abonnieren eines Newsletters eintippen oder zum Zugriff auf eine spezielle Seite nach einem Passwort gefragt werden, kommen Formulare zum Einsatz. Schaltflächen (Buttons), Texteingabefelder und Auswahllisten gehören zu den Formularelementen, die in HTML bereits definiert sind und mit JavaScript verwendet werden können.

Die in HTML vordefinierten Formularelemente lassen sich grob in folgende Kategorien gliedern:

Formularelemente in HTML

- **Textfelder**
  - Text
  - Textarea
  - Password
  - Hidden
- **Schaltflächen**
  - Button
  - Submit
  - Reset
- **Auswahlfelder**
  - Checkbox
  - Radio
- **Auswahllisten**
  - Select
- **Dateiauswahl**
  - FileUpload

Dieses Kapitel soll Ihnen nicht nur zeigen, wie Sie diese Elemente einbinden können, sondern auch wie Sie die Eingabe für die Anwender möglichst einfach und komfortabel gestalten können. Nachdem die

Daten eingegeben worden sind, können diese auf unterschiedliche Art und Weise weiterverarbeitet werden. Am Ende dieses Kapitels wird auf die einzelnen Möglichkeiten eingegangen.

13.1 Formulare im Objektmodell

Ansprechen von Formularelementen

Wie wir bereits gesehen haben, werden im DOM alle Elemente einer Webseite durch Objekte repräsentiert, die hierarchisch angeordnet sind. Ebenso besteht ein Formular aus mehreren Objekten, die zueinander in Beziehung stehen. Da die Adressierung der Formularelemente (auch Formularobjekte genannt) wichtig für die Programmierung von Formularen ist, soll hier zunächst an einem Beispiel gezeigt werden, wie in JavaScript Formularelemente angesprochen werden.

Die Adressierung ist von Bedeutung, wenn Sie beispielsweise abfragen wollen, was ein Anwender in ein Textfeld eingegeben hat oder wenn Sie über JavaScript einen bestimmten Wert in ein Textfeld schreiben wollen. Als Beispiel soll folgender HTML-Code dienen:

```
<form id="meinFormular" name="meinFormular">
  <p>
  <input type="button" id="button1" name="button1"
     value="Button 1" />
  <input type="button" id="button2" name="button2"
     value="Button 2" />
  <input type="text" id="eingabe1" name="eingabe1"
     value="" />
  </p>
</form>
```

An dieser Stelle sind die Einzelheiten dieses HTML-Codes noch nicht wichtig. Für uns ist momentan nur von Bedeutung, dass hiermit ein Formular mit zwei Schaltflächen (Buttons) und einem Textfeld erzeugt wird. Jedes Formularelement erhält mit id einen eindeutigen Namen. Wir werden später genauer auf die einzelnen Formularelemente eingehen.

Abb. 13–1

Anzeige der Formularobjekte

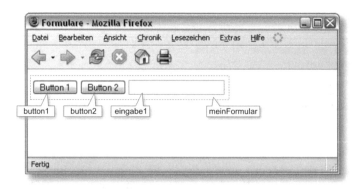

13.1.1 Das Form-Objekt

Ein Formular umfasst eine beliebige Anzahl von Formularelementen und wird in HTML mit dem <form>-Tag erzeugt. In JavaScript wird ein Formular durch das Form-Objekt repräsentiert. Unser Beispielcode erzeugt also ein Form-Objekt mit dem Namen meinFormular.

Das <form>-Tag

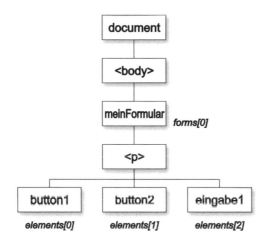

Abb. 13–2
Der Aufbau des Beispielformulars

Es gibt grundsätzlich zwei verschiedene Möglichkeiten, um auf ein Formular zuzugreifen:

- Zugriff über das forms-Array
- Zugriff über den Namen bzw. die id des Form-Objekts

Im forms-Array sind alle Formulare eines Dokuments abgebildet. Das erste Formular, das im HTML-Code vorkommt, lässt sich über

Zugriff über das forms-Array

```
document.forms[0]
```

ansprechen. Das zweite Formular entsprechend mit

```
document.forms[1]
```

Diese Vorgehensweise hat jedoch einige Nachteile. Zum einen ist bei einer umfangreichen HTML-Seite für den Programmierer nicht sofort ersichtlich, welches Formular gemeint ist. Zum anderen muss die Adressierung geändert werden, wenn die Reihenfolge der Formulare im Dokument geändert wird.

Aus diesen Gründen sollte deshalb eher die Adressierung über einen Namen, den man dem Formular selbst gibt, vorgenommen werden. In unserem Beispiel hat das Formular den Namen meinFormular, der in dem <form>-Tag über das name-Attribut gesetzt wurde. Unser Formular lässt sich deshalb über

Zugriff über den Namen des Form-Objekts

```
document.meinFormular
```

ansprechen. Wie in JavaScript üblich kann man auch

```
document.forms["meinFormular"]
```

name und id schreiben. Für diese beiden Schreibweisen ist der Name, der über die name-Eigenschaft gesetzt wird, ausschlaggebend. Möchte man die W3C-Schreibweise verwenden, bezieht sich die Angabe meinFormular auf das id-Attribut im <form>-Tag:

```
document.getElementById("meinFormular")
```

Die Unterscheidung zwischen name und id ist etwas unglücklich. Die Eigenschaft name wird aus Gründen der Kompatibilität zu alten Skripten unterstützt. Damit ein Skript mit allen gezeigten Schreibweisen umgehen kann, können name und id im gleichen Tag angegeben werden.

13.1.2 Formularelemente

Jedes Formularelement wird durch ein eigenes Objekt dargestellt, das dem jeweiligen Form-Objekt untergeordnet ist. Bei der Adressierung der einzelnen Formularobjekte hat man nun wieder zwei Möglichkeiten:

■ Zugriff über das elements-Array
■ Zugriff über den Namen bzw. die id eines Formularelements

elements-Array Jedes Form-Objekt kennt das elements-Array, in dem alle untergeordneten Formularelemente verzeichnet sind. Die Formularelemente lassen sich in der gleichen Reihenfolge, wie sie im HTML-Code erscheinen, ansprechen, das erste Element in unserem Beispiel (der erste Button) also mit

```
document.meinFormular.elements[0]
```

Die zweite Schaltfläche kann entsprechend mit folgendem Code adressiert werden:

```
document.meinFormular.elements[1]
```

Wie Sie sehen, müssen wir zunächst auf das Formular meinFormular zugreifen, um die darin enthaltenen Elemente ansprechen zu können. Den Bezug auf meinFormular kann man hier nicht einfach weglassen, da sonst der Browser nicht wissen würde, welches Formular gemeint ist. Wenn in einem HTML-Dokument mehrere Formulare definiert sind, gibt es schließlich mehrere elements-Arrays und damit mehrere elements[0]. Nur im Zusammenhang mit dem entsprechenden Form-Objekt (meinFormular) wird es für den Computer eindeutig.

Die Adressierung der einzelnen Elemente über das elements-Array hat die gleichen Nachteile wie das forms-Array. Deshalb ist die Vergabe eindeutiger Namen für die einzelnen Formularelemente zu empfehlen. In unserem Beispiel hat das Textfeld den Namen eingabe1 und kann somit über

```
document.meinFormular.eingabe1
```

angesprochen werden. Natürlich geht auch hier wieder

```
document.meinFormular.elements["eingabe1"]
```

Wenn Sie die W3C-Methode getElementById() verwenden, benötigen Sie keinen Bezug zum übergeordneten Form-Objekt, sondern können einfach Folgendes schreiben:

```
document.getElementById("eingabe1")
```

Nicht jedes Formularobjekt werden Sie durch JavaScript direkt ansprechen wollen. Beispielsweise werden Schaltflächen meist nur als Auslöser von Ereignissen verwendet, so dass Sie sich hier das id-Attribut sparen können.

Da wir nun wissen, wie man die einzelnen Formularelemente ansteuert, können wir auf die Eigenschaften dieser Objekte zugreifen. So besitzt ein Textfeld beispielsweise die Eigenschaft value, mit der man feststellen kann, was momentan im Textfeld eingegeben ist. In unserem Beispiel können wir also über folgende Zeile erfahren, was im Textfeld steht:

```
text = document.meinFormular.eingabe1.value
```

13.1.3   Relative Adressierung

Bei der Adressierung der einzelnen Objekte sind wir in den Beispielen oben immer vom document-Objekt ausgegangen. Wenn wir eine unserer Schaltflächen verwenden wollen, um über onclick die Eingabe im Textfeld in einem *alert*-Fenster auszugeben, müssen wir demnach Folgendes schreiben:

```
<input type="button" id="button1" name"button1"
value="Button 1"
onclick="alert(document.meinFormular.eingabe1.value)" />
```

Beide Formularelemente (b1 und eingabe1) befinden sich jedoch im gleichen Form-Objekt. Wieso müssen wir dann überhaupt meinFormular angeben? In diesem Fall bietet sich die relative Adressierung an, da man hiermit den Befehl wesentlich verkürzen kann. Hier kommt das Schlüsselwort this zum Einsatz. this ist immer eine Referenz auf das   *this* aktuelle Objekt, d.h., im Event-Handler der Schaltfläche `button1` greifen wir mit `this` auf `button1` selbst zu. Der Befehl

```
alert(this.value)
```

im obigen `onclick`-Event-Handler würde beispielsweise die Beschriftung des `Button`-Objekts ausgeben, also *Button 1*.

form   Jedes Formularobjekt kennt die Eigenschaft `form`, das eine Referenz auf das übergeordnete `Form`-Objekt darstellt. Damit weiß jedes Formularelement, zu welchem Formular es gehört. Das heißt, in unserem Beispiel können wir im Event-Handler von `button1` mit `this.form` auf das `Form`-Objekt `meinFormular` zugreifen. Von dort können wir wie gehabt das Textfeld `eingabe1` ansprechen:

```
this.form.eingabe1
```

Insgesamt ergibt das im `onclick`-Event-Handler des `Button`-Objekts den Befehl

```
alert(this.form.eingabe1.value)
```

Stellen Sie sich das Ganze wie in einem extrem hierarchischen Unternehmen vor, in dem sämtliche Kommunikation zwischen Kollegen über den Chef geht. Kein besonders gutes Betriebsklima, aber zumindest ist die Zuteilung von Anweisungen und Zuständigkeiten eindeutig ...

Nun werden wir uns die einzelnen Formularelemente, die in HTML und JavaScript zur Verfügung stehen, ansehen.

13.2 Textfelder

Textfelder stellen einen Text dar, den der Anwender über die Tastatur eingeben bzw. ändern kann. Prinzipiell sind einzeilige und mehrzeilige Textfelder zu unterscheiden. Daneben gibt es die Formularelemente `Password` und `Hidden`, die mit Textfeldern verwandt sind.

13.2.1 Text-Objekt – Einzeilige Textfelder

Einzeilige Textfelder werden durch das `Text`-Objekt repräsentiert und zeichnen sich dardurch aus, dass kein Zeilenumbruch möglich ist. Suchmaschinen beispielsweise verwenden gewöhnlich dieses Formularobjekt für die Eingabe des Suchbegriffs. Die Abbildungen auf den folgenden Seiten zeigen die einzelnen Formularelemente jeweils unter Windows XP und auf dem Mac.

Abb. 13–3
Text-Objekt

In HTML werden Text-Objekte durch das `<input>`-Tag erzeugt. Da das `<input>`-Tag für viele verschiedene Formularobjekte verwendet wird, muss man mit `type` noch angeben, welche Art von Formularobjekt man haben möchte. Für ein Text-Objekt ist das `text`:

```
<form>
  <p>
  <input type="text" id="eingabe" name="eingabe"
     size="30" value="" />
  </p>
</form>
```

Das HTML-Attribut `value` legt fest, welcher Text zu Beginn in der Eingabezeile stehen soll. `value=""` gibt an, dass die Eingabezeile am Anfang leer sein soll. Stattdessen kann das Attribut im HTML-Code auch einfach weggelassen werden.

Anfangswert

Mit `size` legt man die Länge der Eingabezeile fest, d.h. wie viele Zeichen gleichzeitig angezeigt werden sollen. Bitte beachten Sie, dass die tatsächliche Eingabe vom Anwender wesentlich länger sein kann. In diesem Fall wird nur jeweils ein Teil des eingegebenen Strings angezeigt.

Größe

Das folgende Beispiel zeigt, wie Sie den Text aus einem Eingabefeld auslesen können:

Auslesen eines Textfelds

```
<form id="form1" name="form1">
  <p>
  <input type="text" id="eingabe" name="eingabe" />
  <input type="button" value="Auslesen"
     onclick="alert(document.form1.eingabe.value)" />
  </p>
</form>
```

Dieser Code erzeugt ein Formular mit einem Eingabefeld mit dem Namen `eingabe` und einer Schaltfläche. Diese Schaltfläche definiert einen `onclick`-Event-Handler. Dort wird ein Hinweisfenster erzeugt, das den aktuellen Text im Eingabefeld anzeigen soll. Mit

```
document.form1.eingabe.value
```

wird der Inhalt des Eingabefelds ausgelesen. Wie am Anfang dieses Kapitels erklärt wurde, wird hier zunächst auf das Formular mit `document.form1` zugegriffen. In diesem Formular befindet sich ein Text-Objekt mit dem Namen `eingabe`. Im Referenzteil können Sie sehen, dass das Text-Objekt das Attribut `value` besitzt, mit dem Sie den aktuellen Inhalt erfahren können. Natürlich könnte man hier auch die relative Adressierung wählen, wie am Anfang dieses Kapitels gezeigt.

Ändern des Inhalts

Der Eigenschaft `value` können Sie auch neue Werte zuweisen, um diese im Eingabefeld anzuzeigen. Dies sieht z.B. so aus:

```
document.form1.eingabe.value = "Neuer Text";
```

onchange

Bei `Text`-Objekten ist insbesondere der Event-Handler `onchange` hilfreich, da man damit feststellen kann, ob der Anwender den Inhalt verändert hat. Dabei ist zu beachten, dass das Ereignis `change` erst eintritt, wenn der Anwender nach der Änderung irgendwo anders hinklickt, also wenn das `Text`-Objekt den Fokus verliert.

13.2.2 Textarea-Objekt – Mehrzeilige Textfelder

Für mehrzeilige Textfelder gibt es das `Textarea`-Objekt.

Abb. 13–4
Textarea-Objekt

Das `Textarea`-Objekt wird mit dem `<textarea>`-Tag erzeugt:

```
<form>
  <p>
  <textarea id="eingabe" name="eingabe"
     cols="30" rows="5" wrap="virtual">Standardtext
  </textarea>
  </p>
</form>
```

Mit `cols` (kurz für *columns*, engl. für *Spalten*) und `rows` (engl. für *Zeilen*) gibt man die Anzahl der Spalten (d.h. die Breite) bzw. Zeilen (d.h. die Höhe) des Textfelds an. Der Text, der zu Beginn im Textfeld erscheinen soll, wird hier nicht wie beim einzeiligen Textfeld über das `value`-Attribut angegeben, sondern zwischen dem `<textarea>`- und `</textarea>`-Tag platziert.

Zeilenumbrüche

Das Attribut `wrap` gibt an, wie Zeilenumbrüche gehandhabt werden sollen. Hier gibt es drei Möglichkeiten: `off`, `virtual` und `physical`. Bei `off` wird der Text so angezeigt, wie ihn der Anwender eingegeben hat. Es werden vom Browser also keine Zeilenumbrüche eingefügt. Bei `virtual` wird der Text nur am Bildschirm mit Zeilenumbrüchen gezeigt, der eingegebene String wird dabei nicht verändert. Die Angabe von `physical` bedeutet, dass Zeilenumbrüche nicht nur angezeigt werden, sondern dass auch der eingegebene String verändert wird.

onchange

Genauso wie das `Text`-Objekt kennt das `Textarea`-Objekt den onchange-Event-Handler.

13.2.3   Password-Objekt

Eine Variante des Text-Objekts ist das Password-Objekt. Der Unterschied zum Text-Objekt ist, dass sämtliche eingegebenen Zeichen durch ein Sternchen dargestellt werden.

Abb. 13–5

Password-Objekt

Dieses Objekt eignet sich zur Abfrage von Passwörtern. Hier soll das eingegebene Passwort nicht auf dem Bildschirm angezeigt werden. Es sei jedoch angemerkt, dass zwar die Anzeige des eingegebenen Texts unterdrückt wird, aber ein JavaScript-Programm auf den eingegebenen String im Klartext zugreifen kann. Für JavaScript macht es keinen Unterschied, ob es sich um ein Text- oder ein Password-Objekt handelt. Außerdem ist zu beachten, dass die Übertragung eines Formulars an den Server und damit auch ein darin enthaltenes Password-Objekt im Klartext erfolgt. Das heißt, es findet keine automatische Verschlüsselung statt, nur weil Sie ein Password-Objekt verwenden. Wir werden später sehen, wie eine Verschlüsselung hinzugefügt werden kann (siehe *Sicherheitsaspekte beim Versenden von Formularen*, S. 235).

Eingabe von Passwörtern

Der folgende Code erzeugt ein Password-Objekt:

```
<form>
  <p>
  <input type="password" id="pwd" name="pwd"
     size="30" />
  </p>
</form>
```

Wie beim Text-Objekt können wir über value den eingegebenen Wert auslesen.

13.2.4   Hidden-Objekt

Das Hidden-Objekt ist ebenfalls vergleichbar mit dem Text-Objekt. Der Unterschied besteht darin, dass ein Hidden-Objekt nicht angezeigt wird. Das mag vielleicht zunächst verwundern, aber das Hidden-Objekt bietet sich immer dann an, wenn man etwas zwischenspeichern will. Beispielsweise können Hidden-Objekte bei der Übergabe von Daten zwischen verschiedenen HTML-Seiten hilfreich sein.

Hidden-Objekte werden wie folgt erzeugt:

```
<form>
  <p>
  <input type="hidden" id="versteckt" name="versteckt"
    value="geheim" />
  </p>
</form>
```

Aus JavaScript-Sicht werden Hidden-Objekte genauso wie Text-Objekte angesprochen.

13.3   Schaltflächen

Schaltflächen dienen oft als Auslöser für die Ausführung von Java-Script-Code.

13.3.1   Button-Objekt

Nachdem wir das Button-Objekt, das eine Schaltfläche repräsentiert, bereits mehrfach in diesem Buch verwendet haben, hier nun endlich die offizielle Beschreibung der Funktionsweise.

Abb. 13–6

Button-Objekt

Der folgende HTML-Code legt die Eigenschaften einer Schaltfläche fest:

```
<form>
  <p>
  <input type="button" value="Button 1" />
  </p>
</form>
```

onclick   Mit dem Event-Handler onclick kann man angeben, was passieren soll, wenn der Anwender auf die Schaltfläche klickt.

13.3.2   Submit-Objekt

Formulare abschicken   Das Submit-Objekt ist wie ein spezielles Button-Objekt zu sehen. Ein Submit-Objekt wird dazu verwendet, um ein Formular über das Internet zu verschicken. Wir werden später näher darauf eingehen (siehe *Formularinhalte an den Server schicken*, S. 233).

Abb. 13–7

Submit-Objekt

Der folgende HTML-Code erzeugt ein Submit-Objekt:

```
<form>
  <p>
  <input type="submit" value="Abschicken" />
  </p>
</form>
```

Wenn Sie keinen Wert für value angeben, verwendet der Browser einen Standardtext für die Beschriftung des *Submit*-Buttons. Welcher Text gewählt wird, hängt vom verwendeten Browser ab. Übliche Standardtexte sind *Submit*, *Submit Query*, *Senden*, *Anfrage senden* – jeweils abhängig davon, welche Sprachversion verwendet wird. In manchen Browsern wird jedoch trotz deutscher Sprachversion eine englische Beschriftung des *Submit*-Buttons vorgenommen. Das müssen die Übersetzer wohl übersehen haben. Aus diesem Grund ist es besser, wenn man die Beschriftung mit value selbst setzt.

Im Zusammenhang mit Submit-Objekten ist insbesondere der Event-Handler onsubmit interessant, der allerdings zum Form-Objekt gehört und nicht zum Submit-Objekt. Das Ereignis tritt ein, wenn auf die Submit-Schaltfläche geklickt wird und der Formularinhalt verschickt werden soll. Wir werden später darauf zurückkommen.

onsubmit

13.3.3   Reset-Objekt

Das Reset-Objekt ist das Gegenstück zum Submit-Objekt. Damit lassen sich sämtliche Formulareingaben auf ihre Standardwerte zurücksetzen, d.h., alle Eingaben, die der Anwender bisher getätigt hat, werden gelöscht.

Formulareingaben zurücksetzen

Abb. 13–8

Reset-Objekt

Das Reset-Objekt wird ebenfalls als Schaltfläche im Webbrowser dargestellt. Der HTML-Code sieht so aus:

```
<form>
  <p>
  <input type="reset" value="Zuruecksetzen" />
  </p>
</form>
```

Genauso wie onsubmit gehört der onreset-Event-Handler zum Form-Objekt. Damit kann man erfahren, wenn der Anwender die Reset-Schaltfläche geklickt hat.

onreset

Klickt man im Browser auf *Aktualisieren*, bleiben die getätigten Formulareingaben häufig stehen. Wird gleichzeitig die *Umschalten*-Taste gedrückt, werden die Formulareingaben auf jeden Fall zurückgesetzt.

13.4 Auswahlfelder

13.4.1 Checkbox-Objekt

Auswahlfelder Checkboxen sind Auswahlfelder, d.h., man kann damit eine Option aktivieren oder deaktivieren.

Abb. 13–9
Checkbox-Objekt

☑ Checkbox 1   ☑ **Checkbox 1**
☐ Checkbox 2   ☐ **Checkbox 2**

Auch Checkboxen werden über das <input>-Tag erzeugt:

```
<form>
  <p>
  <input type="checkbox" id="auswahl" name="auswahl"
      checked="checked" />Auswahl
  </p>
</form>
```

Soll die Checkbox beim ersten Aufruf der HTML-Seite markiert sein, verwendet man das Attribut checked. In HTML4 reicht ein einfaches checked, in XHTML müssen wir jedoch checked="checked" schreiben.

Über die Eigenschaft checked des Checkbox-Objekts kann man den aktuellen Zustand der Checkbox erfahren. Dies demonstriert das folgende Beispiel:

checkbox.html

```
<html>
<head>
<title>Checkbox</title>
<meta http-equiv="Content-Script-Type"
    content="text/javascript" />

<script type="text/javascript">

function test() {
    if (document.meinFormular.auswahl.checked)
        alert("Das Feld ist markiert!")
    else alert("Das Feld ist nicht markiert!");
}
```

```
    </script>
  </head>
  <body>
    <form id="meinFormular" name="meinFormular">
      <p>
      <input type="checkbox" id="auswahl" name="auswahl" />
      <br />
      <input type="button" value="Anzeigen"
        onclick="test()" />
      </p>
    </form>
  </body>
</html>
```

checked nimmt den Wert true an, wenn das Feld markiert ist. Ansonsten ist checked gleich false. Mit einer if-Abfrage werden im Beispiel unterschiedliche Hinweisfenster generiert.

Den Zustand einer Checkbox kann man ändern, indem man der Eigenschaft checked die Werte true oder false zuweist. In unserem Beispiel könnten wir also mit

```
document.meinFormular.auswahl.checked = true;
```

sicherstellen, dass die Checkbox markiert ist.

Der onchange-Event-Handler kommt zum Zug, wenn der Anwender den Zustand der Checkbox verändert.

onchange

13.4.2 Radio-Objekt

Ein Radiobutton ist der Checkbox sehr ähnlich. Der Unterschied ist, dass mehrere Radiobuttons zu einer Gruppe zusammengefasst werden. Innerhalb einer Gruppe kann nur ein einziges Element ausgewählt werden.

Abb. 13–10
Radio-Objekt

Der folgende HTML-Code erzeugt eine Gruppe mit drei Radio-Objekten:

```
<form id="meinFormular" name="meinFormular">
  <p>
  <input type="radio" id="auswahl" name="auswahl"
    value="opt1" checked="checked" />Option 1
  <input type="radio" id="auswahl" name="auswahl"
    value="opt2" />Option 2
  <input type="radio" id="auswahl" name="auswahl"
    value="opt3" />Option 3
  </p>
</form>
```

Wie Sie sehen, haben alle drei `Radio`-Objekte die gleichen `id`- und `name`-Eigenschaften. Damit definiert man eine Gruppe zusammengehöriger Radiobuttons. Dass alle drei Radiobuttons den gleichen Namen haben müssen, erschwert leider den Zugriff auf diese Objekte ein wenig. Die einzelnen Elemente der Radio-Gruppe lassen sich durch eine Array-Adressierung ansprechen. Da unsere Radio-Gruppe `auswahl` heißt, können wir auf den ersten Radiobutton mit

```
document.meinFormular.auswahl[0]
```

zugreifen. Das zweite und dritte Element lässt sich demnach mit `auswahl[1]` bzw. `auswahl[2]` ansprechen. Jetzt können wir z.B. mit

```
document.meinFormular.auswahl[0].checked
```

überprüfen, ob die erste Option ausgewählt ist. In diesem Fall hat `checked` den Wert `true`, ansonsten `false`.

Leider gibt es keine Möglichkeit, mit einem einzigen Befehl herauszufinden, welcher Radiobutton einer Gruppe aktiviert ist. Stattdessen muss mit einer Schleife jedes `Radio`-Objekt überprüft werden. Das folgende Beispiel zeigt dies:

radio1.html

```html
<html>
<head>
<title>Radio</title>
<meta http-equiv="Content-Script-Type"
   content="text/javascript" />

<script type="text/javascript">

function test() {
   var r = document.meinFormular.auswahl;
   for (i in r) {
      if (r[i].checked) alert(r[i].value);
   }
}

</script>
</head>
<body>
   <form id="meinFormular" name="meinFormular">
      <p>
      <input type="radio" id="auswahl" name="auswahl"
         value="Option1" checked="checked" />Option 1
      <input type="radio" id="auswahl" name="auswahl"
         value="Option2" />Option 2
      <input type="radio" id="auswahl" name="auswahl"
         value="Option3" />Option 3
      <br />
      <input type="button" value="Wert anzeigen"
         onclick="test()" />
```

```
        </p>
      </form>
  </body>
</html>
```

Damit man die Abfrage nicht immer wieder programmieren muss,
kann man eine allgemeine Funktion definieren:

```
function test(radioGruppe) {
    var gewaehlt = null;
    for (i = 0; i < radioGruppe.length; i++) {
        if (radioGruppe[i].checked)
            gewaehlt = radioGruppe[i];
    }
    return gewaehlt;
}
```

radio2.html

(Auszug)

Als Argument wird eine Referenz auf eine Radiobutton-Gruppe erwartet, also in unserem Fall

```
document.meinFormular.auswahl
```

Die Funktion liefert dann das ausgewählte `Radio`-Objekt zurück. Ein
Aufruf der Funktion könnte so aussehen:

```
var r = test(document.meinFormular.auswahl);
if (r != null) {
    alert(r.value);
}
```

Mit JavaScript kann man den aktivierten Radiobutton setzen, indem
man einfach das Attribut `checked` auf `true` setzt. Alle anderen Radiobuttons in der gleichen Gruppe werden dann auf `false` setzt. Der folgende Code aktiviert den zweiten Radiobutton aus obigem HTML-
Code:

```
document.meinFormular.auswahl[1].checked = true;
```

radio3.html

(Auszug)

Genauso wie beim `Checkbox`-Objekt kann der `onchange`-Event-Handler
verwendet werden.

13.5 Auswahllisten

Auswahllisten ermöglichen die Selektion einer oder mehrerer Optionen aus einer Liste, jedoch schreckt die etwas schwierige Programmierung häufig ab. Alles halb so wild, wenn man das Grundprinzip ver-
standen hat. Auswahllisten mit nur einer Auswahlmöglichkeit sind
noch recht einfach zu handhaben, etwas komplizierter wird es bei
mehrfacher Auswahlmöglichkeit.

Auswahllisten werden durch das Select-Objekt repräsentiert. Um ein Select-Objekt zu erzeugen, benötigt man die beiden Tags <select> und <option>. Das <option>-Tag erzeugt einen Listeneintrag. Die einzelnen Einträge erscheinen in der gleichen Reihenfolge wie im HTML-Code.

13.5.1   Select-Objekt – Einfachauswahl

Zunächst der einfache Fall, bei dem nur ein Eintrag in der Liste markiert werden kann.

Der folgende Code generiert eine Auswahlliste mit drei Elementen:

```
<form>
  <p>
  <select id="liste" name="liste">
     <option selected="selected">Option 1</option>
     <option>Option 2</option>
     <option>Option 3</option>
  </select>
  </p>
</form>
```

Die meisten Systeme generieren durch diesen HTML-Code eine aufklappbare Liste, bei der im Ausgangszustand nur das selektierte Element angezeigt wird. Rechts daneben wird eine Schaltfläche mit einem Pfeil nach unten angezeigt, über die die komplette Liste angezeigt werden kann. Mit der Eigenschaft selected im <option>-Tag kann man festlegen, welche Option zu Beginn selektiert ist.

Sollen mehrere Einträge gleichzeitig angezeigt werden, kann man dies über das Attribut size angeben:

```
<select id="liste" name="liste" size="5">
...
</select>
```

Bei Select-Objekten mit Einfachauswahl kann man durch selectedIndex erfahren, welches Element ausgewählt ist. Durch das folgende Programm erhält man den Index und Wert des ausgewählten Elements in einem Hinweisfenster:

select1.html   Mit dem Event-Handler onchange können Sie auch im Select-

onchange   Objekt auf Änderungen durch den Anwender reagieren.

```
<html>
```

```
<head>
<title>Select</title>
<meta http-equiv="Content-Script-Type"
  content="text/javascript" />

<script type="text/javascript">

function ausgabe(auswahl) {
  var text = "Index: ";
  text += auswahl.selectedIndex;

  // Zeilenumbruch
  text += "\n";
  text += "Text: ";
  text += auswahl[auswahl.selectedIndex].text;

  alert(text);
}

</script>
</head>
<body>
  <form>
    <p>
    <select id="liste" name="liste">
      <option>Option 1</option>
      <option>Option 2</option>
      <option>Option 3</option>
      <option>Option 4</option>
      <option>Option 5</option>
    </select>
    <input type="button" value="Wert anzeigen"
      onclick="ausgabe(this.form.liste)" />
    </p>
  </form>
</body>
</html>
```

13.5.2 Select-Objekt – Mehrfachauswahl

Wenn mehrere Optionen selektierbar sind, werden normalerweise mehrere Elemente gleichzeitig auf dem Bildschirm dargestellt.

Abb. 13–12

*Select-Objekt –
Mehrfachauswahl*

Um eine Mehrfachauswahl zu ermöglichen, verwendet man die Eigenschaft multiple. Dies demonstriert der folgende Code:

```
<form>
  <p>
  <select id="Liste" name="liste" size="4"
    multiple="multiple">
  <option>Option 1</option>
  <option>Option 2</option>
  <option>Option 3</option>
  <option>Option 4</option>
  <option>Option 5</option>
  </select>
  </p>
</form>
```

Wie wir bereits gesehen haben, gibt die Eigenschaft size an, wie viele Listeneinträge auf dem Bildschirm gleichzeitig angezeigt werden sollen. Die restlichen Elemente kann man durch einen Scrollbalken an der Seite erreichen.

Wie man mehrere Elemente auswählen kann, hängt vom Betriebssystem ab. Benachbarte Elemente kann man z.B. unter Windows einfach durch Ziehen der Maus mit gedrückter Maustaste markieren. Möchte man mehrere Elemente markieren, die nicht nebeneinander liegen, klickt man auf die einzelnen Elemente bei gedrückter *Steuerungs*-Taste (das ist die *Control*-Taste, die von vielen fälschlicherweise als *String*-Taste bezeichnet wird, da sie auf der deutschen Tastatur mit *Strg* beschriftet ist). In manchen Unix-/Linux-Systemen hingegen kann man ohne zusätzliche *Steuerungs*-Taste mehrere Elemente markieren. Bitte beachten Sie bei der Gestaltung Ihres Formulars, dass viele Anwender nicht wissen, dass man mehrere Elemente auswählen kann und wie dies funktioniert.

Bei einer Mehrfachauswahl zeigt selectedIndex auf das erste ausgewählte Element. Möchte man alle ausgewählten Elemente in Erfahrung bringen, müssen alle Elemente in einer Schleife überprüft werden. Dies zeigt folgender Quellcode:

select2.html

```
<html>
<head>
<title>Select</title>
<meta http-equiv="Content-Script-Type"
  content="text/javascript" />

<script type="text/javascript">

function ausgabe(auswahl) {
  var text = "";
  for (var i = 0; i < auswahl.length; i++) {
    if (auswahl[i].selected) {
      text += "Index: ";
      text += i;
```

```
        // Zeilenumbruch
        text += "\n";
        text += "Text: ";
        text += auswahl[i].text;

        // Zeilenumbruch
        text += "\n";
      }
   }

   alert(text);
}

</script>
</head>
<body>
   <form>
      <p>
      <select id="liste" name="liste" size="4"
         multiple="multiple">
         <option>element 0</option>
         <option>element 1</option>
         <option>element 2</option>
         <option>element 3</option>
         <option>element 4</option>
      </select>
      <input type="button" value="Auslesen"
         onclick="ausgabe(this.form.liste)" />
      </p>
   </form>
</body>
</html>
```

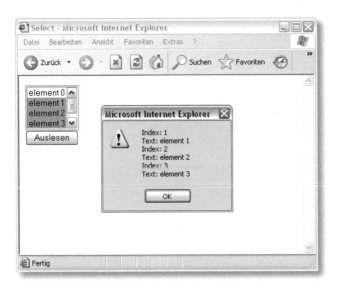

Abb. 13–13
Das Select-Objekt mit
einer Mehrfachauswahl

13.5.3   Verändern des Select-Objekts

Sie können auch den Text der einzelnen Einträge ändern. Außerdem können Sie mit new Option() neue Einträge zu der Liste hinzufügen. Einträge können gelöscht werden, indem man das jeweilige Element auf null setzt. Bitte beachten Sie dabei, dass sich die Adressierung der nachfolgenden Elemente verschiebt.

Das folgende Beispiel ändert den Text des ersten Elements, erzeugt ein neues Element am Ende der Liste und entfernt das jeweils dritte Element:

select3.html

```html
<html>
<head>
<title>Select</title>
<meta http-equiv="Content-Script-Type"
   content="text/javascript" />

<script type="text/javascript">

function setzeText(liste) {
   liste[0].text = "Neuer Text";
}

function neuesElement(liste) {
   var n = liste.length;
   liste[n] = new Option("Neu");
}

function entferneElement(liste) {
   liste[2] = null;
}

</script>
</head>
<body>
   <form>
      <p>
      <select id="liste" name="liste" size="3"
         multiple="multiple">
         <option>element 0</option>
         <option>element 1</option>
         <option>element 2</option>
         <option>element 3</option>
         <option>element 4</option>
      </select>
      <br />
      <input type="button" value="Neuer Text"
         onclick="setzeText(this.form.liste)" />
      <input type="button" value="Neues Element"
         onclick="neuesElement(this.form.liste)" />
      <input type="button" value="Entferne Element"
         onclick="entferneElement(this.form.liste)" />
```

```
    </p>
  </form>
</body>
</html>
```

Einige ältere Browser können Auswahllisten nachträglich nicht mehr verändern. Deshalb funktioniert dieses Beispiel dort nicht.

13.5.4 Gruppierung der Einträge in einem Select-Objekt

Einträge eines Select-Objekts können gruppiert werden. Es ist dem Browser überlassen, wie dies dargestellt wird. Einige Browser zeigen aufklappbare Unterlisten, andere rücken die gruppierten Einträge nur etwas ein, wie in der Abbildung dargestellt.

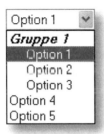

Abb. 13–14

Gruppieren von Einträgen

Um einzelne <option>-Tags zu gruppieren, wird das <optgroup>-Tag verwendet. Mit label wird der Text angegeben, der als Bezeichnung dieser Gruppe gezeigt werden soll. Die obige Abbildung wurde mit folgendem Code erzeugt:

Das <optgroup>-Tag

```
<select>
  <optgroup label="Gruppe 1">
    <option>Option 1</option>
    <option>Option 2</option>
    <option>Option 3</option>
  </optgroup>
  <option>Option 4</option>
  <option>Option 5</option>
</select>
```

Auf den Zugriff mit JavaScript hat die Gruppierung keinen Einfluss.

13.6 Dateiauswahl

13.6.1 FileUpload-Objekt

Das FileUpload-Objekt wird auf dem Bildschirm als Kombination aus einem Eingabefeld und einer Schaltfläche dargestellt und kann zur Versendung von Dateien über das Internet verwendet werden. Die Schaltfläche öffnet einen File-Browser, in dem der Anwender eine Datei von der eigenen Festplatte auswählen kann. In dem Eingabefeld wird danach der ausgewählte Pfad angezeigt. Der HTML-Code sieht so aus:

```
<form>
  <p>
  <input type="file" id="datei" name="datei" />
  </p>
</form>
```

Abb. 13–15

Das FileUpload-Objekt

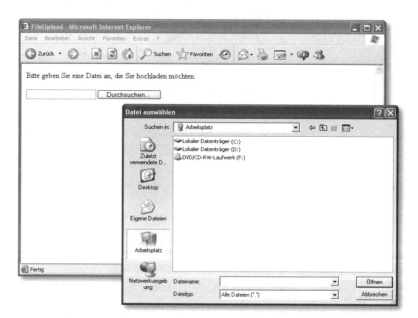

Mit JavaScript haben Sie aus Sicherheitsgründen kaum Kontrolle über das FileUpload-Objekt. Das soll verhindern, dass ein Skript einfach selbständig eine Datei auswählen und über das Internet verschicken kann. Im Weiteren werden wir uns deshalb nicht mehr mit dem File-Upload-Objekt beschäftigen.

13.7 Gestalten von Formularen

Jetzt kennen Sie die grundlegenden Formularelemente und wissen, wie man diese über JavaScript anspricht. Damit können Sie eigene Formulare für Ihre Webseite erstellen. Dieses Unterkapitel gibt einige nützliche Hinweise zur Gestaltung von Formularen, um dem Anwender die Eingabe zu erleichtern.

13.7.1 Beschriften von Formularelementen

Bisher haben wir Formularelemente beschriftet, indem wir einfach einen Text vorangestellt haben. Es gibt jedoch ein spezielles `<label>`-Tag, das für die Beschriftung verwendet werden kann. Der Unterschied fällt vielleicht nicht sofort auf, gestaltet die Eingabe für den Anwender aber eventuell etwas einfacher.

Das `<label>`-Tag

Dies lässt sich leicht am `Checkbox`-Objekt verdeutlichen. Ohne `<label>`-Tag muss der Anwender genau auf das `Checkbox`-Objekt klicken, um dessen Zustand zu ändern. Wird das `<label>`-Tag verwendet, reicht auch ein Klick auf die Beschriftung. Bei den meisten Formularen außerhalb des Webs funktioniert das genauso, so dass viele Anwender automatisch auf den Text klicken.

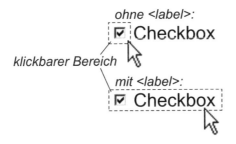

Abb. 13–16
Das `<label>`-Tag

Das ist aber nicht der einzige Grund für die Verwendung von `<label>`. Wenn Sie den Text ohne `<label>` einfach neben ein Formularelement schreiben, weiß der Browser nicht, ob diese beiden Dinge zusammengehören. Wird die Seite beispielsweise mit einem Lesegerät für Blinde ausgegeben, kann der Computer nicht wissen, dass es sich bei diesem Text um eine Bezeichnung des Formularelements handelt. Mit `<label>` stellen Sie diese Verknüpfung her.

Das folgende Beispiel zeigt, wie ein `Checkbox`-Objekt mit einem `<label>`-Tag versehen wird. Mit der Eigenschaft `for` legt man fest, zu welchem Formularobjekt das `<label>`-Tag gehört. Hier wird der Name, der mit `id` vergeben wird, angegeben.

```
<input type="checkbox" id="check1" name="check1" />
<label for="check1">Checkbox</label>
```

label.html

(Auszug)

13.7.2   Gruppierung von Formularelementen

Formularelemente lassen sich zu einer Gruppe zusammenfassen. Dies dient der optischen Abgrenzung für den Anwender. Für die Bearbeitung des Formulars durch JavaScript hat dies keine Bedeutung.

Das <fieldset>-Tag
Für die Gruppierung von Formularelementen wird das Tag <fieldset> verwendet. Die meisten Browser ziehen einen Rahmen um die Formularelemente, die zu einer Gruppe gehören. Um außerdem den umrandeten Bereich noch zu kennzeichnen, kann man mit dem *Das <legend>-Tag* <legend>-Tag eine Beschriftung hinzufügen.

Die Abbildung zeigt ein Formular mit zwei unterschiedlichen Bereichen. Die Gestaltung der Bereiche lässt sich mit CSS beeinflussen.

Abb. 13–17
Die Tags <fieldset>
und <legend>

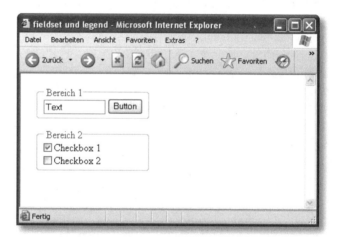

Die folgenden Zeilen zeigen, wie die beiden Tags <fieldset> und <legend> verwendet werden können:

fieldset.html
(Auszug)

```
<fieldset id="set1">
   <legend>Bereich 1</legend>
   <input type="text" value="Text" size="12" />
   <input type="button" value="Button" />
</fieldset>

<fieldset id="set2">
   <legend>Bereich 2</legend>
   <input type="checkbox" checked="checked" />Checkbox 1
   <br />
   <input type="checkbox" />Checkbox 2
</fieldset>
```

Bitte beachten Sie, dass ältere Browser diese beiden Tags nicht kennen. Netscape 4 kann damit z.B. nicht umgehen. Wie in HTML üblich, werden in diesem Fall die unbekannten Tags einfach übergangen.

13.7.3   Aktivierungsreihenfolge

Klickt der Anwender auf ein Formularelement, bekommt dieses den *Fokus*, d.h., nachfolgende Aktionen beziehen sich auf dieses Formular-element – so lange, bis ein anderes Objekt den Fokus erhält. So werden Tastatureingaben an das Formularobjekt weitergeleitet, das momentan den Fokus hat. Welches Element den Fokus hat, sehen Sie oft am blinkenden Cursor (z.B. bei Textfeldern), an einem kleinen Rahmen (z.B. bei Button-Objekten) oder an einer farblichen Hinterlegung (z.B. bei Select-Objekten).

Um von einem Formularelement zu einem anderen zu kommen, verwenden viele die Maus. Jedoch kann man auch mit der *Tabulator*-Taste (links neben der *Q*-Taste) zwischen den Formularobjekten hin- und herspringen. Mit der *Tabulator*-Taste springt man zum nächsten Formularelement, hält man gleichzeitig die *Umschalten*-Taste gedrückt, springt man in umgekehrter Reihenfolge. Das funktioniert nicht nur im Web, sondern normalerweise in allen Formularen.

Das Betätigen der Maus, während man auf der Tastatur tippt, ist recht zeitaufwendig. Mit der Tastatur ist man wesentlich schneller. Leute, die viel am Computer arbeiten, versuchen aus diesem Grund, die Maus möglichst wenig zu verwenden. Deshalb sollten Sie darauf achten, dass die Formularelemente in einer sinnvollen Reihenfolge angesprungen werden können. Wenn Sie nichts in Ihrem HTML-Code angeben, werden die Formularelemente in der gleichen Reihenfolge angesprungen, wie sie im HTML-Code erscheinen.

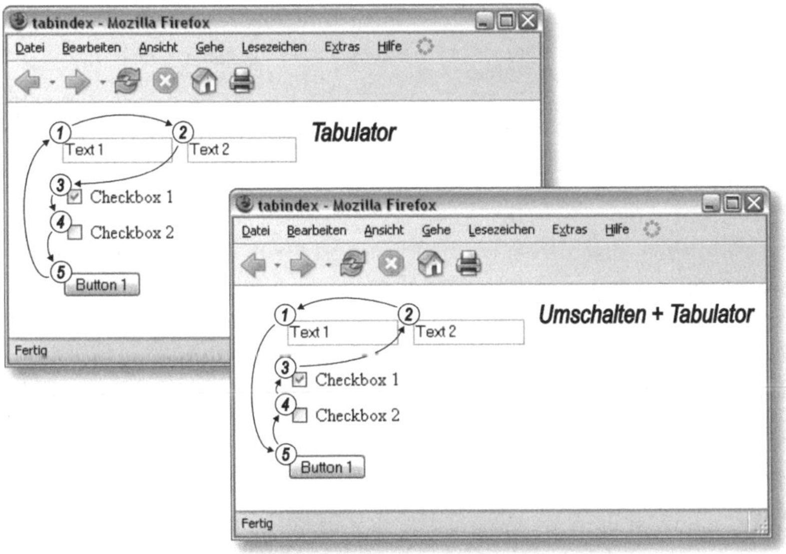

Fokus

Tabulator-Taste

Abb. 13–18
Aktivierungsreihenfolge
von Formularelementen

tabindex   Die Aktivierungsreihenfolge kann in HTML mit dem Attribut tabindex festgelegt werden, das für diesen Zweck bei jedem Formularelement angegeben wird:

```
<input type="button" value="Button 1" tabindex="5" />
```

Es können Werte zwischen 0 und 32767 vergeben werden, die außer der Festlegung der Reihenfolge keine weitere Bedeutung haben. Es muss deshalb auch keine fortlaufende Nummernfolge sein. Ich empfehle, zunächst Werte für tabindex in Zehnerschritten zu vergeben. Wenn man später irgendwo in der Mitte noch ein neues Formularelement hinzufügen will, muss man so nicht die Werte aller nachfolgenden Formularelemente verändern.

13.7.4   Aktivierung des ersten Eingabefelds

Um dem Anwender die Eingabe so einfach wie möglich zu gestalten, kann man beim Laden eines Formulars den Cursor bereits an der richtigen Stelle positionieren. Suchmaschinen wie Google setzen beispielsweise den Cursor beim Laden bereits in das Suchfeld. So kann der Anwender sofort lostippen, ohne vorher auf das Eingabefeld klicken zu müssen, um den Cursor zu positionieren. Dies wird am einfachsten *focus()*   mit dem onload-Event-Handler in Kombination mit der focus()-Methode realisiert:

```
<body onload="document.form1.eingabe.focus()">
   ...
   <form id="form1" name="form1">
      <p>
      <input type="text" id="eingabe" name="eingabe" />
      </p>
   </form>
   ...
</body>
```

select()   Um zu verhindern, dass der Anwender dennoch zur Maus greifen oder die *Entfernen*-Taste drücken muss, wenn bereits etwas in dem Eingabefeld steht, kann die select()-Methode verwendet werden. So wird der Cursor positioniert und die bisherige Eingabe markiert. Möchte der Anwender etwas Neues eingeben, kann sofort losgetippt werden, da der alte (markierte) Text in diesem Fall gelöscht wird. Dies sieht in unserem Beispiel oben so aus:

```
document.form1.eingabe.select()
```

Wenn Sie in älteren Browsern den Anwender zum Wahnsinn treiben wollen, verwenden Sie die Kombination aus onfocus und alert() in

einem Textfeld, also z.B. `onfocus="alert('Hallo')"`. Begeht er den Fehler, einmal auf das Formularelement zu klicken, ist er gefangen. Hat
das Formularelement den Fokus, wird ein *alert*-Fenster erzeugt.
Solange das *alert*-Fenster angezeigt wird, hat es jedoch selbst den
Fokus. Wird das Fenster geschlossen, bekommt das Formularelement
wieder den Fokus und ein neues *alert*-Fenster wird generiert. Flinke
Finger können diesem Fluch entkommen, die anderen sind hoffnungs-
los gefangen. In den gängigen Browsern wurde das Problem gelöst, so
dass nach dem Schließen des *alert*-Fensters kein neues `focus`-Ereignis
erzeugt wird.

13.7.5   Deaktivieren von Formularelementen

Formularelemente kennen die Eigenschaft `disabled`, mit der einzelne   *disabled*
Objekte deaktiviert werden können. Damit kann der Anwender diese
nicht mehr verändern. Die meisten Browser stellen ein deaktiviertes
Formularelement grau dar. Diese Möglichkeit kann nützlich sein,
wenn etwa ein Anwender einen Fragebogen ausfüllt und aufgrund der
bereits getätigten Antworten irrelevante Fragen ausgeblendet werden.
Im folgenden Beispiel ist das Eingabefeld nur aktiviert, wenn die
Option *Ja* selektiert ist:

Treiben Sie Sport?   Treiben Sie Sport?   *Abb. 13–19*
  ⦿ Ja ○ Nein   ○ Ja ⦿ Nein   *Deaktivieren eines*
                                                               Formularelements
Welche Sportart?   Welche Sportart?

┌─────────────┐   ┌─────────────┐
│ Schwimmen   │   │   │
└─────────────┘   └─────────────┘

```
<html>                                                         disabled.html
<head>
<title>Formularelemente deaktivieren</title>
<meta http-equiv="Content-Script-Type"
      content="text/javascript" />

<script type="text/javascript">

function eingabefeld() {
   var r = document.form1.sport;
   var t = document.form1.sportart;
   t.disabled = !r[0].checked;
}

</script>
```

```
        </head>
        <body>

          <form id="form1" name="form1">
            <p>
            Treiben Sie Sport?<br />
            <input type="radio" id="sport" name="sport" value="Ja"
                checked="checked" onchange="eingabefeld()" />Ja
            <input type="radio" id="sport" name="sport" value="Nein"
                onchange="eingabefeld()" />Nein
            <br /><br />

            Welche Sportart?<br />
            <input type="text" id="sportart" name="sportart"
                value="" />
            </p>
          </form>

        </body>
        </html>
```

readonly   Zusätzlich zu disabled gibt es die Eigenschaft readonly. Im Unterschied zu disabled werden die Formularobjekte bei readonly normal dargestellt, können jedoch nicht verändert werden. Formularobjekte, bei denen readonly gesetzt ist, können außerdem den Fokus erhalten. Das heißt auch, dass der Anwender den Inhalt eines Formularobjekts, bei dem readonly gesetzt ist, markieren und kopieren kann. Das funktioniert bei disabled nicht. Ein weiterer Unterschied ergibt sich beim Versenden des Formulars. Bei readonly wird das Formularobjekt beim Versenden berücksichtigt, bei disabled nicht.

Bitte beachten Sie auch hier, dass ältere Browser weder disabled noch readonly kennen. Netscape 4 kann damit beispielsweise nicht umgehen.

13.7.6 Betätigen der Eingabetaste in einem Formular

Wenn der Anwender die Eingabetaste in einem Formular betätigt, werten das die meisten Browser wie einen Klick auf die *Submit*-Schaltfläche und versuchen, damit das Formular zu verschicken. Möchte man das verhindern, kann man in JavaScript mit dem onsubmit-Event-Handler arbeiten.

13.8 Verarbeiten der Daten

Wir wissen nun, wie wir Formulare gestalten können, damit der Anwender Daten eingeben kann. Wie lassen sich diese Daten weiterverarbeiten? In diesem Zusammenhang wollen wir uns zunächst anschauen, wie die Daten auf dem Client bearbeitet und weiterverwendet werden können. Im Anschluss werden wir uns mit der Kommunikation mit dem Server beschäftigen.

13.8.1   Formularelemente voneinander abhängig machen

Formularelemente lassen sich auf Basis der bisherigen Eingaben dynamisch anpassen. Wir haben das bereits im Zusammenhang mit der Eigenschaft disabled gesehen. Im Internet werden häufig Auswahllisten auf Basis der bisherigen Eingaben dynamisch gefüllt. Beispielsweise können auf einer Seite zum Buchen eines Fluges nach der Auswahl des Abflugortes die möglichen Zielflughäfen angezeigt werden.

Prinzipiell gibt es drei Möglichkeiten, dies zu realisieren. Zum einen können die Informationen, welche Flugverbindungen angeboten werden, in der HTML-Seite fest verdrahtet werden. Die Auswahlliste der Zielflughäfen kann dann auf Basis des selektierten Abflugortes mit Hilfe von JavaScript angepasst werden. Diese Lösung funktioniert ohne Rückgriff auf den Server, ist jedoch nur zu empfehlen, wenn es nur wenige Auswahlmöglichkeiten gibt und sich die Flugverbindungen nicht allzu häufig verändern.

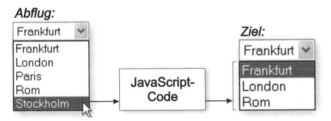

Abb. 13–20

Verknüpfung zweier Select-Objekte

Das folgende Skript zeigt, wie dieses Beispiel mit fünf Flughäfen umgesetzt werden kann. Die möglichen Flugverbindungen werden in dem Array ziele festgehalten. Wie Sie sehen, werden den einzelnen Array-Elementen wiederum Arrays zugeordnet. Es handelt sich hier also um ein zweidimensionales Array.

```
<html>
<head>
<title>Select-Objekte</title>
<meta http-equiv="Content-Script-Type"
      content="text/javascript" />

<script type="text/javascript">

var ziele = new Array();
ziele["Frankfurt"]= ["London", "Paris", "Rom", "Stockholm"];
ziele["London"]= ["Frankfurt", "Paris", "Stockholm"];
ziele["Paris"]= ["Frankfurt", "London"];
```

select4.html

(Auszug)

```
ziele["Rom"]= ["Frankfurt", "Stockholm"];
ziele["Stockholm"]= ["Frankfurt", "London", "Rom"];

function zieleAnzeigen() {
   var abflug = document.getElementById("abflug").value;
   var ausgabe = document.getElementById("ausgabe");

   // bisherige Eintraege loeschen
   for (i = ausgabe.length; i > 0; i--) {
      ausgabe[i] = null;
   }

   // neue Eintraege
   if (abflug != "ausgangswert") {
      for (i = 0; i < ziele[abflug].length; i++) {
         ausgabe[i+1] = new Option(ziele[abflug][i]);
      }
   }
}

</script>

</head>
<body>

   <form>
   <p>
   Abflug:
   <select id="abflug" onchange="zieleAnzeigen()">
      <option value="ausgangswert">Bitte w&auml;hlen</option>
      <option value="Frankfurt">Frankfurt</option>
      <option value="London">London</option>
      <option value="Paris">Paris</option>
      <option value="Rom">Rom</option>
      <option value="Stockholm">Stockholm</option>
   </select>
   <br /><br />
   Ziel:
   <select id="ausgabe">
      <option value="ausgangswert">Bitte w&auml;hlen</option>
   </select>
   </p>
   </form>

</body>
</html>
```

Die Funktion zieleAnzeigen() prüft, welcher Abflugort selektiert wurde, und füllt auf Basis dieser Information und des Arrays ziele die Auswahlliste der Zielflughäfen.

Verarbeitung durch den Server   Als zweite Möglichkeit kann der selektierte Abflugort an den Server übermittelt werden, wie wir später sehen werden (siehe *Formularinhalte an den Server schicken*, S. 233). Auf dem Server ermittelt ein

Skript die möglichen Zielflughäfen und generiert eine neue HTML-Seite, die eine Auswahlliste mit diesen Zielflughäfen enthält. Der Anwender erhält nach dieser Vorgehensweise also eine komplett neue HTML-Seite. Diese Vorgehensweise ist besser als die erste Möglichkeit, wenn sich die Flugverbindungen häufig ändern. Die möglichen Flugverbindungen müssen nur in einer Datenbank auf dem Server gepflegt werden, und das Server-Skript generiert daraus die entsprechenden HTML-Seiten. Ein Nachteil ist, dass es bei der Übertragung der Daten über das Internet zu Verzögerungen kommen kann und die möglichen Zielflughäfen so eventuell nicht unmittelbar zur Verfügung stehen.

Alternativ zu dieser Vorgehensweise kann ein Skript nur die benötigten Informationen der möglichen Zielflughäfen vom Server anfordern und auf dieser Basis dann die Auswahlliste der Zielflughäfen aktualisieren. Diese dritte Möglichkeit wird mit Ajax realisiert, wozu wir später ein Beispiel sehen werden (siehe *Formulare mit Ajax*, S. 347). Hier werden nur die benötigten Daten angefordert und kein ganzes HTML-Dokument. Auch bei dieser Lösung werden die Informationen über die Flugverbindungen sinnvollerweise in einer Datenbank gepflegt.

Ajax

13.8.2 Formularinhalte an den Server schicken

Formulare können vom Anwender über die *Submit*-Schaltfläche an den Server geschickt werden. Dazu muss man im <form>-Tag die Eigenschaften action und method festlegen, z.B.:

```
<form action="test.php" method="post">
```

Die action-Eigenschaft gibt die Adresse des Server-Skripts an, das die Formulareingaben entgegennehmen und verarbeiten soll. Die method-Eigenschaft kann entweder get oder post sein. Mit get werden die Formularinhalte an die Adresse in Form des Suchstrings angehängt (siehe *Suchstrings*, S. 311). Bei post sind die Formularinhalte Teil der HTTP-Anfrage. get wird meistens nur für einfachere Serveranfragen, wie z.B. einer Suchanfrage, verwendet. Sollen umfangreichere Daten an den Server geschickt und dort verarbeitet und gespeichert werden, ist eher post zu verwenden.

get und post

Bitte beachten Sie, dass bei der Versendung der einzelnen Formularelemente die name-Eigenschaft ausschlaggebend ist und nicht die id-Eigenschaft.

name und id

Mit JavaScript haben Sie die Möglichkeit, Formularinhalte zu verschicken, ohne dass der Anwender auf *Submit* klickt. Dafür kennt das Form-Objekt die submit()-Methode. Hierbei ist jedoch zu beachten,

submit()

dass der Anwender beim Aufruf von submit() gewöhnlich gefragt wird, ob Daten zum Server geschickt werden dürfen.

13.8.3   Überprüfen von Formulareingaben

Formulareingaben können sowohl auf dem Client als auch auf dem Server überprüft werden. Beispielsweise kann man prüfen, ob ein Name eingegeben wurde oder ob die eingegebene E-Mail-Adresse plausibel ist.

Der Vorteil einer Überprüfung auf dem Client ist, dass der Anwender sofort Feedback bekommt. Bei der Überprüfung auf dem Server ist mit einer Verzögerung zu rechnen, die die Bedienung der Webapplikation eventuell etwas schwerfälliger macht. Außerdem ist bei einer clientseitigen Lösung die Server-Last geringer.

Man muss jedoch beachten, dass eine clientseitige Überprüfung umgangen werden kann, z.B. indem JavaScript ausgeschaltet wird oder die HTTP-Anfrage manuell verändert wird, bevor sie an den Server geschickt wird. Man kann also selbst bei einer umfangreichen Überprüfung auf dem Client nicht absolut sicher sein, dass letztlich nur zulässige Eingaben an den Server geschickt werden und ist deshalb bei wichtigen Daten eventuell gezwungen, die Daten auf dem Server nochmals zu überprüfen.

Zur Überprüfung der eingegebenen Daten mit JavaScript benötigen wir zunächst eine Funktion, in der festgelegt wird, welche Eingaben erwartet werden. Dies kann eine einfache if-Abfrage sein (z.B. ob ein bestimmtes Feld ausgefüllt ist) oder eine etwas komplexere Abfrage über reguläre Ausdrücke (siehe *Reguläre Ausdrücke*, S. 241). Wurde ein Fehler entdeckt, muss das Skript die Formulareingabe zurückweisen bzw. den Anwender auffordern, Ergänzungen vorzunehmen. Dieser zweite Schritt wird mit dem Event-Handler onsubmit umgesetzt, wie dies bereits im Kapitel über Ereignisse angedeutet wurde (siehe *Standardaktionen unterbinden*, S. 188).

Mit folgendem Code wird vor dem Versenden des Formulars die Funktion pruefen() aufgerufen:

```
<form ... onsubmit="return pruefen();">
   ...
</form>
```

Liefert pruefen() den Wert false zurück, wird das Formular nicht an den Server geschickt.

13.8.4   Daten für die spätere Verwendung speichern

Bei einer Webseite, die aus mehreren HTML-Dateien besteht, möchte man zu Beginn vielleicht den Namen des Anwenders über ein Formular abfragen und später, nachdem sich der Anwender durch die verschiedenen Seiten geklickt hat, wieder auf die getätigte Eingabe zurückgreifen. Das Problem hierbei ist, dass die Formulareingaben verloren gehen, sobald der Anwender auf eine andere HTML-Seite wechselt.

Benötigt wird also ein Mechanismus, mit dem Daten für eine spätere Verwendung gespeichert werden können. Hier gibt es verschiedene Ansätze. Möchte man nur wenige Daten von einer Seite zur nächsten weiterreichen, kann der Suchstring eingesetzt werden. Sollen die Daten langfristig zur Verfügung stehen, können Cookies verwendet werden. Suchstrings und Cookies sind Thema eines späteren Kapitels (siehe *Suchstrings und Cookies*, S. 311).

Mit Cookies findet die Speicherung der Daten auf dem Client statt. Daten können jedoch auch auf der Serverseite gespeichert werden. Dazu werden die Daten an den Server geschickt und dann über ein Server-Skript in einer Datenbank abgelegt. Soll der Anwender später wieder auf diese Daten zugreifen können, muss die richtige Zuordnung der Daten möglich sein. Bei Cookies ist dies kein Problem, da diese ja auf dem Client gespeichert werden und somit die eindeutige Zuordnung immer gegeben ist. Da auf den Server aber sehr viele Anwender zugreifen und dort entsprechend viele Datensätze gespeichert werden können, muss man sich um die eindeutige Zuordnung kümmern. Die Zuordnung der Daten auf dem Server kann man durch die Vergabe eines Schlüssels etwa in Form einer Session ID erreichen (siehe *Session IDs*, S. 329).

Session ID

13.8.5   Sicherheitsaspekte beim Versenden von Formularen

Daten über das Internet zu verschicken ist immer mit dem Risiko verbunden, dass die Daten in falsche Hände geraten oder nachträglich verändert werden. Bei der bisher gezeigten Vorgehensweise werden die Daten unverschlüsselt über das Internet übertragen. Das ist in vielen Fällen durchaus akzeptabel, wie z.B. bei der Abfrage einer Suchmaschine.

Bei sicherheitsrelevanten Webapplikationen, wie z.B. Online-Banking, sollte eine Verschlüsselung der Daten vorgenommen werden, so dass ein unbefugter Zugriff unterbunden wird. Es gibt die Möglichkeit, eine sichere Internetverbindung über das so genannte HTTP over SSL (HTTPS) herzustellen. Damit kann sämtliche Kommunikation

Verschlüsselung

HTTPS

zwischen dem Client und Server verschlüsselt werden. Da dies nur wenig mit JavaScript zu tun hat, wollen wir an dieser Stelle nicht näher darauf eingehen.

Stattdessen wollen wir uns eine Möglichkeit anschauen, wie Daten mit Hilfe von JavaScript verschlüsselt werden können. Es sei jedoch gesagt, dass diese Vorgehensweise nicht als Ersatz von HTTPS zu sehen ist. Vielmehr ist es als Möglichkeit gedacht, bei einfachen Applikationen etwas Sicherheit zu gewähren.

Angenommen, der Anwender soll ein Passwort eingeben, um Zugriff auf eine bestimmte Seite zu bekommen. Das eingegebene Passwort wird über das Internet an den Server geschickt. Der Server hat das Passwort in einer Datenbank gespeichert und kann damit überprüfen, ob das übermittelte Passwort richtig ist. Wenn wir das Passwort ohne irgendeine Verschlüsselung versenden, kann sich jeder, der das Passwort abfängt, später im Namen des Anwenders einloggen.

Die Schwierigkeit besteht nun darin, die sensiblen Daten zwar zu übermitteln, sie aber für andere unbrauchbar zu machen. Es gibt verschiedene Algorithmen, mit denen eine Verschlüsselung vorgenommen werden kann. Diese Algorithmen zeichnen sich dadurch aus, dass man die Daten zwar recht einfach verschlüsseln kann, die Entschlüsselung aber extrem schwierig ist. Das heißt, wenn jemand ein verschlüsseltes Passwort in die Hände bekommt, ist es nahezu unmöglich, daraus wieder das unverschlüsselte Passwort zu generieren.

MD5   Ein solcher Algorithmus ist MD5, der einen String in eine willkürlich wirkende Kette aus Ziffern und Buchstaben verwandelt. Das Ergebnis ist aber alles andere als willkürlich. Die Verschlüsselung eines Strings mit MD5 führt immer zum gleichen Ergebnis. Die Verschlüsselung des Strings *JavaScript* ergibt beispielsweise:

68615Saf/Sab0a0f6e9a80c1f/eaa3e9

Weiterhin ist von Bedeutung, dass die Verschlüsselung zweier Strings zu ganz verschiedenen Ergebnissen führt, selbst wenn sich die beiden Strings nur in einem Buchstaben unterscheiden.

Statt des Passwortes im Klartext kann auf diese Weise der verschlüsselte String übertragen werden. Da die Entschlüsselung des Strings sehr aufwendig ist, ist es für den Server praktisch nicht möglich, mit dieser Information den ursprünglichen String zu generieren. Deshalb nimmt der Server das hinterlegte, unverschlüsselte Passwort aus seiner Datenbank und wendet auf diesen String den MD5-Algorithmus an. Stimmt das Ergebnis mit dem verschlüsselten String, der vom Client geschickt wurde, überein, so wurde das richtige Passwort eingegeben.

Damit haben wir verhindert, dass das Passwort im Klartext über das Internet geschickt wird. Aber es kann ja jemand das verschlüsselte Passwort abfangen und dieses später verwenden, um sich so unerlaubten Zutritt zu verschaffen. Dieses Problem wird so gelöst, dass der Server zu Beginn eine willkürliche Zeichenkette generiert und diese unverschlüsselt an den Client schickt. Der Client nimmt diesen String und hängt ihn an das unverschlüsselte Passwort an. Dieser neue String wird nun mit MD5 verschlüsselt. Der Server macht das Gleiche, da er ja auch das Passwort und den zusätzlichen String kennt.

Wenn die beiden verschlüsselten Strings, die jeweils auf dem Client und Server generiert werden, übereinstimmen, ist das Passwort richtig. Selbst wenn der so erzeugte String abgefangen wird, kann ein Dritter damit nichts anfangen, da sich der zusätzliche String vom Server jedesmal ändert (siehe Abb. 13–21).

Es gibt im Internet frei verfügbare Skripte für die Umwandlung eines Strings mit Hilfe von MD5. Beispielsweise gibt es die Funktionsbibliothek von Paul Johnston. Einen Link zu der entsprechenden Seite finden Sie weiter hinten im Buch (siehe *Anhang B Literatur und Online-Ressourcen*, S. 423). Auf dem Server gibt es für die meisten Sprachen Funktionen, die den MD5-Algorithmus implementieren. Beispielsweise bietet PHP standardmäßig eine Unterstützung von MD5.

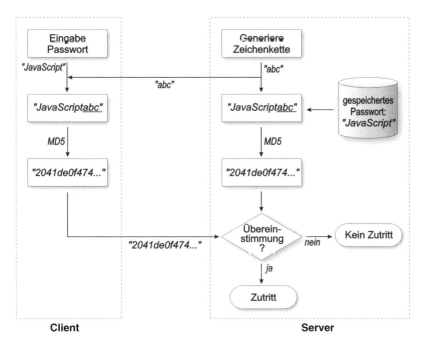

Abb. 13–21

Verschlüsselung

13.8.6 Versenden der Daten per E-Mail

Es gibt die Möglichkeit, Formularinhalte per E-Mail an einen bestimmten Empfänger zu verschicken. Leider funktioniert das Versenden von Formularinhalten per E-Mail nicht überall. Die gängigen Browser unterstützen dies weitgehend, jedoch muss der Anwender die *E-Mail-Einstellungen im Browser* E-Mail-Optionen im Browser (E-Mail-Adresse, Mailserver usw.) auch richtig eingestellt haben. Viele machen das nicht, z.B. wenn E-Mails über das Web abgerufen werden (etwa bei GMX oder web.de) und deshalb gar kein separater E-Mail-Client zum Einsatz kommt. Aus diesem Grund sollte von dieser hier gezeigten Möglichkeit nur in Ausnahmefällen Gebrauch gemacht werden.

Ein Formular wird verschickt, wenn der Benutzer auf die *Submit*-Schaltfläche klickt. Damit der Browser weiß, wie und vor allem wohin ein Formular geschickt werden soll, muss der Programmierer dies in dem `<form>`-Tag mit den Eigenschaften `method` und `action` festlegen. Möchte man das Formular per E-Mail verschicken, gibt man `method="post"` und `action="mailto:ihre@email.adresse.de"` an. In der `action`-Eigenschaft wird also mit `mailto` die E-Mail-Adresse des Empfängers angegeben.

Wenn Sie ein Formular auf diese Weise verschicken, werden Sie feststellen, dass die E-Mail, die Sie bekommen, etwas kryptisch aussieht. Das liegt daran, dass der Browser die eingegebenen Daten vor dem Versenden leicht modifiziert. Beispielsweise werden alle Leerzeichen durch ein Pluszeichen ersetzt. Dies kann man durch die Eigenschaft `enctype="text/plain"` im `<form>`-Tag verhindern. Dadurch wird die E-Mail als einfacher ASCII-Text verschickt.

In zahlreichen Lehrbüchern zur Internet-Programmierung findet man ein Beispiel für einen Online-Pizza-Service. Bei diesem großen Bedarf soll hier natürlich nicht auf den virtuellen Pizza-Service verzichtet werden (siehe Abb. 13–22).

pizza.html (Auszug)

```
<form method="post"
    action="mailto:ihre@email.adresse.de"
    enctype="text/plain">
<p>
Name:<br />
<input type="text" id="name" name="name" size="30" />
<br /><br />
<input type="checkbox" id="salami"
    name="salami" />Salami
<br />
<input type="checkbox" id="schinken"
    name="schinken" />Schinken
```

Abb. 13–22

Pizza-Service

```
<br />
<input type="checkbox" id="hawaii"
    name="hawaii" />Hawaii
<br /><br />

<input type="radio" id="zustellung" name="zustellung"
    value="lieferung" checked="checked" />Lieferung
<br />
<input type="radio" id="zustellung" name="zustellung"
    value="abholer" />Selbstabholer
<br /><br />

Bemerkungen:<br />
<textarea id="bemerkungen" name="bemerkungen"
    rows="2" cols="20"></textarea>
<br /><br />

<input type="submit" value="Abschicken" />
<input type="reset" value="L&ouml;schen" />
</p>
</form>
```

Damit ein Formular ordnungsgemäß verschickt wird, müssen Sie jedem Formularobjekt über das name-Attribut einen (eindeutigen) Namen geben. Wenn Sie keine Namen benutzten, werden Sie eine leere E-Mail bekommen.

Der Inhalt einer E-Mail, die durch das obige Skript erzeugt wird, könnte beispielsweise so aussehen:

```
name=Stefan Koch
schinken=on
zustellung=lieferung
bemerkungen=Bitte schneiden!
```

Die Bestellung lautet also: *Pizza Schinken an Stefan Koch liefern. Pizza bitte schneiden.*

Im Zusammenhang mit `mailto` können Sie einige weitere Optionen verwenden. Beispielsweise können Sie festlegen, wie die Betreffzeile aussehen soll. Die folgende Tabelle zeigt die verschiedenen Möglichkeiten.

Tab. 13–1

Möglichkeiten beim
Versenden von E-Mails
mit mailto

Option	Bedeutung
to	Gibt einen weiteren Empfänger dieser E-Mail an.
cc	Gibt einen weiteren Empfänger an, der diese E-Mail in Kopie erhalten soll.
bcc	Gibt einen weiteren Empfänger dieser E-Mail an. Dieser Empfänger erscheint nicht in der E-Mail an die anderen Empfänger.
subject	Die Betreffzeile
body	Der Inhalt der E-Mail

Beispielsweise legt man mit der folgenden Zeile fest, dass in der Betreffzeile *Pizza* erscheinen soll:

```
mailto:email@adresse.de?subject=Pizza
```

Weitere Optionen werden mit dem Zeichen & aneinander gehängt. Wenn Leerzeichen und Sonderzeichen verwendet werden sollen, muss man diese kodieren. Leerzeichen kann man mit einem Pluszeichen ersetzen. Möchte man Sonderzeichen verwenden, kann man den String zuerst mit der Funktion `encodeURIComponent()` kodieren (siehe *Verwendung von Leer- und Sonderzeichen*, S. 313).

Die genannten Optionen lassen sich übrigens auch in einem Link verwenden:

```
<a href="mailto:email@adresse.de?subject=Test">Test</a>
```

Der Anwender erhält dann ein E-Mail-Fenster, in dem die entsprechenden Felder bereits ausgefüllt sind. Auch das funktioniert jedoch nur, wenn der Anwender einen E-Mail-Client installiert und mit dem Browser verknüpft hat.

14 Reguläre Ausdrücke

Wir haben gesehen, wie Formulare eingesetzt werden können, um mit dem Benutzer zu interagieren. So wird etwa vom Anwender verlangt, dass der Name oder die E-Mail-Adresse eingegeben wird. Die Eingaben lassen sich durch JavaScript überprüfen. So könnte ein Skript eine ungültige E-Mail-Adresse zurückweisen. Wie bereits gezeigt wurde, kann man mit dem Event Handler onsubmit die Versendung eines Formulars verhindern (siehe *Überprüfen von Formulareingaben*, S. 234). Wie können wir jedoch überprüfen, ob die Benutzereingaben plausibel sind?

Solche Überprüfungen lassen sich mit regulären Ausdrücken durchführen, mit denen man in Strings nach bestimmten Mustern suchen kann. Reguläre Ausdrücke sind Teil des ECMAScript-Standards und werden in JavaScript seit der Version 1.2 unterstützt, d.h., alle gängigen Browser können damit umgehen. Da der ECMAScript-Standard reguläre Ausdrücke umfasst, gehört dieses Kapitel eigentlich in den vorderen Teil des Buches. Jedoch wollte ich dieses Thema erst nach den Formularen behandeln, da so der Verwendungszweck von regulären Ausdrücken besser deutlich wird.

Am Ende dieses Kapitels werden Alternativen gezeigt, wie man auch ohne reguläre Ausdrücke einfache Überprüfungen von Formularen durchführen kann.

Reguläre Ausdrücke sind nicht ganz einfach. Die nachfolgenden Kapitel bauen nicht auf diesem Kapitel auf, so dass Sie dieses Kapitel überspringen können, wenn Sie im Moment keine Strings oder Formulareingaben überprüfen wollen.

14.1   Verwenden von regulären Ausdrücken

Stellen Sie sich vor, Sie möchten ein Skript schreiben, das aufgrund der Eingabe eines Benutzernamens entscheidet, welche HTML-Seite angezeigt wird. Dies soll also eine Art Login-Skript darstellen. Wenn Sie eine Überprüfung des Benutzernamens nach dem Muster

```
if (eingabe == "Stefan") ...
```

durchführen, werden Sie feststellen, dass das Skript nicht sehr flexibel ist. Was passiert, wenn der Name *Stefan* mit einem kleinen *s* eingegeben wird? Schon funktioniert das Skript nicht mehr. Sie können dieses Problem natürlich mit

```
if (eingabe.toLowerCase() == "stefan") ...
```

umgehen. Aber auch hier werden Sie feststellen, dass das Skript sehr unflexibel ist. Schon ein Leerzeichen am Ende des Strings bringt das Skript durcheinander. Auch kommt das Skript nicht damit zurecht, wenn man zusätzlich einen Nachnamen eingibt.

Mit regulären Ausdrücken können Sie solche Probleme lösen. Reguläre Ausdrücke sind ein mächtiges Werkzeug. Zugegebenermaßen ist der Einstieg vielleicht nicht ganz einfach. Sie werden jedoch recht bald mit regulären Ausdrücken umgehen können, wenn Sie die hier gezeigten Beispiele durchgehen und versuchen, eigene reguläre Ausdrücke zu definieren.

Reguläre Ausdrücke gibt es auch in anderen Programmiersprachen, z.B. in Perl. Gerade wenn man Formulareingaben überprüfen will, eignen sich reguläre Ausdrücke hervorragend. Perl wird hierfür häufig auf dem Server eingesetzt.

Erzeugen von regulären Ausdrücken — Um in JavaScript mit regulären Ausdrücken zu arbeiten, haben Sie generell zwei Möglichkeiten. Sie können erstens einen regulären Ausdruck, ähnlich wie in Perl, innerhalb von zwei Schrägstrichen definieren (z.B. /abc/), oder Sie können als zweite Möglichkeit mit new eine Instanz der RegExp-Klasse erzeugen. Wir werden zunächst nur die erste Variante verwenden und später auf die RegExp-Klasse zurückkommen.

Muster in Strings wiederfinden — Mit regulären Ausdrücken können Sie nach bestimmten Mustern in Strings suchen. Damit Sie sehen, wie das funktioniert, möchte ich mit einem einfachen Beispiel anfangen, in dem die Funktion test() den Inhalt eines Textfelds überprüft:

reg01.html
```
<html>
<head>
<title>RegExp</title>
<meta http-equiv="Content-Script-Type"
   content="text/javascript" />
```

```
<script type="text/javascript">

function test(eing) {
   var reg = /@/;
   if (reg.exec(eing))
      alert("Gueltige E-Mail-Adresse");
   else alert("Ungueltige E-Mail-Adresse");
}

</script>
</head>
<body>

   Bitte geben Sie eine E-Mail-Adresse ein:<br />
   <form>
      <p>
      <input type="text" name="eingabe" size="30" />
      <input type="button" value="Test"
         onclick="test(this.form.eingabe.value)" />
      </p>
   </form>

</body>
</html>
```

Zuerst wird der reguläre Ausdruck /@/ mit

```
var reg = /@/;
```

definiert. Danach wird durch exec() festgestellt, ob dieses Muster (/@/)
im String eing vorkommt. Die beiden Schrägstriche sind dabei nur die
Begrenzungen, die den regulären Ausdruck definieren (ähnlich wie die
Anführungsstriche eines Strings), d.h., mit exec() wird in unserem Fall
nur überprüft, ob das Zeichen @ in dem String eing vorkommt. Unser
Skript erkennt anhand dieses Zeichens, ob eine gültige E-Mail-Adresse
eingegeben wurde. reg.exec(eing) liefert null zurück, wenn das Zeichen @ in dem String eing nicht vorkommt. Falls dieses Zeichen vorkommt, wird, wie wir später sehen werden, ein Objekt mit weiteren
Informationen zurückgeliefert. Wir können in unserem Beispiel eine
einfache if-Abfrage verwenden, da der Wert null als false interpretiert wird und das zurückgelieferte Objekt als true.

Sie werden schnell feststellen, dass unsere Prüfroutine nicht besonders gut ist, denn man kann sehr einfach ungültige E-Mail-Adressen
finden, die unser Skript als gültig erkennen würde, z.B. ein String, der
nur das @-Zeichen beinhaltet.

Unser Skript könnte etwas verbessert werden, wenn wir überprüfen würden, ob vor und nach dem @-Zeichen irgendwelche anderen
Zeichen erscheinen. Dazu müssen Sie den regulären Ausdruck reg=/@/
in reg1.html wie folgt ändern:

reg02.html
(Auszug)

```
var reg = /.+@.+/;
```

Das wird Ihnen vielleicht nicht sofort einleuchten, aber wenn Sie das Skript ausprobieren, werden Sie feststellen, dass weder "@abc" noch "abc@" als Eingabe angenommen werden. Die Eingabe "abc@abc" wird jedoch akzeptiert. Dieses Skript zum Überprüfen von E-Mail-Adressen ist etwas besser als die erste Version. Jedoch werden Sie auch jetzt feststellen, dass noch sehr viele ungültige Adressen akzeptiert werden.

Besondere Zeichen

Was bedeutet das kryptische /.+@.+/? JavaScript versucht, das Muster, das im regulären Ausdruck angegeben ist, im Eingabe-String wiederzufinden. Die Zeichen . und + haben innerhalb von regulären Ausdrücken eine besondere Bedeutung. Der Punkt passt auf jedes beliebige Zeichen (außer dem Zeilenumbruch \n). Das folgende Skript würde *gefunden* ausgeben, da das Muster /a.c/ auf die Zeichenkette "abc" passt. Der String "abbc" hingegen würde nicht passen, da zwischen a und c zwei Zeichen stehen.

reg03.html
(Auszug)

```
var str = "abc";
var reg = /a.c/;
if (reg.exec(str))
    alert("gefunden");
else alert("nicht gefunden");
```

Das +-Zeichen bedeutet in regulären Ausdrücken, dass das vorhergehende Zeichen mindestens einmal vorkommen muss. Würden wir im letzten Beispiel den regulären Ausdruck in /a.+c/ ändern, würde nicht nur "abc", sondern auch "abbc" passen.

In dem regulären Ausdruck /.+@.+/ geht dem +-Zeichen ein Punkt voraus. Damit wird nach einem beliebigen Zeichen gesucht, das mindestens einmal vorkommt. Das heißt, mit dem regulären Ausdruck /.+@.+/ wird überprüft, ob das Muster *ein @-Zeichen mit mindestens einem Zeichen davor und danach* in dem Eingabe-String gefunden werden kann.

14.1.1 Kurzschreibweise

Wem reguläre Ausdrücke noch nicht kryptisch genug sind, für den gibt es eine Kurzschreibweise. Statt

```
var reg = /a.c/;
var found = reg.exec("abc");
```

kann man Folgendes schreiben:

```
var found = /a.c/.exec("abc");
```

Auch Modifikatoren, die wir im nächsten Abschnitt kennen lernen werden, können angegeben werden, z.B.:

```
var found = /a.c/i.exec("abc");
```

14.1.2   Modifikatoren

Oft spielt es keine Rolle, ob der Anwender Groß- oder Kleinschrei- *Groß- und* bung für eine Eingabe verwendet. Das Problem wurde bereits am *Kleinschreibung* Anfang dieses Kapitels im Zusammenhang mit einem Skript, das unterschiedliche Webseiten für verschiedene Personen laden soll, erwähnt. Der reguläre Ausdruck

```
/Stefan/
```

passt zwar auf dem String "Stefan", aber nicht auf "stefan" oder "STE-FAN", da der Computer zwischen Groß- und Kleinschreibung unterscheidet. Der folgende reguläre Ausdruck umgeht dieses Problem:

```
/stefan/i
```

Das angehängte i bezeichnet man als Modifikator. Es bezweckt, dass *Modifikator i* in dem regulären Ausdruck zwischen Groß- und Kleinschreibung nicht unterschieden wird.

JavaScript kennt außerdem den Modifikator g. Die Angabe dieses *Modifikator g* Modifikators bedeutet, dass eine globale Suche durchgeführt werden soll. Dieser Modifikator kommt im Zusammenhang mit den Methoden match() und replace(), die wir später kennen lernen werden, zur Geltung.

Weiterhin kann der Modifikator m verwendet werden, wenn sich *Modifikator m* ein String über mehrere Zeilen erstreckt. Darauf werden wir später im Zusammenhang mit Ankern zurückkommen (siehe *Anker*, S. 249).

14.1.3   Besondere Zeichen

Ähnlich wie . und + gibt es in regulären Ausdrücken weitere Zeichen *Metazeichen* mit besonderer Bedeutung. Diese Zeichen werden auch Metazeichen genannt. Die folgenden Zeichen haben eine besondere Bedeutung in regulären Ausdrücken:

```
\ | ( ) [ { ^ $ * + ? .
```

Wenn Sie nach diesen Zeichen in einem String suchen wollen (statt sie als besondere Zeichen zu verwenden), müssen Sie einen Backslash (\) davorsetzen. Mit * suchen Sie beispielsweise nach einem *. Um einen Backslash zu finden, muss \\ benutzt werden.

Der Backslash wird auch dazu verwendet, einigen Buchstaben und Ziffern eine besondere Bedeutung zu geben. So findet man mit \n beispielsweise nicht einen Backslash, gefolgt von dem Buchstaben n, sondern die Kombination \n wird benutzt, um einen Zeilenumbruch zu finden.

Die folgende Tabelle listet besondere Zeichen auf, die für unterschiedliche Buchstaben, Ziffern und/oder Sonderzeichen stehen:

Tab. 14–1

Besondere Zeichen

Zeichen	Bedeutung
\n	Zeilenvorschub
\r	Wagenrücklauf
\t	Tabulator
\v	Vertikaltabulator
\f	Seitenvorschub
\d	Eine Ziffer (gleichbedeutend mit [0-9])
\D	Ein Zeichen, das keine Ziffer ist (gleichbedeutend mit [^0-9])
\w	Ein alphanumerisches Zeichen (gleichbedeutend mit [a-zA-Z_0-9])
\W	Ein nicht-alphanumerisches Zeichen (gleichbedeutend mit [^a-zA-Z_0-9])
\s	Ein Whitespace-Zeichen (gleichbedeutend mit [\t\v\n\r\f])
\S	Ein Zeichen, das kein Whitespace ist (gleichbedeutend mit [^ \t\v\n\r\f])
.	Jedes beliebige Zeichen (außer \n)

Whitespaces

Die Zeichen Leerzeichen, Zeilenvorschub, Wagenrücklauf, Tabulator, Vertikaltabulator, Seitenvorschub werden allgemein als Whitespaces bezeichnet.

Das folgende Beispiel gibt z.B. an, ob sich ein String über mehrere Zeilen erstreckt:

reg04.html

(Auszug)

```
var str = "Dieser String erstreckt sich\n" +
          "ueber mehrere Zeilen";

var reg = /\n/;
if (reg.exec(str)) alert("Mehrere Zeilen.")
else alert("Nur eine Zeile.");
```

14.1.4 Multiplikatoren

Mit Hilfe von Multiplikatoren (auch Vervielfacher oder Quantifikatoren genannt) können Sie festlegen, wie oft das vorhergehende Zeichen vorkommen soll. Wir haben bereits das +-Zeichen kennen gelernt, das zu dieser Gruppe gehört. Die Tabelle 14–2 zeigt, welche Multiplikatoren JavaScript kennt.

Tab. 14–2

Multiplikatoren

Zeichen	Bedeutung
$x\{m,n\}$	x soll mindestens m-mal, aber nicht mehr als n-mal vorkommen.
$x\{n,\}$	x soll mindestens n-mal vorkommen.
$x\{n\}$	x soll genau n-mal vorkommen.
$x*$	x soll 0-mal oder öfter vorkommen (gleichbedeutend mit $x\{0,\}$).
$x+$	x soll 1-mal oder öfter vorkommen (gleichbedeutend mit $x\{1,\}$).
$x?$	x soll 0- oder 1-mal vorkommen (gleichbedeutend mit $x\{0,1\}$).

Um ein Verständnis für reguläre Ausdrücke zu bekommen, würde ich Ihnen empfehlen, mit diesen Tabellen zu versuchen, eigene reguläre Ausdrücke zu erstellen. Dazu können Sie das Skript in reg03.html oder reg05.html verwenden. Ein Beispiel wäre der reguläre Ausdruck /a{1,3}bc/. Dieser Ausdruck passt auf:

abc
aabc
aaabc
a**aaabc**
aaabcbc
aaaaaxyz**aaabc**

aber nicht auf:

bc
aaaxbc
aaabxyzc

Mit dem folgenden Skript können Sie diese Liste überprüfen:

reg05.html

```
<html>
<head>
  <title>RegExp</title>
</head>
<body>

  <div id="ausgabe"></div>

  <script type="text/javascript">

  var ausg = document.getElementById("ausgabe");
  var str = ["abc", "aabc", "aaabc", "aaaabc", "aaabcbc",
          "aaaaaxyzaaabc", "bc", "aaaxbc", "aaabxyzc"];

  var reg = /a{1,3}bc/;
```

```
for (i in str) {
    var found = reg.exec(str[i]);
    if (found)
        ausg.innerHTML += str[i] + " - gefunden: " + found;
    else ausg.innerHTML += str[i] + " - nicht gefunden";
    ausg.innerHTML += "<br />";
}

</script>
</body>
</html>
```

Dieses Beispiel gibt neben jedem String des Arrays str an, ob das Muster /a{1,3}bc/ in diesem String gefunden wurde oder nicht. Wurde das Muster gefunden, wird außerdem ausgegeben, welcher Teil des Strings gepasst hat. Dafür wird die Variable found definiert, die den Rückgabewert von exec() entgegennimmt:

```
var found = reg.exec(str[i]);
```

Die Methode exec() gibt den Teil des Strings str[i] zurück, auf den der reguläre Ausdruck gepasst hat. Wie wir später sehen werden, liefert exec() eigentlich ein Objekt mit verschiedenen Informationen zurück. Da wir nur ein Ergebnis erwarten, können wir hier so tun, als ob exec() einen String zurückliefert. Konnte JavaScript das Muster nicht wiederfinden, wird der Wert null zurückgeliefert. Da der Wert null in einer if-Abfrage als false interpretiert wird, können wir an dieser Stelle eine einfache if-Abfrage verwenden.

Sie werden sich vielleicht wundern, warum der reguläre Ausdruck /a{1,3}bc/ auf aaaabc passt, denn schließlich kommt hier der Buchstabe a viermal vor. Wenn Sie sich aber anschauen, welchen Wert die Variable found in diesem Fall annimmt, sehen Sie, dass nur der Teil aaabc gefunden wird, d. h., im gefundenen String kommt nur dreimal der Buchstabe a vor. Mit dem regulären Ausdruck haben Sie also nur festgelegt, dass der Buchstabe a ein- bis dreimal vorkommen soll, gefolgt von bc. Wir haben keine Aussage darüber gemacht, was vor oder nach dem gefundenen Teilstring stehen darf.

14.1.5 Mehrere Zeichen zusammenfassen

Wenn Sie /abc+/ schreiben, bezieht sich das +-Zeichen nur auf das c und nicht auf die komplette Zeichenkette abc. Wenn Sie das +-Zeichen für die gesamte Zeichenkette abc verwenden möchten, müssen Sie

Runde Klammern Klammern benutzen, also beispielsweise:

```
/(abc)+/
```

Dieses Muster passt etwa auf:

abc
a**abc**c
abcabcabc
xyz**abcabcabc**

14.1.6   Das Oder-Zeichen

Das Oder-Zeichen | kann dazu verwendet werden, mehrere Alternativen zuzulassen. Beispielsweise passt

```
/Stefan|Stephan/
```

sowohl auf "Stefan" als auch auf "Stephan". Man kann auch Folgendes schreiben:

```
/Ste(f|ph)an/
```

Jetzt bezieht sich das Oder-Zeichen nur auf den Teil, der innerhalb der Klammern steht.

14.1.7   Anker

Das folgende Skript zeigt, wie wir eine Login-Seite erstellen können. Wird der Username "Stefan" (ohne Rücksicht auf Groß- und Kleinschreibung) eingegeben, wird die Seite stefan.html aufgerufen. Ansonsten soll die Seite default.html geladen werden.

reg06.html

```
<html>
<head>
<title>RegExp</title>
<meta http-equiv="Content-Script-Type"
   content="text/javascript" />

<script type="text/javascript">

function test(eing) {

   var reg = /stefan/i;

   if (reg.exec(eing))
      location.href = "stefan.html";
   else location.href = "default.html";
}

</script>
</head>
```

```
<body>

    Bitte geben Sie Ihren Namen ein:<br />
    <form onsubmit="test(this.eing.value);return false;">
      <p>
      <input type="text" id="eing" name="eing" size="30" />
      <input type="button" value="Login"
        onclick="test(this.form.eing.value)" />
      </p>
    </form>

</body>
</html>
```

Es ist vielleicht noch relativ einleuchtend, dass die Seite stefan.html selbst dann geladen wird, wenn der eingegebene Name "Stefanie" ist. Aber wer hätte gedacht, dass auch "Gloria Estefan" als der Benutzer Stefan durchgeht? Um dies zu vermeiden, müssen wir sicherstellen, dass sich am Anfang und Ende des Strings "stefan" eine Wortgrenze befindet. Dafür gibt es das besondere Zeichen \b. Wenn wir den regulären Ausdruck im vorhergehenden Beispiel durch

reg07.html
(Auszug)

    /\bstefan\b/i

ersetzen, werden sowohl "Stefanie" als auch "Gloria Estefan" an die default.html Seite weitergeleitet. Die Eingabe "Stefan Koch" wird jedoch weiterhin akzeptiert, da *Stefan* hier ein separates Wort ist.

Die folgende Tabelle zeigt einige besondere Zeichen, so genannte Anker, die ähnlich wie \b eingesetzt werden können:

Tab. 14–3
Anker

Zeichen	Bedeutung
^	Passt auf den Anfang eines Strings.
$	Passt auf das Ende eines Strings.
\b	Passt auf eine Wortgrenze (zwischen \w und \W).
\B	Passt auf eine Stelle, an der keine Wortgrenze ist.

Mehrzeilige Strings
Wie die Tabelle zeigt, findet man mit $ das Ende eines Strings. Hierbei ist zu beachten, dass bei einem mehrzeiligen String unter Verwendung des Modifikators m auch das Ende einer Zeile gefunden wird. Der String "yz\nzz" enthält durch \n einen Zeilenumbruch. Sucht man in diesem String mit dem regulären Ausdruck

    /.z$/m

so erhält man den Teilstring "yz", da der Modifikator m verwendet wurde und das $-Zeichen auf den Zeilenumbruch passt. Lässt man das m am Ende des regulären Ausdrucks weg, erhält man als Ergebnis "zz".

14.1.8 Zeichenklassen

Innerhalb eckiger Klammern können Sie Zeichenklassen definieren. So definiert [0-9] die Menge aller Ziffern. Der reguläre Ausdruck /xyz[0-9]/ passt beispielsweise auf die Strings xyz0, xyz1, xyz2, ..., xyz9.

Eckige Klammern

Der folgende reguläre Ausdruck überprüft, ob der String nur Ziffern enthält:

/^[0-9]*$/

Wie im letzten Abschnitt erklärt wurde, wird mit ^ und $ der Anfang bzw. das Ende eines Strings gefunden. Da zwischen dem ^ und $ nur die Menge [0-9] im Zusammenhang mit dem Multiplikator * angegeben ist, werden in dem String lediglich Ziffern akzeptiert.

Menge aller Zahlen

Es wurde bereits erwähnt, dass man auch \d verwenden kann, um Ziffern zu finden, d.h., der reguläre Ausdruck

/^\d*$/

ist gleichbedeutend mit dem vorherigen.

Sie können in Zeichenklassen auch einzelne Zeichen angeben. Beispielsweise findet man mit der Zeichenklasse [aeiou] einen der Vokale. Es wird in diesem Fall nicht nach dem String "aeiou" gesucht, sondern es bedeutet, dass an dieser Stelle im Prüfstring ein einzelner Vokal stehen muss. Zum Beispiel würden durch

/h[euo]y/

die Teilstrings "hey", "hoy" oder "huy" gefunden werden, jedoch nicht "heuoy".

Mit dem ^-Zeichen kann man innerhalb einer Zeichenklasse festlegen, dass die beinhalteten Zeichen an dieser bestimmten Stelle *nicht* vorkommen dürfen. [^0-9] bedeutet z.B., dass dort keine Ziffer stehen darf (d.h., es ist gleichbedeutend mit \D). Das ^-Zeichen muss dabei als erstes Zeichen in der Zeichenklasse erscheinen.

Das ^-Zeichen in Zeichenklassen

Bitte beachten Sie, dass das ^-Zeichen hier eine andere Bedeutung hat als vorher, da es innerhalb einer Zeichenklasse verwendet wird. Außerhalb einer Zeichenklasse findet man damit den Anfang eines Strings. Die meisten anderen besonderen Zeichen verlieren innerhalb von Zeichenklassen ebenfalls ihre Bedeutung und werden als normale Zeichen behandelt.

Die Menge aller Kleinbuchstaben lässt sich mit [a-z] angeben. Wenn Sie auch die Großbuchstaben akzeptieren wollen, können Sie [a-zA-Z] schreiben. Dies umfasst aber keine Umlaute.

Menge aller Buchstaben

14.1.9 Klammern

Es wurde bereits gezeigt, wie man Klammern verwenden kann. Klammern haben jedoch eine weitaus größere Bedeutung, als nur Zeichenketten zusammenzufassen. Klammern in regulären Ausdrücken fungieren als Zwischenspeicher für gefundene Teilstrings. Auf den Teilstring, der durch die erste Klammer gefunden wurde, kann man innerhalb desselben regulären Ausdrucks mit \1 zugreifen. Um den Inhalt der zweiten Klammer zu erfahren, verwendet man \2 usw. Dieser reguläre Ausdruck soll dies verdeutlichen:

```
/(ab*c) xyz \1/
```

Der Teilstring, der durch (ab*c) gefunden wird, wird in einer besonderen Variable gespeichert, damit man später wieder darauf zugreifen kann. In unserem Beispiel greifen wir mit \1 auf den vorher gefundenen Teilstring zu. Unser regulärer Ausdruck stellt also sicher, dass vor und nach dem "xyz" jeweils der gleiche Teilstring erscheint. Auf folgende Strings passt dieses Muster:

```
abc xyz abc
abbc xyz abbc
abbbc xyz abbbc
```

Im Gegensatz dazu wird in den folgenden Strings keine Übereinstimmung mit dem verwendeten Muster gefunden, da die Teilstrings vor und nach dem xyz nicht identisch sind:

```
abc xyz
abc xyz abbc
```

Mit dem folgenden regulären Ausdruck können Sie einfache HTML-Tags finden (z.B. <center>Irgendein Text</center>):

```
/<(.*)>.*<\/\1>/
```

14.2 Die RegExp-Klasse

14.2.1 Der RegExp()-Konstruktor

Wie bereits erwähnt, können Sie auch den RegExp()-Konstruktor einsetzen, um einen regulären Ausdruck zu definieren. Statt

```
reg = /abc/;
```

können Sie genauso

```
reg = new RegExp("abc");
```

schreiben. Bitte beachten Sie, dass Sie in diesem Fall keine Schrägstriche, sondern Anführungszeichen verwenden müssen, um den regulären Ausdruck abzugrenzen. Die Modifikatoren g, i und m werden optional als zweites Argument angegeben:

```
reg = new RegExp("abc", "gi");
```

Beide gezeigten Möglichkeiten machen Gebrauch von der RegExp-Klasse, d.h., Sie können die Methoden, die wir später anschauen werden, in beiden Fällen anwenden.

Außer der Schreibweise gibt es zwischen den beiden Möglichkeiten jedoch noch einen weiteren Unterschied. Bevor ein regulärer Ausdruck verwendet werden kann, muss er kompiliert werden. Der Programmierer muss sich darum nicht selbst kümmern, da dies automatisch geschieht. Der Unterschied zwischen den beiden Varianten, wie man einen regulären Ausdruck definieren kann, liegt im Zeitpunkt der Kompilierung.

Kompilierung eines regulären Ausdrucks

Sie sollten einen regulären Ausdruck in Schrägstrichen angeben, wenn Sie den regulären Ausdruck vor Ausführung des Programms kennen und sich dieser im Verlauf des Programms nicht ändert, da in diesem Fall der reguläre Ausdruck beim Start des Programms kompiliert wird. Verwenden Sie dagegen den RegExp()-Konstruktor, wenn Sie den regulären Ausdruck vor Ausführung des Skripts nicht kennen oder sich dieser im Verlauf des Programms ändern soll. Der RegExp()-Konstruktor bietet eine Laufzeit-Kompilierung, d.h., der reguläre Ausdruck wird erst kompiliert, wenn er benötigt wird. Der Unterschied dürfte in den meisten Fällen für den Anwender jedoch nicht spürbar sein.

14.2.2   Methoden der RegExp-Klasse

Die RegExp-Klasse kennt die Methoden:

- exec(str)
- test(str)

exec(str)

Die Methode exec() haben wir bereits im Einsatz gesehen. Damit wird in dem String str nach dem Muster gesucht, das im regulären Ausdruck angegeben ist.

Wenn das Muster in dem String str nicht wiedergefunden werden konnte, liefert exec() den Wert null zurück. Ansonsten wird ein Objekt mit den folgenden Elementen zurückgegeben:

Tab. 14–4

Elemente des durch exec()
zurückgegebenen Objekts

Element	Bedeutung
`index`	Die Position des ersten gefundenen Zeichens im String `str`
`input`	Der String `str`, auf den der reguläre Ausdruck angewendet wurde
`[0]`	Der Teilstring, der als Letztes gefunden wurde
`[1]`,`[2]`,...,`[n]`	Die Teilstrings, die man mit Hilfe von Klammern gefunden hat (d.h. die Werte, auf die man innerhalb des regulären Ausdrucks mit \1, \2 usw. zugreifen kann)

Das folgende Beispiel demonstriert, wie die gezeigten Eigenschaften ausgelesen werden können:

reg08.html

```html
<html>
<head>
    <title>RegExp</title>
</head>
<body>

    <div id="ausgabe"></div>

    <script type="text/javascript">

    var ausg = document.getElementById("ausgabe");
    var str = "Dilbert Dogbert Catbert Ratbert";
    var reg = /\br(\w*)bert/i;

    var found = reg.exec(str);

    if (found) {
        ausg.innerHTML +=found.index + "<br />" +
                    found.input + "<br />" +
                    found[0] + "<br />" +
                    found[1];
    }

    </script>
</body>
</html>
```

Dieses Skript produziert die folgende Ausgabe:

```
24
Dilbert Dogbert Catbert Ratbert
Ratbert
at
```

Bei der Ausführung von exec() werden außerdem folgende Eigenschaften des RegExp-Objekts verändert:

Element	Bedeutung
global	Gibt an, ob der Modifikator g verwendet wurde.
ignoreCase	Gibt an, ob der Modifikator i verwendet wurde.
lastIndex	Die Position, an der die nächste Suche gestartet wird
multiline	Gibt an, ob der Modifikator m verwendet wurde.
source	Der Inhalt des regulären Ausdrucks

Tab. 14–5

Veränderte Eigenschaften eines RegExp-Objekts nach dem Aufruf von exec()

Das folgende Beispiel gibt true aus, da der Modifikator i benutzt wurde:

```
var str = "ABC";
var reg = /ab/i;
var found = reg.exec(str);
alert(reg.ignoreCase);
```

reg09.html
(Auszug)

test(str)

Die Methode test() prüft, ob das Muster im String *str* vorkommt. Ist dies der Fall, wird true zurückgeliefert, ansonsten false. Diese Methode ist also ähnlich wie exec(), mit dem Unterschied, dass exec() wesentlich mehr Informationen zurückliefert. Dafür ist test() schneller.

14.2.3   Die String-Klasse im Zusammenhang mit regulären Ausdrücken

Die folgenden Methoden der String-Klasse können im Zusammenhang mit regulären Ausdrücken verwendet werden:

- match(reg)
- replace(regexp, replaceStr)
- search(reg)
- split(reg)

match(reg)

Der Ausdruck str.match(reg) ist gleichbedeutend mit reg.exec(str) (str ist ein beliebiger String). Der Unterschied liegt darin, dass exec() eine Methode der RegExp-Klasse ist, während match() zur String-Klasse gehört.

replace(regexp, replaceStr)

Mit replace() können Sie einen Teil eines Strings mit einem anderen String ersetzen. replace() wird als Methode eines String-Objekts aufgerufen. Das folgende Beispiel ersetzt bbb durch xyz:

reg10.html
(Auszug)

```
var str = "aaa bbb ccc";
var newstr = str.replace(/bbb/, "xyz");
// newstr ist jetzt "aaa xyz ccc"
```

Das oben gezeigte Beispiel ersetzt bbb durch xyz nur einmal, auch wenn bbb mehrmals in dem String vorkommt. Wenn Sie bbb an allen Stellen ersetzen möchten, können Sie den Modifikator g verwenden:

```
var str = "bbb bbb bbb";
var newstr = str.replace(/bbb/g, "xyz");
// newstr ist jetzt "xyz xyz xyz"
```

Interessant ist, dass Sie im zweiten Argument mit $1, $2 usw. auf die Teilstrings, die Sie mit Klammerausdrücken gefunden haben, zugreifen können. Das folgende Beispiel dreht die Reihenfolge der ersten drei Wörter um:

reg11.html
(Auszug)

```
var str = "eins zwei drei";
var newstr = str.replace(/^(.+) (.+) (.+)/, "$3 $2 $1");
// newstr ist jetzt "drei zwei eins"
```

search(reg)

Der Ausdruck str.search(reg) ist gleichbedeutend mit reg.test(str). Der Unterschied liegt darin, dass test() eine Methode des RegExp-Objekts ist, während search() zur String-Klasse gehört.

split(reg)

Die split()-Methode der String-Klasse haben wir bereits kennen gelernt (siehe *split()*, S. 108). Als Argument kann man nicht nur einen einfachen String angeben, sondern auch einen regulären Ausdruck. Das folgende Beispiel trennt den String an jedem Whitespace auf:

reg12.html
(Auszug)

```
var str = "Dies ist ein String,\n" +
    "der sich ueber mehrere\n" +
    "Zeilen erstreckt";

var erg = str.split(/\s+/);

// Ausgabe des Arrays
alert(erg.join(" - "));
```

Die Teilstrings, die in diesem Beispiel auf den regulären Ausdruck passen (d.h. die Whitespaces), sind nicht im Array erg enthalten. Wenn Sie innerhalb des regulären Ausdrucks jedoch Klammerausdrücke verwenden, werden die mit diesen Klammerausdrücken gefundenen Teilstrings im zurückgelieferten Array mit einbezogen.

14.3 Alternativen

Reguläre Ausdrücke sind ein hilfreiches Werkzeug. Zugegebenermaßen ist es nicht immer ganz einfach, einen regulären Ausdruck zu definieren. In diesem Abschnitt soll kurz gezeigt werden, wie man Überprüfungsroutinen und ähnliche Skripte ohne Verwendung von regulären Ausdrücken schreiben kann.

14.3.1 Suche nach einem bestimmten Teilstring

Wenn es nur darum geht zu überprüfen, ob ein bestimmtes Zeichen oder eine bestimmte Zeichenfolge in einem String vorkommt, kann man für diesen Zweck die Methode indexOf() verwenden. Zum Beispiel kann man mit

```
if (eingabe.indexOf("@") != -1) alert("OK!")
else alert("Keine gueltige E-Mail-Adresse.");
```

pruefen1.html

(Auszug)

feststellen, ob in dem String eingabe das @-Zeichen vorkommt. Ist dies nicht der Fall, liefert indexOf() den Wert -1 zurück. Mit dieser if-Abfrage kann man also eine einfache Überprüfungsroutine für E-Mail-Adressen realisieren.

14.3.2 Beschränkung auf bestimmte Zeichen

Als Nächstes soll ein allgemeines Skript gezeigt werden, das kontrolliert, ob ein String ausschließlich aus bestimmten Zeichen besteht. Mit solch einem Skript kann man beispielsweise überprüfen, ob eine Telefonnummer ungültige Zeichen enthält. Normalerweise besteht eine Telefonnummer aus den Ziffern 0 bis 9. Neben dem Leerzeichen sind außerdem die folgenden Sonderzeichen - + / . , ( ) üblich.

```
<html>
<head>
<title>indexOf()</title>
<meta http-equiv="Content-Script-Type"
    content="text/javascript" />

<script type="text/javascript">

function pruefen(eingabe, erlaubt) {
    var korrekt = true;
    for (var i = 0; i < eingabe.length; i++) {
        var zeichen = eingabe.charAt(i);
        if (erlaubt.indexOf(zeichen) == -1)
            korrekt = false;
    }
```

pruefen2.html

```
      return korrekt;
   }

function test(eingabe) {
   if (!pruefen(eingabe, "0123456789 -+/.,()")) {
      alert("Eingabe nicht korrekt.");
   } else {
      alert("Eingabe ok!");
   }
}

</script>
</head>

<body>
  <form>
  <p>
  Telefon:
  <input type="text" name="Telefon" value="" />
  <input type="button" value="Ueberpruefen"
     onclick="test(this.form.Telefon.value)" />
  </p>
  </form>
</body>
</html>
```

Die Funktion pruefen() ist dafür zuständig, den Eingabe-String auf ungültige Zeichen zu überprüfen. Als erstes Argument wird der Funktion der Eingabe-String übergeben. Das zweite Argument ist ein String der erlaubten Zeichen. Dort sehen Sie die Auflistung der Ziffern 0 bis 9 und die Sonderzeichen, die wir zulassen möchten. Die Funktion pruefen() verwendet nun indexOf(), um festzustellen, ob die einzelnen Zeichen des Eingabe-Strings in dem String der zugelassenen Zeichen vorkommt. Wird kein unerlaubtes Zeichen gefunden, liefert pruefen() den Wert true zurück, ansonsten false.

15 Fenster und Frames

Ich habe die Angewohnheit, stets mehrere Browserfenster gleichzeitig geöffnet zu haben. Auch wenn man seine Mitmenschen damit völlig verwirren kann, lassen sich so lästige Wartezeiten überbrücken. Während man eine Seite betrachtet, lädt im Hintergrund schon die nächste.

Manche Webseiten verwenden von sich aus mehrere Fenster und zeigen zusätzliche Informationen oder etwa die Ergebnisse einer Suchabfrage in einem Extrafenster. So muss der Anwender die ursprünglich betrachtete Seite nicht verlassen. Häufig werden Fenster eingesetzt, um die Besucher nicht zu *verlieren*, wenn diese auf einen Link zu einer anderen Seite klicken.

Mit JavaScript haben Sie die Möglichkeit, neue Fenster zu erzeugen, Fenster zu schließen und Daten zwischen verschiedenen Fenstern auszutauschen. Dieses Kapitel zeigt, wie dies umgesetzt werden kann. Außerdem werden Frames vorgestellt. Mit Hilfe von Frames wird ein Fenster in mehrere Bereiche aufgeteilt. Auch wenn es auf den ersten Blick nicht so scheinen mag, sind Frames mit Fenstern eng verwandt. Frames kommen insbesondere im Zusammenhang mit Menüleisten zur Anwendung, so dass der Anwender wichtige Seiten direkt anspringen kann.

Vorneweg sei jedoch auch gesagt, dass die Verwendung von mehreren Fenstern und Frames im Internet umstritten ist, worauf wir in diesem Kapitel auch zu sprechen kommen.

15.1 Fenster

Wie wir bereits erfahren haben, wird ein Browserfenster durch das window-Objekt repräsentiert (siehe *Das Browserfenster*, S. 138). Wir werden uns nun also näher mit dem window-Objekt beschäftigen. Auch das document-Objekt wird in diesem Kapitel Thema sein, da das document-Objekt den Inhalt eines Browserfensters repräsentiert.

Es gibt zahlreiche Möglichkeiten, wie ein Fenster erzeugt werden kann. Die einfachste ist, dass der Anwender selbst ein neues Fenster öffnet. Hierfür gibt es verschiedene Möglichkeiten: den Browser ein zweites Mal starten; über den Menüpunkt *Datei->Neues Fenster*; mit der Tastenkombination *Strg+N*; die *Umschalten*-Taste gedrückt halten beim Klicken auf einen Link etc.

Soll Ihre Webseite selbstständig ein Fenster öffnen, gibt es prinzipiell zwei Möglichkeiten: eine HTML- und eine JavaScript-Lösung. Beide Ansätze, die wir im Folgenden näher betrachten werden, haben sowohl Vor- als auch Nachteile.

Tabs   In neueren Browsern wird häufig kein neues Fenster erzeugt, sondern ein so genannter Tab im bereits existierenden Fenster. So kann man über die angezeigten Reiter den Inhalt der einzelnen Seiten anschauen. Der Anwender kann im Optionsmenü normalerweise entscheiden, ob neue Seiten in separaten Fenstern oder Tabs angezeigt werden sollen. Der folgende Screenshot zeigt das Einstellungsfenster von Firefox. Aus der Sicht von JavaScript macht es keinen Unterschied, ob ein Dokument in einem neuen Fenster oder in einem Tab angezeigt wird.

Abb. 15–1
Einstellungen im Firefox

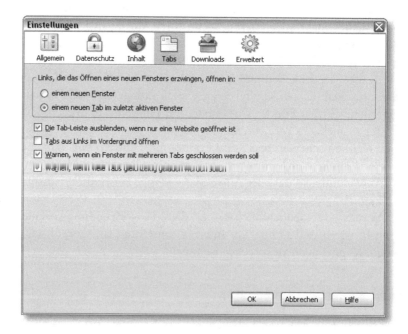

15.1.1 Erzeugen von Fenstern über HTML

Zum Öffnen eines Links in einem neuen Fenster kann das target-Attribut verwendet werden. Wird in einem <a>-Tag das target-Attribut angegeben, öffnet der Browser den Link in dem Fenster oder Frame mit dem angegebenen Namen. Existiert kein Fenster oder Frame mit diesem Namen, wird ein neues Fenster erzeugt. Man kann Folgendes schreiben:

```
<a href="link.html" target="neuesFenster">
```

fenster1.html
(Auszug)

Wenn es also noch kein Fenster oder Frame namens neuesFenster gibt, wird durch diesen Link ein neues Fenster neuesFenster erstellt. Klickt der Anwender ein zweites Mal auf diesen Link oder einen anderen Link mit dem gleichen target-Attribut, wird kein zusätzliches Fenster erzeugt, sondern die entsprechende Seite wird in dem bereits existierenden Fenster geladen.

Der Vorteil dieser Vorgehensweise ist, dass dies auch funktioniert, wenn der Anwender kein JavaScript hat. Man hat jedoch keinen Einfluss auf das Aussehen und die Größe des neuen Fensters.

Abb. 15–2
Tabs im Firefox

mit Tabs   ohne Tabs

15.1.2 Erzeugen von Fenstern über JavaScript

Im Vergleich zur HTML-Lösung hat man mit JavaScript wesentlich mehr Einflussmöglichkeiten auf das zu erzeugende Fenster. So kann mit JavaScript beispielsweise die Größe des Fensters festgelegt werden.

Zum Öffnen eines neuen Fensters wird in JavaScript die open()-Methode des window-Objekts verwendet (nicht zu verwechseln mit der open()-Methode des document-Objekts). Die open()-Methode erwartet als Argument die Adresse einer Webseite. Wird kein Argument angegeben, erzeugt der Browser ein leeres Fenster.

Der folgende Quellcode zeigt, wie ein neues Fenster erzeugt und darin die Homepage des dpunkt.verlags geladen wird:

fenster2.html

```html
<html>
<head>
<title>Fenster</title>
<meta http-equiv="Content-Script-Type"
   content="text/javascript" />

<script type="text/javascript">

var fenster1;

function fensterOeffnen() {
   fenster1 = open("http://www.dpunkt.de/");
}

</script>
</head>
<body>
   <form>
      <p>
      <input type="button" value="dpunkt-Homepage"
         onclick="fensterOeffnen()" />
      </p>
   </form>
</body>
</html>
```

Klickt man auf die dargestellte Schaltfläche, erzeugt die Funktion fensterOeffnen() über die open()-Methode des window-Objekts ein neues Fenster.

open() statt window.open()

Auch hier können wir lediglich open() schreiben, obwohl es eigentlich window.open() heißen müsste. Das window-Objekt stellt eine Ausnahme dar, so dass die Angabe von window in den meisten Fällen weggelassen werden kann. Bei anderen Objekten funktioniert dies nicht. (Ein Fall, in dem Sie window nicht weglassen können, wäre, wenn Ihr Skript selbst eine Funktion open() definiert und Sie ein neues Fenster mit window.open() öffnen wollen. Hier müssen Sie window ausdrücklich angeben, da sonst Ihre eigene open()-Funktion aufgerufen wird.)

In unserem Skript wird die Variable fenster1 definiert. Diese Variable stellt eine Referenz auf das neu erzeugte Fenster dar. In diesem Beispiel hat diese Variable noch keine Bedeutung. Wir werden sie jedoch später für die weitere Kommunikation zwischen dem Skript und dem neuen Fenster benötigen.

Im Zusammenhang mit Links wird ein neues Fenster häufig mit

```html
<a href="#" onclick="fensterOeffnen()">Link</a>
```

geöffnet. Dies hat jedoch den Nachteil, dass ein nicht JavaScript-fähiger Browser den Link nicht verwenden kann. Das #-Zeichen wird dabei als Platzhalter verwendet. Suchmaschinen, die normalerweise kein JavaScript berücksichtigen, werden diesem Link nicht folgen und damit Ihre Seite nicht richtig erfassen können. Genauso ist es bei der folgenden Schreibweise:

```
<a href="javascript:fensterOeffnen()">Link</a>
```

Die Angabe von javascript: wird als Pseudo-Protokoll bezeichnet, da in einem Link normalerweise das Protokoll in Form von *http:* oder *ftp:* erwartet wird. Häufig wird dies noch mit einem Aufruf von void() kombiniert, damit eventuelle Rückgabewerte der aufgerufenen Funktion nicht den angezeigten Inhalt überschreiben:

```
<a href="javascript:void(fensterOeffnen())">Link</a>
```

Mit der gezeigten Vorgehensweise erreichen Sie, dass in JavaScript-fähigen Browsern die Funktion fensterOeffnen() aufgerufen wird. Andere Browser bleiben jedoch leider außen vor.

Dieses Problem lässt sich lösen, indem man sowohl href und target als auch onclick verwendet. In JavaScript-fähigen Browsern soll onclick verwendet werden. In anderen Browsern kommt die Angabe in href zum Zug. Dies sieht dann so aus:

```
<a href="link.html" target="neuesFenster"
  onclick="fensterOeffnen('link.html');return false;">
  Link</a>
```

Die Funktion fensterOeffnen(), die man entsprechend umformulieren muss, dass sie das Argument entgegennimmt, öffnet dann ein neues Fenster mit open() und lädt die angegebene Seite. Um den Link nicht zweimal angeben zu müssen, kann man mit this arbeiten, um die Adresse, auf die der Link zeigt, in Erfahrung zu bringen:

```
<a href="link.html" target="neuesFenster"
  onclick="fensterOeffnen(this.href);return false;">
  Link</a>
```

Da wir in onclick am Schluss return false angeben, werden die Angaben in href und target in JavaScript-fähigen Browsern nicht berücksichtigt.

15.1.3 Eigenschaften eines Fensters

Öffnet man ein Fenster über JavaScript mit der open()-Methode, können neben der Adresse der zu ladenden Seite weitere Argumente angegeben werden. Der folgende Befehl legt beispielsweise die Größe des Fensters fest:

fenster3.html

(Auszug)

```
fenster1 = open("http://www.dpunkt.de/",
    "neuesFenster","height=400,width=700");
```

Das dritte Argument gibt die Höhe und Breite des Fensters in Pixel in Form eines Strings vor. Dieser String darf in älteren Browsern keine Leerzeichen enthalten.

Das zweite Argument ist ebenfalls ein String, der den HTML-Namen des Fensters angibt. Dies ist der gleiche Name, der im target-Attribut eines HTML-Tags verwendet werden kann. Für die Kommunikation zwischen den beiden Fenstern in JavaScript ist aber die Referenz auf das Fenster, die durch die open()-Methode zurückgegeben wird und in unserem Beispiel in der Variable fenster1 gespeichert wird, eher von Bedeutung. Dazu später mehr.

Selbst wenn man in Firefox 2.x angibt, dass neue Dokumente in einem Tab statt in einem separaten Fenster angezeigt werden sollen, wird in dem gezeigten Fall ein neues Fenster geöffnet.

Neben der Größe des Fensters können weitere Attribute festgelegt werden. Die folgende Tabelle zeigt die Möglichkeiten.

Tab. 15–1

Einige Eigenschaften eines neu zu erzeugenden Fensters

Parameter	Wirkung
toolbar	Werkzeugleiste an/aus
location	Textfeld mit URL des geladenen Dokuments an/aus
directories	Buttonleiste an/aus
status	Statusleiste an/aus
menubar	Menüleiste an/aus
scrollbars	Rollbalken an/aus
resizable	Größe veränderbar?
width	Breite in Pixel
height	Höhe in Pixel

Diese Liste zeigt die Eigenschaften, wie sie seit JavaScript 1.1 verfügbar sind. Das heißt, alle gängigen Browser kennen diese Eigenschaften. Einzelne Browser definieren noch weitere Eigenschaften, mit denen jedoch im Sinne einer browserunabhängigen Programmierung vorsichtig umgegangen werden sollte. Aus Sicherheitsgründen legen einige Browser eine Mindestgröße der Fenster fest, so dass ein Programm möglichst keine Fenster unbemerkt öffnen kann.

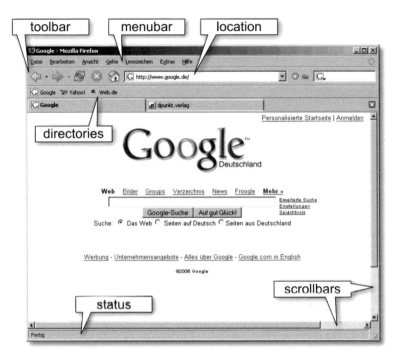

Abb. 15–3

Eigenschaften eines Browserfensters

15.1.4 Schließen eines Fensters

Ein Fenster wird in JavaScript über die close()-Methode des window-Objekts geschlossen. Das aktuelle Fenster kann beispielsweise über folgenden Befehl geschlossen werden:

```
<input type="button" value="Fenster schließen"
    onclick="window.close()" />
```

fenster4.html
(Auszug)

Hierbei ist jedoch zu beachten, dass Sie im Normalfall nicht jedes beliebige Fenster schließen können, da sonst ein Skript einfach alle Fenster zumachen könnte. Deshalb erlauben die meisten Browser aus Sicherheitsgründen nur das Schließen der Fenster, die auch mit Java-Script erzeugt wurden. Versucht ein Skript ein anderes Fenster zu schließen, fragen einige Browser, wie etwa der Internet Explorer, den Anwender, ob dies erlaubt werden soll.

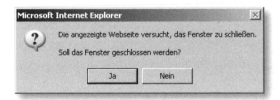

Abb. 15–4

Schließen eines nicht durch JavaScript erzeugten Fensters im Internet Explorer

Firefox reagiert hier etwas anders, aus der Sicht des Anwenders nämlich gar nicht. Das heißt, der Versuch, ein Fenster zu schließen, das
nicht durch JavaScript generiert wurde, wird ignoriert. Stattdessen
wird auf der JavaScript-Konsole ein Hinweis ausgegeben, wie die
Abbildung zeigt.

Abb. 15–5
Schließen eines nicht
durch JavaScript
erzeugten Fensters
im Firefox

15.1.5 Ein Fenster in den Vordergrund bringen

Es gibt keine direkte Möglichkeit, ein Fenster in den Vordergrund zu
holen. Jedoch kennt das window-Objekt die focus()-Methode, mit der
man ein bestimmtes Fenster aktivieren kann. Auf den meisten Betriebssystemen bedeutet das, dass das Fenster in den Vordergrund geholt
wird. Dies funktioniert jedoch nicht überall, z.B. auf vielen Unix-Syste-
men kann ein Fenster den Fokus haben, obwohl es im Hintergrund
angezeigt wird.

In folgendem Beispielcode sehen Sie die Verwendung von focus().
Das Skript erzeugt ein neues Fenster. Klickt man auf die angezeigte
Schaltfläche, wird das neue Fenster fokussiert und in den meisten
Browserversionen damit in den Vordergrund geholt.

fenster5.html

```
<html>
<head>
<title>Fokus</title>
<meta http-equiv="Content-Script-Type"
   content="text/javascript" />

<script type="text/javascript">

var fenster;

function neu() {
   fenster = open("link.html");
}

</script>
</head>
```

```
<body>

  <form>
    <p>
    <input type="button" value="Neu" onclick="neu()" />
    <input type="button" value="Fokus"
        onclick="fenster.focus()" />
    </p>
  </form>

</body>
</html>
```

15.1.6   Fenster in der Praxis

Wie bereits angedeutet wurde, wird die Verwendung von zusätzlichen *Unterbinden von* Fenstern kritisch gesehen. Die Erzeugung von neuen Fenstern wird *Popup-Fenstern* häufig unterbunden, da viele Seiten diesen Mechanismus nutzen, um Werbung anzuzeigen. Viele Browser bieten deshalb die Möglichkeit, so genannte Popup-Fenster zu blocken. Hierbei sind Fenster gemeint, die mit window.open() erzeugt werden und nicht die Hinweisfenster, die über alert(), confirm() und prompt() generiert werden.

Hinzu kommt, dass viele Anwender durch mehrere Browserfenster überfordert sind oder es gar nicht merken, wenn mehrere Browserfenster existieren.

In einigen Fällen kann es durchaus sinvoll sein, ein zusätzliches Fenster einzusetzen. Man muss sich der Nachteile bewusst sein und im Einzelfall entscheiden, ob nicht eine alternative Lösung gewählt werden sollte.

15.2   Frames

Durch Frames (die im Deutschen auch *Rahmen* genannt werden) wird ein Browserfenster in mehrere rechteckige Bereiche aufgeteilt, die verschiedene HTML-Dokumente anzeigen können. Häufig werden Frames für die Darstellung einer Menü- bzw. Navigationsleiste verwendet. Ein Frame enthält dabei wie ein Inhaltsverzeichnis Links auf die wichtigsten Bereiche einer Webseite. Die gewählten HTML-Dokumente werden dann in einem weiteren Frame angezeigt. So ist die Navigationsleiste jederzeit während des Besuchs einer Webseite sichtbar.

Die Abbildung zeigt ein einfaches Beispiel mit zwei Frames, die nebeneinander angeordnet sind. Beide Frames enthalten unterschiedliche HTML-Dokumente. Mit HTML und JavaScript haben Sie vielfältige Einflussmöglichkeiten. Für uns ist zunächst interessant, wie Frames erzeugt werden können. Da die Inhalte der dargestellten Frames im Normalfall nicht völlig unabhängig voneinander sein sollen, müssen wir außerdem untersuchen, wie Frames miteinander in Verbindung stehen und sich gegenseitig beeinflussen können.

Frames sind in JavaScript spezielle window-Objekte und haben daher viele Eigenschaften eines Browserfensters.

Abb. 15–6

Fenster mit zwei Frames

15.2.1 Erstellung von Frames

Frames werden in HTML über die beiden Tags <frameset> und <frame> erzeugt. Mit dem <frameset>-Tag legt man Anzahl, Ausrichtung und Größe der zu erzeugenden Frames fest. Für jeden Rahmen, der erzeugt werden soll, wird ein eigenes <frame>-Tag benötigt. Die <frame>-Tags werden innerhalb des <frameset>-Tags untergebracht.

Grundstruktur von Frames

Die obige Abbildung mit zwei nebeneinander stehenden Frames wurde durch folgenden Code erzeugt. Der linke Rahmen nimmt dabei 30% des Browserfensters ein und der rechte 70%.

frames1.html

```
<html>
<head>
    <title>Frames</title>
</head>

<frameset cols="30%,70%">
    <frame src="seite1.html" id="frame1" />
    <frame src="seite2.html" id="frame2" />
</frameset>
</html>
```

Wenn Sie sich zunächst die Struktur der HTML-Datei zur Erzeugung der Frames ansehen, stellen Sie fest, dass der Aufbau etwas anders aussieht als bisher. Es existiert kein <body>-Teil. Stattdessen wird mit den Tags <frameset> und <frame> festgelegt, wie der Aufbau der Frames aussehen soll. Da wir zwei Frames erzeugen wollen, benötigen wir zwei <frame>-Tags. Mit der Eigenschaft src wird angegeben, welches HTML-Dokument in dem jeweiligen Frame geladen werden soll.

Bitte beachten Sie, dass Sie im Zusammenhang mit Frames eine andere Doctype-Angabe im HTML-Dokument verwenden müssen (siehe *Vorbereitungen vor der Veröffentlichung*, S. 35). Hier können Sie beispielsweise folgende Zeilen am Anfang Ihres Dokuments verwenden:

Doctype

```
<!DOCTYPE html PUBLIC
"-//W3C//DTD XHTML 1.0 Frameset//EN"
"http://www.w3.org/TR/xhtml1/DTD/xhtml1-frameset.dtd">
```

Mit id haben wir jedem Frame einen eindeutigen Namen gegeben. Dies ist zwar nicht zwingend notwendig, benötigen wir jedoch für die spätere Kommunikation zwischen den Frames. Hier sei angemerkt, dass der HTML-Standard sowohl die Verwendung von name als auch von id erlaubt. Das name-Attribut ermöglicht die Verwendung des Namens im Zusammenhang mit der target-Eigenschaft eines Links. Für die Verwendung von getElementById() ist das id-Attribut relevant. Da wir diese Methode später verwenden wollen, haben wir hier id angegeben.

Im <frameset>-Tag wird sowohl die Ausrichtung als auch die Größe der Frames festgelegt. Mit der Eigenschaft cols (das für *columns* steht; engl. für *Spalten*) legen Sie fest, dass die Frames nebeneinander angeordnet werden sollen. Möchten Sie die Frames übereinander stellen, verwenden Sie die Eigenschaft rows (engl. für *Zeilen*).

Spalten und Reihen

Hinter cols und rows werden die Größenangaben der einzelnen Frames erwartet. Sie können die Größe absolut in Pixel angeben oder relativ zur Größe des Browserfensters. Da Sie nicht wissen können, welche Auflösung der Anwender verwendet und wie groß das Browserfenster im Moment ist, bietet sich oftmals eine relative Größenangabe an. Eine Möglichkeit ist, mit Prozentangaben zu arbeiten, wie wir das im obigen Beispiel getan haben:

Festlegung der Größe einzelner Frames

```
<frameset cols="30%,70%">
```

Alternativ dazu kann man mit Gewichtungen arbeiten. Hierzu wird ein Sternchen eingesetzt. Ist die Größenangabe des ersten Frames gleich 1*, erhält man mit 2* einen Frame, der im Vergleich zum ersten doppelt so groß ist. Statt 1* kann man auch einfach * schreiben. Ein Beispiel mit drei Frames könnte folgendermaßen aussehen:

```
<frameset cols="*,3*,2*">
```

Der linke Frame ist dabei der kleinste, der rechte Frame ist doppelt so groß und der mittlere ist drei Mal so groß.

Statt einer relativen Größenangabe können Sie auch eine absolute Größenangabe in Pixel machen. Da das Browserfenster des Anwenders unterschiedlich groß sein kann, wird normalerweise die Größe mindestens eines Frames mit * angegeben. Dieser Frame passt sich dann automatisch an den vorhandenen Platz an. Mit folgender Angabe erzeugen Sie zwei Frames, wobei der linke Frame 100 Pixel breit ist:

```
<frameset cols="100,*">
```

Dies kann etwa dann nützlich sein, wenn Sie eine Menüleiste anzeigen wollen, die eine vorgegebene Größe hat.

Breite der Trennlinie zwischen den Frames
So wie wir die Frames bisher definiert haben, zeigt der Browser eine Trennlinie zwischen den einzelnen Frames an. Der Anwender kann mit der Maus diese Trennlinie verschieben und die Größe der Frames dabei verändern. Vielfach möchte man die Trennlinie jedoch nicht sehen. Damit kann der Anwender auch die Größe nicht mehr verändern. In einigen Browsern kann man die Breite der Trennlinie über Stylesheets festlegen. Leider funktioniert das nicht überall. Stattdessen kann man die Breite der Trennlinie mit der Eigenschaft border im <frameset>-Tag steuern. Setzt man diese Breite auf 0, so verschwindet die Trennlinie komplett:

```
<frameset ... border="0">
```

Kombination von cols und rows

Bisher haben wir die Frames entweder nebeneinander oder untereinander dargestellt. Beides lässt sich jedoch auch kombinieren. Im folgenden Beispiel werden zwei Reihen mit jeweils drei Frames erzeugt, d.h., es werden insgesamt sechs Frames geteilt.

Abb. 15–7
Fenster mit 2x3 Frames

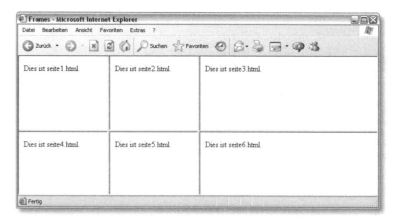

```
<html>                                                      frames2.html
<head>
  <title>Frames</title>
</head>

<frameset cols="25%,25%,50%" rows="30%,70%">
  <frame src="seite1.html" id="frame1" />
  <frame src="seite2.html" id="frame2" />
  <frame src="seite3.html" id="frame3" />
  <frame src="seite4.html" id="frame4" />
  <frame src="seite5.html" id="frame5" />
  <frame src="seite6.html" id="frame6" />
</frameset>
</html>
```

Ob man das in der Praxis so oft verwenden wird, ist eine andere Frage. Aber schön, dass es funktioniert ... Interessanter wäre, wenn man unten einen Frame über die ganze Breite anzeigt und den Bereich darüber in zwei Frames aufteilt. Dies kann man mit geschachtelten <frameset>-Tags erreichen, wie das nächste Beispiel zeigt:

```
<html>                                                      frames3.html
<head>
  <title>Frames</title>
</head>

<frameset rows="80%,20%">
  <frameset cols="60%,40%">
    <frame src="seite1.html" id="frame1" />
    <frame src="seite2.html" id="frame2" />
  </frameset>
  <frame src="seite3.html" id="frame3" />
</frameset>
</html>
```

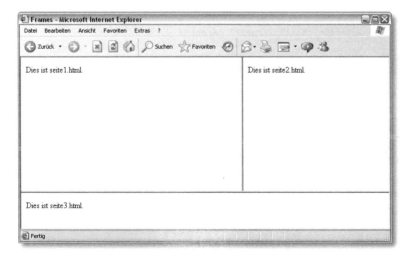

Abb. 15–8
Geschachtelte
<frameset>-Tags

Falls der Browser keine Frames anzeigen kann

Es kann sein, dass der Browser keine Frames kennt oder die Darstellung von Frames nicht zulässt. Für diesen Fall gibt es das <noframes>-Tag. Darin bringt man den HTML-Code unter, der angezeigt werden soll, wenn die Frames nicht dargestellt werden können. So kann man sicherstellen, dass die Seite dennoch bedienbar bleibt. Das <noframes>-Tag wird nach den <frame>-Tags untergebracht:

frames4.html

```
<html>
<head>
    <title>Frames</title>
</head>

<frameset cols="60%,40%">
    <frame src="seite1.html" id="frame1" />
    <frame src="seite2.html" id="frame2" />

    <noframes>
        <a href="seite1.html">Seite 1</a><br />
        <a href="seite2.html">Seite 2</a>
    </noframes>

</frameset>
</html>
```

15.2.2 Entfernen von Frames

Frames sollen in der Regel nicht alle Ewigkeit bestehen. Das bedeutet, dass es eine Möglichkeit geben muss, wie man Frames wieder entfernen kann. Wie üblich gibt es mehrere.

Die target-Eigenschaft im <a>-Tag kann man nicht nur für Fenster verwenden, sondern auch im Zusammenhang mit Frames. Möchte man, dass ein Link sämtliche Frames löscht, schreibt man einfach:

```
<a href="link.html" target="_parent">
```

Statt _parent kann man auch _top synonym benutzen. Sie müssen den Unterstrich dabei immer verwenden.

Möchte man mit dem location-Objekt arbeiten, kann man Folgendes schreiben:

```
parent.location.href = "http://..."
```

Damit wird die übergeordnete Seite, die die Frames erzeugt hat, ersetzt.

Das <base>-Tag

Wenn man auf einer Seite mehrere Links hat, die auf nicht lokale Seiten zeigen, kann es recht lästig sein, überall target="_top" angeben zu müssen. In diesem Fall kann man

```
<base target="_top" />
```

schreiben. Dieses Tag wird im <head>-Teil platziert. Alle Links auf dieser Seite werden dann automatisch in dem parent-Frame geladen, wodurch die Frames gelöscht werden. Einzelne Links kann man davon ausschließen, indem man dort die Eigenschaft target neu setzt und den Namen des Frames angibt, in dem der Link geöffnet werden soll.

15.2.3 Frames in der Praxis

Wenn Sie sich im Internet die großen Seiten wie Google, Yahoo, eBay, Amazon und dergleichen anschauen, werden Sie feststellen, dass Frames nur sehr selten eingesetzt werden. Die Seiten haben zwar alle Navigationsleisten, jedoch werden diese nicht in einem Frame angezeigt, sondern direkt in das dargestellte HTML-Dokument eingebettet. Scrollt der Anwender die angezeigte Seite nach unten, so verschwindet auch die Navigationsleiste.

Warum sind Frames so unbeliebt bei den großen Seiten? Ein wesentlicher Aspekt hängt mit der Adressierung von Unterseiten zusammen. Kommt der Anwender über den *normalen* Weg, so baut die Startseite der Homepage die Frames auf, und die einzelnen Unterseiten werden in diesen Frames angezeigt. Stellen Sie sich nun vor, eine Suchmaschine erfasst automatisch solch eine Seite mit Frames. Die Datenbank der Suchmaschine speichert Links auf jede einzelne Unterseite. Eine Abfrage der Suchmaschine liefert nun diese Links zu den Unterseiten der Homepage, so dass bei einem direkten Aufruf dieser Seiten der Frameaufbau in der Startseite umgangen wird. Man müsste also hier dafür sorgen, dass die Frames aufgebaut werden, selbst wenn der Anwender nicht über die offizielle Startseite kommt.

Deutlich wird dies auch beim Setzen eines Lesezeichens im Zusammenhang mit Frames. Der Anwender würde wahrscheinlich vermuten, dass damit eine Referenz auf die momentan angezeigte Unterseite gespeichert wird. Jedoch wird normalerweise die übergeordnete Seite, die die Frames erzeugt hat, referenziert.

Nicht zuletzt muss man auch beachten, dass viele nichtgrafische Browser Schwierigkeiten mit der Darstellung von Frames haben. Im Sinne der Verfügbarkeit der Seiten für alle Benutzergruppen wird deshalb häufig auf Frames verzichtet.

Natürlich gibt es Situation, in denen der Einsatz von Frames durchaus gerechtfertigt ist. Wie gezeigt wurde, haben Frames Vor- und Nachteile. Es kann nur im Einzelfall entschieden werden, ob die Nachteile so schwer ins Gewicht fallen, dass man komplett auf Frames verzichten muss.

15.3 IFrames

Frames lassen sich auch in ein einzelnes HTML-Dokument einbetten. In diesem Fall werden sie IFrames genannt (das *I* steht für *inline*). IFrames haben keine feste Position im Browserfenster, sondern sind von dem HTML-Dokument, in dem sie sich befinden, abhängig. Scrollt der Anwender im Dokument, so ändert sich auch die Position des IFrames. Außerdem verschwindet ein IFrame, wenn die Seite, die den IFrame erzeugt hat, durch eine neue HTML-Seite ersetzt wird.

IFrames werden mit Hilfe des `<iframe>`-Tags erzeugt:

iframe.html
(Auszug)

```
<iframe src="link.html" width="350" height="150"
    scrolling="auto" frameborder="1"></iframe>
```

Abb. 15–9

Anzeige der dpunkt-Homepage in einem IFrame

IFrames sind also mit Elementen, die mit dem `<div>`-Tag auf einer Webseite positioniert werden, vergleichbar. Ein IFrame kann jedoch automatisch Scrollbalken anzeigen, wenn diese benötigt werden.

Alternativ zum `<iframe>`-Tag kann auch das `<object>`-Tag verwendet werden, z.B.:

```
<object data="link.html" width="500" height="400">
</object>
```

Sowohl im Zusamenhang mit `<iframe>` als auch mit `<object>` wird der alternative Code innerhalb der Tags angegeben. Dieser Code wird vom Browser nur berücksichtigt, wenn keine IFrames angezeigt werden können:

```
<iframe src="link.html" width="500" height="400">
    <a href="link.html">Alternativer Code</a>
</iframe>
```

15.4   Kommunikation zwischen Fenstern und Frames

15.4.1   Ansprechen eines Fensters

Wir haben am Anfang dieses Kapitels ein neues Fenster mit

```
fenster1 = open("http://...", "neuesFenster", ...)
```

erzeugt. Wie können wir nun auf dieses Fenster mit JavaScript zugreifen? Der Name, der als zweites Argument in `open()` angegeben wird – hier also `neuesFenster` – ist der Name, den man auch in HTML im Zusammenhang mit `target` verwenden kann. Gibt es bereits ein Fenster mit dem Namen `neuesFenster`, so wird die neue Seite darin geladen.

Die `open()`-Methode gibt eine Referenz auf das neue Fenster zurück, die wir in unserem Beispiel in der Variablen `fenster1` speichern. Diese Referenz ist für den Zugriff auf das neue Fenster durch JavaScript von größerer Bedeutung.

Über `fenster1` können wir auf das `window`-Objekt, das das neue Fenster repräsentiert, zugreifen und damit auch auf das darin enthaltene Dokument. Beispielsweise erfahren wir über den Befehl

```
var t = fenster1.document.title;
```

den Titel des Dokuments, das in dem neuen Fenster geladen ist.

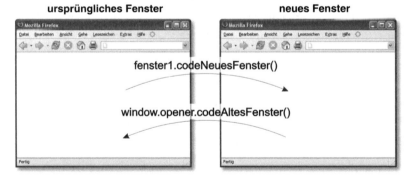

ursprüngliches Fenster   **neues Fenster**

fenster1.codeNeuesFenster()

window.opener.codeAltesFenster()

Abb. 15–10
Kommunikation zwischen
zwei Fenstern

Enthält das neue Dokument JavaScript-Code, können wir diesen vom alten Fenster aus aufrufen. Ist in dem neuen Dokument beispielsweise die Funktion `codeNeuesFenster()` definiert, können wir diese mit

```
fenster1.codeNeuesFenster()
```

komm1.html
(Auszug)

aufrufen. Das neue Dokument kann aber auch auf das alte Dokument zugreifen. Dazu kennt das `window`-Objekt im neuen Fenster die Eigenschaft `opener`, das eine Referenz auf das `window`-Objekt, durch das das neue Fenster erzeugt wurde, darstellt. Definiert das alte Fenster also eine Funktion codeAltesFenster(), so können wir diese vom neuen Fenster aus mit dem folgenden Befehl aufrufen:

komm2.html   window.opener.codeAltesFenster()

(Auszug)

Da der Anwender eines der beiden Fenster schließen oder neue Seiten darin laden kann, kann es passieren, dass die jeweilige JavaScript-Funktion im anderen Fenster gar nicht mehr verfügbar ist, wenn Sie sie aufrufen wollen. Deshalb ist es ratsam, vor solch einem Aufruf zu prüfen, ob das Fenster und die Funktion existieren:

```
if (fenster1) {
    if (fenster1.codeNeuesFenster) {
        fenster1.codeNeuesFenster();
    }
}
```

Dafür kann man auch kurz schreiben:

```
if (fenster1 && fenster1.codeNeuesFenster) {
    fenster1.codeNeuesFenster();
}
```

Da JavaScript die Prüfung der Bedingung abbricht, wenn der erste Teil dieser UND-Verknüpfung nicht zutrifft, riskieren wir mit dem zweiten Teil keine Fehlermeldung.

Ist es jedoch nicht ein Sicherheitsproblem, wenn unser Skript eine fremde Seite aufruft und dann vollen Zugriff auf den Inhalt und den darin definierten JavaScript-Code erhält? Genau so ist es. Aus diesem Grund gewährt der Browser normalerweise nur den vollen Zugriff, wenn

Abb. 15–11

Einstellungen im Firefox

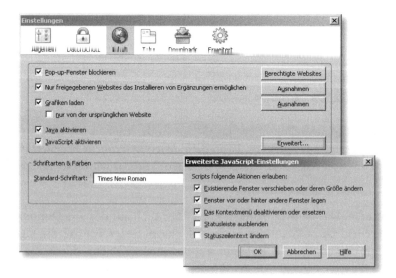

die Herkunft der beiden Seiten identisch ist (siehe *Herkunft eines Skripts*, S. 152). Kommen beide Seiten aus unterschiedlichen Quellen, haben die Skripte dies nicht – es sei denn, der Anwender hat seinen Browser explizit so konfiguriert, wovon jedoch nicht auszugehen ist und was auch aus Sicherheitsaspekten nicht ratsam ist.

Viele Browser ermöglichen dem Anwender, die Erzeugung und Veränderung von Fenstern einzuschränken oder sogar ganz zu unterbinden. Der folgende Screenshot zeigt das Einstellungsfenster des Firefox. Wie Sie sehen, können Sie damit relativ genau festlegen, welche Aktionen JavaScript im Zusammenhang mit Fenstern durchführen darf.

15.4.2 Ansprechen eines Frames

Wie in JavaScript üblich, werden auch Frames in einer Hierarchie abgebildet. Hierzu folgendes Beispiel:

```
<html>                                                    start.html
<head>
  <title>Frames</title>
</head>

<frameset rows="50%,50%">
  <frameset cols="50%,50%">
    <frame src="frame1.html" id="frame1" />
    <frame src="frame2.html" id="frame2" />
  </frameset>
  <frame src="frame3.html" id="frame3" />
</frameset>
</html>
```

Wie Sie sehen, werden in der Datei start.html, die vom Benutzer geladen wird, drei Rahmen mit den Namen frame1, frame2 und frame3 erzeugt.

Ein Skript in frame1 kann auf frame2 zugreifen, wenn der Inhalt beider Frames – wie bei Fenstern – die gleiche Herkunft hat (siehe *Herkunft eines Skripts*, S. 152). frame1 kann jedoch nicht direkt auf frame2 zugreifen, da nur das übergeordnete Dokument, das die Frames erzeugt hat, die Namen der einzelnen Frames kennt. Wir müssen also zuerst auf das übergeordnete Fenster zugreifen, z.B. mit parent. Von dort aus können wir auf frame2 zuzugreifen:

```
parent.frame2
```

Genauso wird von frame1 auch auf frame3 zugegriffen, obwohl wir hier zwei geschachtelte <frameset>-Tags verwenden:

```
parent.frame3
```

16 Bilder und Animationen

Bilder und Animationen spielen im Web eine große Rolle. Dieses Kapitel zeigt zunächst, wie Bilder mit HTML und JavaScript eingebunden werden können. Danach werden wir uns ansehen, wie Animationen erstellt werden können.

16.1 Bilder

Bevor wir darauf eingehen können, wie JavaScript mit Bildern umgeht, müssen wir uns anschauen, welche Bildformate sich für welche Zwecke eignen und wie Bilder mit HTML und CSS eingebunden werden können.

16.1.1 Bildformate

Es gibt zahllose Bildformate, die festlegen, wie die Bildinformationen in einer Datei gespeichert werden. Man erkennt an der Endung einer Bilddatei, um welches Format es sich handelt. Viele Bildbearbeitungsprogramme definieren eigene Dateiformate, wie z.B. Photoshop, das das Bildformat *psd* verwendet. Mit diesen Programmen lassen sich Bilder jedoch auch in andere Bildformate umwandeln.

Im Web werden üblicherweise Bilder in den Dateiformaten *gif* oder *jpg* (auch *jpeg* genannt) verwendet. Diese Dateiformate können die gängigen Browser darstellen.

Die Bildformate bieten je nach Einsatzzweck Vor- und Nachteile. Eine wichtige Frage ist, wie viele Farben ein Bild anzeigen kann. Von großer Bedeutung ist außerdem das verwendete Packverfahren. Das Packverfahren entscheidet darüber, wie stark die Bildinformationen komprimiert werden können, und legt damit fest, wie groß die Bilddatei wird. Je größer eine Bilddatei ist, desto länger dauert es natürlich auch, bis diese über das Internet geladen ist.

gif-Bilder

gif-Bilder haben maximal 256 Farben. Durch die geringe Anzahl an Farben eignet sich dieses Dateiformat weniger für Fotos, dafür aber eher für Schaubilder mit wenigen Farben. Hinzu kommt, dass das Packverfahren des *gif*-Dateiformats für größere einfarbige Flächen ausgelegt ist. Schaut man ein Foto in starker Vergrößerung an, sieht man, dass selbst in einfarbig wirkenden Flächen jedes Pixel einen leicht anderen Farbton hat. Hier kann das *gif*-Dateiformat nur wenig packen, so dass eine recht große Datei das Resultat wäre. Verwendet man nur wenige Farben und hat man zudem größere einfarbige Flächen, können *gif*-Dateien sehr klein werden.

Abb. 16–1
Fotos enthalten zahlreiche Farbnuancen

jpg-Bilder

jpg-Bilder können bis zu 16,8 Millionen Farben speichern (dies nennt sich *Truecolor*). Damit eignet sich dieses Format sehr gut für Fotos. Hinzu kommt, dass das Packverfahren für Fotos ausgelegt ist. Es ist jedoch zu beachten, dass *jpg* ein verlustbehaftetes Packverfahren verwendet, d.h., der Computer verändert das Bild, um es besser packen zu können. Speichert man ein Bild in einem Bildbearbeitungsprogramm im *jpg*-Format, fragt der Computer gewöhnlich nach der gewünschten Qualitätsstufe. Bei einer niedrigen Qualität erhält man zwar eine kleine Datei, aber es gehen auch Bildinformationen verloren. Eine bessere Qualität geht mit einer größeren Bilddatei einher.

In Fotos kann man die Qualität oftmals heruntersetzen, ohne dass ein wesentlicher Qualitätsverlust sichtbar ist. Es gilt, die Balance zwischen Qualitätsverlust und Dateigröße zu finden. Während sich *jpg* für Fotos sehr gut eignet, ist es für Schaubilder mit wenigen Farben nicht das richtige Format. Hier wird ein Herabsetzen der Qualität schnell sichtbar, so dass man in diesem Fall besser auf das Dateiformat *gif*, das nicht verlustbehaftet ist, setzt.

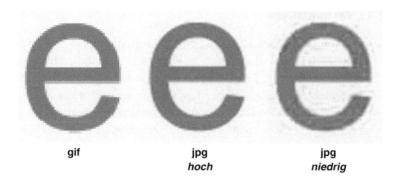

gif   jpg   jpg
               hoch   niedrig

Ein weiteres Bildformat, das in den letzten Jahren immer mehr zum Einsatz kommt, ist *png* (wird wie *Ping* ausgesprochen). Die Abkürzung steht für Portable Network Graphics. *png* verwendet wie *gif* ein verlustfreies Packformat und kann wie *jpg* Truecolor anzeigen. Außerdem können *png*-Bilder mit halbtransparenten Pixeln umgehen. Darauf werden wir später zurückkommen (siehe *Transparenz*, S. 288).

png-Bilder

Das folgende Schaubild zeigt beispielhaft die Dateigrößen (in Kilobyte) zweier Bilder in unterschiedlichen Bildformaten. Während das erste Bild große einfarbige Flächen hat, ist das zweite Bild ein Foto mit vielen Farbnuancen. Beide Beispielbilder sind mit 581 x 500 Pixel gleich groß.

	Test	
gif	12 kB	264 kB
png	13 kB	184 kB
jpg hoch	30 kB	122 kB
jpg niedrig	10 kB	21 kB

Wie erwähnt, gibt es zahlreiche weitere Bildformate. Es ist jedoch immer die Frage, ob ein spezielles Bildformat vom Browser des Anwenders unterstützt wird. Für einige Bildformate gibt es spezielle Browsererweiterungen (so genannte Plugins), die man installieren kann, damit der Browser dieses spezielle Format unterstützt. Da man oft nicht weiß, welchen Browser und welche Browsererweiterungen der Anwender einsetzt, ist man gut beraten, sich auf *gif*, *jpg* und *png* zu beschränken.

16.1.2 Vektorgrafiken

Bilder in Dateiformaten wie *gif*, *png* und *jpg* setzen sich aus Tausenden von Bildpunkten (Pixel) zusammen. Vektorgrafiken bestehen hingegen aus berechneten Kurven. Der Computer speichert bei einem Kreis beispielsweise nicht die einzelnen Pixel, sondern merkt sich die Position des Mittelpunkts und den Radius und kann mit dieser Information den Kreis immer wieder zeichnen. Der Unterschied wird deutlich, wenn man die Bilder vergrößert, wie es das folgende Schaubild zeigt. Beim Pixelbild links sind die einzelnen Bildpunkte deutlich sichtbar. Das Vektorbild auf der rechten Seite zeigt auch in der Vergrößerung keinen Qualitätsverlust, da der Computer auf der Basis der vorhandenen Informationen die benötigten Details für den gezeigten Ausschnitt neu berechnen kann.

Abb. 16–4
Pixel- und Vektorgrafiken

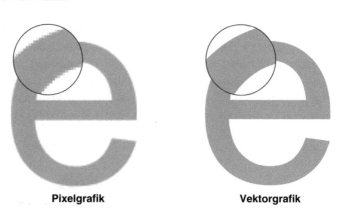

Pixelgrafik   **Vektorgrafik**

Zwar existieren Vektorzeichenformate für das Web schon länger, jedoch benötigt man dafür im Normalfall einen Plugin. So basieren Flash-Animationen häufig auf Vektorgrafiken. Da man Plugins selbst installieren muss und dies die meisten Anwender nicht tun, haben es neue Formate schwer, sich auf breiter Basis durchzusetzen.

Scalable Vector Graphics   Firefox unterstützt seit der Version 1.5 das Scalable Vector Graphics (SVG) Format von Haus aus. Da Firefox an Bedeutung gewinnt, besteht die Hoffnung, dass sich diese Technik auf diese Weise etablieren kann und so auch in anderen Browsern Verwendung findet.

Das Interessante an dieser Technik ist, dass die Vektorgrafiken über JavaScript steuerbar sind. Die so erstellten Bilder lassen sich auch verändern, so dass man dadurch Animationen erstellen kann. Beispielsweise könnten Sie eine analoge Uhr programmieren, bei der die Zeiger jede Minute angepasst werden.

Da diese Technik bisher nur in wenigen Browsern verfügbar ist und ich in diesem Buch nur Dinge beschreiben will, die zumindest in den meisten gängigen Browsern funktionieren, gehe ich hier nicht näher auf Vektorgrafiken ein. Ich kann Ihnen aber auf jeden Fall empfehlen, diese Technik im Internet auszuprobieren. Es lassen sich damit recht interessante Dinge umsetzen.

16.1.3 Das <img>-Tag

Bilder werden in HTML über das <img>-Tag eingebunden. Im <img>-Tag wird durch die Eigenschaft src die Adresse angegeben, an der die Bilddatei zu finden ist. Es reicht die Angabe des Dateinamens, wenn das Bild im gleichen Ordner wie die HTML-Datei gespeichert ist.

```
<img src="bild.gif" alt="Bild" id="b"
    width="200" height="100" />
```

Hier wird neben der src-Eigenschaft auch mit width und height die Breite und Höhe des Bildes angegeben. Dies ist eigentlich nicht notwendig, schließlich erhält der Browser diese Informationen aus der Bilddatei selbst. Hat der Browser diese Information jedoch, bevor das Bild über das Internet geladen ist, kann auf der Seite bereits der entsprechende Platz für das Bild reserviert werden. Ältere Browser konnten die Seiten nicht dynamisch anpassen und mussten warten, bis die Größe jedes Bildes auf der Seite bekannt war. Mit der Angabe von width und height konnte man so sicherstellen, dass der Anwender die Seite schnell zu sehen bekommt.

Aktuelle Browser haben diese Beschränkung nicht mehr, da sie den Inhalt anpassen können, sobald die Größe eines Bildes bekannt ist. Jedoch kann man durch die Angabe der Größe der Bilder verhindern, dass sich der nachfolgende Inhalt ständig verschiebt, wenn nach und nach die einzelnen Bilder eintrudeln.

16.1.4 Das Image-Objekt

In JavaScript werden Bilder durch das Image-Objekt repräsentiert. Über dieses Objekt haben Sie Zugriff auf Informationen wie die Höhe und Breite des Bildes. Das Image-Objekt gibt Ihnen aber auch die Möglichkeit, das angezeigte Bild durch ein anderes zu ersetzen, wie wir später sehen werden.

Um auf ein Image-Objekt zuzugreifen, haben wir wieder die bekannten Möglichkeiten. Der herkömmliche Weg ist über das images-Array:

```
document.images["b"]
```

Auch hier lässt sich getElementById() verwenden:

```
document.getElementById("b")
```

Wir werden in diesem Kapitel mehrfach auf Bilder auf diese Art und Weise zugreifen und dabei das Image-Objekt näher beleuchten.

16.1.5 Positionieren von Bildern

In unseren bisherigen Beispielen ergibt sich die Position des Bildes im Browserfenster aus der Position des <img>-Tags im HTML-Code. Es handelt sich dabei jedoch nicht um eine exakte Positionierung, so dass wir vorher nicht sagen können, an welcher Stelle das Bild genau erscheinen wird. Die pixelgenaue Positionierung erreichen Sie mit Stylesheets. Hierzu verwenden Sie das <div>-Tag, das bereits im CSS-Kapitel vorgestellt wurde (siehe *Elemente positionieren*, S. 162). Den Inhalt des <div>-Tags können Sie frei auf der Seite positionieren.

bild1.html

```
<html>
<head>
<title>Bild</title>

<style type="text/css">

    #bild {   position: absolute;
              top: 50px;
              left: 100px; }

</style>
</head>
<body>

  <div id="bild">
     <img src="obj.gif" alt="Bild"
       width= 278  height= 210  />
  </div>

</body>
</html>
```

Die Eigenschaften left und top können dafür verwendet werden, das Element im Browserfenster zu positionieren. Bitte beachten Sie, dass es sich hierbei um Eigenschaften des <div>-Elements handelt und nicht des Bildes. Diese Werte können wir auch mit JavaScript auslesen und setzen. Das nächste Beispiel zeigt, wie die Position eines Bildes mit JavaScript geändert werden kann:

```
<html>                                                           bild2.html
<head>
<title>Bild</title>
<meta http-equiv="Content-Script-Type"
  content="text/javascript" />

<script type="text/javascript">

function verschieben() {
  var x = document.getElementById("bild");
  x.style.left = "300px";
  x.style.top = "100px";
}

</script>
</head>
<body>

  <div id="bild"
     style="position: absolute; left: 100px; top: 200px;">
     <img src="obj.gif" alt="Bild"
        width="278" height-"216" />
  </div>

  <form>
     <p>
     <input type="button" onclick="verschieben()"
        value="Bild verschieben" />
     </p>
  </form>
</body>
</html>
```

Den Eigenschaften left und top werden die Strings *"300px"* bzw.
"100px" zugewiesen. Zwar verstehen es die Browser normalerweise
auch, wenn Sie x.style.left=300 bzw. x.style.top=100 schreiben. Der
CSS-Standard sieht jedoch vor, dass die Einheit (hier *px* für Pixel)
immer mitgeführt wird. Wenn Sie die Einheit weglassen, hängt der
Browser das *px* selbst an.

Es können auch Überschneidungen mit anderen Elementen wie
Text oder anderen Bildern vorkommen. Welches Element das andere
Element überdeckt, wird mit dem z-index festgelegt (siehe *z-index*,
S. 287).

16.1.6   Clipping

Durch Clipping können Sie erreichen, dass nur ein gewisser Teil eines
positionierten Elements dargestellt wird. Durch die folgende Stylesheet-Definition wird nur ein kleiner Teil des Bildes angezeigt.

```
<html>
<head>
<title>Clipping</title>

<style type="text/css">

   #bild {    position: absolute;
              top: 50px;
              left: 100px;
              clip: rect(40px 200px 150px 40px); }

</style>
</head>
<body>

   <div id="bild">
      <img src="obj.gif" alt="Bild" width="278" height="216" />
   </div>

</body>
</html>
```

Abb. 16–5

Clipping

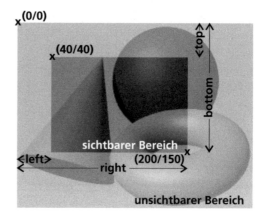

Die Schreibweise von

```
clip: rect(40px 200px 150px 40px);
```

in der Stylesheet-Definition bedarf weiterer Erläuterung. Die erste Zahl gibt die y-Koordinate des *oberen* Rands (top) des Clipping-Bereichs an. Die zweite Zahl entspricht der x-Koordinate des *rechten* Rands (right) des Clipping-Bereichs. Danach wird die y-Koordinate der *unteren* Kante (bottom) und als Letztes die x-Koordinate der *linken* Seite (left) des Clipping-Bereichs aufgeführt. Beginnend mit dem top-Wert werden die Koordinaten also im Uhrzeigersinn angegeben:

```
clip: rect(top right bottom left)
```

Auch hier bedeuten die Buchstaben *px* nach den Zahlenangaben, dass es sich um Pixelwerte handelt. Wenn Sie z.B. für top keinen Clipping-Wert vorgeben wollen, da der Clipping-Bereich nach oben hin offen sein soll, geben Sie als Wert auto an.

Bitte beachten Sie, dass sich auch das Clipping auf das <div>-Tag bezieht und nicht auf das Image-Objekt selbst. Sie können ebenso andere Dinge, wie z.B. Text, in das <div>-Tag einbinden.

Mit JavaScript hat man über das style-Objekt Zugriff auf die Eigenschaft clip, um den Clipping-Bereich in Erfahrung zu bringen oder zu verändern. Dazu werden wir später ein Beispiel sehen (siehe *Clipping verändern*, S. 297).

16.1.7 z-index

Was passiert, wenn sich zwei positionierte Elemente überschneiden? Das Resultat ist abhängig vom z-index der beiden Objekte. Mit dem z-index kann man die Anordnung einzelner Elemente angeben. Dies ist sozusagen die z-Koordinate in einem dreidimensionalen Raum. Das Element mit dem größten z-index wird stets über den anderen Elementen dargestellt. Dies machen sich einige Unternehmen zunutze, um für eine gewisse Zeit den Inhalt einer Webseite mit einer Werbung zu überdecken.

Überschneidungen

Sie können sich positionierte Elemente wie Spielkarten vorstellen, die auf einem Tisch verschoben werden können. Karten, die über anderen Karten liegen, haben einen höheren z-index als die Karten, die darunter liegen.

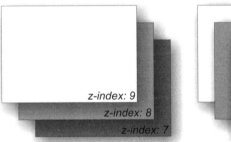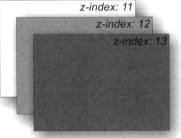

Abb. 16–6

Positionierte Elemente mit unterschiedlichem z-index

Aus Bildbearbeitungsprogrammen wie Adobe Photoshop werden Sie vielleicht den Umgang mit mehreren Bildebenen kennen. Im Grunde funktionieren positionierte Elemente, wie sie hier verwendet werden, ähnlich wie Bildebenen in Bildbearbeitungsprogrammen.

Der z-index wird durch eine positive, ganze Zahl festgelegt. Das folgende Beispiel zeigt zwei Bilder, mit einem z-index von 1 bzw. 2:

bild4.html

```html
<html>
<head>
<title>z-index</title>

<style type="text/css">
    #bild1 {  position: absolute;
            top: 50px;
            left: 100px;
            z-index: 1; }

    #bild2 {  position: absolute;
            top: 100px;
            left: 140px;
            z-index: 2; }
</style>
</head>
<body>

    <div id="bild1">
        <img src="obj1.gif" alt="Obj1"
            width="136" height="135" />
    </div>

    <div id="bild2">
        <img src="obj2.gif" alt="Obj2"
            width="172" height="120" />
    </div>

</body>
</html>
```

In diesem Beispiel überlappt das zweite Bild das erste. Wenn Sie den z-index des ersten Bildes beispielsweise auf 10 setzen, wird die Reihenfolge umgedreht.

In JavaScript können Sie den z-index über die Eigenschaft zIndex des style-Objekts auslesen und verändern. Bitte beachten Sie, dass z-index im Zusammenhang mit CSS mit einem Bindestrich geschrieben wird, die Eigenschaft in JavaScript jedoch zIndex heißt, also ohne Bindestrich geschrieben wird.

Weiterhin ist zu beachten, dass in einigen Browsern Formularelemente immer im Vordergrund dargestellt werden, selbst wenn Sie durch andere Elemente überlagert werden.

16.1.8 Transparenz

Bilder haben immer eine rechteckige Form. Dies sieht man vor allem dann, wenn Bilder, die nicht rechteckige Objekte darstellen und keinen transparenten Hintergrund definieren, übereinander gelegt werden, wie es die folgende Abbildung zeigt.

Abb. 16–7

Überlappende Objekte

ohne transparenten

Hintergrund

Auch wenn Bilder immer eine rechteckige Form haben, kann man die Illusion von nicht rechteckigen Bildern durch den Einsatz eines transparenten Hintergrunds erreichen. Dies funktioniert nicht mit allen Bildformaten. *gif-* und *png*-Bilder können einen transparenten Hintergrund haben, *jpg*-Bilder hingegen leider nicht.

Transparenz

Um ein Bild mit transparentem Hintergrund zu erzeugen, müssen Sie in Ihrem Grafikprogramm entsprechende Einstellungen wählen und darauf achten, dass nicht ein weißer Hintergrund gesetzt wird.

Abb. 16–8

Überlappende Objekte

mit transparentem

Hintergrund

Das *png*-Format kann auch halbtransparente Bilder darstellen (man spricht vom so genannten Alphakanal). Halbtransparent bedeutet, dass Elemente im Hintergrund durch ein Bild im Vordergrund hindurchscheinen können. Dies funktioniert mit *gif*-Bilder nicht. Dort sind Pixel entweder transparent oder nicht transparent.

Alphakanal

Als Einsatzzweck für halbtransparente Flächen in einem Bild ist z.B. der Schatten eines Objekts zu nennen. Der Schatten verdunkelt die dahinter liegenden Objekte nur etwas, ohne sie komplett zu verdecken.

Leider können nicht alle gängigen Browser mit dem Alphakanal richtig umgehen. Das bedeutet, dass ein halbtransparentes Pixel wie ein nicht durchscheinendes Pixel behandelt wird. Dies trifft beispielsweise auf den Internet Explorer 6 zu. Im Internet Explorer 7 wurde dieses Problem behoben.

16.1.9   Bilder und Links

Häufig werden Links im Zusammenhang mit Bildern verwendet. Meistens werden die Event-Handler dann im Link-Objekt festgelegt. Man kann in den gängigen Browsern zwar das Image-Objekt selbst mit

*Event-Listenern versehen. Jedoch funktioniert die Angabe der Event-
Handler im <a>-Tag auch in älteren Browsern.*

Rahmen   Damit der Browser keinen Rahmen um das Bild malt, um zu signalisieren, dass es sich um einen Link handelt, kann man in der Stylesheet-Definition des Bildes border: 0px angeben. Früher wurde im
<img>-Tag die Eigenschaft border="0" angegeben. Dies funktioniert aus
Kompatibilitätsgründen zu älteren Browsern zwar immer noch, jedoch
sollte man in Zukunft den Rahmen möglichst über Stylesheets verändern.

Imagemaps   Um einzelne Bereiche in einem Bild mit verschiedenen Links zu
versehen, werden Imagemaps verwendet. Das folgende Beispiel zeigt,
wie Imagemaps erzeugt werden können. Aus der Sicht von JavaScript
können die Bereiche, die über das <area>-Tag mit einem Link versehen
werden, wie normale Links behandelt werden. Event-Handler können
direkt im <area>-Tag angegeben werden. Weitere Informationen zu
Imagemaps finden Sie auf der Webseite des W3C.

imagemap.html
(Auszug)

```
<map name="test">
   <area href="seite1.html" shape="circle"
      alt="Kreis" coords="120,50,30" />
   <area href="seite2.html" shape="rect"
      alt="Rechteck" coords="150,100,250,150" />
   <area href="seite3.html" shape="poly"
      alt="Polygon" coords="20,150,100,100,120,200" />
</map>

<img src="test.gif" alt="Imagemaps"
   usemap="#test" style="border: 0px"
   width="250" height="200" />
```

Abb. 16–9

Imagemaps

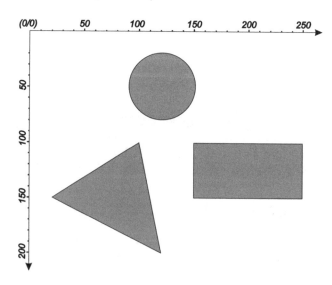

16.1.10 Bilder ersetzen

Bilder auf einer Webseite lassen sich durch andere Bilder ersetzen. Dafür weisen Sie der src-Eigenschaft eines Image-Objekts einfach eine neue Adresse zu, also beispielsweise so:

```
var bild = document.getElementById("bild");
bild.src = "neuesBild.gif";
```

Ein einfacher, aber sehr häufig eingesetzter Effekt sind so genannte *Rollover Images*. Dies sind Bilder, die sich verändern, wenn der Anwender den Mauszeiger darüber hinwegbewegt.

Abb. 16–10
Rollover Images

Wie wir bereits gesehen haben, lassen sich Stylesheets auf Basis von Mausbewegungen dynamisch anpassen, um einen solchen Effekt mit Text zu erzielen (siehe *onmouseover und onmouseout*, S. 186). Wenn wir das Gleiche mit Bildern umsetzen wollen, benötigen wir auch hier wieder die Event-Handler onmouseover und onmouseout.

Da Rollover Images normalerweise im Zusammenhang mit Links verwendet werden, müssen wir die Bilder in <a>-Tags einbetten. Für jeden Link benötigen wir zwei Bilder, eines für jeden Zustand.

Abb. 16–11
Die verwendeten
Einzelbilder

Hat man die Bilder erstellt, muss man sich nur noch darum kümmern, dass ein JavaScript-Programm für die richtige Darstellung sorgt. In der Ausgangsstellung müssen alle Bilder im deaktivierten Zustand angezeigt werden. Tritt auf einem Link ein mouseover-Ereignis ein, muss das jeweilige Bild aktiviert werden. Bei einem mouseout-Ereignis muss wieder das normale Bild angezeigt werden.

rollover.html

```html
<html>
<head>
<title>Steine</title>

<script type="text/javascript">

var b = new Array();
var browserOK = false;

function init() {
   // Browser überpruefen
   if (Image && document.getElementById) browserOK = true
   else return false;

   for (i = 0; i < b.length; i++) {
      // Bilder vorladen
      var img = new Image();
      img.src = b[i][2];

      // Event-Handler definieren
      var bild = document.getElementById(b[i][0]);
      bild.onmouseover = an;
      bild.onmouseout = aus;

   }
}

function an() {
   if (browserOK) {
      var name = this.id;
      for (i = 0; i < b.length; i++) {
         var bild = document.getElementById(b[i][0]);
         if (name != b[i][0]) {
            // alle anderen Bilder zuruecksetzen
            bild.src = b[i][1];
         } else {
            bild.src = b[i][2];
         }
      }
   }
}

function aus() {
   if (browserOK) {
      // alle Bilder zuruecksetzen
      for (i = 0; i < b.length; i++) {
         var bild = document.getElementById(b[i][0]);
         bild.src = b[i][1];
      }
   }
}
```

```
b[0] = ["bild1", "stein1f.jpg", "stein1t.jpg"];
b[1] = ["bild2", "stein2f.jpg", "stein2t.jpg"];
b[2] = ["bild3", "stein3f.jpg", "stein3t.jpg"];

window.onload = init;

</script>
</head>

<body>
    <a href="link1.html"><img id="bild1" src="stein1f.jpg"
        alt="Stein1" width="100" height="80"
        style="border: 0px" /></a>

    <a href="link2.html"><img id="bild2" src="stein2f.jpg"
        alt="Stein2" width="100" height="80"
        style="border: 0px" /></a>

    <a href="link3.html"><img id="bild3" src="stein3f.jpg"
        alt="Stein3" width="100" height="80"
        style="border: 0px" /></a>
</body>
</html>
```

Die HTML-Seite stellt drei Bilder dar. Im <body>-Teil des HTML-Dokuments werden diese Bilder jeweils mit Links versehen. Jedes Bild bekommt einen Namen, wie bild1, bild2 usw. Mit diesen Namen kann man später auf die jeweiligen Bilder zugreifen.

In dem <body>-Teil werden die Ausgangsbilder dargestellt. So wie die Seite aufgebaut ist, funktionieren die Links auch wenn JavaScript deaktiviert ist.

16.1.11 Bilder vorher laden

Wenn sich der Mauszeiger das erste Mal über ein Bild bewegt, sollte der Browser nicht erst in diesem Augenblick das anzuzeigende Bild vom Server anfordern. Selbst wenn der Anwender eine sehr gute Internetverbindung hat, wird es eine störende Verzögerung geben, bis das Bild angezeigt wird. Ganz deutlich wird es bei langsamen Internetverbindungen. Deshalb ist es ratsam, Bilder gleich zu laden, nachdem die Seite angezeigt wird. Natürlich ist es in diesem Zusammenhang von Vorteil, wenn die zu ladenden Bilddateien nicht allzu groß sind.

Das Image-Objekt eignet sich, um Bilder vorher zu laden. Wir können beispielsweise Folgendes schreiben:

```
var img = new Image();
img.src = "stein1t.jpg";
```

Diese Befehle bezweckt, dass das angegebene Bild vom Server angefordert wird. Damit dies gleich zu Beginn passiert, kümmern wir uns darum in der Funktion init(), die über onload aufgerufen wird.

Selbst wenn wir keine Referenz auf das Bild speichern würden, müsste das Bild später nicht mehr vom Server angefordert werden. Sobald das Bild einmal geladen wurde, wird es normalerweise im Browser-Cache abgelegt. Wird das Bild ein zweites Mal vom Server angefordert, wird zunächst im Cache geschaut, ob das Bild bereits vorliegt. Ist das der Fall, spart man sich den Zugriff über das Internet und somit unnötige Wartezeiten.

16.2 Animationen

Bewegte Bilder sind aus dem Internet nicht wegzudenken. Es gibt vielfältige Einsatzzwecke und mindestens genauso viele Lösungsansätze. Die Bandbreite reicht von einfachen Texten, die über den Bildschirm bewegt werden, über simple Animationen mit wenigen Einzelbildern, hin zu ganzen Filmen in Fernsehqualität. Da Filme in guter Qualität spezielle Formate wie *mpg* verwenden und dies wenig mit JavaScript zu tun hat, werde ich auf diesen Einsatzzweck im Folgenden nicht näher eingehen.

16.2.1 Animationen allgemein

Schnelle Abfolge von Einzelbildern

Alle Animationstechniken erzeugen den Eindruck einer Bewegung durch die schnelle Abfolge von Einzelbildern. Wie beim Fernsehen werden ähnliche Bilder schnell hintereinander abgespielt. Die Einzelbilder einer Animation nennt man auch Frames – nicht zu verwechseln mit den bisher behandelten Frames. Das menschliche Auge kann ab einer bestimmten Geschwindigkeit der Bildfolge (bei ca. 12–15 Frames pro Sekunde) keine einzelnen Bilder mehr unterscheiden. Es entsteht der Eindruck einer fließenden Bewegung.

Die Größe einer Animation hängt von der Dauer, dem verwendeten Bildformat, der Frames pro Sekunde, der Auflösung und der Anzahl der Farben ab. Im Web ist gewöhnlich nicht die Leistungsfähigkeit des Client-Computers der Engpass, sondern vielmehr die Übertragungsgeschwindigkeit des Internets.

Eine größere Bilderzahl wirkt sich deutlich auf die Übertragungsdauer aus. Die wenigsten Besucher einer Webseite werden dazu bereit sein, auf eine Zwei-Sekunden-Animation mehrere Minuten zu warten. Vor allem ist es ärgerlich, wenn solch eine mächtige Animation ohne Vorwarnung geladen wird. Da viele Programmierer einen sehr guten

Computer und einen schnellen Internetzugang haben, gehen sie automatisch davon aus, dass die Anwender über ähnliche technische Voraussetzungen verfügen. Dies ist jedoch oft nicht der Fall. Dies sollte man bei der Erstellung einer Webseite immer im Kopf haben und am besten jede Seite mit einem alten Computer und einer langsamen Internetverbindung testen.

16.2.2 Verschiedene Animationstechniken

Wie bereits angedeutet wurde, gibt es sehr viele verschiedene Techniken für die Einbindung von Animationen. Im Web kommen insbesondere drei Techniken zum Einsatz: *gif*-Animationen, Flash und JavaScript-Animationen.

gif-Animationen werden mit einem speziellen *gif*-Bildformat (GIF89a) ermöglicht und eignen sich nur für ganz einfache Zwecke, wie z.B. ein immer wiederkehrender Werbebanner. Man erzeugt dafür lediglich die einzelnen Bilder und fasst sie in einer *gif*-Datei vom Format GIF89a zusammen. Es gibt zahlreiche Programme (auch Shareware und Freeware), die einzelne *gif*-Bilder zu einer Animation zusammenfassen können. Das Praktische an einer solchen Animation ist, dass sie genauso wie ein normales *gif*-Bild in die HTML-Seite eingebunden werden kann. Die Animation läuft vollkommen selbstständig ab, wenn der Browser das Format erkennt, was für die meisten verfügbaren Browser gilt. Der wesentliche Vorteil dieser Art von Animationen ist der einfache Umgang damit, wenn die Animation einmal erstellt ist. *gif*-Animationen werden meistens in einer Endlosschleife abgespielt und lassen sich durch JavaScript nicht steuern.

gif-Animationen

Man muss eingestehen, dass Flash-Animationen mittlerweile wesentlich beliebter sind als JavaScript-Animationen. Dies liegt sicherlich daran, dass für die Erstellung einer Flash-Animation ein komfortables Tool existiert, mit dem man relativ einfach eine Animation zusammenbasteln kann. Ein Nachteil ist natürlich, dass dieses Tool nicht kostenlos ist und Flash nicht in allen Browsern zur Verfügung steht.

Flash-Animationen

JavaScript-Animationen hingegen funktionieren mittlerweile in nahezu allen JavaScript-fähigen Browsern, da Animationen bereits seit JavaScript 1.1 möglich sind.

JavaScript-Animationen

Ein Nachteil von JavaScript-Animationen ist, dass man diese von Hand erstellen muss. Wie auf den nächsten Seiten gezeigt wird, ist dies jedoch nicht so kompliziert, wenn man die grundlegenden Bausteine kennt.

16.2.3 Lauftexte

Wir wollen mit einer ganz einfachen Animation anfangen. Unser Beispiel-Skript soll einen kurzen Text über den Bildschirm bewegen. Früher waren Lauftexte in der Statusleiste des Browsers sehr beliebt. Da neuere Browser den Zugriff auf die Statusleiste häufig unterbinden, ist von dieser Vorgehensweise abzuraten. Deshalb soll unser Lauftext nicht in der Statusleiste gezeigt werden, sondern im HTML-Dokument selbst.

Wie ein Element an einer bestimmten Stelle positioniert wird, wurde bereits im Zusammenhang mit Stylesheets gezeigt. Wir benötigen nur noch einen Mechanismus, der dieses Element in kurzen Zeitabständen leicht verschiebt. Wenn man das schnell genug macht, entsteht der Eindruck einer flüssigen Bewegung.

Timer   Für die Veränderung der Position in kurzen Zeitabständen verwenden wir einen Timer (siehe *Timer*, S. 145). Dieser Timer ruft in kurzen Intervallen eine Funktion auf, die den String jeweils um ein kleines Stück verschiebt. Da wir diese Funktion immer wieder aufrufen müssen und nicht nur einmal, verwenden wir für den Timer am besten setInterval().

In unserem Beispiel wird der Timer in der Funktion init() gesetzt. Die Funktion, die vom Timer immer wieder aufgerufen werden soll, heißt neuePosition(). In dieser Funktion wird der String über die left-Eigenschaft des style-Objekts gesetzt, um eine horizontale Bewegung zu erzeugen.

anim1.html

```
<html>
<head>
<title>Lauftext</title>
<meta http-equiv="Content-Script-Type"
    content="text/javascript" />

<script type="text/javascript">

var x;
var richtung = true;
var delta = 2;
var pos = 100;

function init() {
    x = document.getElementById("div1");
    setInterval("neuePosition()", 20);
}

function neuePosition() {
    if (richtung) {
        pos += delta;
        if (pos > 400) richtung = false;
    }
```

```
    else {
        pos -= delta;
        if (pos < 100) richtung = true;
    }
    x.style.left = pos + "px";
}

</script>
</head>
<body onload="init()">

    <div id="div1"
        style="position: absolute; left: 100px; top: 200px;">
        Dies ist ein Test...
    </div>

</body>
</html>
```

Hier wird eine globale Variable pos verwendet, um jeweils die neue Position zu berechnen. Dies ist eigentlich unnötig, da ja x.style.left immer die aktuelle Position angibt. Da wir jedoch die aktuelle Position verändern wollen, indem wir delta hinzuzählen oder abziehen, müssen wir beachten, dass x.style.left einen String zurückliefert, z.B. *"200px"*. Bevor wir mit dieser Angabe rechnen können, müssen wir den ersten Teil des Strings in eine Zahl umwandeln. Dazu kann man die Funktion parseInt() verwenden, jedoch können wir uns das durch die Variable pos sparen.

16.2.4 Clipping verändern

Weiter oben wurde erklärt, was Clipping ist (siehe *Clipping*, S. 285). Sie können den Clipping-Bereich nicht nur über die Stylesheet-Vorlage setzen, sondern auch über JavaScript durch Zugriff auf das style-Objekt. Dies lässt sich mit einem Timer kombinieren, so dass sich der Clipping-Bereich langsam verändert. So wird im nächsten Beispiel ein Bild langsam eingeblendet, bis es komplett sichtbar ist.

Sichtbarer Bereich
Unsichtbarer Bereich

Zeit

Abb. 16–12

Langsamer Aufbau eines Bildes

anim2.html

```html
<html>
<head>
<title>Clipping-Animation</title>
<meta http-equiv="Content-Script-Type"
    content="text/javascript" />

<style type="text/css">

    #bild1 {  position: absolute;
              top: 100px;
              left: 100px;
              clip: rect(0px 0px 0px 0px); }

</style>

<script type="text/javascript">

var bild1, stepX, stepY;
var breite = 0;
var hoehe = 0;
var schritte = 20;
var num = 0;

function init() {
   bild1 = document.getElementById("bild1");

   var bildObj = document.getElementById("b1");
   stepX = Math.round(bildObj.width / schritte);
   stepY = Math.round(bildObj.height / schritte);

   bereichVeraendern();
}

function bereichVeraendern() {
   breite += stepX;
   hoehe += stepY;
   bild1.style.clip =
      "rect(0px " + breite + "px " + hoehe + "px 0px)";

   num++;
   if (num < schritte) {
      setTimeout("bereichVeraendern()", 50);
   } else {
      bild1.style.clip = "rect(auto auto auto auto)";
   }
}

</script>
</head>
<body onload="init()">

   <div id="bild1">
      <img src="obj.gif" id="b1" alt="Obj1"
         width="278" height="216" />
   </div>

</body>
</html>
```

Zu Beginn wird der Clipping-Bereich so gesetzt, dass von dem Bild nichts zu sehen ist. Ein Timer sorgt dafür, dass der Clipping-Bereich immer größer wird. Bei jedem Schritt wird die Eigenschaft clip des style-Objekts verändert. Man muss dieser Eigenschaft einen String nach dem Muster

```
"rect(top right bottom left)"
```

zuweisen, wie dies auch bei der Stylesheet-Definition der Fall ist.

Damit die Schrittweite nicht von Hand berechnet werden muss, verwendet das Skript die Variablen stepX und stepY, die basierend auf der Bildgröße gesetzt werden. Die Variable schritte gibt an, wie viele Schritte angezeigt werden sollen. Nach dem letzten Schritt wird der Clipping-Bereich mit

```
bild1.style.clip = "rect(auto auto auto auto)";
```

gesetzt, damit das komplette Bild angezeigt wird (durch Rundungsfehler bei der Berechnung von stepX und stepY kann es sonst vorkommen, dass nach dem letzten Schritt ein kleiner Teil des Bildes noch nicht angezeigt wird). Durch die Angabe auto wird der Clipping-Bereich automatisch auf die Größe des Bildes gesetzt.

Im Unterschied zum vorhergehenden Beispiel verwenden wir hier setTimeout() statt setInterval(). Im ersten Beispiel wollten wir eine endlose Animation haben. Dafür eignet sich setInterval(). In diesem Beispiel soll die Animation aber nach Ablauf enden, so dass sich eher setTimeout() anbietet. Wie Sie sehen, wird setTimeout() am Ende der Funktion bereichVeraendern() eingesetzt, damit die gleiche Funktion kurze Zeit später wieder aufgerufen wird.

16.2.5 Animationen mit Bildern

Als Nächstes wollen wir eine Animation programmieren, die sich aus verschiedenen Einzelbildern zusammensetzt. Die Bausteine für die Umsetzung einer solchen Animation haben wir bereits kennen gelernt.

```
<html>                                          anim3.html
<head>
<title>JavaScript-Animation</title>
<meta http-equiv="Content-Script-Type"
   content="text/javascript" />

<script type="text/javascript">

var verzoegerung = 100;
var nr = 2;

var bilder = new Array(); // speichert die Bilder der Anim.
```

```
// hier werden die Bilder im Hintergrund geladen
for (i = 1; i <= 10; i++) {
  bilder[i] = new Image();
  bilder[i].src = "dp" + i + ".gif";
}

function naechstesBild() {
  document.images["animation"].src = bilder[nr].src;

  nr++;
  if (nr > 10) nr = 1;
}

function init() {
  setInterval("naechstesBild()", verzoegerung);
}
</script>
</head>
<body onload="init()">
  <p>
  <img src="dp1.gif" id="animation" alt="Animation" />
  </p>
</body>
</html>
```

Sie sehen, dass im <head>-Teil eine for-Schleife für das Laden der Bilder sorgt. Diese for-Schleife steht außerhalb einer Funktion. Das bedeutet, dass der Browser diese Zeilen sofort ausführt. Die Bilder, die in unserem Skript verwendet werden sollen, haben die Namen *dp1.gif* bis *dp10.gif*. Da die Bilder durchnummeriert sind, können wir darauf in unserer Schleife leicht zugreifen. Der Computer soll jeweils die Datei "dp"+i+".gif" laden, wobei i die Schleifenvariable darstellt. Daraus ergeben sich für den Computer die zehn Dateinamen "dp1.gif" bis dp10.gif".

Es wird ein Array mit Namen bilder als globales Array definiert. Das Image-Objekt wird über das <img>-Tag in HTML eingebunden. Dort wird auch gleich das erste Bild *dp1.gif* festgelegt. Dies hat den Vorteil, dass ein Browser, der kein JavaScript beherrscht, trotzdem das erste Bild anzeigt.

Mit dem onload-Event-Handler wird ein Timer gestartet. Der Timer ruft die Funktion naechstesBild() periodisch auf. Die zu wartende Zeit wird durch die Variable verzoegerung festgelegt, die am Anfang des Skripts definiert wird.

Die Funktion naechstesBild() sorgt dafür, dass ein neues Bild angezeigt wird. Die Nummer des aktuellen Bildes wird in der Variablen nr festgehalten. Am Anfang des Skripts wird diese Variable auf den

Wert 2 festgelegt. Damit beginnt die Animation mit dem Bild mit der Nummer 2, da das Bild mit der Nummer 1 ja bereits angezeigt wird.

Ein Bild ersetzen

Die Zeile

```
document.images["animation"].src = bilder[nr].src;
```

sorgt dafür, dass das richtige Bild dargestellt wird. Das Objekt mit dem Namen `animation` stellt dabei unser Bild im `<body>`-Teil des HTML-Dokuments dar. Die Zeile bedeutet lediglich, dass der Computer statt des momentanen Bildes das Bild mit der Nummer `nr` aus dem Array `bilder` darstellen soll. Da dieses allerdings schon im Speicher des Computers ist, muss das Bild nicht mehr über das Internet geladen werden. Es ist sofort verfügbar.

Am Ende der Funktion wird die Variable `nr` um eins hochgezählt, damit beim nächsten Aufruf von `naechstesBild()` das nächste Bild gezeigt wird. Wird die Variable `nr` dabei größer als 10, muss die Variable wieder auf 1 zurückgesetzt werden, da die Animation nur 10 Bilder hat. Durch das wiederholte Zurücksetzen auf 1 erhält man eine endlose Animation.

Abb. 16–13
Einzelbilder einer einfachen Beispiel-Animation

Die Darstellung des neuen Bildes löst wiederum das Ereignis `load` aus. Damit wird ein neuer Timer durch den `onload`-Event-Handler in Gang gesetzt usw.

Möchte man eine endlose Animation erzeugen, wählt man die Bilder möglichst so, dass es einen nahtlosen Übergang vom letzten zum ersten Bild der Animation gibt. Wenn man z.B. eine Animation eines rotierenden Würfels mit zehn Bildern erzeugen möchte, sollte man bei jedem Bild den Würfel um jeweils 36 Grad weiterdrehen. Das erste Bild zeigt den Würfel also bei 0 Grad, das zweite Bild zeigt ihn bei 36 Grad usw. Das zehnte Bild schließlich zeigt den Würfel bei 324 Grad. Wenn die Animation wieder von vorne beginnt, wird der Würfel wieder bei 0 Grad angezeigt. Dieses Bild ist jedoch das gleiche, das man durch eine Rotation um 360 Grad bekommen würde. Der Betrachter hat somit den Eindruck, dass der Würfel sich immer weiter dreht. Es gibt keinen unsauberen Sprung vom letzten zum ersten Bild.

17 Browserunabhängige Programmierung

Ich hatte ursprünglich die Hoffnung, auf dieses Kapitel in der neuen Auflage verzichten zu können. Zwar unterstützen die gängigen Browser die aktuellen Standards weitgehend, aber es gibt dennoch einige Unterschiede, die man beachten muss. Insbesondere die verschiedenen Ereignismodelle muss man unter einen Hut bringen.

Dieses Kapitel zeigt, wie man Unterschiede der einzelnen Browser umschiffen kann und wie man eine Spezialbehandlung programmiert, wenn sich keine einheitliche Lösung für alle Browser finden lässt.

17.1 Unterschiede zwischen den Browsern

Das DOM hat sich weitgehend durchgesetzt und hat so zu einer Vereinheitlichung der Programmierung in den verschiedenen Browsern geführt. Natürlich gibt es in den einzelnen Objekten zwischen den Browsern immer noch Unterschiede, aber diese lassen sich normalerweise gut umgehen. Beispielsweise kennt der Internet Explorer das Array document.all, mit dem auf die Elemente einer Webseite zugegriffen werden kann. Aber das funktioniert in anderen Browsern normalerweise nicht. Stattdessen kann die Methode document.getElement-ById() verwendet werden, die mittlerweile in allen gängigen Browsern unterstützt wird.

DOM

Leider konnte sich noch kein einheitliches Ereignismodell durchsetzen. Das hat zur Folge, dass wir uns hierum speziell kümmern müssen. In diesem Kapitel wollen wir ein Beispiel anschauen, das starken Gebrauch von den Ereignismodellen macht. Wie Sie sehen werden, lässt sich das aber recht gut in den Griff bekommen.

Ereignismodelle

Grundsätzlich stellt sich immer die Frage, welche Browser man unterstützen möchte. Nicht jeder Anwender installiert immer sofort die neuesten Browserversionen. So werden auch recht alte Browser-

Welche Browser sollen unterstützt werden?

versionen noch eingesetzt. Ob es sich lohnt, speziell für diese Browser ein Skript anzupassen, muss jeder selbst entscheiden.

Ein Skript zu schreiben, das in den aktuellen Versionen des Internet Explorer und des Firefox funktioniert, ist normalerweise kein Problem, da beide Browser ähnliche Techniken und Mechanismen unterstützen, auch wenn es ein paar Unterschiede gibt. Wenn man sich hierzu im Vergleich den Netscape Communicator 4.x anschaut, der bereits im Jahre 1997 auf den Markt kam, wird man jedoch einige größere Unterschiede feststellen. Damals war diese Browserversion sehr populär. Dieser Browser wurde zwar weitgehend von neueren Versionen verdrängt, aber hier und da kommt diese Version immer noch zum Einsatz. Da die Webprogrammierung sich in eine etwas andere Richtung weiterentwickelt hat, muss man sich fragen, ob sich der Aufwand lohnt, ein Skript extra für diesen Browser anzupassen. In einigen Fällen wird es recht einfach sein, in anderen Fällen etwas komplizierter.

Man wird sich meistens wahrscheinlich dafür entscheiden, alte Browserversion, die kaum noch eingesetzt werden und eine Sonderbehandlung benötigen würden, nicht mehr zu unterstützen. Wenn man sich dafür entscheidet, wäre es natürlich das Beste, wenn die Anwender nicht mit Fehlermeldungen überschüttet werden, wenn sie dennoch diese Browserversion verwenden. Das Skript kann so geschrieben werden, dass ein Browser wie der Netscape Communicator 4.x wie ein einfacher JavaScript-fähiger Browser behandelt wird, auch wenn er eigentlich über zusätzliche Fähigkeiten verfügt.

Fallunterscheidung

Browserunabhängige Programmierung läuft gewöhnlich auf eine Fallunterscheidung hinaus. Je nachdem welcher Browser verwendet wird, werden die entsprechenden Befehle ausgeführt. Zu Beginn muss also festgestellt werden, welchen Browser der Anwender einsetzt bzw. welche Fähigkeiten der Browser besitzt. Hierfür gibt es wie wir gesehen haben, unterschiedliche Möglichkeiten (siehe *Browserversionen überprüfen*, S. 147).

Funktionsbibliotheken für die browserunabhängige Programmierung

Eine gute Möglichkeit, browserunabhängige Seiten zu erzeugen, ist die Verwendung einer Cross-Browser-Funktionsbibliothek. Das sind js-Dateien, die allgemeine Funktionen, z.B. für den Umgang mit positionierbaren Elementen, bereitstellen. Ziel ist es, die Unterschiede zwischen den verschiedenen Browsern durch diese Funktionen zu überbrücken. Solch eine Bibliothek kann man zwar selbst erstellen, aber im Internet gibt es auch einige Cross-Browser-Bibliotheken mit nützlichen Funktionen. Hier sind beispielsweise x library, Prototype oder Sarissa zu nennen. Außerdem gibt es einige Bibliotheken, die nützliche Komponenten zur Verfügung stellen. Beispiele hierfür sind Rico und Scriptaculous.

17.2   Browserunabhängiges Drag&Drop

In diesem Abschnitt soll gezeigt werden, wie sich die verschiedenen Ereignismodelle verbinden lassen. Dazu soll ein Drag&Drop-Skript dienen, bei dem der Anwender Objekte auf einer Webseite beliebig hin- und herbewegen kann.

17.2.1   Funktionsweise des Drag&Drop-Skripts

Um ein Objekt, das durch ein einfaches Bild dargestellt wird, zu bewegen, muss mit der Maus auf das Bild geklickt und die Maus bei gedrückter Maustaste an eine andere Stelle bewegt werden. Wird die Maustaste losgelassen, wird das Objekt an der neuen Stelle auf der Webseite positioniert.

Jedes Objekt, das man bewegen können soll, wird in einem eigenen <div>-Tag untergebracht. Das ermöglicht nicht nur die freie Platzierung auf der Seite, sondern erleichtert auch die Identifizierung des Objekts, auf das der Anwender jeweils klickt.

Wie die Abbildung zeigt, benötigen wir für dieses Beispiel die Ereignisse mousedown, mousemove und mouseup.

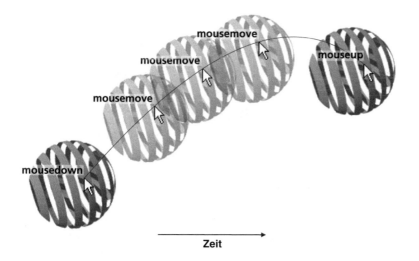

Abb. 17–1

Funktionsweise von

Drag&Drop

Bitte beachten Sie, dass hier nur Drag&Drop innerhalb des Webbrowsers gemeint ist. Mit diesem Skript lässt sich kein Drag&Drop zwischen unterschiedlichen Applikationen realisieren.

17.2.2   Verschiedene Ereignismodelle kombinieren

Wir werden für die Realisierung dieses Skripts die Ereignismodelle des W3C und des Internet Explorers verwenden. Dieses Beispiel zeigt nur, wie diese beiden Ereignismodelle miteinander kombiniert werden können. Durch eine Abfrage in der Funktion init() wird zu Beginn überprüft, ob das W3C-Ereignismodell oder das Ereignismodell des Internet Explorers verwendet werden soll. Browser, die mit keinem der beiden Ereignismodelle umgehen können, bleiben außen vor. Im Praxiseinsatz sollte der Anwender bei diesen Browsern einen Hinweis bekommen, dass das Skript dort nicht funktioniert.

In der dritten Auflage dieses Buches wurde das Beispiel mit dem Ereignismodell des Netscape Communicators 4.x realisiert. Da dieser Browser kaum noch im Einsatz ist, wurde nun das W3C-Ereignismodell gewählt. Falls Sie sich für das Beispiel aus der früheren Auflage interessieren, finden Sie dieses auf der Webseite zu diesem Buch.

Abb. 17–2

Drag&Drop

Wir benötigen drei Funktionen, die auf die unterschiedlichen Ereignisse reagieren. Die Funktion startDrag() wird als Reaktion auf das mousedown-Ereignis aufgerufen. Für mousemove-Ereignisse wird die Funktion drag() definiert. Wird die Maustaste losgelassen, d.h., es tritt ein mouseup-Ereignis ein, kommt die Funktion endDrag() zum Einsatz.

Während unser Skript auf alle mousedown- und mouseup-Ereignisse reagieren soll, müssen mousemove-Ereignisse nur berücksichtigt werden, wenn sie zwischen einem mousedown- und einem mouseup-Ereignis eintreten. Das heißt, uns interessiert es nicht, wenn die Maus ohne gedrückte Maustaste bewegt wird. Aus diesem Grund muss in der Funktion startDrag() dafür gesorgt werden, dass alle zukünftigen mousemove-Ereignisse berücksichtigt werden. In der Funktion endDrag() muss dem Browser dann wieder mitgeteilt werden, dass das mousemove-Ereignis für das Skript (bis zum nächsten mousedown) nicht mehr von Interesse ist.

dragdrop.html

```
<html>
<head>
<title>Drag & Drop</title>

<script type="text/javascript">

var isW3C = false;
var isIE = false;

var dx = 0;
var dy = 0;
var current = null;
var zIndexTop = 10;

function init() {

    if (document.addEventListener) isW3C = true;
    else if (window.event) isIE = true;

    document.onmousedown = startDrag;
    document.onmouseup = endDrag;
}

function startDrag(e) {
    var found = false;

    var obj;

    if (isW3C) obj = e.target;
    else if (isIE) {
        e = window.event;
        obj = e.srcElement;
    }
    else return;

    if ((obj.parentNode.id != null) &&
        (obj.parentNode.id.indexOf("bild") != -1)) {
            current = obj.parentNode.style;

            dx = e.clientX - parseInt(current.left);
            dy = e.clientY - parseInt(current.top);

            // Setze Objekt nach oben
            zIndexTop++;
            current.zIndex = zIndexTop;

            if (isW3C) {
                document.addEventListener("mousemove",
                    drag, true);
            }
```

```
            else {
                document.attachEvent("onmousemove", drag);
            }
            return false;
    }

    // Benutzer hat auf kein Objekt geklickt
    current = null;
    return false;
}

function drag(e) {
    if (current != null) {
        if (isIE) e = window.event;
        current.top = parseInt(e.clientY) - dy;
        current.left = parseInt(e.clientX) - dx;
    }

    return false;
}

function endDrag(e) {
    if (isW3C) {
        document.removeEventListener("mousemove",drag,true);
    } else if (isIE) {
        document.detachEvent("onmousemove", drag);
    }

    current = null;

    return false;
}

</script>

</head>

<body onload="init()">

    <div id="bild1" style="position:absolute; left:50px;
        top:100px; width:120px; z-index:1;"><img id="objekt1"
        src="kugel.gif" alt="Obj1"
        width="120" height="118" /></div>

    <div id="bild2" style="position:absolute; left:70px;
        top:120px; width:115px; z-index:2;"><img id="objekt2"
        src="wuerfel.gif" alt="Obj2"
        width="115" height="145" /></div>

    <div id="bild3" style="position:absolute; left:90px;
        top:150px; width:140px; z-index:3;"><img id="objekt3"
        src="zyl.gif" alt="Obj3"
        width="140" height="121" /></div>
</body>
</html>
```

In der Funktion `init()` wird anhand von `document.captureEvents` und `window.event` geprüft, welcher Browser verwendet wird (siehe *Objekte überprüfen*, S. 151). Auf dieser Basis werden die booleschen Variablen `isW3C` und `isIE` gesetzt, damit wir später nur noch diese beiden Variablen abfragen müssen. Bitte beachten Sie, dass Opera beide Tests erfüllen würde. Da wir eine `if-else`-Abfrage verwendet haben, wird Opera hier als W3C-Browser behandelt.

Nun müssen wir uns die Funktion `startDrag()` näher anschauen. In `startDrag()` muss festgestellt werden, welches Objekt der Benutzer bewegen will. Das erfahren wir über das `Event`- bzw. `event`-Objekt. Während im W3C-Standard das `Event`-Objekt an die Funktion übergeben wird, lässt sich im Internet Explorer das `event`-Objekt über `window.event` ansprechen. Mit der Eigenschaft `target` bzw. `srcElement` kann man herausfinden, welches Objekt angeklickt wurde.

Welches Objekt soll bewegt werden?

Da es an dieser Stelle Unterschiede zwischen den Browsern gibt, müssen wir hier eine Fallunterscheidung machen. Wie Sie jedoch sehen, können wir in der Variablen `e` eine Referenz auf das `Event`- bzw. `event`-Objekt speichern und dann später ohne Fallunterscheidung beispielsweise auf `e.clientX` zugreifen, da diese Eigenschaft in beiden Objekten vorhanden ist.

17.2.3   Besonderheiten und Verbesserungsmöglichkeiten

In dem Skript wird überprüft, ob ein `mousedown`-Ereignis über einem bestimmten Objekt stattgefunden hat. Ein positionierbares Element ist immer rechteckig. Daran ändert auch ein *gif*-Bild mit transparentem Hintergrund nichts. In unserem Skript bedeutet dies, dass der Anwender nicht direkt auf die dargestellten Objekte klicken muss, um diese zu bewegen. Wird auf den transparenten Bereich eines Bildes geklickt, kann dieses trotzdem bewegt werden. Normalerweise wirkt dies nicht besonders störend. Nur wenn sich die Objekte überschneiden, kann es für den Anwender zu unerwarteten Ergebnissen kommen. Die folgende Abbildung zeigt dies, indem es die rechteckigen Bereiche der positionierbaren Elemente anzeigt (siehe Abb. 17–3).

Rechteckige Form von positionierbaren Elementen

In diesem Bild wird deutlich, dass der Anwender scheinbar eindeutig auf die beiden äußeren Objekte klicken kann, der Computer jedoch das mittlere Objekt für den Drag&Drop-Vorgang verwendet. Dies passiert, wenn das `mousedown`-Ereignis innerhalb des mittleren Rechtecks stattfindet. In diesem Fall wird das mittlere Objekt für den Drag&Drop-Vorgang verwendet, da es den höchsten `zIndex` besitzt.

Dieses Problem lässt sich nur schwer lösen. Beschränkt man sich nicht auf rechteckige Objekte, wie wir das in unserem Beispiel getan

Abb. 17–3

*Rechteckige Form von
positionierbaren
Elementen*

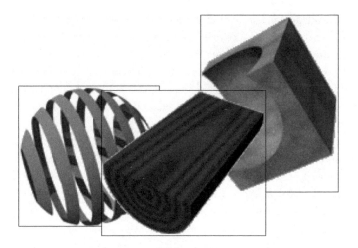

haben, muss man eine genauere Überprüfung des angeklickten Objekts durchführen. Dies wirkt sich in einem wesentlich höheren Rechenaufwand aus. Auch wenn sich bei drei Drag&Drop-Objekten der zusätzliche Ressourcenverbrauch des Computers wahrscheinlich noch in Grenzen halten wird, dürfte der Rechenaufwand bei mehr Drag& Drop-Objekten deutlich zunehmen. Hinzu kommt, dass die Programmierung wesentlich schwieriger wird.

*Verbesserungs-
möglichkeiten*

Es gibt einige Möglichkeiten, wie dieses Skript verbessert werden kann. Im Moment dient das Skript nur dem Hin- und Herschieben von Objekten. Gewöhnlich ist der Sinn und Zweck von Drag&Drop jedoch, dass etwas passiert, wenn ein Objekt an einer bestimmten Stelle losgelassen wird. Beispielsweise könnte man sich einen Spielautomaten vorstellen. Um spielen zu können, muss man zuerst eine Münze, die als positionierbares Objekt dargestellt wird, auf den Spielautomaten ziehen. Hier muss das Skript erkennen, ob eine Münze über dem Spielautomaten losgelassen wurde. Diese Überprüfung findet praktischerweise in der endDrag()-Funktion statt.

Es kann auch sinnvoll sein, durch eine Animation oder Ähnliches darauf hinzuweisen, dass an einer bestimmten Stelle ein Objekt losgelassen werden kann. Wenn der Anwender die Münze etwa auf den Einwurf des Spielautomaten zieht, könnte ein Lämpchen neben dem Einwurfschacht aufblinken, um zu signalisieren, dass die Münze dort hineingeworfen werden soll. Dafür muss die Funktion drag() angepasst werden. Durch eine Überprüfung der Mauskoordinaten kann festgestellt werden, ob sich der Mauszeiger über dem Zielbereich befindet.

18 Suchstrings und Cookies

Bisher haben wir noch keine Möglichkeit kennen gelernt, zwischen zwei Seiten, die nacheinander geladen werden, Daten auszutauschen. Dies kann in einigen Situationen jedoch ganz nützlich sein. Soll ein Besucher etwa am Anfang seinen Namen angeben, sollte diese Information nicht verloren gehen, auch wenn zwischen verschiedenen HTML-Dokumenten hin- und hergesprungen wird.

Hier kommt zum Tragen, dass das HTTP-Protokoll, mit dem die HTML-Dateien vom Client angefordert und vom Server verschickt werden, ein zustandsloses Protokoll ist. Das heißt, der Server merkt sich nicht, mit wem er kommuniziert. Werden nacheinander zehn Dokumente angefordert, ist es für den Server irrelevant, ob die Anfrage von einem einzelnen Client kam oder von zehn verschiedenen. Auf diese Weise wurde erreicht, das HTTP-Protokoll einfach zu halten und so eine schnelle Verarbeitung von Anfragen durch den Server zu ermöglichen. *Zustandsloses HTTP-Protokoll*

Würde sich der Server merken, mit wem er kommuniziert, könnte man leicht Daten auf dem Server speichern und auf diese später zugreifen. Dass es dennoch geht, Daten zwischen verschiedenen Seiten auszutauschen, zeigt dieses Kapitel.

18.1 Suchstrings

In einem vorhergehenden Kapitel wurde der Aufbau einer Webadresse erläutert (siehe *Das location-Objekt*, S. 142). Eine Webadresse (URL) setzt sich aus unterschiedlichen Elementen zusammen. Neben den Informationen, auf welchem Server und in welchem Verzeichnis ein Dokument liegt, können zusätzliche Daten mit Hilfe des Suchstrings (engl. *search string*) übergeben werden. Der Suchstring wird hinter die eigentliche Adresse mit einem Fragezeichen angehängt.

Wenn Sie im Internet surfen und auf die Adressleiste achten, werden Sie feststellen, dass der Suchstring häufig zum Einsatz kommt. So verwenden Suchmaschinen den Suchstring, um sich die eingegebenen Stichwörter, nach denen gesucht werden soll, zu merken. Die folgende Abbildung zeigt die Adressleiste bei einer Google-Suche nach dem Stichwort *JavaScript*. Die Informationen im Suchstring sind meistens etwas kryptisch, aber dennoch kann man oftmals einige Dinge wie den eingegebenen Suchbegriff wiederfinden.

Abb. 18–1
Verwendung des
Suchstrings bei Google

Der Suchstring wird oft auch als Kommandozeilenparameter bezeichnet. Dieser Ausdruck kommt von textbasierten Oberflächen, wie z.B. Unix oder DOS. Dort bezeichnet man Parameter, die beim Aufruf eines Programms angegeben werden, als Kommandozeilenparameter.

18.1.1   Auslesen des Suchstrings

Bevor wir mit Hilfe von JavaScript einen beliebigen Suchstring erzeugen wollen, soll zunächst ein einfaches Beispiel die Funktionsweise veranschaulichen. Wir benötigen zwei HTML-Dokumente. Im ersten Dokument wird ein Link gezeigt, der einen Suchstring enthält. Dieser Link zeigt auf das zweite Dokument, das den Suchstring auslesen soll. Der Link im ersten Dokument sieht so aus:

suchstring1.html
(Auszug)

```
<a href="suchstring2.html?JavaScript">Link</a>
```

Der Inhalt des Suchstrings heißt also *JavaScript*. Im zweiten Dokument können wir über das location-Objekt, das die einzelnen Teile einer Webadresse speichert, den Suchstring ganz einfach auslesen. Dazu verwenden wir die Eigenschaft search des location-Objekts. Über

suchstring2.html
(Auszug)

```
alert(location.search);
```

wird der Inhalt des Suchstrings ausgegeben, d.h. in unserem Fall *Java-Script*. Das Fragezeichen, mit dem der Suchstring eingeleitet wird, wird auch ausgegeben. Wie man dieses Fragezeichen wegbekommt, wird im nächsten Abschnitt gezeigt.

18.1.2 Verwendung von Leer- und Sonderzeichen

Nicht alle Zeichen dürfen in einer Webadresse verwendet werden. Bei der Verwendung des Suchstrings muss man deshalb darauf achten, dass nur erlaubte Zeichen verwendet werden. Zu den nicht erlaubten Zeichen gehören Leerzeichen und Sonderzeichen, wie z.B. einige Satzzeichen oder Umlaute.

Erfreulicherweise bietet JavaScript die zwei Funktionen encodeURI-Component() und decodeURIComponent() an, die dafür sorgen, dass keine unerlaubten Zeichen übertragen werden. Diese Funktionen sind Teil des ECMAScript-Standards, so dass sie in jeder JavaScript-Implementation verfügbar sind.

encodeURIComponent() und decodeURIComponent()

Die Funktion encodeURIComponent() wird verwendet, um die unerlaubten Zeichen durch bestimmte Codes zu ersetzen. Mit decodeURI-Component() erhält man wieder den ursprünglichen String. Wie im Schaubild gezeigt, werden die unerlaubten Zeichen durch so genannte Escape-Sequenzen ersetzt. Ein Leerzeichen wird etwa durch %20 ersetzt. decodeURIComponent() wandelt die Escape-Sequenz %20 wieder in ein Leerzeichen um.

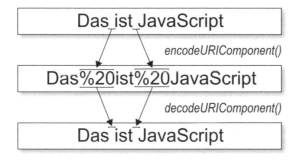

Abb. 18–2
Ersetzen von unerlaubten Zeichen

Im folgenden Beispiel werden diese beiden Funktionen verwendet, um einen beliebigen String, der über ein Eingabefeld abgefragt wird, mit Hilfe des Suchstrings an eine zweite Seite zu übertragen.

search1.html

```
<html>
<head>
<title>Suchstrings</title>
<meta http-equiv="Content-Script-Type"
    content="text/javascript" />

<script type="text/javascript">

function seiteLaden(uebergabe) {
    location.href = "search2.html?" +
        encodeURIComponent(uebergabe);
}
```

```
    </script>
    </head>
    <body>
        Bitte geben Sie einen Text ein, der an die neue
        Seite &uml;bergeben werden soll:
        <form>
            <p>
            <textarea id="eingabe" name="eingabe"
                rows="5" cols="40"></textarea>
            <br />
            <input type="button" value="Neue Seite laden"
                onclick="seiteLaden(this.form.eingabe.value)" />
            </p>
        </form>
    </body>
    </html>
```

Beim Laden der Datei search2.html wird automatisch der Suchstring ausgelesen. Dafür sorgt die Funktion uebergabeHolen(), die durch den onload-Event-Handler aufgerufen wird.

search2.html

```
<html>
<head>
<title>Suchstrings</title>
<meta http-equiv="Content-Script-Type"
    content="text/javascript" />

<script type="text/javascript">

function uebergabeHolen() {
    uebergabe = location.search;
    uebergabe = uebergabe.substring(1, uebergabe.length);
    document.meinFormular.ausgabe.value =
        decodeURIComponent(uebergabe);
}

</script>
</head>
<body onload="uebergabeHolen()">
    Dies ist die Eingabe von der letzten Seite:
    <form id="meinFormular" name="meinFormular">
        <p>
        <textarea id="ausgabe" name="ausgabe"
            rows="10" cols="40"></textarea>
        </p>
    </form>
</body>
</html>
```

Abb. 18–3
Datenübergabe mit Hilfe
des Suchstrings

Wenn man den Suchstring mit location.search ausliest, erhält man als erstes Zeichen das Fragezeichen, das benutzt wird, um den Suchstring an die Internetadresse zu hängen. Dieses Zeichen muss man in der Funktion uebergabeHolen() mit substring() entfernen. Danach kann man den Suchstring mit der Funktion decodeURIComponent() wieder in den alten Zustand bringen.

In einigen Browsern funktioniert dieses Beispiel nur, wenn es von einem Webserver geladen wird. Sollten Sie versuchen, das Beispiel mit *file:* von der lokalen Festplatte auszuführen, bekommen Sie bei diesen beiden Browsern Probleme.

Früher hat man statt encodeURIComponent() und decodeURICompo-nent() die beiden Funktionen escape() und unescape() verwendet. Diese funktionieren ähnlich wie die beiden hier gezeigten Funktionen, sind jedoch nicht Teil des ECMAScript-Standards, so dass man diese beiden Funktionen in Zukunft nicht mehr verwenden sollte. *escape() und unescape()*

Der Vorteil bei der Verwendung von Suchstrings ist die leichte Handhabung. Die Funktionen encodeURIComponent() und decodeURICom-ponent() nehmen dem Programmierer die meiste Arbeit ab. Bei komplexeren Dingen sind meistens Cookies zu bevorzugen. Diese werden wir uns im Folgenden näher anschauen.

18.2 Cookies

Mit Cookies (engl. für *Kekse*) können Informationen auf dem Client-Computer gespeichert werden. Die Daten werden gewöhnlich auf der Festplatte des Anwenders festgehalten. Da der Zugriff auf die Festplatte des Clients ein potenzielles Sicherheitsrisiko darstellt, unterliegen Cookies bestimmten Restriktionen, auf die später näher eingegangen wird.

Cookies eignen sich dafür, Informationen wie Formulareingaben über einen längeren Zeitraum zu speichern. Die Informationen in Cookies können über mehrere Jahre verfügbar sein, vorausgesetzt der Anwender löscht den Inhalt der Cookies nicht.

Cookies lassen sich u.a. für folgende Zwecke einsetzen:

- Speichern von Daten, so dass auf diese von verschiedenen Seiten einer Homepage zugegriffen werden kann
- Feststellen, wie oft jemand zu einer bestimmten Seite zurückkehrt
- Anpassen einer Homepage an die speziellen Wünsche der Besucher
- Anzeigen, was sich seit dem letzten Besuch auf einer Homepage geändert hat

Mit JavaScript können Cookies erstellt, verändert und ausgelesen werden. Cookies sind jedoch keine Erfindung von JavaScript. Auch der Server kann Cookies erzeugen und damit Informationen auf dem Client-Computer ablegen. Beim nächsten Besuch der Webseite, die ein spezielles Cookie erzeugt hat, kann der Server dieses wieder auslesen. Es gibt also zwei Möglichkeiten, mit Cookies zu arbeiten: eine clientseitige Lösung und eine serverseitige Lösung. Beide Vorgehensweisen lassen sich miteinander kombinieren.

Den Inhalt des Cookies wird bei jeder Anfrage des Clients an den Server übertragen. Je nach Internetverbindung des Anwenders und dem Umfang der gespeicherten Daten kann dies einen spürbaren Einfluss auf die Performance haben.

18.2.1   Ein einfaches Cookie

Ein Cookie besteht mindestens aus einem Namen und einem Wert. Der Name wird verwendet, um ein bestimmtes Cookie zu identifizieren. Der Wert eines Cookies ist die eigentliche Information, die man speichern möchte. Cookies können noch verschiedene weitere Elemente beinhalten. Bevor wir darauf zu sprechen kommen, wollen wir uns zunächst ein Beispiel anschauen.

Um in JavaScript auf Cookies zuzugreifen, benötigt man das Objekt `document.cookie`. Auf dieses Objekt kann sowohl lesend als auch schreibend zugegriffen werden. Um z.B. ein Cookie mit dem Namen test und dem Wert *Hallo* zu erzeugen, schreibt man:

```
document.cookie = "test=Hallo";
```

Da der Wert eines Cookies keine Leer- und Sonderzeichen enthalten darf, müssen wir auch hier encodeURIComponent() und decodeURIComponent() verwenden, wie wir das weiter oben gemacht haben (siehe *Verwendung von Leer- und Sonderzeichen*, S. 313).

Der Inhalt eines Cookies lässt sich mit document.cookie auslesen. Da eine Seite mehrere Cookies mit unterschiedlichen Namen definieren kann, kann der String, den man so erhält, jedoch recht lang und kryptisch sein.

Es bietet sich an, für den Umgang mit Cookies ein paar Funktionen zu schreiben. Mit diesen Funktionen kann man dann wesentlich leichter auf Cookies zugreifen, ohne sich jedesmal Gedanken über die innere Struktur machen zu müssen. Die hier gezeigten Funktionen stellen eine leichte Abänderung der Funktionen von Bill Dortch dar, die dieser als Public Domain veröffentlicht hat.

Wir definieren hierfür u.a. zwei Funktionen:

- setzeCookie(name, wert)
- holeCookie(name)

Diese beiden Funktionen sind sehr allgemein geschrieben, so dass wir diese unverändert in den folgenden Beispielen verwenden können. Wenn Sie sich die Funktionen anschauen, werden Sie wahrscheinlich einzelne Elemente noch nicht verstehen. Im Laufe dieses Kapitels wird sich dies jedoch klären.

Um die Funktionen auszuprobieren, benötigen wir zwei HTML-Dateien. Natürlich könnte man das Ganze auch in einem einzigen Dokument zeigen, jedoch wird dann der entscheidende Punkt nicht so deutlich.

Das erste HTML-Dokument cookie1.html erzeugt ein Cookie mit der Funktion setzeCookie():

cookie1.html

```
<html>
<head>
<title>Cookies</title>
<script type="text/javascript">

function setzeCookie(name, wert) {
    var arg_wert = setzeCookie.arguments;
    var arg_laenge = setzeCookie.arguments.length;
    var expires = (arg_laenge > 2) ? arg_wert[2] : null;
    var path = (arg_laenge > 3) ? arg_wert[3] : null;
    var domain = (arg_laenge > 4) ? arg_wert[4] : null;
    var secure = (arg_laenge > 5) ? arg_wert[5] : false;
```

```
            document.cookie = name + "=" + encodeURIComponent(wert) +
                ((expires == null) ? "" : ("; expires=" +
                    expires.toGMTString()))) +
                ((path == null) ? "" : ("; path=" + path)) +
                ((domain == null) ? "" : ("; domain=" + domain)) +
                ((secure == true) ? "; secure" : ""));
        }

        setzeCookie("test", "Hallo");

        </script>
        </head>
        <body>
            <p>
            Cookie wurde gesetzt.
            </p>
        </body>
        </html>
```

Erzeugen eines Cookies Die Funktion setzeCookie() bekommt zwei Werte übergeben. Zum einen ist dies der Name des Cookies, der in diesem Beispiel test lautet. Zum anderen wird der String "Hallo" als zu speichernder Wert übergeben. In der Funktion setzeCookie() interessiert momentan nur der Teil

```
        document.cookie = name + "=" + encodeURIComponent(wert)
```

Dort wird das Cookie mit dem Namen test und dem Inhalt "Hallo" erzeugt. Die Datei cookie1.html ist lediglich für das Erzeugen des Cookies zuständig. Wenn Sie nach der Datei cookie1.html die Datei cookie2.html laden, wird der Inhalt des Cookies test ausgelesen. Dieser wird in einem Popup-Fenster angezeigt.

cookie2.html

```
        <html>
        <head>
        <title>Cookies</title>
        <script type="text/javascript">

        function holeCookie(name) {
            name += "=";
            var laenge = name.length;
            var cookie_laenge = document.cookie.length;
            var i = 0;
            while (i < cookie_laenge) {
                var j = i + laenge;
                if (document.cookie.substring(i, j) == name)
                    return holeCookieWert(j);
                i = document.cookie.indexOf(" ", i) + 1;
                if (i == 0)
                    break;
            }
            return null;
        }
```

```
function holeCookieWert(position) {
    var ende = document.cookie.indexOf(";", position);
    if (ende == -1)
        ende = document.cookie.length;
    return decodeURIComponent(
        document.cookie.substring(position, ende));
}

alert(holeCookie("test"));

</script>
</head>
<body>
</body>
</html>
```

In der Datei cookie2.html sorgt die Funktion holeCookie() dafür, dass der Inhalt des Cookies ausgelesen wird. Das Problem beim Auslesen ist, dass JavaScript nicht auf die einzelnen Cookies zugreifen kann. Mit document.cookie erhält man stets alle für diese Webseite definierten Cookies. Um nun einen bestimmten Wert zu bekommen, muss man sich ein einzelnes Cookie herauspicken. Genau dies erledigt die Funktion holeCookie(). Es wird überprüft, ob ein Cookie mit einem bestimmten Namen existiert. Wird ein Cookie mit diesem Namen gefunden, sorgt die Funktion holeCookieWert() dafür, dass der Wert des Cookies zurückgeliefert wird. Kann kein Cookie unter einem bestimmten Namen gefunden werden, wird der Wert null zurückgeliefert.

Auslesen eines Cookies

Im Gegensatz zu der Datenübergabe mit Hilfe des Suchstrings können Sie eine ganz andere Datei zwischen den beiden Dateien cookie1.html und cookie2.html laden. Es funktioniert immer noch.

In einigen – insbesondere älteren – Browsern funktioniert dieses Beispiel nur, wenn Sie die Datei von einem Webserver laden. Wenn Sie das Beispielprogramm lokal von Ihrer Festplatte starten, werden Sie in diesen Browsern nur ein leeres Cookie erhalten.

18.2.2 Haltbarkeit

Wenn Sie zwischen dem Aufruf der beiden Dateien den Browser schließen und wieder öffnen, werden Sie feststellen, dass das Ganze nicht mehr funktioniert. Cookies haben eine bestimmte Haltbarkeit, wie wir das von Keksen auch nicht anders erwartet hätten ... Da wir bisher kein Haltbarkeitsdatum festgelegt haben, verfallen unsere Cookies mit dem Schließen des Browsers.

Gibt man einem Cookie eine bestimmte Haltbarkeit, ist es bis zu diesem Datum verfügbar. So können Daten über längere Zeit hinweg gespeichert werden, auch wenn der Browser zwischendurch geschlossen wird. Wenn Sie von einer Webseite wiedererkannt und persönlich begrüßt werden, sind gewöhnlich Cookies im Spiel.

Um ein Cookie längere Zeit haltbar zu machen, kann man mit dem Wort expires ein Verfallsdatum angeben. Dies sieht dann z.B. folgendermaßen aus:

```
document.cookie = "test=Hallo; " +
    "expires=Fri, 31 Dec 2010 00:00:00 GMT";
```

Damit ist das Cookie bis zum 31. Dezember 2010 haltbar. Nach diesem Datum ist es nicht mehr verfügbar.

Um ein Datum zu setzen, muss man das vorgegebene Format einhalten. Die JavaScript-Methode toGMTString() des Date-Objekts liefert einen String in diesem Format zurück.

Unsere Funktion setzeCookie() ist so ausgelegt, dass man beim Aufruf einfach ein Datumsobjekt mit dem gewünschten Datum als drittes Argument angeben kann. Dies kann z.B. so aussehen:

```
var haltbarBis = new Date(2010, 11, 31, 1, 0, 0);
setzeCookie("test", "Hallo", haltbarBis);
```

Wenn Sie diese beiden Zeilen in die Datei cookie1.html einsetzen, ist das Cookie bis zum 31.12.2010 haltbar. Jetzt können Sie zwischen dem Aufruf der beiden Dateien cookie1.html und cookie2.html den Browser schließen oder den Computer ganz ausschalten. Die Informationen bleiben in dem Cookie erhalten, es sei denn, das Cookie wird in der Zwischenzeit gelöscht.

18.2.3   Ein Cookie löschen

Es gibt keine direkte Möglichkeit, ein Cookie von JavaScript aus zu löschen. Erzeugt man ein Cookie mit einem Namen, den es schon gibt, wird das alte Cookie einfach überschrieben. Die Idee ist nun, dass man ein Haltbarkeitsdatum setzt, das in der Vergangenheit liegt. Dies bezweckt, dass das Cookie sofort verfällt und nicht mehr zugänglich ist. Auch für diese Aufgabe benutzt man meist eine vorgefertigte Funktion:

Herabsetzen des Haltbarkeitsdatums

```
function loescheCookie(name) {
    var exp = new Date();
    exp.setTime(exp.getTime() - 1);
    var cookie_wert = holeCookie(name);
    if (cookie_wert != null)
        document.cookie = name + "=" + cookie_wert +
                "; expires=" + exp.toGMTString();
}
```

Um einen Zeitpunkt in der Vergangenheit zu bekommen, rechnet diese Funktion zuerst den aktuellen Zeitpunkt in Millisekunden um. Von dieser Zahl wird eins abgezogen. Danach wird die Zahl wieder in ein Datum umgerechnet und als neues Haltbarkeitsdatum des Cookies gesetzt. Wir bekommen einen Zeitpunkt, der eine Millisekunde vor dem aktuellen Zeitpunkt liegt. Damit ist sichergestellt, dass wir einen Zeitpunkt in der Vergangenheit bekommen. Eine Millisekunde mag vielleicht nicht gerade ein großer Zeitunterschied sein. Man könnte natürlich auch zehn Jahre von dem aktuellen Datum abziehen. Das ändert jedoch überhaupt nichts an der Arbeitsweise der Funktion. Wann abgelaufene Cookies endgültig gelöscht werden, ist dem Browser überlassen.

18.2.4 Geltungsbereich von Cookies

Cookies sind nicht für jedermann zugänglich, sondern sie haben einen gewissen Geltungsbereich. Grundsätzlich kann nur der Server, der ein Cookie erzeugt hat, auch auf dieses Cookie zugreifen. Wenn die Homepage der Firma A mit der Domain *www.firmaA.com* ein Cookie erzeugt, kann die Homepage der Firma B mit der Domain *www.firmaB.com* nicht darauf zugreifen. Aus Sicherheitsgründen soll nicht jeder beliebig die Daten in einem Cookie auslesen können.

Beschränkung auf einen Server oder eine Domain

Man kann festlegen, für welche Domain ein Cookie gelten soll. Natürlich kann man dies aus Sicherheitsgründen nicht beliebig tun. Eine HTML-Seite von dem Server *www.firmaA.com* kann kein Cookie für die Domain *www.firmaB.com* schreiben. Jedoch könnte ein Cookie erzeugt werden, das sowohl durch den Server *www.firmaA.com* als auch durch den Server *home.firmaA.com* gelesen werden kann. Die Domain-Angabe in einem Cookie muss mindestens zwei Elemente beinhalten – z.B. *firmaA.com*. Nicht gültig wäre die Angabe com. Dies würde allen Servern mit der Endung com Zugang zu dem Cookie verleihen. Aus Sicherheitsgründen wird dies unterbunden. Für die so genannten Top Level Domains muss man nur zwei Elemente des Domain-Namens angeben. Zu den Top Level Domains gehören Endungen wie com, edu, net, org, gov, mil und int. Andere Endungen erfordern eine Angabe von mindestens drei Elementen, d.h., wenn Ihr Server *www.firmaA.de* heißt, müssen Sie als Domain alle drei Elemente – also *www.firmaA.de* – angeben.

Wenn Sie keine Domain angeben, wird automatisch der komplette Servername als Domain gesetzt. Dies reicht für die meisten Fälle aus.

Die Funktion setzeCookie(), mit der wir ein Cookie erzeugen, wurde so geschrieben, dass auch eine Domain angegeben werden kann. Geben Sie den Domain-Namen als fünftes Argument beim Funktionsaufruf von setzeCookie() an. Dies sieht z.B. so aus:

```
setzeCookie("test", "Hallo", null, null, "firmaA.com")
```

18.2.5 Pfadangaben

Beschränkung auf ein Unterverzeichnis

Wenn Sie nichts anderes angeben, besitzt das Cookie nur Gültigkeit in dem gleichen Verzeichnis, in dem es auch erzeugt wurde. Das heißt, nur Dateien aus dem gleichen Verzeichnis können auf das so erstellte Cookie zugreifen. Das Cookie ist außerhalb dieses Verzeichnisses nicht bekannt. Eine Homepage besteht jedoch oftmals aus einer Vielzahl von Verzeichnissen, und man möchte sich meist nicht auf ein einzelnes Verzeichnis beschränken. Gibt man bei der Erzeugung eines Cookies einen Verzeichnispfad an, ist das Cookie in diesem Verzeichnis und allen Unterverzeichnissen gültig.

In unserer Funktion setzeCookie() lässt sich als viertes Argument ein Pfad angeben. Dies kann z.B. so aussehen:

```
setzeCookie("meinCookie", "test", null, "/www/test/")
```

Möchten Sie, dass das Cookie von allen Verzeichnissen aus zugänglich ist, schreiben Sie als Pfad einen einfachen Schrägstrich /. Teilen Sie mit anderen eine Domain, sollten Sie dies jedoch nicht tun, da Sie sonst den anderen Zugriff auf Cookies geben, die von Ihrer Seite erzeugt wurden (das ist natürlich nur der Fall, wenn der Anwender dann auch diese andere Seite besucht).

18.2.6 Sichere Übertragung

Man kann festlegen, dass ein Cookie nur über sichere Internetverbindungen geschickt werden soll. Eine sichere Internetverbindung zeichnet sich durch eine besondere Verschlüsselung der Daten bei der Kommunikation zwischen Client und Server aus. Damit soll verhindert werden, dass Dritte während der Übertragung geheime Daten abfangen können.

Um ein Cookie auf sichere Internetverbindungen zu beschränken, verwendet man die Eigenschaft secure. Setzt man secure auf true, ist das Cookie nur verfügbar, wenn die Internetverbindung sicher ist. Der Standardwert in unserem Skript ist false.

Unsere Funktion setzeCookie() kann auch den Parameter secure setzen. Dies sieht z.B. so aus:

```
setzeCookie("test", "Hallo", null, null, null, true)
```

18.2.7 Wo werden Cookies gespeichert?

Cookies werden auf der Festplatte des Anwenders gespeichert. Dafür gibt es eine spezielle Datei, die alle Cookies enthält. Der Name und Ort dieser Datei ist je nach verwendetem Browser unterschiedlich.

Neue Cookies werden oftmals erst nach dem Schließen des Browserfensters auf der Festplatte gespeichert. Davor werden sie im Arbeitsspeicher des Computers gehalten.

Auch wenn ein Cookie bereits verfallen ist, kann es noch in der Datei stehen. Es wird meist nicht automatisch gelöscht, sondern von neu hinzukommenden Cookies überschrieben.

18.2.8 Beschränkungen

Cookies können nicht beliebig groß sein. Ein einzelnes Cookie kann höchstens 4 KByte (= 4096 Bytes) groß sein. Das entspricht 4096 ASCII-Zeichen. Der Name des Cookies zählt dabei zu der Größe des Cookies dazu. Ist ein Cookie größer als 4 KByte, wird der Inhalt entsprechend gekürzt. *Maximale Größe*

Jeder Server oder jede Domain kann nur 20 Cookies auf einem Client-Computer erzeugen. Wird versucht, mehr als 20 Cookies zu speichern, werden die zuerst erzeugten Cookies überschrieben, so dass die Gesamtzahl nicht größer als 20 wird. *Anzahl der Cookies von einem Server*

Wenn Sie in Ihren Cookies als Domain *firmaA.com* angegeben haben und von den Servern *www.firmaA.com* und *home.firmaA.com* auf diese Cookies zugreifen, können diese beiden Server zusammen maximal 20 Cookies haben. Wenn Sie die Cookies allerdings nur für jeweils einen Server zugänglich machen, können beide Server jeweils 20 Cookies haben.

Der Client-Computer kann maximal 300 Cookies entgegennehmen. Sind auf einem Computer alle 300 Cookies gesetzt und möchte man ein neues Cookie schreiben, dann wird ein altes Cookie überschrieben. *Gesamtzahl der Cookies*

Diese Zahlen können von Computer zu Computer schwanken. Jedoch stellen diese Angaben die Mindestanzahl und -größe von Cookies dar, die ein Client-Computer entgegennehmen kann.

18.2.9 Sicherheit

Sie werden sich wahrscheinlich über die Fähigkeiten von Cookies wundern. Eine große Sicherheitsrestriktion von JavaScript war es doch, dass JavaScript nicht auf die Festplatte des Benutzer zugreifen kann. Jetzt wird dieses Prinzip auf einmal durchbrochen? Auch wenn die Fähigkeiten von Cookies zunächst haarsträubend wirken, muss man sehen, dass Cookies in ihrer Anwendung sehr eingeschränkt sind. Einer der wichtigsten Punkte ist, dass ein Cookie nur Daten in einer bestimmten Datei speichern kann. Ein Cookie kann kein ausführbares Programm auf dem Computer des Benutzers einschleusen.

Bezüglich Datenschutz ist ein wichtiger Punkt, dass Cookies nur von dem Server gelesen werden können, von dem sie auch erzeugt wurden. Außerdem können in einem Cookie nur Daten gespeichert werden, die irgendwie eingegeben wurden. Ein Cookie kann beispielsweise nicht an Ihre E-Mail-Adresse kommen, ohne dass Sie sie selbst angegeben haben.

Häufig wird kritisiert, dass eine Webseite durch Cookies erfahren kann, wann und wie oft ein bestimmter Nutzer zu einer Seite zurückkehrt. Das ist richtig. Dagegen kann man sich schützen, indem man im Browser Cookies deaktiviert. Natürlich geht damit auch die zusätzliche Funktionalität verloren.

18.2.10 Funktionsbibliothek

Um den Einsatz von Cookies für den Programmierer einfacher zu gestalten, werden die bisher definierten Funktionen für den Zugriff auf Cookies in einer js-Datei zusammengefasst. Dazu werden die Funktionen `setzeCookie()`, `holeCookie()`, `holeCookieWert()` und `loescheCookie()` in der Datei `cookies.js` gespeichert (siehe *js-Bibliotheksdatei*, S. 34). Diese js-Bibliothek werden wir im nächsten Abschnitt verwenden.

cookies.js

18.3 Virtuelle Warenkörbe

Viele Firmen möchten ihre Produkte auch online verkaufen können. Der Kunde soll sich auf der Homepage des Unternehmens über unterschiedliche Produkte informieren und schließlich eine Bestellung aufgeben können. Ein bekanntes Beispiel für eine solche Webseite ist Amazon.

Da sich die Homepage des Unternehmens meist über mehrere HTML-Seiten erstreckt, muss es einen Mechanismus geben, der die momentan ausgewählten Produkte, die für die Bestellung des Kunden in Frage kommen, festhält. Zur Erzeugung eines solchen *virtuellen Warenkorbs* können Cookies eingesetzt werden.

In diesem Abschnitt werden wir uns die Umsetzung eines virtuellen Warenkorbs mit Client-side JavaScript ansehen. Es muss an dieser Stelle gesagt werden, dass in der Praxis meistens jedoch eine serverseitige Lösung zum Einsatz kommt. Einer der Hauptgründe ist, dass zwar viele über einen JavaScript-fähigen Browser verfügen, aber leider nicht alle. Wir werden uns am Ende dieses Kapitel ansehen, wie mit Hilfe einer Session ID solch eine Lösung umgesetzt werden kann.

Das folgende Beispiel, das den grundlegenden Aufbau eines virtuellen Warenkorbs zeigen soll, setzt sich aus zwei Dateien – `laden.html` und `kasse.html` – zusammen. Die erste Datei dient dazu, Informationen über unterschiedliche Produkte anzuzeigen und die Bestellung des Kunden anzunehmen. Dieser Bereich wird im praktischen Einsatz meist aus mehreren unterschiedlichen HTML-Seiten bestehen. Um das Beispiel einfach zu halten, reicht für unsere Zwecke eine schlichte HTML-Datei.

Ladenbereich

Die Datei `kasse.html` berechnet anhand der eingegebenen Informationen den Wert der Bestellung. An dieser Stelle erfolgt normalerweise auch die Erfassung von Namen und Adresse des Kunden. Außerdem müssen die Daten irgendwie an das Unternehmen übermittelt werden. Auf die Erfassung der Kundendaten und die Versendung der Formulareingaben an den Server wird in diesem Beispiel verzichtet.

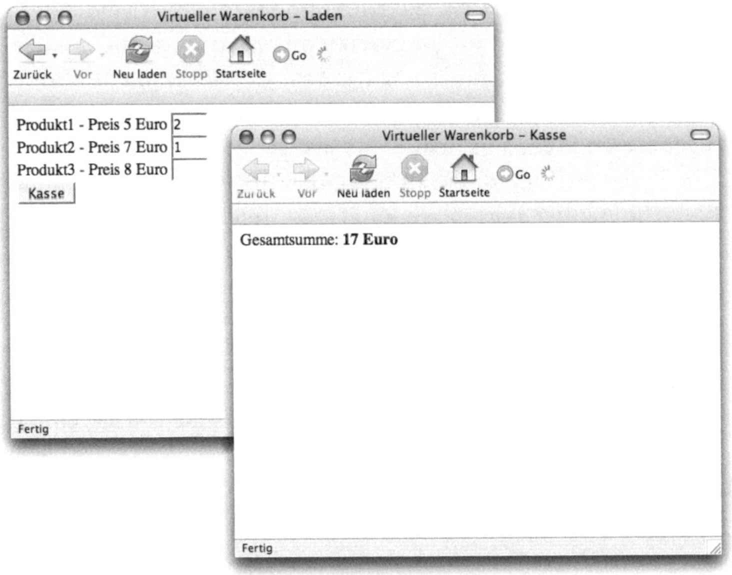

Kassenbereich

Abb. 18–4

Beispiel für einen

virtuellen Warenkorb

Zunächst soll auf die Datei `laden.html` eingegangen werden. Das Hauptproblem besteht hier in der Speicherung der zu bestellenden Produkte in einem Cookie. Es wäre einfach, für jedes Produkt ein eigenes Cookie zu verwenden. Wegen der begrenzten Anzahl von Cookies auf dem Client-Computer käme diese Vorgehensweise überhaupt nur in Frage, wenn es sehr wenige bestellbare Produkte gibt (d.h., wenn die Anzahl der Artikel maximal 20 ist).

Unser Beispiel speichert deshalb mehrere Artikel in einem einzigen Cookie. Wir müssen also ein Skript schreiben, das die Informationen der zu bestellenden Artikel in einem einzigen String speichert. Später – in der Datei kasse.html – muss dieser String wieder auseinander genommen werden, um in Erfahrung zu bringen, welche Artikel der Kunde bestellen will. Für dieses Beispiel wurde für den Übergabestring folgendes Format gewählt:

```
Produkt1**Anzahl1**Preis1##Produkt2**Anzahl2**Preis2
```

Diese Vorgehensweise hat den Vorteil, dass wir später in kasse.html einfach die split()-Methode des String-Objekts verwenden können, um die Daten aus dem Übergabestring herauszubekommen.

An dieser Stelle kann das Problem auftreten, dass der Übergabestring zu groß wird, um in einem einzelnen Cookie gespeichert werden zu können. In diesem Beispiel wurde zur Vereinfachung darauf verzichtet, zu überprüfen, ob der String die übliche Maximalgröße von Cookies von 4096 Bytes übersteigt.

In der Datei laden.html dienen Eingabefelder für die Eingabe der zu bestellenden Artikel. Über die Funktion kasse() werden die Formulareingaben ausgelesen und im gezeigten Format in dem Cookie einkauf gespeichert. Zur Generierung des Strings bekommt das Skript die Produktbezeichnungen aus dem vorher definierten Array produkte und die zugehörigen Preise aus dem Array preis.

Zur Vereinfachung des Skripts werden die Produktbezeichnungen zur Bezeichnung der Formulare im HTML-Teil wiederverwendet. Um z.B. die zu bestellende Anzahl von *Produkt1* festzustellen, können wir

```
wert = document.getElementById("Produkt1").value;
```

schreiben.

Am Ende der Funktion kasse() wird das Cookie einkauf mit setze Cookie() erzeugt und die Datei kasse.html geladen. Die Funktion setzeCookie() befindet sich in der Bibliotheksdatei cookies.js, die am Anfang der Datei laden.html mit dem <script>-Tag eingebunden wird.

laden.html

```
<html>
<head>
<title>Virtueller Warenkorb - Laden</title>
<meta http-equiv="Content-Script-Type"
   content="text/javascript" />

<script type="text/javascript" src="cookies.js">
// Bibliotheks-Datei einbinden
</script>

<script type="text/javascript">
```

```
// Array der angebotenen Produkte
var produkte= new Array( "Produkt1",
                "Produkt2",
                "Produkt3");

// Preise festlegen
var preis = new Array();
preis["Produkt1"] = 5;
preis["Produkt2"] = 7;
preis["Produkt3"] = 8;

function kasse() {
   var ware = new String();
   for (i in produkte) {
       // Eingegebenen Wert aus Formular holen
       var wert = document.getElementById(produkte[i]).value;
       var anz = parseInt(wert);
       if (isNaN(anz)) anz = 0;
       ware += produkte[i] + "**" + anz + "**"
           + preis[produkte[i]] + "##";
   }

   // '##' am Ende des Strings entfernen
   ware = ware.substring(0, ware.length-2);

   // Cookie schreiben
   setzeCookie("einkauf", ware);

   // Datei kasse.html laden
   location.href = "kasse.html";
}
</script>
</head>
<body>

   <form id="eingabe">
      <p>
      Produkt1 - Preis 5 Euro
      <input type="text" id="Produkt1" size="3" />
      <br />
      Produkt2 - Preis 7 Euro
      <input type="text" id="Produkt2" size="3" />
      <br />
      Produkt3 - Preis 8 Euro
      <input type="text" id="Produkt3" size="3" />
      <br />
      <input type="button" value="Kasse" onclick="kasse()" />
      </p>
   </form>

</body>
</html>
```

Sie sehen, dass im HTML-Teil die Preise der CDs direkt angegeben werden. Besser wäre natürlich gewesen, die Preise, die auch in dem Array preis festgehalten werden, mit JavaScript auszugeben.

Für den Kassenbereich wird die Datei kasse.html benutzt:

kasse.html

```html
<html>
<head>
<title>Virtueller Warenkorb - Kasse</title>

<script type="text/javascript" src="cookies.js">
// Bibliotheks-Datei einbinden
</script>

<script type="text/javascript">

function ausgabe() {
    var cookieStr = holeCookie("einkauf");
    var bestellung;

    if (cookieStr != null)
        bestellung = cookieStr.split("##");
    for (i in bestellung) {
        bestellung[i] = bestellung[i].split("**");
    }

    var gesamtpreis = 0;

    for (i in bestellung) {
        if (bestellung[i][1] > 0) {
            // Gesamtsumme berechnen
            gesamtpreis += bestellung[i][1] *
                bestellung[i][2];
        }
    }

    var ausg = document.getElementById("ausgabe");
    ausg.innerHTML = "Gesamtsumme: <b> " + gesamtpreis +
        " Euro</b>";
}

</script>

</head>
<body onload="ausgabe()">

    <div id="ausgabe"></div>

</body>
</html>
```

Damit das Skript in kasse.html feststellen kann, welche Artikel bestellt werden sollen, wurde in laden.html ein Cookie einkauf gesetzt, das nun mit der Funktion holeCookie() aus unserer js-Bibliotheksdatei cookies.js eingelesen wird. Anschließend wird die String-Methode split() benutzt, um die Informationen aus dem Cookie in dem Array `bestellung` zu speichern. Das Array `bestellung` ist zweidimensional. `bestellung[0]`, `bestellung[1]` und `bestellung[2]` bezeichnen die einzelnen Artikel, in der Reihenfolge, in der sie auch in dem Übergabestring erscheinen. `bestellung[i][0]` gibt die Produktbezeichnung des Artikels i wieder, `bestellung[i][1]` die zu bestellende Anzahl und `bestellung[i][2]` den zugehörigen Preis.

Um das Beispiel einfach zu halten, berechnet das Skript nur die Gesamtsumme und gibt diese aus. Da die Produktbezeichnungen und die Anzahl der bestellten Artikel auch übergeben werden, kann man diese Information natürlich ebenso anzeigen.

18.4 Session IDs

Wenn sich der Server nicht merkt, mit wem er kommuniziert, müssen wir es ihm eben bei jedem Aufruf mitteilen. Darauf läuft die Verwendung einer Session ID hinaus.

Wie oben bereits angedeutet wurde, wird ein virtueller Warenkorb im Normalfall nicht mit clientseitiger Programmierung umgesetzt. Üblicherweise findet die Verarbeitung auf dem Server statt. Damit muss der Server für die Speicherung der Artikel im Warenkorb sorgen. Damit viele Nutzer den Warenkorb gleichzeitig verwenden können, muss der Server eine Zuordnung der gespeicherten Daten zu den einzelnen Nutzern ermöglichen. Dafür werden vom Server zu Beginn des Besuchs Session IDs vergeben. Dies sind meistens Ziffernfolgen, die die einzelnen Nutzer eindeutig identifizieren.

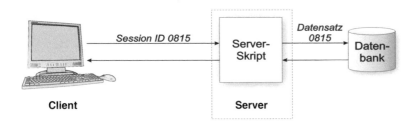

Abb. 18–5

Session IDs

Die Session ID wird dann bei jeder Anfrage über den Suchstring oder ein Cookie an den Server übergeben. Der Server weiß so, wer die Anfrage gestellt hat und kann den entsprechenden Datensatz aus der Datenbank zuordnen.

Die Verwendung von Session IDs schließt natürlich die clientseitige Programmierung nicht aus. Insbesondere mit Ajax lassen sich die Stärken der beiden Lösungsansätze miteinander kombinieren (siehe *Ajax*, S. 331).

19 Ajax

Auf den meisten Webseiten hangelt man sich als Anwender von HTML-Dokument zu HTML-Dokument. Klickt man auf einen Link oder schickt ein Formular ab, erhält man vom Server gewöhnlich eine neue HTML-Seite. Für den Anwender ist dies mit Wartezeiten verbunden, da erst weitergemacht werden kann, wenn die neue Seite vorliegt. Es gibt jedoch einen Trend, von dieser seitenbasierten Interaktion mit dem Server Abstand zu nehmen. Dieser Trend wird mit dem Begriff *Ajax* umschrieben, der für *Asynchronous JavaScript and XML* steht. Ajax selbst ist jedoch keine neue Technologie, sondern vielmehr eine neue Herangehensweise für die Erstellung von Webapplikationen im Zusammenhang mit JavaScript, HTML, XHTML, XML, DOM und CSS.

Asynchronous JavaScript and XML

Mit Ajax können einzelne Informationen nach Bedarf vom Server geholt und in die bestehende Seite integriert werden. Im besten Fall entfallen die Wartezeiten, und die Kommunikation mit dem Server tritt aus der Sicht des Anwenders in den Hintergrund. Ajax-Applikationen ermöglichen so eine Bedienung, die eher an eine Desktop-Anwendung als an eine Webapplikation erinnert. Natürlich gibt es im Zusammenhang mit Ajax immer noch Ladezeiten, aber die Applikation bleibt während des Ladens neuer Informationen weiterhin bedienbar.

Da Ajax auf Technologien aufbaut, die schon längere Zeit existieren, gab es in den letzten Jahren bereits einige Webseiten, die heute als Ajax-Applikationen eingestuft werden können. Zunächst blieb diese neue Entwicklung von den meisten unbemerkt. Zwei Faktoren haben jedoch zu einem wahren Boom von Ajax geführt.

Der erste wichtige Faktor war ein Artikel von Jesse James Garrett, in dem die neue Herangehensweise erstmalig mit dem Begriff *Ajax* bezeichnet wurde (siehe *Anhang B Literatur und Online-Ressourcen*, S. 423). Der neue Name half, die Aufmerksamkeit auf dieses Thema zu lenken.

Der Begriff Ajax

Der zweite wichtige Faktor war, dass große Anbieter wie Google auf Ajax basierende Dienste entwickelt haben und so die neuen

Ajax-Applikationen

Möglichkeiten einem breiten Publikum demonstriert wurden. Beispiele für Ajax-Applikationen sind der E-Mail-Dienst Gmail (*http://gmail.google.com/*) und Google Maps zum Betrachten von Satellitenbildern (*http://maps.google.com/*).

Google Maps zeigt einen Auschnitt eines Satellitenbildes, der per Maus dynamisch angepasst werden kann. So kann man sich in einer riesigen Karte hin- und herbewegen. Verändert der Anwender den angezeigten Bildausschnitt, wird keine neue HTML-Seite vom Server angefordert, sondern nur die fehlenden Bildteile. Während die Anfrage beim Server läuft, bleibt die Webapplikation bedienbar, d.h., der Anwender kann den Bildausschnitt weiter verändern. Die Bedienung ist also von der Serveranfrage losgekoppelt. Dafür steht das *Asynchronous* in Ajax.

Abb. 19–1
Ajax-Applikation Google Maps (Copyright Google, GeoContent und TeleAtlas)

Ajax scheint zunächst vielleicht nicht besonders revolutionär, zumal die zugrundeliegenden Technologien schon viele Jahre bekannt sind. Außerdem haben sich die Anwender an die seitenbasierte Aufbereitung der Informationen gewöhnt, so dass der Nutzen dieses Ansatzes für viele nicht sofort ersichtlich ist. Jedoch ist davon auszugehen, dass auf Basis von Ajax in den nächsten Jahren ganz neue Dienste und Applikationen erscheinen werden. Daraus leitet sich die allgemeine Begeisterung für dieses Thema ab, so dass in diesem Zusammenhang sogar vom Web 2.0, als einer neuen Generation des bisherigen Webs, gesprochen wird.

Web 2.0

Wir werden in diesem Kapitel auf viele Themen, die wir in diesem Buch bereits ausführlich behandelt haben, zurückkommen. Dazu zählen insbesondere das DOM und das Ereignismodell. Da JavaScript in Ajax-Applikationen meistens eine zentrale Rolle spielt, wissen Sie an dieser Stelle also eigentlich schon sehr viel über Ajax, auch wenn Ihnen das bisher vielleicht nicht bewusst war. Jetzt müssen wir uns nur noch ein paar fehlende Dinge wie die Kommunikation mit dem Server über das XMLHttpRequest-Objekt anschauen und diese dann mit den bereits bekannten Bausteinen zu einer Ajax-Applikation zusammenfügen.

19.1 Funktionsweise von Ajax

Die meisten denken, dass Jesse James Garrett, der den Begriff *Ajax* geprägt hat, Programmierer ist. Er ist jedoch Webdesigner und hat nach eigenen Aussagen nur wenig Erfahrung mit Programmierung. Dies mag zunächst überraschen, sagt jedoch viel über den wahren Charakter von Ajax-Applikationen aus. Es handelt sich eben nicht nur um eine neue Entwicklung aus technischer Sicht, sondern es geht vielmehr um die Art und Weise, wie eine Applikation im Web zu bedienen ist. Neben den technischen Aspekten behandelt dieses Kapitel deshalb auch Fragen, wie eine Applikation aus Anwendersicht zu gestalten ist.

19.1.1 Desktop-Applikationen und Webapplikationen

Eine Desktop-Applikation ist ein Programm, das auf dem Computer des Anwenders installiert wird. Beispiele hierfür sind *Word* oder *Excel*. Meistens dient eine CD oder DVD zur Installation einer Desktop-Anwendung. Alternativ können Desktop-Anwendungen auch aus dem Internet heruntergeladen werden, um dann auf dem Computers des Anwenders installiert zu werden.

Desktop-Applikationen sind schnell und können große Mengen von Daten unmittelbar verarbeiten. Sie sind dabei meistens für ein spezielles Betriebssystem ausgelegt und funktionieren nur dort. Desktop-Applikationen bieten heutzutage zwar häufig die Möglichkeit, eine Verbindung mit dem Internet herzustellen, die Verarbeitung der Daten findet aber primär auf dem Computer des Anwenders statt.

Webapplikationen hingegen werden nicht auf dem Computer des Anwenders installiert, sondern basieren auf der Interaktion zwischen

Client und Server im Internet. Beispiele hierfür sind *Amazon* oder
Ebay. Der Browser ist zwar generell eine Desktop-Applikation, wird
aber eingesetzt, um die Inhalte einer Webapplikation anzuzeigen.
Durch die ständige Kommunikation über das Internet sind Webapplikationen von Natur aus langsamer als Desktop-Applikationen. Jedoch
kann eine Desktop-Applikation mit der Aktualität einer Webapplikation nicht mithalten.

Bisher waren Webapplikationen durch die seitenbasierte Anzeige
der Inhalte beschränkt und dadurch in der Bedienung schwerfälliger
als Desktop-Applikationen. Mit Ajax verschwimmen die Grenzen zwischen Desktop- und Webapplikation, da damit im Web das Verhalten
einer Desktop-Applikation nachgeahmt werden kann.

19.1.2 Asynchrone Kommunikation

Bisherige Webapplikationen basieren auf der Anzeige verschiedener
HTML-Dokumente, während Ajax-Applikationen eine einzelne Seite
nach und nach verändern. Die beiden Schaubilder verdeutlichen den
Unterschied.

Bei der herkömmlichen Herangehensweise werden ganze HTML-
Seiten vom Server zum Client geschickt. Auf Anwendereingaben wird
mit einer neuen HTML-Seite reagiert, mit entsprechenden Wartezeiten
für den Anwender. Muss eine neue Seite vom Server geholt werden,
steht die Applikation für diesen Zeitraum nicht zur Verfügung.

Abb. 19–2
*Schematischer Ablauf
einer herkömmlichen
Webapplikation*

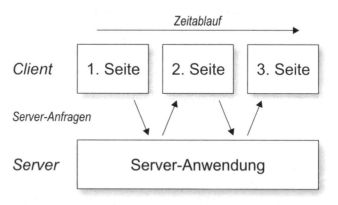

Mit Ajax wird zu Beginn auch eine HTML-Seite geladen. Werden
zusätzliche Informationen benötigt, fordert der Client diese beim Server an. Sobald der Server antwortet, wird die neue Information in die
bereits geladene HTML-Seite integriert. Die Ladezeit der neuen Information entfällt natürlich nicht, aber da die HTML-Seite während dieser Zeit für den Anwender bedienbar bleibt, muss der Anwender nicht

tatenlos zusehen, wenn eine neue Seite vom Server geholt wird. Dies wird asynchrone Kommunikation genannt und ermöglicht dem Client, die benötigten Informationen im Hintergrund zu holen. Je nach Anwendung kann man so einen flüssigeren Ablauf ermöglichen.

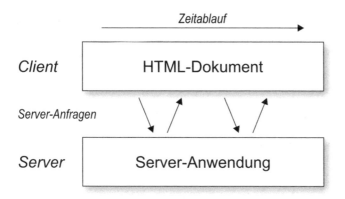

Abb. 19–3

Schematischer Ablauf einer Ajax-Applikation

An dieser Stelle sei angemerkt, dass die Kommunikation vom Client initiiert werden muss. Der Server kann einen Client nicht selbstständig kontaktieren. Bei einem E-Mail-Dienst kann der Server dem Client von sich aus also nicht mitteilen, falls eine neue Nachricht vorliegt. Stattdessen kontaktiert der Client normalerweise in regelmäßigen Abständen den Server, um zu sehen, ob in der Zwischenzeit neue Nachrichten eingegangen sind.

19.1.3   Aufbau einer Ajax-Applikation

Auf dem Client muss ein Skript vorhanden sein, das im richtigen Zeitpunkt eine Anfrage an den Server schickt. Dies ist meistens ein Java-Script-Programm, das eine Anfrage nach Bedarf sendet, z.B. wenn der Anwender etwas in ein Formular eingibt. Bei herkömmlichen Webapplikationen steuert gewöhnlich der Browser die Kommunikation mit dem Server. Bei Ajax nehmen wir dies mit Hilfe von JavaScript selbst in die Hand. Die folgende Abbildung veranschaulicht dies.

Serveranfragen durch JavaScript

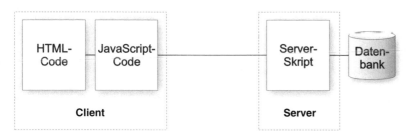

Abb. 19–4

Typischer Aufbau einer Ajax-Applikation

Verarbeitung durch
den Server

Die Anfrage wird über gewöhnliches HTTP an ein Skript auf dem Server geschickt, das feststellt, welche Informationen genau benötigt werden. Da die Informationen normalerweise in einer Datenbank gespeichert sind, wird der Server aus der Anfrage des Clients eine Datenbankabfrage formulieren.

Antwort des Servers

Das Ergebnis aus der Datenbankabfrage wird in geeigneter Form an den Client-Computer geschickt. Hierfür stehen unterschiedliche Datenformate zur Verfügung. Am besten wird ein Format gewählt, das wir auf dem Client gut weiterverarbeiten können. Gleichzeitig sollte der Server dieses Format ohne große Schwierigkeiten erzeugen können und dabei nicht allzu große Dateien generieren, so dass eine schnelle Versendung über das Internet ermöglicht wird.

XML und JSON

Häufig werden im Zusammenhang mit Ajax als Datenformate XML oder JSON eingesetzt. Für ganz einfache Zwecke kann auch eine reine Textdatei verwendet werden. Wir werden uns diese Möglichkeiten in diesem Kapitel näher anschauen. Neben den genannten Formaten gibt es noch eine ganze Reihe weiterer Formate, wie beispielsweise SOAP oder WSDL. Diese werden hier jedoch nicht näher behandelt. Obwohl das X in *Ajax* für *XML* steht, muss in einer Ajax-Applikation also nicht unbedingt auch XML zum Einsatz kommen.

Verarbeitung der Antwort
auf dem Client

Der Client-Computer empfängt die Daten und muss diese nun verarbeiten. Dafür gibt es zahlreiche Möglichkeiten. Beispielsweise können die Daten in ein separates `<div>`-Tag geschrieben werden, um so einen Teil des geladenen Dokuments zu aktualisieren. Alternativ könnten Methoden des DOM verwendet werden, um basierend auf den übertragenen Daten neue Objekte zu generieren und diese dann in den DOM-Baum zu integrieren (siehe *Der DOM-Baum*, S. 170). Ein weiteres Beispiel wäre die Anzeige der übertragenen Daten in einem Formularelement, wie wir es später sehen werden (siehe *Formulare mit Ajax*, S. 347).

19.1.4 Zusammenspiel zwischen Client und Server

Bei der Erstellung einer Ajax-Applikation stellt sich grundsätzlich die Frage, welche Aufgaben der Client und welche der Server übernehmen soll. Es lässt sich nur im Einzelfall entscheiden, welche Lösung am sinnvollsten ist. Hierbei sind insbesondere die Art der Applikation, die benötigten Daten und die Leistungsfähigkeit des Servers von Bedeutung.

Es geht nicht nur darum, jeweils die Programme auf dem Client und Server zu entwickeln. Vielmehr muss man sich darüber Gedanken machen, wie diese zusammenspielen und welche Last auf den Server zukommt. Etwas kann wunderbar funktionieren, wenn sich ein einzelner User einloggt. Greifen aber tausende Anwender gleichzeitig zu, kann es einen großen Unterschied machen, wie gut eine Applikation programmiert ist. Zu viele und zu umfangreiche Anfragen an den Server können sich so potenzieren, dass der Server in die Knie geht.

Gerade in Ajax-Applikationen ist man häufig geneigt, eine Server-Lösung umsetzen zu wollen. Man sollte die rein clientseitige jedoch auch als mögliche Lösung in Betracht ziehen. Kann der Client eine Aufgabe selbst lösen, entfällt die Ladezeit über das Internet komplett.

19.1.5   Dienste im Internet nutzen

In den letzten Jahren setzen sich so genannte Webservices immer mehr durch. Verschiedene Anbieter stellen auf diese Weise spezielle Dienste zur Verfügung, auf die man in einer Webapplikation zugreifen kann. Man muss also nicht jedes Mal das Rad neu erfinden. Webapplikationen, die auf mehreren verschiedenen Quellen aufbauen, werden auch Mashups genannt.

Webservices

Es gibt zahlreiche Beispiele für Webdienste im Internet. Google ermöglicht beispielsweise die Einbindung der Suchmaschine per Webservice. Stadtkartendienste, wie sie etwa von Google oder Yahoo angeboten werden, können in die eigene Webseite eingebaut werden. Verschiedene Anbieter wie CNN oder die FAZ stellen aktuelle Schlagzeilen zur Verfügung.

Mashups

Abb. 19–5

Stadtkartendienst von Yahoo (Copyright Yahoo und Navteq)

Einige dieser Dienste sind kostenlos verfügbar, für andere muss man bezahlen – häufig nach dem Grad der Nutzung. Hierbei sind die Nutzungsrechte der Daten zu beachten. Einige Anbieter erlauben nur die Nutzung der Daten für private Zwecke.

Die meisten Dienste stellen die Daten in XML, JSON oder RSS zur Verfügung. RSS steht für *Really Simple Syndication* bzw. *RDF Site Summary*. Wir werden uns hier in diesem Kapitel jedoch nur mit XML und JSON näher beschäftigen.

Ajax und Webservices passen gut zusammen, da man so verschiedene Dienste beliebig zusammenstellen kann. Werden beispielsweise Börsenkurse nicht wie bisher üblich in einer HTML-Seite verpackt, sondern durch einen Webservice in XML zur Verfügung gestellt, kann eine Ajax-Applikation die benötigten Informationen herausfiltern, diese aufbereiten und in die eigene Seite integrieren.

Hierbei ist nicht nur an eine reine Zusammenstellung der Daten aus unterschiedlichen Quellen zu denken. Vielmehr können diese Daten miteinander verknüpft werden. Beispielsweise könnte man sich eine Applikation zur Planung einer Städtereise vorstellen. Basierend auf der Auswahl eines Hotels können naheliegende Sehenswürdigkeiten in einer Karte angezeigt werden. Aus einer anderen Quelle erhält man aktuelle Veranstaltungshinweise. Diese Daten können mit der Wettervorhersage kombiniert werden. Die Webapplikation kann auf Basis der verfügbaren Daten einen Vorschlag für den Ablauf der Reise unterbreiten. Statt alle verfügbaren Daten darzustellen, kann das System durch die Verknüpfung der Daten sinnlose Kombinationen eliminieren.

Es ist anzunehmen, dass sich der Trend zu spezialisierten Diensten in den nächsten Jahren fortsetzen wird, so dass auf dieser Basis interessante Webapplikationen erstellt werden können.

19.1.6   Sicherheitsaspekte im Zusammenhang mit Ajax

Wir haben bereits gesehen, dass die Kommunikation über das Internet einige sicherheitsrelevante Fragen aufwirft (siehe *Sicherheit*, S. 152).

Obwohl immer wieder betont wird, dass Ajax-Applikationen ähnlich wie Desktop-Applikationen zu bedienen sind, darf nicht vergessen werden, dass mit Ajax eine Kommunikation zwischen Client und Server über das Internet stattfindet. Das ist immer ein potenzielles Sicherheitsrisiko, da ein Dritter die Kommunikation abhören oder sogar manipulieren kann. Man muss sich also genau überlegen, welche Art von Informationen über das Internet geschickt werden sollen.

Im Zusammenhang mit Webservices, die von verschiedenen Anbietern zur Verfügung gestellt werden, stellt sich die Frage, wie diese in eine Applikation eingebunden werden können, wenn der Browser nur die Kommunikation zwischen Seiten vom gleichen Server zulässt (siehe *Herkunft eines Skripts*, S. 152).

Eine mögliche Lösung wäre der Einsatz von Zertifikaten, um diese Sicherheitsrestriktion aufzuheben (siehe *Zertifikate*, S. 155). Der Anwender erhält ein Popup-Fenster, über das der erweiterte Zugriff gewährt werden kann. Da durch das Popup-Fenster viele Anwender verunsichert werden, wird dieser Ansatz nur selten gewählt.

Zertifikate

Zur Lösung unseres Problems bietet sich vielmehr der Einsatz eines Proxy-Servers an. Auf diesem Proxy-Server befindet sich der Code für die Ajax-Applikation. Der Client kommuniziert nur mit dem Proxy-Server. Der Proxy-Server wiederum sammelt die Daten von unterschiedlichen Quellen ein. So ist gewährleistet, dass aus der Sicht des Clients die Daten aus einer Quelle stammen, aber gleichzeitig die Verwendung unterschiedlicher Webservices ermöglicht ist.

Proxy-Server

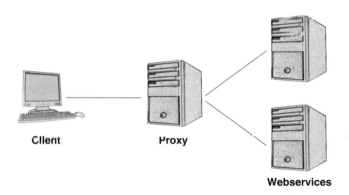

Abb. 19–6
Verwendung eines
Proxy-Servers

Client   **Proxy**

Webservices

19.2   Erstellen und Testen einer Ajax-Applikation

Das Erstellen einer Ajax-Applikation erfordert etwas mehr Aufwand als bei einem einzelnen Skript auf dem Client. Wir wollen uns nun anschauen, wie Ajax-Applikationen entwickelt und getestet werden können. Zunächst werfen wir jedoch einen Blick auf die technischen Voraussetzungen auf dem Client und Server.

19.2.1   Technische Voraussetzungen

Da Ajax auf lange bekannten Technologien basiert, ist eine breite Unterstützung in den gängigen Browsern gewährleistet. Wie bereits angedeutet wurde, spielt JavaScript hier eine zentrale Rolle. Die weite Verbreitung von JavaScript-fähigen Browsern ist ein unschlagbares Argument für Ajax.

JavaScript-fähige Browser

Häufig kommt das noch genauer zu untersuchende XMLHttpRequest-Objekt zum Einsatz. Dieses Objekt ist in leicht unterschiedlichen

Verfügbarkeit des
XMLHttpRequest-Objekts

Ausführungen seit Microsoft Internet Explorer 5, Mozilla 1.0, Firefox 1.0, Opera 7.6 und Safari 1.2 verfügbar. Damit deckt man einen großen Teil der heute im Einsatz befindlichen Browser ab.

Das Beste ist, dass für die Verwendung von Ajax kein Plugin benötigt wird. Plugins, die vom Anwender normalerweise selbst installiert werden müssen und meist nicht für alle Browser und Betriebssysteme verfügbar sind, hemmen häufig die Verbreitung neuer Technologien.

Serverseite

Auf der Serverseite können unterschiedliche Technologien zum Einsatz kommen, wie z.B. PHP oder Java. Da die Kommunikation über gewöhnliches HTTP stattfindet, muss die Serverseite keine speziellen Erfordernisse erfüllen.

19.2.2 Lokales Erstellen und Testen

Da Ajax-Applikationen auf dem Zusammenspiel von Client und Server aufbauen, benötigen wir eine Umgebung, in der wir das testen können. In Firmennetzen stehen häufig Server zur Verfügung, auf denen man die Applikation testen kann. Hat man diese Möglichkeit nicht, kann man eine Testumgebung aufbauen, indem man Serversoftware auf dem eigenen Computer installiert.

Beispielsweise gibt es den Apache-Server, den man im Internet kostenlos herunterladen kann. Dieser lässt sich lokal installieren. Mit einem Webbrowser auf diesem Computer kann man dann Anfragen an den Server stellen. Dass in diesem Fall Client und Server beide auf dem gleichen Computer laufen, spielt keine Rolle. Der Server kann so kon-

http://localhost/

figuriert werden, dass er über *http://localhost/* nur lokal sichtbar ist.

Diese Vorgehensweise hat den Vorteil, dass man alle Freiheiten hat, den Server zu konfigurieren. Durch den einfachen Aufbau kann die anfängliche Komplexität eines Projekts reduziert werden. Man muss dabei jedoch im Hinterkopf behalten, dass es beim späteren Einsatz der fertigen Applikation aus der Sicht des Anwenders zu Verzögerungen kommen kann, da die Daten über das Internet übertragen werden müssen. Die Applikation kann also wesentlich schwerfälliger wirken als beim Testen auf dem lokalen System.

Zur Erstellung der hier gezeigten Beispiele wurde der Apache-Server verwendet. Natürlich lassen sie sich auch auf anderen Webservern realisieren. Als Skriptsprache auf dem Server setzen wir in diesem Kapitel PHP 5 ein. Die benötigte Software und die entsprechende Dokumentation kann im Internet kostenlos heruntergeladen werden (siehe *Anhang B Literatur und Online-Ressourcen*, S. 423).

19.2.3 Hilfsprogramme

Um zu sehen, welche Daten von einer Ajax-Applikation über das Internet geschickt werden, können Hilfsprogramme eingesetzt werden, die die Netzwerkkommunikation zwischen Client und Server überwachen. Dies kann bei der Entwicklung hilfreich sein, um Fehler schnell aufdecken zu können.

Es gibt verschiedene solcher Hilfsprogramme im Internet, einige davon kostenlos. Unter den Stichwörtern *HTTP Debugger*, *Network Monitor* und *IP Traffic* findet man eine ganze Reihe von Tools. Der folgende Screenshot zeigt ein solches Hilfsprogramm.

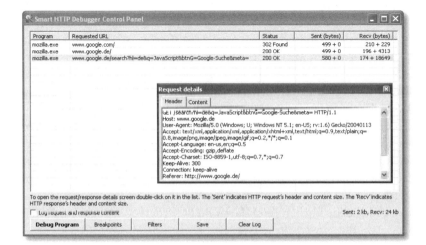

Abb. 19–7

Hilfsprogramm zum Überwachen der Kommunikation zwischen Client und Server

19.3 Gestalten einer Ajax-Applikation

Bevor wir uns mit der technischen Seite einer Ajax-Applikation auseinander setzen wollen, sind hier einige Aspekte im Zusammenhang mit der Gestaltung von Ajax-Applikationen zu diskutieren, die häufig vernachlässigt werden.

19.3.1 Visuelles Feedback

Beim herkömmlichen Ansatz mit mehreren HTML-Dokumenten, die nacheinander geladen werden, kann der Anwender erkennen, wenn eine neue Seite vom Server geholt wird. Die meisten Browser zeigen ein animiertes Logo rechts oben im Fenster.

Abb. 19–8

Animiertes Logo in Mozilla

Außerdem wird gewöhnlich in der Statusleiste angezeigt, was momentan passiert.

Resolving host www.google.com...

Connecting to www.google.com...

Waiting for www.google.com...

Dieses visuelle Feedback gibt es bei der asynchronen Kommunikation mit dem Server nicht. Der Anwender merkt also nicht, wenn im Hintergrund Informationen vom Server angefordert werden. Damit geht die Kontrolle darüber verloren, was die Applikation gerade macht.

Klickt der Anwender auf eine Schaltfläche, so wird irgendeine Reaktion erwartet. Verknüpft man diese Schaltfläche mit einer Serveranfrage, ist es von vielen Faktoren abhängig, wann das Ergebnis vom Server vorliegt und für den Anwender das Resultat sichtbar wird. Wenn der Server sofort antwortet und die angeforderten Informationen unmittelbar zur Verfügung stehen, ist es normalerweise kein Problem, dass das visuelle Feedback fehlt. Kommt die Antwort vom Server aber erst nach zehn Sekunden, wird sich der Anwender in der Zwischenzeit Gedanken darüber machen, ob alles richtig gemacht wurde oder ob die Seite fehlerhaft ist. Viele werden dann mehrfach auf die Schaltfläche klicken (und damit mehrere Serveranfragen auslösen) oder etwa die ganze Seite neu laden.

Verzögerungen

Viele Faktoren, wie die Geschwindigkeit des Internetzugangs des Anwenders, liegen nicht im Einflussbereich des Programmierers. Deshalb muss man in Ajax-Applikationen immer davon ausgehen, dass die angeforderten Informationen nicht unmittelbar zur Verfügung stehen.

Es ist natürlich von der Art der Applikation abhängig, wie dieses Problem zu lösen ist. Eine Sanduhr, wie sie auf Desktop-Anwendungen bei zeitaufwändigen Operationen angezeigt wird, möchte man meistens vermeiden, da in dieser Zeit die Applikation nicht bedienbar ist. Denkbar ist eine selbst programmierte Anzeige in der Seite, die das Verhalten des Logos des Browserfensters nachahmt und damit Anfragen an den Server signalisiert.

Unerwartete Aktionen
des Browsers

Es besteht außerdem die Gefahr, dass der Anwender von Änderungen in der Seite überrascht wird, die nicht nachvollzogen werden können. Besonders wenn sich sehr große Änderungen der Seite ergeben, kann der Anwender leicht den Faden verlieren. Ärgerlich wäre auch, wenn der Anwender gerade einen Text liest und oberhalb dieses Texts etwas eingefügt wird, so dass sich die nachfolgenden Passagen verschieben.

Es ist also nicht unerheblich, wie die Daten vom Server aufbereitet werden. Die Aktionen des Browsers sollten vom Anwender nachvollziehen sein und diesen bei der Bedienung der Applikation nicht stören.

19.3.2   Navigation und Lesezeichen

Ein häufiger Kritikpunkt an Ajax-Applikationen ist, dass man die *Vor-* und *Zurück*-Schaltflächen nicht mehr verwenden kann. Eine Ajax-Applikation basiert ja nur auf einer Seite, die fortlaufend verändert wird. Man könnte annehmen, dass man mit *Zurück* einen Schritt in der Ajax-Applikation zurückgeht. Vielmehr springt man jedoch zum vorhergehenden Eintrag in der History-Liste und beendet damit die Ajax-Applikation. Springt man mit *Vor* wieder zur Ajax-Applikation, wird diese neu aufgebaut. Damit sind alle nachträglichen Änderungen verloren.

Vor und Zurück

Auch die Verwendung von Lesezeichen ist problematisch. Der Anwender wird im Normalfall davon ausgehen, dass mit einem Lesezeichen der aktuelle Zustand der Seite festgehalten wird. Jedoch springt man mit Hilfe eines Lesezeichens an den Anfang einer Ajax-Applikation. Dies hat auch zur Folge, dass Links auf eine Ajax-Applikation nicht ohne weiteres an Freunde und Bekannte geschickt werden können.

Links auf Ajax-Applikationen

Ein interessanter Lösungsansatz ist das Verwenden von `location.hash`, um den aktuellen Zustand der Applikation im Anker einer URL festzuhalten. `location.hash` funktioniert ähnlich wie der Suchstring. Die Ajax-Applikation muss einen Schlüssel definieren, mit dem der Zustand der Seite kurz und knapp in einem String beschrieben werden kann. Verändert sich der Zustand der Applikation, so muss auch der String entsprechend angepasst und `location.hash` zugewiesen werden. Setzt der Anwender ein Lesezeichen, ist die Beschreibung des aktuellen Zustands der Seite über den Anker in der Adresse enthalten. Wird die Seite neu geladen, kann zu Beginn die Information in `location.hash` ausgelesen werden und die Applikation in den richtigen Zustand versetzt werden.

location.hash

Das Elegante an dieser Lösung ist, dass auch die *Vor-* und *Zurück*-Schaltflächen damit funktionieren, da der Browser die Veränderung des Ankers einer URL in der History-Liste vermerkt.

19.3.3 Suchmaschinen

Suchmaschinen suchen innerhalb einer Seite nach Anhaltspunkten, die auf den Inhalt der Seite Rückschlüsse ziehen lassen. So werden Datenbanken aufgebaut, die spätere Suchabfragen nach bestimmten Stichwörtern ermöglichen. Dabei ist zu beachten, dass Inhalte, die durch JavaScript generiert werden, meistens nicht beachtet werden.

Soll eine Ajax-Applikation von Suchmaschinen korrekt erfasst werden, um bei einer Suche nach den entsprechenden Stichwörtern in der Trefferliste zu erscheinen, muss die Seite genügend Informationen bieten. Setzt man bei der Erstellung einer Ajax-Applikation aber fast ausschließlich auf JavaScript, haben die Suchmaschinen keinen Anhaltspunkt mehr für die Aufnahme in die Datenbank. Man sollte aus diesem Grund sicherstellen, dass die Seite bereits im Ausgangszustand genügend Text bietet, der Aufschluss über den Inhalt gibt.

19.4 Das XMLHttpRequest-Objekt

Im Mittelpunkt der meisten Ajax-Applikationen steht das XMLHttp-Request-Objekt. Dieses Objekt wurde von Microsoft im Internet Explorer 5 eingeführt und von den anderen Browsern mittlerweile weitgehend übernommen. Obwohl dieses Objekt nicht standardisiert ist, sind nur ein paar Unterschiede zwischen den Browsern zu beachten.

Mit Hilfe des XMLHttpRequest-Objekts können HTTP-Anfragen an den Server geschickt und die Antwort des Servers entgegengenommen werden. Aufgrund des Namens des XMLHttpRequest-Objekts könnte man annehmen, dass sich damit nur XML-Daten austauschen lassen. Das ist jedoch nicht der Fall. Wir werden zunächst einfache Textdateien verwenden und erst später XML hinzufügen.

19.4.1 Erzeugen eines XMLHttpRequest-Objekts

In Browsern wie Mozilla/Firefox und dem Internet Explorer 7 ist das XMLHttpRequest-Objekt standardmäßig verfügbar, ähnlich wie String- und Array-Objekte.

Um ein neues XMLHttpRequest-Objekt zu erzeugen, schreiben wir:

```
var httpReq = new XMLHttpRequest();
```

In diesen Browsern ist das XMLHttpRequest-Objekt dem window-Objekt untergeordnet, so dass wir mit

```
if (window.XMLHttpRequest) ...
```

prüfen können, ob das XMLHttpRequest-Objekt auf diese Weise unterstützt wird.

19.4.2 XMLHttpRequest im Internet Explorer 5 und 6

Im Internet Explorer 5 und 6 ist das XMLHttpRequest-Objekt eine ActiveX-Komponente. Deshalb muss in diesen Browserversionen ActiveX
aktiviert sein, damit unsere Ajax-Applikationen richtig funktionieren.
Wie eben gesehen, gilt dies für den Internet Explorer 7 nicht mehr.

Es gibt im Internet Explorer verschiedene Versionen des XMLHttp-
Request-Objekts. Die einfache Version kann über

```
httpReq = new ActiveXObject("Microsoft.XMLHTTP")
```

erzeugt werden. Dies ist normalerweise völlig ausreichend, so dass man
keine Unterscheidung nach der verwendeten Version machen muss.

Um zu prüfen, ob ActiveX verfügbar ist, können wir Folgendes
schreiben:

```
if (typeof ActiveXObject != "undefined") ...
```

19.4.3 Genereller Ansatz zum Erzeugen eines XMLHttpRequest-Objekts

Damit wir uns nicht jedes Mal Gedanken über die verwendete Browserversion machen müssen, lohnt es sich, eine generelle Funktion zur
Erzeugung eines XMLHttpRequest-Objekts zu definieren:

```
function getXMLHttpRequest() {
    var httpReq = null;
    if (window.XMLHttpRequest) {
        httpReq= new XMLHttpRequest();
    } else if (typeof ActiveXObject != "undefined") {
        httpReq= new ActiveXObject("Microsoft.XMLHTTP");
    }
    return httpReq;
}
```

Die Funktion liefert je nach Browserversion das richtige XMLHttp-
Request-Objekt zurück.

19.4.4 Eine Anfrage an den Server schicken

Mit open() bereiten wir unser XMLHttpRequest-Objekt für die Übertragung der Daten an den Server vor. Mit send() schicken wir die Anfrage
los. Wenn req eine Referenz auf unser XMLHttpRequest-Objekt ist, können wir mit folgenden Zeilen eine einfache get-Anfrage an den Server
schicken:

```
req.open("get", "test.txt", true);
req.send(null);
```

Auf diese Art und Weise fordern wir die Datei test.txt vom Server an. Das dritte Argument mit dem Wert true gibt an, dass die Anfrage asynchron stattfinden soll, d.h., der Browser setzt nach dem Absenden der Anfrage die Ausführung des nachfolgenden JavaScript-Codes fort.

19.4.5   Auf die Antwort des Servers reagieren

Wir haben nun gesehen, wie wir eine Anfrage an den Server schicken können. Da diese Anfrage asynchron geschickt wird, wartet unser JavaScript-Code nicht auf eine Antwort und setzt die Verarbeitung fort. Wie erfährt unser Skript jedoch, wenn die Antwort vom Server vorliegt?

readyState und
onreadystatechange
Das XMLHttpRequest-Objekt definiert die Eigenschaft readyState, die den Stand der Datenübertragung angibt. Auf Änderungen der Eigenschaft readyState kann mit dem Event-Handler onreadystatechange reagiert werden. Wie die folgende Tabelle zeigt, ist die Übertragung beendet, sobald readyState den Wert 4 annimmt.

Tab. 19–1
Mögliche Werte der
Eigenschaft readyState

Wert	Bezeichnung	Bedeutung
0	Uninitialized	Die open()-Methode wurde noch nicht aufgerufen.
1	Open	Die open()-Methode wurde aufgerufen, aber es wurde noch keine Anfrage gesendet.
2	Sent	Die Anfrage wurde gesendet.
3	Receiving	Ein Teil der Antwort des Servers wurde erhalten.
4	Loaded	Die Antwort vom Server liegt vollständig vor.

Diese Werte werden nicht von allen Browsern gleich unterstützt. Man sollte sich auf die Werte 0, 1 und 4 beschränken.

Mit dem folgenden Codeabschnitt teilen wir dem Browser mit, dass die Funktion test() aufzurufen ist, sobald sich die Eigenschaft readyState ändert:

ajax1.html
(Auszug)

```
req.onreadystatechange = test;
req.open("get", "test.txt", true);
req.send(null);
```

In der Funktion test() müssen wir prüfen, ob readyState den Wert 4 hat, um sicher zu sein, dass die Antwort vom Server komplett vorliegt. Wenn wir req als globale Variable definiert haben, können wir also Folgendes schreiben:

```
function test() {
  if (req.readyState == 4) {
    // Die Antwort des Servers liegt vor
  }
}
```

Die Antwort des Servers kann man nun mit der Eigenschaft responseText auslesen. In unserem Beispiel könnten wir also Folgendes schreiben:

responseText

```
var antwort = req.responseText;
```

19.4.6   HTTP-Statuscodes

Es kann passieren, dass der Abruf der Daten vom Server fehlschlägt. Hierfür kann es vielfältige Gründe geben. Beispielsweise kann die Internetverbindung beim Anwender unterbrochen worden sein, oder der Server ist im Moment nicht erreichbar. Oder es kann natürlich auch passieren, dass unsere Ajax-Applikation ein Dokument abrufen will, das gar nicht existiert, z.B. weil sich im Dateinamen ein Tippfehler eingeschlichen hat.

Das HTTP-Protokoll definiert verschiedene Statuscodes bzw. Fehlercodes. Einige davon sind in der folgenden Tabelle dargestellt.

Wert	Bezeichnung	Bedeutung
200	OK	Die Anfrage war erfolgreich.
401	Unauthorized	Der Zugriff ohne Login und Passwort ist nicht möglich.
403	Forbidden	Login und/oder Passwort waren nicht richtig.
404	Not Found	Die angeforderte Datei ist nicht verfügbar.
500	Internal Server Error	Auf dem Server ist ein Fehler aufgetreten.

Tab. 19–2

HTTP-Statuscodes

Die Eigenschaft status des XMLHttpRequest-Objekts gibt den Statuscode wieder. Damit kann eine Applikation auf die unterschiedlichen Möglichkeiten reagieren. Beispielsweise wird mit folgender Zeile abgefragt, ob die Übertragung erfolgreich war:

```
if (req.status == 200) ...
```

19.4.7   Formulare mit Ajax

Wir wollen nun das XMLHttpRequest-Objekt verwenden, um ein Formular mit Serveranbindung zu erstellen. Dazu soll das Beispiel der Billigfluglinie aus dem Formular-Kapitel als Grundlage dienen. Über die

Auswahl des Abflugortes sind die möglichen Zielflughäfen in einem Select-Objekt anzuzeigen (siehe *Formularelemente voneinander abhängig machen*, S. 231). Diesmal werden die Auswahlmöglichkeiten jedoch nicht in der HTML-Seite integriert, sondern bei Bedarf vom Server geholt.

Abb. 19–10

*Automatisches Füllen
eines Select-Objekts
mit Ajax*

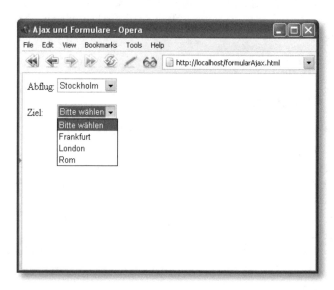

Zur Realisierung dieses Beispiels benötigen wir jeweils ein Skript auf dem Client und dem Server. Hier wurde für den Server ein PHP-Skript gewählt. Bitte beachten Sie, dass Sie zum Ausführen der Applikation *http://localhost/* verwenden müssen, wie es der Screenshot zeigt.

Unser PHP-Skript liefert die Zielorte als String zurück. Die verschiedenen Orte werden mit einem Pluszeichen getrennt. Man könnte auch andere Zeichen verwenden. Das Pluszeichen bietet sich an, da es nicht in den Namen unserer Zielorte vorkommt. Auf dem Client können wir auf diese Weise die split()-Methode des String-Objekts verwenden, um aus dem erhaltenen String ein Array zu erzeugen (siehe *split()*, S. 108).

Da wir hier nicht näher auf die Programmierung von PHP eingehen wollen, wurde das PHP-Skript so einfach wie möglich gehalten. Für die einzelnen Abflugorte werden die möglichen Zielorte als String in einem Array festgehalten. Der entsprechende String wird mit echo an den Client zurückgegeben.

```
<?php
    header("Content-Type: text/plain");

    $abflug = $_GET["value"];

    $ziele["Frankfurt"] = "London+Paris+Rom+Stockholm";
    $ziele["London"] = "Frankfurt+Paris+Stockholm";
    $ziele["Paris"] = "Frankfurt+London";
    $ziele["Rom"] = "Frankfurt+Stockholm";
    $ziele["Stockholm"] = "Frankfurt+London+Rom";

    echo $ziele[$abflug];
?>
```

ziele.php

Das hier gezeigte PHP-Skript ist natürlich nur eine Vereinfachung. Ausgehend von diesem Skript kann man eine Datenbank anbinden und dann die entsprechenden Rückgabestrings auf Basis einer Datenbankabfrage generieren.

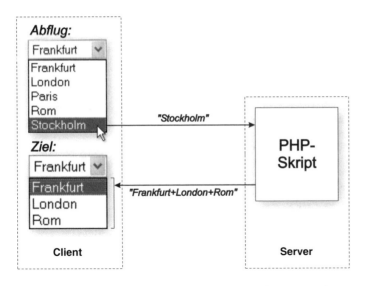

Abb. 19–11

Anbindung eines Formulars mit Ajax

Der folgende Quellcode zeigt, wie der Client Anfragen an den Server stellt und Antworten vom Server verarbeitet. Mit getXMLHttpRequest() erzeugen wir ein XMLHttpRequest-Objekt, das wir im Folgenden verwenden können.

In der Funktion zieleErmitteln() wird die Anfrage an den Server geschickt. Diese Funktion wird über onchange im Select-Objekt aufgerufen, sobald der Anwender die Auswahl verändert. Wie Sie sehen, wird beim Aufruf von open() der Name des selektierten Abflugortes per Suchstring übergeben.

Die Antwort vom Server wird durch die Funktion zieleAnzeigen() verarbeitet. Da wir einen einfachen String erhalten, in dem die Einträge durch das Pluszeichen getrennt sind, können wir die split()-Methode verwenden.

Normalerweise müssten die Strings verschlüsselt werden, damit auch Umlaute übertragen werden können. Das Beispiel wurde so gewählt, dass nur Orte ohne Umlaute angeflogen werden. Falls Sie Betreiber einer Fluglinie sind, würde ich Ihnen von dieser Vorgehensweise abraten und stattdessen die Funktion encodeURIComponent() ans Herz legen...

ajax2.html

```html
<html>
<head>
<title>Ajax und Formulare</title>
<meta http-equiv="Content-Script-Type"
  content="text/javascript" />

<script type="text/javascript">

var req = null;

function getXMLHttpRequest() {
  var httpReq = null;
  if (window.XMLHttpRequest) {
    httpReq = new XMLHttpRequest();
  } else if (typeof ActiveXObject != "undefined") {
    httpReq = new ActiveXObject("Microsoft.XMLHTTP");
  }
  return httpReq;
}

function sendRequest(url, handler, param) {
  req = getXMLHttpRequest();
  if (req) {
    req.onreadystatechange = handler;
    req.open("get", url + "?value=" + param, true);
    req.send(null);
  }
}

function zieleErmitteln() {
  var abflug = document.getElementById("abflug");
  if (abflug.value != "ausgangswert") {
    sendRequest("ziele.php",zieleAnzeigen,abflug.value);
  }
}

function zieleAnzeigen() {
  if (req.readyState == 4) {

    var str = req.responseText;
    var liste = str.split("+");

    var ziele = document.getElementById("ziel");
```

```
            // bisherige Eintraege loeschen
            for (i = ziele.length; i > 0; i--) {
                ziele[i] = null;
            }

            // neue Eintraege
            for (i = 0; i < liste.length; i++) {
                ziele[i+1] = new Option(liste[i]);
            }
        }
    }
}
</script>

</head>
<body>

    <form>
    <p>
    Abflug:
    <select id="abflug" onchange="zieleErmitteln()">
        <option value="ausgangswert">Bitte w&auml;hlen</option>
        <option value="Frankfurt">Frankfurt</option>
        <option value="London">London</option>
        <option value="Paris">Paris</option>
        <option value="Rom">Rom</option>
        <option value="Stockholm">Stockholm</option>
    </select>
    <br /><br />
    Ziel:
    <select id="ziel">
        <option value="ausgangswert">Bitte w&auml;hlen</option>
    </select>
    </p>
    </form>

</body>
</html>
```

19.4.8   Alternativen zum XMLHttpRequest-Objekt

Zum XMLHttpRequest-Objekt gibt es Alternativen, die im Internet ab und zu zum Einsatz kommen. Hier sollen diese Alternativen nur kurz erwähnt werden.

Früher war es üblich, Anfragen in einem separaten IFrame durchzuführen. Damit diese IFrames vom Anwender nicht bemerkt werden, wurden sie oft mit einer Größe von 0 definiert.

Ein weiterer Ansatz ist die Verwendung des <script>-Tags, mit dem man js-Bibliotheksdateien laden kann. Das <script>-Tag kann auf dem Client dynamisch angepasst werden, so dass unterschiedliche Dokumente angefordert werden können.

Das XMLHttpRequest-Objekt bietet gegenüber diesen Ansätzen wesentliche Vorteile und wird auch von den gängigen Browsern weitgehend unterstützt, so dass der Einsatz dieses Objekts zu empfehlen ist.

19.5 XML

In diesem Kapitel haben wir bisher einfachen Text verwendet, um Daten vom Server zum Client zu übertragen. Wie bereits erwähnt wurde, gibt es jedoch zahlreiche andere Formate, die im Zusammenhang mit Ajax zum Einsatz kommen können. Hier sollen XML und im nächsten Abschnitt JSON beispielhaft angesprochen werden. Diese Datenformate bieten sich an, wenn die übertragenen Informationen auf dem Client weiterverarbeitet werden sollen.

Wir wollen uns ein Beispiel anschauen, in dem die Einwohnerzahlen einzelner Städte abgerufen werden können. Der Name einer Stadt und die Einwohnerzahl werden dabei vom Server angefordert. Dieser schickt die Antwort in Form einer XML-Datei.

Abb. 19–12
Übertragen von
Informationen mit XML

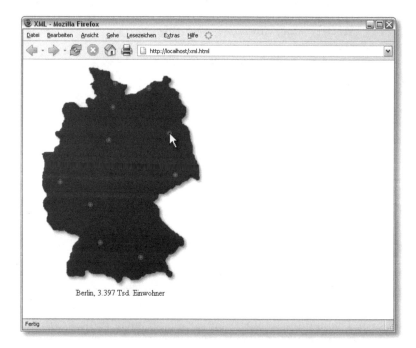

Wir wollen folgendes Format benutzen, um die notwendigen Informationen zu übertragen:

```
<?xml version="1.0" encoding="UTF-8"?>

<stadt>
  <name>Berlin</name>
  <einwohner>3.397</einwohner>
</stadt>
```

Das Server-Skript in PHP wurde wieder bewusst einfach gehalten. Das Skript nimmt einen Übergabewert entgegen und generiert dann mit den entsprechenden Informationen den XML-Code. Dieser wird über echo ausgegeben und so an den Client übertragen.

staedte.php

```php
<?php
    header("Content-Type: text/xml");

    $num = $_GET["value"];

    $stadt[1] = "Berlin"; $einwohner[1] = "3.397";
    $stadt[2] = "Hamburg"; $einwohner[2] = "1.744";
    $stadt[3] = "München"; $einwohner[3] = "1.296";
    $stadt[4] = "Köln"; $einwohner[4] = "976";
    $stadt[5] = "Frankfurt"; $einwohner[5] = "660";
    $stadt[6] = "Stuttgart"; $einwohner[6] = "592";
    $stadt[7] = "Hannover"; $einwohner[7] = "516";
    $stadt[8] = "Dresden"; $einwohner[8] = "491";
    $stadt[9] = "Kiel"; $einwohner[9] = "231";
    $stadt[10] = "Rostock"; $einwohner[10] = "197";

    $ausgabe = '<?xml version="1.0" encoding="UTF-8"?>' .
               '<stadt>' .
               '<name>' . $stadt[$num] . '</name>' .
               '<einwohner>' . $einwohner[$num] .
               '</einwohner></stadt>';

    echo utf8_encode($ausgabe);

?>
```

Nun kommen wir zur Clientseite. Dort verwenden wir eine Imagemap, um die einzelnen Städte mit dem onmouseover-Event-Handler zu verknüpfen (siehe *Bilder und Links*, S. 289). Die Serveranfragen werden wie gehabt über das XMLHttpRequest-Objekt getätigt. Die Antwort vom Server wird von der Funktion anzeigen() verarbeitet.

ajax3.html

```html
<html>
<head>
<title>XML</title>
<meta http-equiv="Content-Script-Type"
  content="text/javascript" />

<script type="text/javascript">

function getXMLHttpRequest() {
  var httpReq = null;
  if (window.XMLHttpRequest) {
    httpReq = new XMLHttpRequest();
  } else if (typeof ActiveXObject != "undefined") {
    httpReq = new ActiveXObject("Microsoft.XMLHTTP");
  }
  return httpReq;
}

function sendRequest(url, handler, param) {
  req = getXMLHttpRequest();
  if (req) {
    req.onreadystatechange = handler;
    req.open("get", url + "?value=" + param, true);
    req.setRequestHeader("Content-Type",
        "application/x-www-form-urlencoded");
    req.send(null);
  }
}

function info(num) {
  sendRequest("staedte.php", anzeigen, num);
}

function anzeigen() {
  if (req.readyState == 4) {

    var xml = req.responseText;
    var xmlDOM;

    if (typeof ActiveXObject != "undefined") {
      xmlDOM = new ActiveXObject("Microsoft.XmlDom");
      xmlDOM.loadXML(xml);
    } else {
      var parser = new DOMParser();
      xmlDOM = parser.parseFromString(xml,"text/xml");
    }

    var n1 = xmlDOM.getElementsByTagName("name")[0];
    var n2 = xmlDOM.getElementsByTagName("einwohner")[0];

    var stadt = n1.childNodes[0].nodeValue;
    var einwohner = n2.childNodes[0].nodeValue;
```

```
        var ausg = document.getElementById("ausgabe");
        ausg.innerHTML =
            stadt + ", " + einwohner + " Tsd. Einwohner";
    }
}

</script>

</head>
<body>
    <p>

    <map name="staedte">
        <area shape="circle" alt="Berlin"
            coords="264,136,7" onmouseover="info(1)" />
        <area shape="circle" alt="Hamburg"
            coords="151,86,7" onmouseover="info(2)" />
        <area shape="circle" alt="M&uuml;nchen"
            coords="207,380,7" onmouseover="info(3)" />
        <area shape="circle" alt="K&ouml;ln"
            coords="46,233,7" onmouseover="info(4)" />
        <area shape="circle" alt="Frankfurt"
            coords="106,278,7" onmouseover="info(5)" />
        <area shape="circle" alt="Stuttgart"
            coords="126,353,7" onmouseover="info(6)" />
        <area shape="circle" alt="Hannover"
            coords="143,151,7" onmouseover="info(7)" />
        <area shape="circle" alt="Dresden"
            coords="276,219,7" onmouseover="info(8)" />
        <area shape="circle" alt="Kiel"
            coords="156,38,7" onmouseover="info(9)" />
        <area shape="circle" alt="Rostock"
            coords="223,49,7" onmouseover="info(10)" />
    </map>

    <img src="karte.gif" alt="Karte Deutschland"
        usemap="#staedte" style="border: 0px"
        width="337" height="441" />

    </p>
    <div id="ausgabe" style="position: absolute; left: 80px;">
    </div>

</body>
</html>
```

Wie Sie sehen, speichern wir in XmlDom eine Referenz auf das XML-Dokument. Im Microsoft Internet Explorer verwenden wir hierzu die loadXML()-Methode des XmlDom-Objekts, das über ActiveX zur Verfügung gestellt wird. In anderen Browsern wird das DOMParser-Objekt verwendet und die parseFromString()-Methode aufgerufen.

Auf diese Art und Weise bereiten wir das XML-Dokument so auf, dass wir nun mit `getElementsByTagName()` auf die einzelnen Elemente zugreifen können, wie dies auch bei einem HTML-Dokument funktioniert.

19.6 JSON

Wie bereits in einem vorhergehenden Kapitel gezeigt wurde, können Objekte und Arrays mit Hilfe der JavaScript Object Notation (JSON) definiert werden (siehe *JavaScript Object Notation*, S. 125). Dieses Format kann auch auf dem Server generiert werden und dann auf dem Client weiterverarbeitet werden.

Um ein JavaScript-Objekt zu erzeugen, das den Namen und die Einwohnerzahl einer Stadt festhält, könnten wir in JSON Folgendes schreiben:

```
var stadt = {   name: "Berlin",
                einwohner: "3.379"
            }
```

Die Idee ist, den Teil in den geschweiften Klammern vom Server generieren zu lassen und diesen über das Internet an den Client zu übertragen. Die zu übertragenden Daten sind wesentlich geringer als im Falle der XML-Datei. Der Client erhält also folgenden String:

```
{ name: "Berlin", einwohner: "3.379" }
```

Damit der übertragene String als JavaScript-Code interpretiert wird, kann die eval()-Funktion eingesetzt werden (siehe *eval()*, S. 87):

```
var stadt = eval("(" + txt + ")");
```

Bitte beachten Sie die runden Klammern, die Sie unbedingt verwenden müssen, damit der Browser weiß, dass es sich um eine Objektdefinition handelt und nicht um einen gewöhnlichen Anweisungsblock.

So einfach diese Vorgehensweise klingen mag, ist hier jedoch Vorsicht geboten. Mit eval() wird sämtlicher JavaScript-Code ausgeführt, ohne dass der Inhalt hinterfragt wird. Ein Dritter könnte dies ausnutzen, um böswilligen Code auf dem Client-Computer einzuschleusen. Aus diesem Grund sollte der JSON-Code zunächst untersucht werden. Hierfür kann beispielsweise die Funktion parse() von Douglas Crockford verwendet werden (siehe *Anhang B Literatur und Online-Ressourcen*, S. 423).

20 JavaScript und andere Technologien

Neben JavaScript kommen weitere Technologien auf dem Client zum Einsatz. Hier sind z.B. Flash und Java zu nennen. Diese Technologien lassen sich kombinieren, und Programme, die auf diesen Technologien basieren, können untereinander kommunizieren und Daten austauschen. Auf diese Weise muss man sich in einer Webapplikation nicht für die eine oder andere Lösung entscheiden, sondern kann die Vorteile der einzelnen Technologien nutzen.

Interaktion mit Flash und Java

Ab und zu stößt man im Internet auf den Begriff *LiveConnect*. Dies war ursprünglich die Technologie, mit der in Netscape die Kommunikation zwischen Java und JavaScript ermöglicht wurde. Mittlerweile wird dieser Begriff fälschlicherweise häufig auch im Zusammenhang mit anderen Browsern benutzt.

Nach einer Beschreibung, wie mit MIME-Types umgegangen wird, zeigt dieses Kapitel die grundlegende Funktionsweise, wie JavaScript mit Java-Applets kommunizieren kann. Zunächst wollen wir uns anschauen, wie JavaScript auf Java-Applets zugreifen kann. Danach untersuchen wir, wie umgekehrt ein Java-Applet mit JavaScript arbeiten kann.

Zum Erstellen von Java-Applets und zum Testen der hier gezeigten Beispiele können Sie die kostenlose Java-Software von *http://java.sun.com/* herunterladen. Dort erhalten Sie auch weitergehende Dokumentation zu Java.

20.1 MIME-Types

Urspünglich wurden MIME-Types verwendet, um die Dateitypen von E-Mail-Anhängen festzulegen. MIME steht für *Multipurpose Internet Mail Extension* und wird mittlerweile zur Identifizierung von Dateitypen jeglicher Art verwendet.

Plugins   Um festzustellen, ob der Browser des Anwenders mit einer bestimmten Technologie umgehen kann und ob ein bestimmter Plugin installiert ist, können wir untersuchen, ob der Browser einen bestimmten MIME-Type unterstützt. So können wir etwa feststellen, ob der Browser mit Flash umgehen kann. Die verfügbaren MIME-Types erfährt man im Internet oder bei dem jeweiligen Anbieter.

Der MIME-Type von Flash ist *"application/x-shockwave-flash"* und kann über `navigator.mimeTypes` abgefragt werden. Dies sieht z.B. so aus:

```
navigator.mimeTypes[
   "application/x-shockwave-flash"].enabledPlugin
```

Dieser Ausdruck ist `null`, wenn es keinen entsprechenden Plugin gibt.

Leider funktioniert dies im Internet Explorer nicht. In diesem Browser wird ActiveX verwendet, um verschiedene Datenformate zu unterstützen. Man muss ein entsprechendes `ActiveXObject`-Objekt erzeugen, um festzustellen, ob der Browser damit umgehen kann. Dies ist im folgenden Code dargestellt, der je nach verwendetem Browser die entsprechende Prüfung durchführt.

plugin.html
(Auszug)

```
function pruefeFlash() {
    if (navigator.mimeTypes.length > 0) {
        return navigator.mimeTypes[
            "application/x-shockwave-flash"].enabledPlugin !=
            null;
    } else if (window.ActiveXObject) {
        try {
            new
            ActiveXObject("ShockwaveFlash.ShockwaveFlash");
            return true;
        } catch (e) {
            return false;
        }
    } else {
        return false
    }
}
```

20.2 Von JavaScript auf Java zugreifen

Nun wollen wir uns ansehen, wie JavaScript auf Java zugreifen kann.

Hier soll der Zugriff auf Java-Applets im Mittelpunkt stehen. Mozilla bzw. Firefox bieten jedoch auch die Möglichkeit, Java-Klassen einzubinden, ohne dass ein Java-Applet geladen sein muss. Hierfür gibt man `Package` gefolgt von dem kompletten Namen der Klasse, die man verwenden will, an. Um beispielsweise ein Objekt der Java-Klasse Stack zu erzeugen, schreibt man in diesen Browsern

```
var stack = new Package.java.util.Stack();
```

Die so eingebundenen Klassen können wie JavaScript-Objekte verwendet werden. Da dies in anderen Browsern nicht funktioniert, wird diese Möglichkeit hier nicht im Detail behandelt.

20.2.1 Java-Applets einbinden

Wir wollen ein Java-Applet schreiben, das einfache Linien zeichnen kann. Die Eingabe der Koordinaten für neue Linien erfolgt über ein HTML-Formular. Die eingegebenen Werte sollen mittels JavaScript an das Java-Applet übergeben werden.

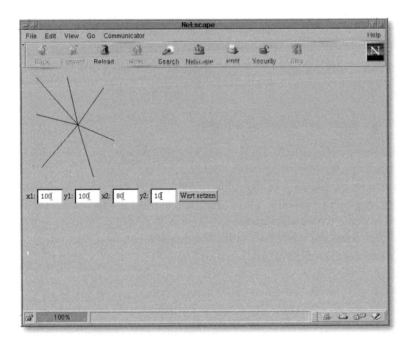

Java-Applets werden über das <object>-Tag in ein HTML-Dokument eingebettet, wie es das folgende Beispiel zeigt:

<object>

```
<object type="application/x-java-applet"
   code="linien.class" id="linien"
   width="360" height="200"
   alt="Java-Applet zum Zeichnen von Linien.">
</object>
```

Da unser Applet linien heißt, können wir es mit getElementsById() ansprechen:

```
meinApplet = document.getElementById("linien");
```

code bzw. data   Wie Sie sehen, wird im <object>-Tag die Eigenschaft code verwendet, um den Namen der zu verwendenden Java-Klasse anzugeben. HTML schreibt eigentlich hierfür die Eigenschaft data vor. Jedoch haben einige Browser damit Probleme, so dass normalerweise code verwendet wird.

Früher wurde das <applet>-Tag eingesetzt, das laut HTML-Spezifikation aber nicht mehr verwendet werden sollte:

```
<applet code="linien.class" id="linien"
    width="360" height="200"
    alt="Java-Applet zum Zeichnen von Linien.">
</applet>
```

Das applets-Array   Weiterhin war es üblich, Applets über das applets-Array, das wie forms und images über das document-Objekt angesprochen wurde, zu verwenden. In einigen Browsern funktioniert dies auch im Zusammenhang mit dem <object>-Tag. Da dies jedoch nicht in allen Browsern klappt, sollte man lieber getElementById() einsetzen.

20.2.2   Einzelne Methoden aufrufen

Nun wollen wir eine Methode unseres Applets aufrufen. Die Schreibweise ist praktischerweise genau die gleiche wie bei reinem JavaScript. Es macht für Sie also keinen Unterschied, ob Sie eine Methode eines JavaScript-Objekts oder eine Methode eines Java-Objekts, die als public definiert wurde, aufrufen.

Der folgende Code ruft in der Funktion neueLinie() die Methode zeichneLinie() des Java-Applets auf:

linien.html
```
<html>
<head>
<title>Java</title>
<meta http-equiv="Content-Script-Type"
    content="text/javascript" />

<script type="text/javascript">

var meinApplet; // global definiert

function init() {
    meinApplet = document.getElementById("linien");
}

function neueLinie(formular) {
    var x1 = parseInt(formular.x1.value);
```

```
    var y1 = parseInt(formular.y1.value);
    var x2 = parseInt(formular.x2.value);
    var y2 = parseInt(formular.y2.value);

    // Aufruf einer Methode des Java-Applets
    if (meinApplet)
        meinApplet.zeichneLinie(x1, y1, x2, y2);
}

</script>
</head>

<body onload="init()">

    <object type="application/x-java-applet" code="linien.class"
        id="linien" width="360" height="200"
        alt="Java-Applet zum Zeichnen von Linien.">
    </object>

    <form name="eingabe">
        <p>
        x1: <input type="text" id="x1" name="x1"
            value="10" size="5" />
        y1: <input type="text" id="y1" name="y1"
            value="10" size="5" />
        x2: <input type="text" id="x2" name="x2"
            value="100" size="5" />
        y2: <input type="text" id="y2" name="y2"
            value="100" size="5" />

        <input type="button" value="Wert setzen"
            onclick="neueLinie(this.form)" />
        <p>
    </form>
</body>
</html>
```

Wie Sie sehen, werden beim Aufruf der Java-Methode zeichneLinie() vier Variablen übergeben, genauso wie wir das in reinem JavaScript gemacht hätten.

Aufruf einer Java-Methode mit Variablenübergabe

20.2.3   Das Java-Applet

Das Java-Applet linien wird durch den folgenden Quellcode erzeugt:

linien.java

```
import java.awt.*;
import java.applet.Applet;

public class linien extends Applet {

    int x1, y1, x2, y2;
    boolean zeichnen = false;
```

```
public void paint(Graphics g) {
    if (zeichnen) {
        g.drawLine(x1, y1, x2, y2);
        zeichnen = false;
    }
}

public void update(Graphics g) {
    paint(g);
}

public void zeichneLinie(int x1, int y1,
                  int x2, int y2) {
    this.x1 = x1;
    this.y1 = y1;
    this.x2 = x2;
    this.y2 = y2;
    zeichnen = true;

    // neuen Linie zeichnen
    repaint();
}
}
```

zeichneLinie() ist die Methode, die durch unseren JavaScript-Code aufgerufen wird. Sie sehen, dass in dem Java-Code nichts Besonderes darauf hindeutet, dass auf das Applet mit JavaScript zugegriffen werden soll. Es muss lediglich dafür gesorgt werden, dass die Methode zeichneLinie() als public definiert wird.

Die Methode zeichneLinie() nimmt die neuen Koordinaten als int-Werte entgegen. Wie in Java üblich, wird mit repaint() indirekt u.a. die Methode paint() aufgerufen. In paint() wird die Linie mit den neuen Koordinaten ausgegeben. Die Methode update() wird überschrieben, damit der Grafikausgabebereich nicht bei jedem Aufruf von repaint() wieder gelöscht wird.

20.2.4   Variablenübergabe

Bei der Übergabe von Variablen von JavaScript nach Java und umgekehrt kann es einige Probleme geben, da beide Sprachen nicht über genau die gleichen Datentypen und Objekte verfügen. Die folgende Tabelle zeigt, wie die unterschiedlichen Datentypen und Objekte bei der Übergabe von JavaScript nach Java behandelt werden:

Von JavaScript	Nach Java
String, Number und Boolean	Diese Objekte werden in die entsprechenden Java-Objekte String, Float und Boolean umgewandelt.
Verpacktes Java-Objekt	Wird entpackt, so dass wieder das vorherige Java-Objekt zur Verfügung steht.
Andere Objekte	Werden in dem Objekt JSObject verpackt.

Tab. 20–1

Variablenübergabe von JavaScript nach Java

Entsprechend müssen alle Java-Datentypen für JavaScript verständlich gemacht werden:

Von Java	Nach JavaScript
boolean	Wird in JavaScript-Boolean umgewandelt.
byte, char, short, int, long, float, double	Werden in JavaScript-Number umgewandelt.
String	Wird in JavaScript-String umgewandelt.
JSObject	Wird in ein JavaScript-Objekt umgewandelt.
Java-Arrays	Werden in einem JavaScript Objekt verpackt. Die Möglichkeit der Adressierung (z.B. meinArray[index]) bleibt erhalten und die Eigenschaft length wird gesetzt.
Andere Java-Objekte	Werden in einem JavaScript-Objekt verpackt.

Tab. 20–2

Variablenübergabe von Java nach JavaScript

Durch die unterschiedliche Natur der Datentypen und Objekte kann nicht immer eine einwandfreie Umwandlung vorgenommen werden. Beispielsweise werden Ganzzahlen in JavaScript mit 32 Bit gespeichert. Möchte man eine große Zahl vom Java-Typ long (64 Bit) einem Java-Script-Programm übergeben, ist dies nicht ohne Verluste möglich.

Aus diesem Grund sollte man sich möglichst an die einfachen Datentypen halten, da hier wesentlich weniger Probleme bei der Konvertierung auftreten.

20.3   Von Java auf JavaScript zugreifen

Nun wollen wir untersuchen, wie ein Java-Applet auf JavaScript-Objekte zugreifen kann und wie man von Java aus JavaScript-Code ausführen kann.

20.3.1   Java-Applets und mayscript

Wir betten ein Applet wieder mit dem <object>-Tag in ein HTML-Dokument ein:

```
<object type="application/x-java-applet"
  code="test.class" id="test"
  width="360" height="200"
  alt="Von Java nach JavaScript">
  <param name="mayscript" value="true">
</object>
```

mayscript

Im Vergleich zu vorher ist das <param>-Tag hinzugekommen. Dieses Tag wird allgemein verwendet, um über HTML Daten an das Applet zu übergeben. Hier wird die Eigenschaft mayscript auf true gesetzt. Die Angabe von mayscript ist notwendig, damit das Java-Applet auf den JavaScript-Code im HTML-Dokument zugreifen kann. Der Ersteller der HTML-Seite erhält damit die Kontrolle darüber, welche Applets auf den JavaScript-Code zugreifen können und welche nicht.

20.3.2   Packages einbinden

Damit der Java-Code auf die einzelnen JavaScript-Objekte zugreifen kann, benötigen wir die JSObject-Klasse. Man muss beim Kompilieren des Java-Codes sicherstellen, dass diese Klasse verfügbar ist. Die Klasse ist in dem Package *netscape.javascript.* enthalten. Dieses Package ist normalerweise in der Software, die von Sun heruntergeladen werden kann, in *plugin.jar* oder *jaws.jar* enthalten. Sie müssen sicherstellen, dass der Classpath richtig gesetzt ist, damit das Package beim Kompilieren des Java-Codes gefunden wird. Informationen hierzu erhalten Sie unter *http://java.sun.com/*.

An dieser Stelle sei angemerkt, dass es spezielle Java-Klassen im Package *org.w3c.dom.* gibt, die den Zugriff auf das DOM ermöglichen. Auf diese Art und Weise kann ein Java-Applet auf das zugrunde liegende Dokument zugreifen und so indirekt mit JavaScript in Kontakt treten. Auf diese Möglichkeit wird an dieser Stelle jedoch nicht näher eingegangen.

20.3.3   Das JSObject-Objekt

getWindow() und
getMember()

Das Java-Objekt JSObject gibt Ihnen die Möglichkeit, die einzelnen JavaScript-Objekte einer Seite in einem Java-Applet zu verwenden. Der Ausgangspunkt ist normalerweise das window-Objekt, auf das man mit der statischen Methode getWindow() zugreifen kann. Um Eigenschaften abzufragen, gibt es die Methode getMember(). Da das document-Objekt dem window-Objekt direkt untergeordnet ist, können wir ausgehend vom window-Objekt mit getMember() eine Referenz auf das document-Objekt erhalten. So kann man sich durch die Objekthierarchie hangeln.

JSObject kennt auch die eval()-Methode, mit der man JavaScript-   *eval()*
Code, der in einem String enthalten ist, ausführen kann. Damit lassen
sich auch Funktionen, die in der HTML-Seite definiert sind, aufrufen.

Die angesprochenen Möglichkeiten des JSObject-Objekts demonstriert das folgende Beispiel. Zunächst schauen wir uns den Code für
das Java-Applet an:

```
import java.applet.Applet;                                        test.java
import java.awt.Graphics;
import netscape.javascript.*;

public class test extends Applet {

    public void paint(Graphics g) {
        JSObject window = JSObject.getWindow(this);
        JSObject document =
            (JSObject) window.getMember("document");

        // Zugriff auf document.title
        g.drawString(document.getMember("title"), 10, 100);

        // Aufruf einer JavaScript Funktion
        window.eval("gruss('Gruss von Java!')");
    }
}
```

Die folgende HTML-Datei bindet das Java-Applet ein und beinhaltet
auch den benötigten JavaScript-Code:

```
<html>                                                         mayscript.html
<head>
<title>Java</title>
<script type="text/javascript">

function gruss(str) {
    alert(str);
}

</script>
</head>

<body>

    <object type="application/x-java-applet" code="test.class"
        id="test" width="360" height="200"
        alt="Von Java nach JavaScript">
            <param name="mayscript" value="true">
    </object>

</body>
</html>
```

Anhang A   Referenz

Diese Referenz zeigt die wichtigsten Objekte, wie sie in den gängigen Browsern zur Verfügung stehen. Dies sind insbesondere die Browser Microsoft Internet Explorer 6+, Netscape 6+, Mozilla 1+, Firefox 1+, Safari 1+, Opera 7+.

Statt wie üblich alle Objekte und deren sämtliche Eigenschaften und Methoden aufzulisten, wird hier die Schnittmenge der verfugbaren Elemente gezeigt. Dies sind die Objekte, Eigenschaften und Methoden, die in den gängigen Browsern grundsätzlich zur Verfügung stehen und damit die Basis für eine browserunabhängige Programmierung bilden. Es wird also bewusst auf eine komplette Darstellung der einzelnen Browserversionen verzichtet. Falls Sie sich für alle verfügbaren Objekte, Eigenschaften und Methoden einer speziellen Browserversion interessieren, finden Sie weitergehende Informationen beim jeweiligen Anbieter.

A.1   Anchor

Ein Anchor-Objekt repräsentiert einen Anker. Das Anchor-Objekt ist ein spezielles Link-Objekt (siehe *Link*, S. 398).

A.1.1   HTML-Code

```
<a [href="URL"]
   name="ankerName">
   Text
</a>
```

A.2   Area

Ein Area-Objekt repräsentiert einen Bereich in einer Imagemap. Das Area-Objekt ist ein spezielles Link-Objekt (siehe *Link*, S. 398).

A.2.1   HTML-Code

```
<map name="mapName">
  <area
     [id="areaID"]
     coords="x1,y1,x2,y2..."|"x-mitte,y-mitte,radius"
     [href="URL"]
     [nohref="nohref"]
     [shape="rect"|"poly"|"circle"|"default"]
     [target="fensterName"]
     [onclick="aktion"]
     [onmouseout="aktion"]
     [onmouseover="aktion"] />
</map>
```

A.3   Argument

Ein Argument-Objekt repräsentiert einen Übergabewert an eine Funktion. Ein Array der Übergabewerte ist innerhalb einer Funktion über

```
fktsname.arguments[x]
```

zugänglich.

A.3.1   Eigenschaften

callee
   Die aktuelle Funktion.

caller
   Gibt an, von welcher Funktion aus diese Funktion aufgerufen wurde.

length
   Anzahl der übergebenen Parameter.

A.3.2   Methoden

valueOf()
   Liefert den Übergabewert zurück.

A.4 Array

Ein Array-Objekt repräsentiert ein Datenfeld. Die Größe eines Arrays kann durch das Hinzufügen neuer Elemente dynamisch verändert werden.

A.4.1 Konstruktoren

Array()

> Erzeugt ein leeres Array.

Array(n)

> Erzeugt ein Array mit n Elementen.

Array(element1, element2, ...)

> Erzeugt ein Array und füllt dieses mit den angegebenen Werten.

A.4.2 Kurzschreibweise

Ein Array kann mit folgender Kurzschreibweise erzeugt werden:

```
var einArray = [element1, element2, element3];
```

A.4.3 Eigenschaften

length

> Die Anzahl der Elemente in dem Array.

A.4.4 Methoden

concat(element1 [, element2, ...])

> Fügt die übergebenen Elemente an das Array an und liefert dieses zurück.

every(callback)

> Für jedes Element des Arrays wird die Funktion callback aufgerufen. Diese Funktion bekommt den Wert des Elements, die Indexnummer und eine Referenz auf das Array übergeben. Liefert diese Funktion für jedes Element true zurück, dann liefert auch every() den Wert true zurück. Verfügbar seit JavaScript 1.6 (noch nicht Teil des ECMAScript-Standards).

filter(callback)

> Für jedes Element des Arrays wird die Funktion callback aufgerufen. Diese Funktion bekommt den Wert des Elements, die Indexnummer und eine Referenz auf das Array übergeben. Es wird ein

Array zurückgeliefert, das alle Elemente enthält, bei denen die Call-back-Funktion true zurückgeliefert hat. Verfügbar seit JavaScript 1.6 (noch nicht Teil des ECMAScript-Standards).

forEach(callback)

Für jedes Element des Arrays wird die Funktion callback aufgerufen. Diese Funktion bekommt den Wert des Elements, die Indexnummer und eine Referenz auf das Array übergeben. Verfügbar seit JavaScript 1.6 (noch nicht Teil des ECMAScript-Standards).

indexOf(wert [, startPosition])

Gibt die Position an, an der das Element mit dem Wert wert innerhalb des Arrays das erste Mal vorkommt. Wird der Wert nicht gefunden, wird -1 zurückgeliefert. Als zweites Argument kann eine Zahl angegeben werden, die angibt, ab welcher Position in dem Array gesucht werden soll. Verfügbar seit JavaScript 1.6 (noch nicht Teil des ECMAScript-Standards).

join([str])

Fügt die Elemente aus dem Array zu einem String zusammen. Die einzelnen Elemente werden dabei jeweils durch den angegebenen String getrennt. Wird kein Übergabewert angegeben, werden die Elemente durch Kommata getrennt.

lastIndexOf(wert [, startPosition])

Diese Methode entspricht indexOf(). Allerdings wird bei lastIndexOf() die Suche von hinten begonnen. Verfügbar seit JavaScript 1.6 (noch nicht Teil des ECMAScript-Standards).

map(callback)

Für jedes Element des Arrays wird die Funktion callback aufgerufen. Diese Funktion bekommt den Wert des Elements, die Indexnummer und eine Referenz auf das Array übergeben. Es wird ein Array zurückgeliefert, das die Rückgabewerte der Callback-Funktion enthält. Verfügbar seit JavaScript 1.6 (noch nicht Teil des ECMAScript-Standards).

pop()

Liefert das letzte Element des Arrays zurück. Dieses Element wird dabei aus dem Array entfernt.

push(element1 [, element2, ...])

Fügt die angegebenen Elemente an das Ende des Arrays an. Es wird das letzte Element, das hinzugefügt wurde, zurückgeliefert.

reverse()

Dreht die Reihenfolge der Elemente in dem Array um.

shift()

Liefert das erste Element des Arrays zurück. Dieses Element wird dabei aus dem Array entfernt.

slice(anfang [, ende])

Liefert einen Teil des Arrays zurück. anfang und ende geben dabei an, welcher Teil des Arrays zurückgeliefert werden soll.

some(callback)

Für jedes Element des Arrays wird die Funktion callback aufgerufen. Diese Funktion bekommt den Wert des Elements, die Indexnummer und eine Referenz auf das Array übergeben. Liefert diese Funktion für mindestens ein Element true zurück, dann liefert auch some() den Wert true zurück. Verfügbar seit JavaScript 1.6 (noch nicht Teil des ECMAScript-Standards).

sort([vergleichsFunktion])

Sortiert die Elemente in dem Array. Wird vergleichsFunktion nicht angegeben, werden die Elemente in alphabetischer Reichenfolge sortiert.

Als vergleichsFunktion kann der Name einer Funktion (ohne Klammern) angegeben werden, die die Sortierung steuern soll. Diese Funktion besitzt zwei Parameter. Liefert die Funktion einen negativen Wert zurück, wird der zweite Übergabewert vor dem ersten sortiert. Bei einem positiven Rückgabewert erfolgt die Sortierung umgekehrt.

splice(index, anzahl [, element1, element2, ...])

Entfernt ab der Position index in dem Array so viele Elemente, wie in anzahl angegeben. Die optionalen Parameter elemente1, elemente2 usw. geben Elemente an, die an dieser Stelle eingefügt werden sollen.

toString()

Liefert einen String zurück, in dem sämtliche Elemente des Arrays aneinandergereiht sind. Die Elemente werden dabei durch Kommata getrennt.

unshift(element1 [, element2, ...])

Fügt die angegebenen Elemente an den Anfang des Arrays an. Es wird die neue Größe des Arrays zurückgeliefert.

valueOf()

Siehe toString().

A.5   Boolean

Ein Boolean-Objekt repräsentiert einen booleschen Wert und enthält damit entweder true oder false.

A.5.1   Konstruktor

Boolean(wert)

Erzeugt ein Boolean-Objekt mit dem Ausgangswert wert.

A.5.2   Methoden

toString()

Gibt je nach Zustand des Boolean-Objekts entweder den String "true" oder "false" zurück.

valueOf()

Gibt den booleschen Wert des Boolean-Objekts zurück.

A.6   Button

Ein Button-Objekt repräsentiert eine Schaltfläche (siehe auch *Input*, S. 397, und *Element*, S. 379).

A.6.1   HTML-Code

```
<input
   type="button"
   value="aufschrift"
   [id "buttonID"]
   [name="buttonName"]
   [onclick="aktion"] />
```

A.6.2   Eigenschaften

value

Die Beschriftung der Schaltfläche.

A.7   Checkbox

Ein Checkbox-Objekt repräsentiert ein Auswahlfeld (siehe auch *Input*, S. 397, und *Element*, S. 379).

A.7.1   HTML-Code

```
<input
    type="checkbox"
    value="checkboxWert"
    [checked="checked"]
    [id="checkboxID"]
    [name="checkboxName"]
    [onclick="aktion"] />
    Text
```

A.7.2   Eigenschaften

checked

Repräsentiert den Zustand der Checkbox.

defaultChecked

Gibt die Ausgangsstellung der Checkbox wieder.

A.8   Date

Ein Date-Objekt repräsentiert ein Datum und eine Uhrzeit.

A.8.1   Konstruktoren

Es gibt mehrere Möglichkeiten, ein Date-Objekt zu erzeugen. Die folgenden Konstruktoren sind möglich:

```
Date()
Date("monat tag, jahr std:min:sek")
Date(jahr, monat, tag)
Date(jahr, monat, tag, std, min, sek)
Date(jahr, monat, tag, std, min, sek, msek)
```

A.8.2   Methoden

getDate()

Liefert den Tag innerhalb des Monats (Ortszeit).

getDay()

Liefert den Wochentag (Ortszeit). 0 steht für Sonntag, 1 für Montag usw.

getFullYear()

Liefert die vierstellige Jahreszahl (Ortszeit).

getHours()

Liefert die Anzahl der Stunden (Ortszeit).

getMilliseconds()

Liefert die Anzahl der Millisekunden (Ortszeit).

getMinutes()

Liefert die Anzahl der Minuten (Ortszeit).

getMonth()

Liefert die Nummer des Monats (Ortszeit). 0 steht für Januar, 1 für Februar usw.

getSeconds()

Liefert die Anzahl der Sekunden (Ortszeit).

getTime()

Liefert die Anzahl der Millisekunden seit dem 1. Januar 1970 um 0:00 Uhr.

getTimezoneOffset()

Liefert die Zeitverschiebung in Minuten von der lokalen Zeitzone im Vergleich zu UTC (Coordinated Universal Time).

getUTCDate()

Liefert die Nummer des Tags innerhalb eines bestimmten Monats (Universalzeit).

getUTCDay()

Liefert den Tag innerhalb der Woche (Universalzeit). 0 steht für Sonntag, 1 für Montag usw.

getUTCFullYear()

Liefert die vierstellige Jahreszahl (Universalzeit).

getUTCHours()

Liefert die Anzahl der Stunden (Universalzeit).

getUTCMilliseconds()

Liefert die Anzahl der Millisekunden (Universalzeit).

getUTCMinutes()

Liefert die Anzahl der Minuten (Universalzeit).

getUTCMonth()

Liefert die Nummer des Monats (Universalzeit). 0 steht für Januar, 1 für Februar usw.

getUTCSeconds()

Liefert die Anzahl der Sekunden (Universalzeit).

getYear()

Liefert entweder die vierstellige Jahreszahl oder die Anzahl der Jahre seit 1900 (Ortszeit). Statt dieser Methode sollte getFullYear() verwendet werden.

parse(str)

Konvertiert den übergebenen String in ein Date-Objekt und liefert die Anzahl der Millisekunden seit dem 1. Januar 1970 um 0:00 Uhr zurück. parse() ist eine statische Methode.

setDate(tag)

Setzt den Tag innerhalb eines Monats (Ortszeit).

setFullYear(jahr [, monat [, tag]])

Setzt die vierstellige Jahreszahl (Ortszeit).

setHours(stunden [, min [, sek [, msek]]])

Setzt die Anzahl der Stunden (Ortszeit).

setMilliseconds(msek)

Setzt die Anzahl der Millisekunden (Ortszeit).

setMinutes(minuten [, sek [, msek]])

Setzt die Anzahl der Minuten (Ortszeit).

setMonth(monat [, tag])

Setzt die Nummer des Monats (Ortszeit). 0 steht für Januar, 1 für Februar usw.

setSeconds(sek [, msek])

Setzt die Anzahl der Sekunden (Ortszeit).

setTime(msek)

Setzt ein neues Datum mit Hilfe einer Zeitangabe in Millisekunden.

setUTCDate(tag)

Setzt den Tag innerhalb eines Monats (Universalzeit).

setUTCFullYear(jahr [, monat [, tag]])

Setzt die vierstellige Jahreszahl (Universalzeit).

setUTCHours(stunden, [, min [, sek [, msek]]])

Setzt die Anzahl der Stunden (Universalzeit).

setUTCMilliseconds(msek)

Setzt die Anzahl der Millisekunden (Universalzeit).

setUTCMinutes(min [, sek [, msek]])

Setzt die Anzahl der Minuten (Universalzeit).

setUTCMonth(monat [, tag])

Setzt die Nummer des Monats (Universalzeit). 0 steht für Januar, 1 für Februar usw.

setUTCSeconds(sek [, msek])

Setzt die Anzahl der Sekunden (Universalzeit).

setYear(jahr)

Setzt die Anzahl der Jahre seit 1900 (Ortszeit). Statt dieser Methode sollte `setFullYear()` verwendet werden.

toLocaleString()

Liefert das Datum und die Uhrzeit in der ortsüblichen Schreibweise als String zurück. Dies funktioniert nicht in allen Browsern.

toUTCString()

Liefert einen String zurück, der das Datum und die Uhrzeit repräsentiert. Die Angaben werden dabei vorher in die Universalzeit umgerechnet.

UTC(jahr, monat, tag, [std, min, sek])

Liefert die Anzahl der Millisekunden seit dem 1. Januar 1970 0:00 Uhr für die GMT-Zeitzone. `UTC()` ist eine statische Methode.

A.9   document

Das `document`-Objekt repräsentiert ein HTML-Dokument (siehe auch *Element*, S. 379).

A.9.1   Eigenschaften

anchors[]

Ein Array der auf einer Seite definierten Anker (siehe *Anchor*, S. 367).

applets[]

Ein Array der mit dem `<applet>`-Tag eingebetteten Applets.

cookie

Repräsentiert die von einer Seite gesetzten Cookies.

domain

Gibt den Domainnamen des Servers, von dem die HTML-Seite heruntergeladen wurde, an.

embeds[]

Ein Array der mit <embed> eingebetteten Objekte.

forms[]

Ein Array der in dem Dokument enthaltenen Formulare (siehe
Form, S. 390).

images[]

Ein Array der in dem Dokument enthaltenen Bilder (siehe *Image*,
S. 395).

lastModified

Ein String, der den Zeitpunkt, an dem ein Dokument das letzte Mal
geändert wurde, angibt.

links[]

Ein Array der in einem HTML-Dokument definierten Links (siehe
Link, S. 398).

plugins[]

Ein Array der mit <embed> eingebetteten Objekte.

referrer

Gibt die URL der Seite an, von der ein Besucher kommt. Dies funktioniert jedoch nur, wenn der Besucher durch Anwählen eines Links
auf die bestimmte Seite gekommen ist.

title

Der Titel des HTML-Dokuments.

URL

Beinhaltet die komplette URL der geladenen HTML-Seite.

A.9.2   Methoden

clear()

Löscht ein HTML-Dokument in einem Frame oder Fenster.

close()

Schließt die Erstellung eines Dokuments ab. Diese Methode ist nicht zu verwechseln mit der close()-Methode des window-Objekts.

createEvent(str)

Erzeugt ein Event-Objekt vom Typ str (W3C-Ereignismodell).

getElementById(str)

Gibt das Objekt mit der angegebenen ID zurück.

getElementsByTagName(str)

Gibt ein Array aller Objekte zurück, die mit dem angegebenen Tag erzeugt wurden.

open([mimeType])

Bereitet ein Dokument für die Ausgabe mit document.write() vor. Wird kein Argument angegeben, werden die folgenden Daten, die an das Dokument mit document.write() geschickt werden, als HTML interpretiert. Als Argument kann ein bestimmter MIME-Type festgelegt werden.

write(ausgabe1, [ausgabe2, ...])

Gibt die angegebenen Strings in dem Dokument aus.

writeln(ausgabe1, [ausgabe2, ...])

Wie write(), jedoch wird am Ende zusätzlich ein Zeilenumbruch ausgegeben.

A.9.3   Event-Handler

onclick

Definiert, was passieren soll, wenn auf dieses Objekt mit der Maus geklickt wird.

ondblclick

Definiert, was passieren soll, wenn der Anwender auf diesem Objekt einen Doppelklick ausführt.

onkeydown

Gibt an, was passieren soll, wenn eine Taste gedrückt wird. Das keydown-Ereignis tritt immer vor dem keypress-Ereignis ein.

onkeypress

Gibt an, was passieren soll, wenn eine Taste gedrückt wird. Wird die Taste längere Zeit gedrückt gehalten, tritt das keypress-Ereignis mehrmals ein. Das keypress-Ereignis tritt sofort nach dem keydown-Ereignis ein.

onkeyup

Gibt an, was passieren soll, wenn eine Taste losgelassen wird.

onmousedown

Gibt an, was passieren soll, wenn die Maustaste gedrückt wird.

onmouseup

Gibt an, was passieren soll, wenn die Maustaste losgelassen wird.

A.10   Element

Hier werden Eigenschaften, Methoden und Event-Handler aufgelistet, die allgemein im Zusammenhang mit Elementen im DOM-Baum zur Verfügung stehen.

A.10.1   Eigenschaften

accessKey

Gibt an, mit welcher Tastenkombination dieses Objekt erreicht werden kann.

attributes[]

Liste der definierten Attribute.

childNodes[]

Liste der direkten Kindobjekte.

className

Gibt an, zu welcher Stylesheet-Klasse dieses Objekt gehört.

firstChild

Das erste Element im childNodes-Array.

id

Die eindeutige Bezeichnung des Elements.

innerHTML

Der HTML-Code innerhalb dieses Objekts.

lang

Die verwendete Sprache.

lastChild

Das letzte Element im `childNodes`-Array.

name

Der Name des Elements. Im Normalfall sollte stattdessen das Attribut `id` verwendet werden.

nextSibling

Das nachfolgende Element im `childNodes`-Array des übergeordneten Objekts.

nodeName

Der Name des Knotens.

nodeType

Der Typ des Knotens. Die folgende Tabelle zeigt die möglichen Werte:

Konstante	Wert
Node.ELEMENT_NODE	1
Node.ATTRIBUTE_NODE	2
Node.TEXT_NODE	3
Node.CDATA_SECTION_NODE	4
Node.ENTITY_REFERENCE_NODE	5
Node.ENTITY_NODE	6
Node.PROCESSING_INSTRUCTION_NODE	7
Node.COMMENT_NODE	8
Node.DOCUMENT_NODE	9
Node.DOCUMENT_TYPE_NODE	10
Node.DOCUMENT_FRAGMENT_NODE	11
Node.NOTATION_NODE	12

nodeValue

Der Inhalt des Knotens.

ownerDocument

Gibt an, in welchem `document`-Objekt dieses Element enthalten ist.

parentNode

Das übergeordnete Objekt.

previousSibling

Das vorhergehende Element im `childNodes`-Array des übergeordneten Objekts.

style

Die verwendete Stylesheet-Vorlage für dieses Objekt (siehe *style*, S. 412).

tabIndex

Gibt die Aktivierungsreihenfolge im Zusammenhang mit anderen Elementen des DOM-Baums an.

tagName

Der Name des Tags.

title

Text, der als Tooltip neben dem Objekt erscheint, wenn der Mauszeiger darüber positioniert wird.

A.10.2 Methoden

addEventListener(typ, fkt, bool)

Fügt einen Event-Listener hinzu (W3C-Ereignismodell). Bei Eintritt des Ereignisses, das durch den String `typ` angegeben wird, wird die Funktion `fkt` aufgerufen. Wenn der boolesche Wert `bool` gleich `true` ist, wird Event-Capturing verwendet, ansonsten Event-Bubbling. Im Microsoft Internet Explorer ist statt dieser Methode `attachEvent()` zu verwenden.

appendChild(obj)

Fügt am Ende des `childNodes`-Arrays das Kindobjekt `obj` ein.

attachEvent(typ, fkt)

Fügt einen Event-Listener hinzu. Bei Eintritt des Ereignisses, das durch den String `typ` angegeben wird, wird die Funktion `fkt` aufgerufen (Event-Bubbling). Nur Microsoft Internet Explorer.

cloneNode(bool)

Liefert eine Kopie des Knotens zurück. Der Übergabewert gibt an, ob die untergeordneten Objekte mitkopiert werden sollen (`true`) oder nicht (`false`).

detachEvent(typ, fkt)

Entfernt einen Event-Listener, der mit `attachEvent()` gesetzt wurde. Nur Microsoft Internet Explorer.

dispatchEvent(evt)

Löst das Ereignis evt im Zusammenhang mit diesem Objekt aus (W3C-Ereignismodell).

getAttribute(str)

Liefert den Wert des Attributs mit dem angegebenen Namen zurück.

getAttributeNode(str)

Liefert ein Objekt des Attributs mit dem angegebenen Namen zurück.

getElementsByTagName(str)

Liefert ein Array mit allen untergeordneten Elementen eines bestimmten Typs zurück. Der Typ wird als String angegeben, z.B. `"img"`.

hasAttribute(str)

Gibt an, ob ein bestimmtes Attribut verfügbar ist.

hasChildNodes()

Gibt an, ob dem Knoten andere Objekte untergeordnet sind.

insertBefore(objNeu, objAlt)

Fügt im `childNodes`-Array das Objekt `objNeu` vor dem Objekt `objAlt` ein.

releaseCapture()

Schaltet das Event-Capturing ab. Nur Microsoft Internet Explorer.

removeAttribute(str)

Entfernt das angegebene Attribut.

removeAttributeNode(str)

Entfernt das Attribut mit dem angegebenen Namen.

removeChild(obj)

Entfernt das angegebene Kindobjekt.

removeEventListener(typ, fkt, bool)

Entfernt einen Event-Listener, der mit `addEventListener()` gesetzt wurde (W3C-Ereignismodell). Im Microsoft Internet Explorer ist statt dieser Methode `detachEvent()` zu verwenden.

replaceChild(objNeu, objAlt)

Ersetzt im `childNodes`-Array das Objekt `objAlt` durch das Objekt `objNeu`.

setAttribute(str, wert)

Setzt das Attribut mit dem Namen `str` auf den angegebenen Wert.

setCapture()

Schaltet das Event-Capturing ein. Nur Microsoft Internet Explorer.

A.10.3 Event-Handler

onblur

Definiert, was passieren soll, wenn dieses Objekt den Fokus verliert.

onclick

Definiert, was passieren soll, wenn auf dieses Objekt mit der Maus geklickt wird.

ondblclick

Definiert, was passieren soll, wenn der Anwender auf diesem Objekt einen Doppelklick ausführt.

onfocus

Definiert, was passieren soll, wenn dieses Objekt den Fokus bekommt.

onkeydown

Gibt an, was passieren soll, wenn eine Taste heruntergedrückt wird.

onkeypress

Gibt an, was passieren soll, wenn eine Taste gedrückt wird. Wird die Taste längere Zeit gedrückt gehalten, tritt das keypress-Ereignis mehrmals ein.

onkeyup

Gibt an, was passieren soll, wenn eine Taste losgelassen wird.

onmousedown

Gibt an, was passieren soll, wenn die Maustaste losgelassen wird.

onmousemove

Gibt an, was passieren soll, wenn die Maus bewegt wird.

onmouseout

Gibt an, was passieren soll, wenn die Maus sich von diesem Objekt wegbewegt.

onmouseover

Gibt an, was passieren soll, wenn die Maus über diesem Objekt positioniert wird.

onmouseup

Gibt an, was passieren soll, wenn die Maustaste losgelassen wird.

A.11 Error

Ein Error-Objekt repräsentiert einen eingetretenen Fehler und wird im Zusammenhang mit try und catch verwendet. Folgende Fehlertypen sind in ECMAScript vordefiniert:

Fehlertyp	Bedeutung
EvalError	Gibt an, dass ein Fehler im Zusammenhang mit der Funktion eval() aufgetreten ist.
RangeError	Gibt im Zusammenhang mit Zahlenwerten an, dass der Wertebereich überschritten wurde.
ReferenceError	Weist auf eine ungültige Referenz hin.
SyntaxError	Gibt an, dass ein Fehler beim Parsen des Quellcodes aufgetreten ist.
TypeError	Gibt an, dass der Typ eines Operanden bei der Ausführung eines Befehls falsch ist.
URIError	Gibt an, dass ein Fehler im Zusammenhang mit einer Webadresse aufgetreten ist.

A.11.1 Konstruktor

Error(message)

Erzeugt ein neues Error-Objekt.

A.11.2 Eigenschaften

name

Die Bezeichnung des eingetretenen Fehlers.

message

Eine Beschreibung des eingetretenen Fehlers.

A.12 Event

Ein Event-Objekt repräsentiert ein Ereignis im W3C-Ereignismodell.

A.12.1 Eigenschaften

altKey

> Gibt an, ob die *Alt*-Taste beim Eintritt des Ereignisses gedrückt wurde.

bubbles

> Gibt an, ob das Event-Objekt in der Objekthierarchie nach oben weitergegeben wird (Event-Bubbling).

button

> Gibt an, welche Maustaste gedrückt wurde.

cancelable

> Gibt an, ob man die Standardaktionen des Browsers unterbinden kann.

charCode

> Gibt den Unicode an, der der Taste, die vom Benutzer gedrückt wurde, zugeordnet ist.

clientX

> Gibt die x-Koordinate von Mausereignissen relativ zum Browserfenster (ohne Menüleisten und Scroll-Balken usw.) an.

clientY

> Gibt die y-Koordinate von Mausereignissen relativ zum Browserfenster (ohne Menüleisten und Scroll-Balken usw.) an.

ctrlKey

> Gibt an, ob die *Steuerungs*-Taste (*Strg*-Taste) beim Eintritt des Ereignisses gedrückt wurde.

currentTarget

> Gibt an, welches Objekt momentan das Event-Objekt behandelt.

detail

> Enthält Details zum eingetretenen Ereignis. Bei Mausereignissen wird hierin z.B. angegeben, wie oft die Maustaste gedrückt wurde.

isChar

> Gibt an, ob eine Taste gedrückt wurde.

eventPhase

Gibt an, in welcher Phase sich die Ereignisbehandlung befindet:

1 (=Event.CAPTURING_PHASE): Capturing-Phase

2 (=Event.AT_TARGET): Beim Zielobjekt

3 (=Event.BUBBLING_PHASE): Bubbling-Phase

keyCode

Gibt den Unicode an, der der Taste, die vom Benutzer gedrückt wurde, zugeordnet ist.

metaKey

Gibt an, ob die *Meta*-Taste beim Eintritt des Ereignisses gedrückt wurde.

pageX

Gibt die x-Koordinate von Mausereignissen relativ zum Dokument an.

pageY

Gibt die y-Koordinate von Mausereignissen relativ zum Dokument an.

screenX

Gibt die x-Koordinate von Mausereignissen relativ zum Bildschirm an.

screenY

Gibt die y-Koordinate von Mausereignissen relativ zum Bildschirm an.

shiftKey

Gibt an, ob die *Umschalten*-Taste beim Eintritt des Ereignisses gedrückt wurde.

target

Gibt das Zielobjekt an.

timeStamp

Gibt den Zeitpunkt des Ereignisses an (Date-Objekt).

type

Gibt den Ereignis-Typ an.

view

Eine Referenz auf das window-Objekt, in dem das Ereignis eingetreten ist.

which

> Gibt den Unicode an, der der Taste, die vom Benutzer gedrückt wurde, zugeordnet ist.

A.12.2 Methoden

initEvent(typ, bubble, cancelable)

> Dient der Erzeugung eigener Event-Objekte. Das erste Argument gibt den Ereignistyp als String an. Das zweite und dritte Argument sind boolesche Werte, die angeben, ob Event-Bubbling durchgeführt werden soll und ob die Standardaktionen des Browser unterbunden werden können.

initMouseEvent(typ, bubble, cancelable, view, detail, screenX, screenY, clientX, clientY, ctrlKey, altKey, shiftKey, metaKey, button, relatedTarget)

> Dient der Erzeugung eigener Event-Objekte in Bezug auf Mausereignisse. Die ersten drei Argumente entsprechen den Argumenten der Methode initEvent(). Als view wird normalerweise eine Referenz auf das window-Objekt übergeben. detail gibt die Anzahl der Mausklicks an. screenX, screenY, clientX und clientY geben die Koordinaten des Mausereignisses auf dem Bildschirm bzw. im Browserfenster an. ctrlKey, altKey, shiftKey, metaKey geben an, ob beim Mausereignis die Tasten *Strg*, *Alt*, *Umschalten* bzw. *Meta* gedrückt sein sollen. button gibt an, welche Maustaste betroffen ist. relatedTarget gibt an, im Zusammenhang mit welchem weiteren Objekt das Mausereignis eintreten soll. Dies gilt nur für einige Ereignistypen wie mouseover und mouseout.

preventDefault()

> Unterbindet die Standardaktionen des Browsers.

stopPropagation()

> Verhindert, dass das Event-Objekt an andere Objekte weitergegeben wird.

A.13   event

Ein event-Objekt repräsentiert ein Ereignis im Microsoft Internet Explorer.

A.13.1   Eigenschaften

altKey

> Gibt an, ob die *Alt*-Taste beim Eintritt des Ereignisses gedrückt wurde.

button

> Gibt an, welche Maustaste gedrückt wurde.

cancelBubble

> Gibt an, ob das event-Objekt an übergeordnete Objekte weitergegeben werden soll.

clientX

> Gibt die x-Koordinate von Mausereignissen relativ zum Browserfenster (ohne Menüleisten und Scroll-Balken usw.) an.

clientY

> Gibt die y-Koordinate von Mausereignissen relativ zum Browserfenster (ohne Menüleisten und Scroll-Balken usw.) an.

ctrlKey

> Gibt an, ob die *Steuerungs*-Taste (*Strg*-Taste) beim Eintritt des Ereignisses gedrückt wurde.

fromElement

> Gibt im Zusammenhang mit mouseover- und mouseout-Ereignissen an, von welchem Objekt sich der Mauszeiger wegbewegt hat.

keyCode

> Gibt den Unicode an, der der Taste, die vom Benutzer gedrückt wurde, zugeordnet ist.

offsetX

> Gibt die x-Koordinate von Mausereignissen relativ zu dem Objekt, das das Ereignis ausgelöst hat, an.

offsetY

> Gibt die y-Koordinate von Mausereignissen relativ zu dem Objekt, das das Ereignis ausgelöst hat, an.

returnValue

Gibt den Rückgabewert des Event-Handlers an.

shiftKey

Gibt an, ob die *Umschalten*-Taste beim Eintritt des Ereignisses gedrückt wurde.

srcElement

Gibt das Objekt an, das das Ereignis ausgelöst hat.

toElement

Gibt im Zusammenhang mit mouseover- und mouseout-Ereignissen an, zu welchem Objekt sich der Mauszeiger hinbewegt hat.

type

Gibt den Typ des Ereignisses an.

x

Gibt die x-Koordinate des Ereignisses relativ zum übergeordneten Objekt an.

y

Gibt die y-Koordinate des Ereignisses relativ zum übergeordneten Objekt an.

A.14 FileUpload

Ein FileUpload-Objekt repräsentiert ein Formularelement, das zum Hochladen von Dateien vorgesehen ist (siehe auch *Input*, S. 397, und *Element*, S. 379).

A.14.1 HTML-Code

```
<input
   type="file"
   [id="fileUploadID"]
   [name="fileUploadName"] />
```

A.14.2 Eigenschaften

value

Der in dem FileUpload-Objekt angegebene Pfad. Dieses Element kann nur ausgelesen werden.

A.15   Form

Das Form-Objekt repräsentiert ein Formular (siehe auch *Element*, S. 379).

A.15.1   HTML-Code

```
<form
    action="URL"
    method="get|post"
    enctype="mimetype"
    target="fensterName"
    [id="formID"]
    [name="formName"]
    [onsubmit="aktion"]
    [onreset="aktion"]>
    ...
</form>
```

A.15.2   Eigenschaften

action

> Gibt die Adresse des Server-Skripts an, an das das Formular verschickt werden soll.

elements[]

> Ein Array, das die einzelnen Elemente eines Formulars beinhaltet.

elements.length

> Anzahl der in dem Formular beinhalteten Elemente.

encoding

> Gibt den MIME-Type an, der für die zu versendenden Daten verwendet werden soll.

length

> Entspricht elements.length.

method

> Gibt an, ob beim Versenden des Formulars get oder post verwendet wird.

target

> Gibt das Fenster oder den Frame an, in dem die Antwort des Servers beim Versenden des Formulars angezeigt werden soll.

A.15.3 Methoden

reset()

Setzt die in einem Formular getätigten Eingaben auf die Ausgangs-
werte zurück.

submit()

Verschickt den Formularinhalt, ohne dass die *Submit*-Schaltfläche
gedrückt wurde.

A.15.4 Event-Handler

onreset

Gibt an, was passieren soll, wenn ein Formular zurückgesetzt werden soll. Dieser Event-Handler wird *vor* der Zurücksetzung des
Formulars beachtet. Wird false an den Event-Handler zurückgegeben, wird der *Reset*-Vorgang abgebrochen.

onsubmit

Gibt an, was passieren soll, wenn ein Formular verschickt werden
soll. Dieser Event-Handler wird *vor* der Versendung des Formulars
beachtet. Wird false an den Event-Handler zurückgegeben, wird
der *Submit*-Vorgang abgebrochen.

A.16 Frame

Ein Frame-Objekt repräsentiert einen Frame und ist ein spezielles window-Objekt (siehe *window*, S. 415).

A.16.1 HTML-Code

```
<frameset
  rows="reihenHoehen"
  cols="spaltenBreiten"
  [onblur="aktion"]
  [onfocus="aktion"]
  [onload="aktion"]
  [onunload="aktion"]>
    [<frame src="URL" id="frameID"
      name="frameName" />]
</frameset>
```

A.17   Function

Ein Function-Objekt repräsentiert eine Funktion.

A.17.1   Konstruktor

Function (arg1, arg2, ... argN, code)

Erzeugt eine neue Funktion. arg1, arg2 ... argN geben die Übergabe-werte der neuen Funktion an. Der String code enthält den Java-Script-Code, der in der Funktion enthalten sein soll.

A.17.2   Eigenschaften

arguments[]

Enthält die Übergabewerte der Funktion (siehe *Argument*, S. 368).

caller

Die Funktion, die diese Funktion aufgerufen hat.

length

Die Anzahl der übergebenen Parameter.

A.17.3   Methoden

apply(thisArg, argArray)

Ruft die Funktion mit den angegebenen Parametern auf.

call(arg1, arg2, ... argN)

Ruft die Funktion mit den angegebenen Parametern auf.

A.18   Global

Das Global-Objekt stellt einige grundlegende Eigenschaften und Methoden zur Verfügung und muss nicht explizit genannt werden.

A.18.1   Eigenschaften

NaN

Gibt an, dass kein Zahlenwert vorliegt (*Not a Number*).

Infinity

Der Wert unendlich.

undefined

Gibt an, dass ein Element nicht definiert ist.

A.18.2   Methoden

decodeURI(str)

Dekodiert eine komplette Adresse, die mit `encodeURI()` kodiert wurde.

decodeURIComponent(str)

Dekodiert einen Teil einer Adresse, die mit `encodeURIComponent()` kodiert wurde.

encodeURI(str)

Kodiert eine komplette Adresse, so dass keine unerlaubten Zeichen mehr verwendet werden.

encodeURIComponent(str)

Kodiert einen Teil einer Adresse, so dass keine unerlaubten Zeichen mehr verwendet werden.

eval(str)

Führt den JavaScript-Code aus, der in dem String angegeben ist.

isNaN(x)

Prüft, ob eine Variable den Wert `NaN` beinhaltet.

isFinite(x)

Liefert `false`, wenn das Argument `NaN` bzw. plus oder minus unendlich ist, ansonsten `true`.

parseFloat(str)

Wandelt den String in eine Kommazahl um. Schlägt die Konvertierung fehl, wird `NaN` zurückgeliefert.

parseInt(str [,radix])

Wandelt den String in eine Ganzzahl um. Das zweite Argument gibt das zu verwendende Zahlensystem an. Schlägt die Konvertierung fehl, wird `NaN` zurückgeliefert.

A.19   Hidden

Ein Hidden-Objekt repräsentiert ein nicht sichtbares Formularelement
(siehe auch *Input*, S. 397, und *Element*, S. 379).

A.19.1   HTML-Code

```
<input
   type="hidden"
   [id="hiddenID"]
   [name="hiddenName"]
   [value="ausgangswert"] />
```

A.20   history

Das history-Objekt enthält eine Liste der zuletzt besuchten Seiten.

A.20.1   Eigenschaften

length

Die Anzahl der Elemente in dem history-Objekt.

A.20.2   Methoden

back()

Veranlasst den Browser, einen Schritt in der History-Liste zurückzugehen.

forward()

Veranlasst den Browser, einen Schritt in der History-Liste vorwärts
zu gehen.

go(schritte)

Veranlasst den Browser, eine bestimmte Anzahl an Schritten in der
History-Liste zu gehen. Es sind sowohl positive als auch negative
Werte möglich.

go(URL)

Der Browser springt zu dem nächsten Eintrag in der History-Liste,
der den String URL als Teilstring enthält.

A.21   IFrame

Ein IFrame-Objekt repräsentiert einen Frame, der in ein Dokument eingebettet ist.

A.21.1   HTML-Code

```
<iframe
   src="URL"
   width="pixel"
   height="pixel"
   [id="iframeID"]
   [scrolling="yes|no|auto"]>
</iframe>
```

oder

```
<object
   data="URL"
   width="pixel"
   height="pixel"
   [id="iframeID"]>
</object>
```

A.22   Image

Ein Image-Objekt repräsentiert ein Bild (siehe auch *Element*, S. 379).

A.22.1   HTML-Code

```
<img
   src="URL"
   alt="Text"
   [id="imageID"]
   [lowsrc="URL"]
   [height="pixel"]
   [width="pixel"]
   [ismap="ismap"]
   [usemap="#mapName"]
   [onabort="aktion"]
   [onerror="aktion"]
   [onload="aktion"] />
```

A.22.2   Konstruktor

Image([URL])

Erzeugt ein Image-Objekt und lädt das Bild unter der angegebenen
Adresse.

A.22.3   Eigenschaften

alt

   Gibt den Text wieder, der alternativ zu dem Bild angezeigt wird.

complete

   Gibt an, ob das Bild vollständig geladen wurde.

height

   Die Höhe des Bildes.

isMap

   Gibt an, ob das Bild im Zusammenhang mit einer server-side Imagemap verwendet wird.

lowsrc

   Die Adresse des Alternativ-Bildes.

src

   Die Adresse des Bildes.

useMap

   Gibt den Namen einer client-side Imagemap an.

width

   Die Breite des Bildes.

A.22.4   Event-Handler

onabort

   Gibt an, was passieren soll, wenn der Ladevorgang des Bildes abgebrochen wird.

onerror

   Gibt an, was passieren soll, wenn ein Fehler beim Laden des Bildes
   auftritt.

onload

   Gibt an, was passieren soll, wenn der Ladevorgang des Bildes abgeschlossen wurde.

A.23   Input

Hier werden Eigenschaften, Methoden und Event-Handler aufgelistet,
die im Zusammenhang mit Formularelementen zur Verfügung stehen.

A.23.1   Eigenschaften

defaultValue

Der Ausgangswert dieses Objekts.

disabled

Gibt an, ob das Objekt deaktiviert ist.

id

Die ID des Objekts.

form

Das Form-Objekt, in dem dieses Formularobjekt enthalten ist (siehe
Form, S. 390).

name

Der Name der Objekts.

readonly

Gibt an, ob der Anwender den Inhalt des Formularelements ändern
kann.

size

Die Größe des Objekts.

type

Der Typ des Objekts.

value

Der Wert des Objekts.

A.23.2   Methoden

blur()

Entfernt den Fokus von diesem Objekt.

click()

Simuliert einen Mausklick auf dieses Objekt.

focus()

Setzt den Fokus auf dieses Objekt.

select()

> Selektiert den Inhalt dieses Objekts.

A.23.3   Event-Handler

onblur

> Definiert, was passieren soll, wenn dieses Objekt den Fokus verliert.

onchange

> Definiert, was passieren soll, wenn der Inhalt dieses Objekts geändert wurden.

onclick

> Definiert, was passieren soll, wenn der Anwender auf dieses Objekt klickt.

onfocus

> Definiert, was passieren soll, wenn dieses Objekt den Fokus erhält.

A.24   Link

Ein Link-Objekt repräsentiert eine Verknüpfung zu einem anderen Dokument (siehe auch *Element*, S. 379).

A.24.1   HTML-Code

```
<a href="URL"
   [name="ankerName"]
   [target="jensterName"]
   [onclick="aktion"]
   [onmouseover="aktion"]
   [onmouseout="aktion"]>
   Text
</a>
```

A.24.2   Eigenschaften

hash

> Gibt den Anker eines Links an. Das erste Zeichen eines Anker in einer URL ist ein #.

host

> Der Teil hostname:port der URL.

hostname

hostname gibt den Namen des Servers an.

href

Gibt die gesamte URL mit allen Elementen an.

pathname

Beinhaltet den Pfad und den Dateinamen einer URL.

port

Beinhaltet die Portnummer einer URL.

protocol

Gibt das Protokoll an, das für die Verbindung benutzt werden soll.

search

Gibt den Suchstring einer URL an. Das erste Zeichen eines Suchstrings in einer URL ist ein Fragezeichen.

tarqet

Gibt den Frame oder das Fenster an, in dem die neue Seite geladen
werden soll.

A.25 location

Das location-Objekt gibt Auskunft über die Adresse des aktuellen
Dokuments. Der allgemeine Aufbau einer URL ist wie folgt:

```
protocol // hostname: port pathname search hash
```

A.25.1 Eigenschaften

hash

Gibt den Anker eines Links an. Das erste Zeichen eines Anker in
einer URL ist ein #.

host

Der Teil hostname:port der URL.

hostname

hostname gibt den Namen des Servers an.

href

Gibt die gesamte URL mit allen Elementen an. Wird diesem Element eine neue Adresse zugewiesen, lädt der Browser die entsprechende Seite.

pathname

Beinhaltet den Pfad und den Dateinamen einer URL.

port

Beinhaltet die Portnummer einer URL.

protocol

Gibt das Protokoll an, das für die Verbindung benutzt werden soll.

search

Gibt den Suchstring einer URL an. Das erste Zeichen eines Suchstrings in einer URL ist ein Fragezeichen.

A.25.2   Methoden

assign(URL)

Lädt das Dokument mit der angegebenen Adresse.

reload([erzwingen])

Zwingt den Browser, eine Seite nochmals zu laden. Diese Methode hat den gleichen Effekt wie das Betätigen der *Aktualisieren*- bzw. *Reload*-Schaltfläche im Browserfenster. Das optionale Argument erzwingen ist ein boolescher Wert. Ist erzwingen gleich true, wird ein Reload vom Server erzwungen, auch wenn die Seite bereits im Browser-Cache vorliegt.

replace(URL)

Lädt die Datei, auf die die URL zeigt, und ersetzt dabei den aktuellen History-Eintrag. Das bedeutet, dass der Anwender die vorher betrachtete Seite mit der *Zurück*-Schaltfläche nicht mehr zurückholen kann.

A.26   Math

Die Math-Klasse stellt verschiedene mathematische Konstanten und Funktionen zur Verfügung. Alle Eigenschaften und Methoden der Math-Klasse sind statisch definiert.

A.26.1   Eigenschaften

E

Die Euler'sche Konstante e == 2.7182818284590451.

LN10

Der natürliche Logarithmus von 10 == 2.3025850929940459.

LN2

Der natürliche Logarithmus von 2 == 0.69314718055994529.

LOG10E

Der Zehnerlogarithmus von e == 0.43429448190325182.

LOG2E

Der Logarithmus dualis von e == 1.4426950408889634.

PI

Die Kreiszahl pi == 3.1415926535897931.

SQRT1_2

Wurzel von 1/2 == 0.70710678118654757.

SQRT2

Wurzel von 2 == 1.4142135623730951.

A.26.2   Methoden

abs(x)

Liefert den Absolutwert von x, d.h. den Zahlenwert von x ohne Vorzeichen.

acos(x)

Liefert den Arcus-Cosinus von x. Der Funktionswert ist im Bogenmaß.

asin(x)

Liefert den Arcus-Sinus von x. Der Funktionswert ist im Bogenmaß.

atan(x)

Liefert den Arcus-Tangens von x. Der Funktionswert ist im Bogenmaß.

atan2(gk, ak)

> Liefert den Arcus-Tangens. Die Parameter gk und ak stehen dabei für die Länge der Gegen- bzw. Ankathete. Der Funktionswert ist im Bogenmaß.

ceil(x)

> Rundet x auf den nächsthöheren Ganzzahlwert.

cos(x)

> Liefert den Cosinus von x. Der Parameter x ist im Bogenmaß.

exp(x)

> Liefert den Wert e hoch x.

floor(x)

> Rundet x auf den nächstniedrigeren Ganzzahlenwert (auch bei negativen Zahlen).

log(x)

> Liefert den Logarithmus von x zur Basis e.

max(x, y)

> Liefert das Maximum von x und y.

min(x, y)

> Liefert das Minimum von x und y.

pow(x, y)

> Liefert das Ergebnis aus x hoch y.

random()

> Liefert eine Zufallszahl zwischen 0 und 1.

round(x)

> Rundet eine Zahl nach der mathematischen Art und Weise.

sin(x)

> Liefert den Sinus von x. Der Parameter x ist im Bogenmaß.

sqrt(x)

> Liefert die Wurzel aus x.

tan(x)

> Liefert den Tangens von x. Der Parameter x ist im Bogenmaß.

A.27 MimeType

Ein MIMEType-Objekt enthält Informationen über einen verfügbaren MIME-Type und ist über navigator.mimetypes[] zugänglich. Nicht verfügbar im Microsoft Internet Explorer.

A.27.1 Eigenschaften

description

Eine Beschreibung des MIME-Types.

enabledPlugin

Eine Referenz zu dem Plugin, der den bestimmten MIME-Type unterstützt.

suffixes

Mögliche Endungen des Dateinamens für den bestimmten MIME-Type.

type

Der Name des MIME-Types.

A.28 navigator

Das navigator-Objekt stellt Informationen über den verwendeten Browser zur Verfügung.

A.28.1 Eigenschaften

appCodeName

Beinhaltet den Codenamen des Browsers.

appName

Beinhaltet den gängigen Namen des Browsers.

appVersion

Gibt Versionsinformationen des Browsers an.

mimeTypes[]

Array, das Informationen über die unterstützten MIME-Types enthält (siehe *MimeType*, S. 403). mimeTypes ist zwar im Microsoft Internet Explorer definiert, hat dort jedoch keine Bedeutung.

platform

Gibt die Plattform an, für die der verwendete Browser erstellt wurde.

plugins[]

>   Array, das Informationen über die verwendeten Plugins enthält (siehe *Plugin*, S. 406). plugins ist zwar im Microsoft Internet Explorer definiert, hat dort jedoch keine Bedeutung.

userAgent

>   userAgent stellt eine Kombination aus appCodeName und appVersion dar.

A.29   Number

Ein Number-Objekt repräsentiert einen Zahlenwert.

A.29.1   Konstruktor

Number(x)

>   Erzeugt ein Number-Objekt mit dem Ausgangswert x.

A.29.2   Eigenschaften

MAX_VALUE

>   Die größte Zahl, die in JavaScript verwendet werden kann, ungefähr 1.79E+308.

MIN_VALUE

>   Die kleinste positive Zahl, die in JavaScript verwendet werden kann, ungefähr 2.22E-308.

NaN

>   NaN (Not a Number) gibt an, dass keine Zahl vorliegt.

NEGATIVE_INFINITY

>   Negativ unendlich.

POSITIVE_INFINITY

>   Positiv unendlich.

A.29.3   Methoden

toString([radix])

>   Liefert den Zahlenwert als String zurück. Als Argument kann zusätzlich 2, 8, 10 oder 16 angegeben werden, um festzulegen, in welchem Zahlensystem die Ausgabe erfolgen soll (d.h. Dual-, Octal-, Dezimal- oder Hexadezimalsystem).

valueOf()

> Liefert den Wert des Number-Objekts als Zahl zurück.

A.30   Object

Die Object-Klasse liegt allen JavaScript-Objekten zugrunde. Die hier gezeigten Eigenschaften und Methoden stehen in allen JavaScript-Objekten zur Verfügung und werden in dieser Referenz bei den einzelnen Objekten nur aufgeführt falls Besonderheiten bestehen.

A.30.1   Eigenschaften

constructor

> Der Konstruktor eines Objekts.

prototype

> Ermöglicht das Hinzufügen von Eigenschaften und Methoden.

A.30.2   Methoden

toString()

> Liefert einen String, der das Objekt repräsentiert.

valueOf()

> Liefert den elementaren Wert eines Objekts.

A.31   Option

Ein Option-Objekt repräsentiert einen Eintrag in einer Auswahlliste (siehe *Select*, S. 409).

A.31.1   Konstruktor

Option(text, value)

> Erzeugt ein Option-Objekt, das in eine Auswahlliste eingefügt werden kann.

A.31.2   Eigenschaften

text

> Gibt den Text des Eintrags an, der in der Auswahlliste angezeigt wird.

value

Gibt den Wert des Eintrags an.

A.32   Password

Ein Password-Objekt repräsentiert ein spezielles Textfeld, in dem sämtliche Eingaben durch ein besonderes Zeichen ersetzt werden (siehe auch *Input*, S. 397, und *Element*, S. 379).

A.32.1   HTML-Code

```
<input
    type="password"
    [id="passwordID"]
    [name="passwordName"]
    [value="ausgangswert"]
    [size="anzahl"]
    [onblur="aktion"]
    [onfocus="aktion"] />
```

A.32.2   Eigenschaften

value

Der eingegebene String.

A.33   Plugin

Ein Plugin-Objekt enthält Informationen über einen installierten Plugin und ist über navigator.plugins[] zugänglich. Nicht verfügbar im Microsoft Internet Explorer.

A.33.1   Eigenschaften

description

Beschreibung des Plugins.

filename

Dateiname des Plugins.

length

Anzahl der unterstützten MIME-Types dieses Plugins.

name

Name des Plugins.

A.34 Radio

Ein Radio-Objekt repräsentiert einen Radiobutton (siehe auch *Input*, S. 397, und *Element*, S. 379).

A.34.1 HTML-Code

```
<input
    type="radio"
    [id="radioID"]
    [name="radioName"]
    [value="Wert"]
    [checked="checked"]
    [onclick="aktion"] />
```

A.34.2 Eigenschaften

checked

Gibt den Zustand eines Radiobuttons an.

A.35 RegExp

Das RegExp-Objekt ermöglicht den Umgang mit regulären Ausdrücken zum Auffinden von bestimmten Mustern in Strings.

A.35.1 Konstruktor

RegExp(regexp [, mod])

Erzeugt einen regulären Ausdruck anhand der übergebenen Strings.

A.35.2 Kurzschreibweise

Ein regulärer Ausdruck kann mit folgender Kurzschreibweise erzeugt werden:

```
var x = /regexp/gi
```

A.35.3   Eigenschaften

global

 Gibt an, ob der Modifikator g verwendet wurde.

ignoreCase

 Gibt an, ob der Modifikator i verwendet wurde.

lastIndex

 Gibt an, an welcher Stelle der reguläre Ausdruck das letzte Mal gepasst hat.

multiline

 Gibt an, ob der Modifikator m verwendet wurde.

source

 Der Inhalt des regulären Ausdrucks.

A.35.4   Methoden

exec(str)

 Wendet den regulären Ausdruck auf den String str an. Wird keine Übereinstimmung gefunden, wird null zurückgeliefert. Ansonsten wird ein Array zurückgegeben, das die gefundenen Teilstrings enthält.

test(str)

 Prüft, ob der reguläre Ausdruck auf eine Stelle im String str passt. Liefert entweder true oder false.

A.36   Reset

Ein Reset-Objekt repräsentiert eine *Reset*-Schaltfläche, mit der die Formulareingaben zurückgesetzt werden können (siehe auch *Input*, S. 397, und *Element*, S. 379).

A.36.1   HTML-Code

```
<input
  type="reset"
  [id="resetID"]
  [name="resetName"]
  [value="aufschrift"]
  [onclick="aktion"] />
```

A.37   screen

Das screen-Objekt repräsentiert den Bildschirm.

A.37.1   Eigenschaften

availHeight

> Höhe des Bildschirms in Pixel – abzüglich Taskbars u.Ä., die durch das Betriebssystem angezeigt werden.

availWidth

> Breite des Bildschirms in Pixel – abzüglich Taskbars u.Ä., die durch das Betriebssystem angezeigt werden.

colorDepth

> Die Farbtiefe der Farbpalette des Browsers (in Bit).

height

> Höhe des Bildschirms.

width

> Breite des Bildschirms.

A.38   Select

Ein Select-Objekt repräsentiert eine Auswahlliste (siehe auch *Input*, S. 397, und *Element*, S. 379). Die einzelnen Einträge in einer Auswahlliste sind Option-Objekte (siehe *Option*, S. 405).

A.38.1   HTML-Code

```
<select
  [id="selectID"]
  [name="selectName"]
  [size="anzahl"]
  [multiple="multiple"]
  [onblur="aktion"]
  [onchange="aktion"]
  [onfocus-"ukllon"]>
    [<option value="value"
        selected="selected">Text</option>]
</select>
```

A.38.2   Eigenschaften

length

>   Anzahl der Elemente in der Auswahlliste.

options[]

>   Ein Array, das die einzelnen Elemente der Auswahlliste beinhaltet (siehe *Option*, S. 405).

selectedIndex

>   Gibt die Nummer des ausgewählten Elements an. Sind mehrere Elemente ausgewählt, dann gibt `selectedIndex` die Nummer des ersten ausgewählten Elements an.

A.39   String

Ein `String`-Objekt repräsentiert eine Zeichenkette.

A.39.1   Konstruktor

String([str])

>   Erzeugt einen String mit dem Inhalt `str`.

A.39.2   Kurzschreibweise

Ein String kann mit folgender Kurzschreibweise erzeugt werden:

```
var x = "String";
```

A.39.3   Eigenschaften

length

>   Gibt die Länge der Zeichenkette an.

A.39.4   Methoden

charAt(x)

>   Liefert das Zeichen an der Position x des Strings. Die Nummerierung der Buchstaben fängt bei 0 an.

charCodeAt(x)

>   Liefert den Unicode-Zeichencode des Zeichens an der Position x des Strings zurück.

concat(str2)

Fügt den String str2 an das aktuelle String-Objekt an und liefert den kompletten String zurück. Sowohl str2 als auch das aktuelle String-Objekt bleiben dabei unverändert.

fromCharCode(num1 [, num2, ...])

Erzeugt anhand der übergebenen Unicode-Zeichencodes einen String und liefert diesen zurück.

indexOf(zeichenkette [, startPosition])

Gibt die Position an, an der der String zeichenkette innerhalb des Strings das erste Mal vorkommt. Wird die Zeichenkette in dem String nicht gefunden, wird -1 zurückgeliefert. Als zweites Argument kann eine Zahl angegeben werden, die angibt, ab welcher Position in dem String nach der Zeichenkette gesucht werden soll.

lastIndexOf(zeichenkette [, startPosition])

Diese Methode entspricht indexOf(). Allerdings wird bei lastIndexOf() die Suche von hinten begonnen und der String von rechts nach links durchsucht.

match(regexp)

Verwendet den regulären Ausdruck regexp im Zusammenhang mit dem String-Objekt. Gleichbedeutend mit regexp.exec(str), wenn str das String-Objekt angibt.

replace(regexp, str)

Ersetzt die mit dem regulären Ausdruck regexp gefundene Stelle im aktuellen String-Objekt mit dem String str. Wenn der Modifikator g im regulären Ausdruck regexp verwendet wird (mit /.../g), werden alle Teilstrings im String-Objekt, auf die der reguläre Ausdruck passt, mit str ersetzt.

Diese Methode verändert das String-Objekt nicht. Es wird lediglich der neue String zurückgegeben.

search(regexp)

Liefert die Position des ersten Zeichens, auf das der reguläre Ausdruck gepasst hat. Wird keine Übereinstimmung gefunden, wird -1 zurückgegeben.

slice(position1 [, position2])

Liefert einen Teil des Strings zurück. Der Teilstring entspricht dem String von der Position position1 bis zu der Position position2. Wird position2 nicht angegeben, enthält der zurückgelieferte Teilstring alle Zeichen von position1 bis zum Ende des String-Objekts. Mit einem negativen Wert für position2 lässt sich die Position relativ zum Ende des Strings angeben.

split(trennzeichen)

Trennt einen String in mehrere Teile auf. Dabei wird der String an allen Stellen geteilt, an denen das Zeichen trennzeichen vorkommt. Es wird ein Array zurückgeliefert, das sämtliche Teilstrings enthält.

substr(start [, laenge])

Liefert einen Teil des Strings zurück. Der Teilstring entspricht dem ganzen String von der Position start bis zu der Position start+laenge. Mit einem negativen Wert für start kann die Position relativ zum Ende des Strings angegeben werden. Wird laenge weggelassen, enthält der Teilstring alle Zeichen von start bis zum Ende des Strings.

substring(position1 [, position2])

Liefert einen Teil des Strings zurück. Der Teilstring entspricht dem String von der Position position1 bis zu der Position position2. Wird position2 nicht angegeben, enthält der zurückgelieferte Teilstring alle Zeichen von position1 bis zum Ende des String-Objekts.

toLowerCase()

Setzt jeden Buchstaben in dem String auf den entsprechenden Kleinbuchstaben.

toUpperCase()

Setzt jeden Buchstaben in dem String auf den entsprechenden Großbuchstaben.

A.40   style

Ein style-Objekt repräsentiert eine Stylesheet-Vorlage. Hier werden nur einige Eigenschaften des style-Objekts aufgeführt.

A.40.1   Eigenschaften

backgroundColor

Die Hintergrundfarbe.

backgroundImage

Das Hintergrundbild.

clip

Legt den Clipping-Bereich mit einem String im Format "rect(*top right bottom left*)" fest.

color

Die Textfarbe innerhalb des Objekts.

cursor

Legt die Art des verwendeten Mauszeigers fest. cursor kann die folgenden Werte annehmen: "auto", "crosshair", "default", "hand", "move", "e-resize", "ne-resize", "nw-resize", "n-resize", "se-resize", "sw-resize", "s-resize", "w-resize", "text", "wait", "help".

height

Die Höhe des Objekts.

left

Die x-Koordinate des positionierbaren Elements.

position

Gibt die Art der Positionierung an. Mögliche Werte für position sind: "static", "absolute", "relative".

top

Die y-Koordinate des positionierbaren Elements.

visibility

Gibt an, ob das positionierbare Element sichtbar ist oder nicht. visibility kann die folgenden Werte annehmen: "inherit", "visible", "hidden".

width

Die Breite des Objekts.

zIndex

Gibt die Stapelreihenfolge im Verhältnis zu anderen positionierbaren Elementen an.

A.41   Submit

Ein Submit-Objekt repräsentiert eine *Submit*-Schaltfläche, mit der die Formulareingaben verschickt werden können (siehe auch *Input*, S. 397, und *Element*, S. 379).

A.41.1   HTML-Code

```
<input
   type="submit"
   [id="submitID"]
   [name="submitName"]
   [value="aufschrift"]
   [onclick="aktion"] />
```

A.42   Text

Ein Text-Objekt repräsentiert ein einzeiliges Textfeld (siehe auch *Input*, S. 397, und *Element*, S. 379).

A.42.1   HTML-Code

```
<input
   type="text"
   [id="textID"]
   [name="textName"]
   [value="ausgangswert"]
   [size="anzahl"]
   [maxlength="anzahl"]
   [onblur="aktion"]
   [onchange="aktion"]
   [onfocus="aktion"]
   [onselect="aktion"] />
```

A.42.2   Eigenschaften

maxLength

   Gibt die maximale Länge der Eingabe an.

value

   Der eingegebene String.

A.43   Textarea

Ein Textarea-Objekt repräsentiert ein mehrzeiliges Textfeld (siehe auch *Input*, S. 397, und *Element*, S. 379).

A.43.1   HTML-Code

```
<textarea
   [id="textareaID"]
   [name="textareaName"]
   [rows="anzahl"]
   [cols="anzahl"]
   [wrap="off|virtual|physical"]
   [onblur="aktion"]
   [onchange="aktion"]
   [onfocus="aktion"]
   [onselect="aktion"]>
   Text
</textarea>
```

A.43.2   Eigenschaften

value

Der eingegebene String.

A.44   window

Das window-Objekt repräsentiert ein Browserfenster oder einen Frame.

A.44.1   Eigenschaften

closed

Gibt an, ob ein Fenster geschlossen ist.

defaultStatus

Gibt den Text an, der standardmäßig in der Statusleiste des Fensters angezeigt wird.

document

Das document-Objekt, das das in dem Fenster dargestellte Dokument repräsentiert (siehe *document*, S. 376).

event

Das event-Objekt im Microsoft Internet Explorer und Opera (siehe *event*, S. 388).

frames[]

Ein Array, das die Frames in einem Fenster repräsentiert.

history

Das history-Objekt (siehe *history*, S. 394).

length

Die Anzahl der Frames in einem Fenster.

location

Das location-Objekt (siehe *location*, S. 399).

name

Der Name des Fensters.

navigator

Das navigator-Objekt (siehe *navigator*, S. 403).

opener

Referenz auf das Fenster, das das aktuelle Fenster geöffnet hat.

parent

Referenz auf das übergeordnete window-Objekt, wenn das window-Objekt einen Frame repräsentiert.

screen

Das screen-Objekt (siehe *screen*, S. 409).

screenLeft

Die x-Koordinate des Browserfensters auf dem Bildschirm. In Mozilla-Browsern ist stattdessen screenX zu verwenden.

screenTop

Die y-Koordinate des Browserfensters auf dem Bildschirm. In Mozilla-Browsern ist stattdessen screenY zu verwenden.

screenX

Siehe screenLeft.

screenY

Siehe screenTop.

self

Referenz auf das aktuelle Fenster oder den aktuellen Frame.

status

Der Text, der auf der Statusleiste erscheint.

top

Referenz auf das Browserfenster.

window

Referenz auf das aktuelle Fenster oder den aktuellen Frame.

XMLHttpRequest

Das XMLHttpRequest-Objekt (siehe *XMLHttpRequest*, S. 420).
Nicht verfügbar im Microsoft Internet Explorer 5 und 6. Dort ist
das XMLHttpRequest-Objekt eine ActiveX-Komponente.

A.44.2   Methoden

alert(str)

Zeigt den String str in einem Popup-Fenster.

blur()

Deaktiviert das Fenster.

clearInterval(ref)

Löscht einen Intervall-Timer, der mit setInterval() gestartet
wurde. Der Übergabewert ist gleich dem Rückgabewert der
Methode setInterval().

clearTimeout(ref)

Löscht einen Timer, der mit setTimeout() gesetzt wurde. Der Übergabewert ist gleich dem Rückgabewert der Methode setTimeout().

close()

Schließt das Fenster. Wurde ein Fenster nicht durch JavaScript
erstellt, wird der Anwender normalerweise gefragt, ob das Fenster
geschlossen werden darf. close() hat keine Auswirkung, wenn das
window-Objekt einen Frame repräsentiert.

confirm(str)

Zeigt ein Popup-Fenster, in dem der String str erscheint. Dem
Anwender werden zwei Schaltflächen (*OK* und *Abbrechen*) zur
Auswahl gestellt. Wird die *OK*-Schaltfläche gedrückt, liefert con-
firm() true zurück, ansonsten false.

focus()

Aktiviert das Fenster. In den meisten Browsern hat dies zur Folge, dass das Fenster in den Vordergrund geholt wird.

moveBy(dx, dy)

Verschiebt das Browserfenster relativ zu der aktuellen Position.

moveTo(x, y)

Verschiebt das Browserfenster zu der absoluten Position (x/y).

open(url, [fensterName, [fensterAttribute]])

Öffnet ein neues Fenster. Es wird die Seite mit der Adresse url in das neue Fenster geladen. fensterName legt den Namen des Fensters fest.

Die Angabe fensterAttribute ist ein String, in dem definiert wird, welche Elemente ein Fenster haben soll. Es können die folgenden Attribute, die durch Kommata getrennt werden, angegeben werden. In älteren Browsern darf dieser String keine Leerzeichen enthalten.

directories=yes|no	Buttonleiste an/aus
height=pixel	Höhe in Pixel
left=pixel	x-Position des Fensters – in Mozilla-Browsern ist screenX zu verwenden
location=yes|no	Anzeige der URL an/aus
menubar=yes|no	Menüleiste an/aus
resizable=yes|no	Größe veränderbar ja/nein
screenX=pixel	Siehe left
screenY=pixel	Siehe top
scrollbars=yes|no	Rollbalken an/aus
status=yes|no	Statusleiste an/aus
toolbar=yes|no	Werkzeugleiste an/aus
top=pixel	y-Position des Fensters – in Mozilla-Browsern ist screenY zu verwenden
width=pixel	Breite in Pixel

print()

Öffnet das Dialogfenster zum Drucken des Dokuments.

prompt(str, [standardEingabe])

Erzeugt ein Popup-Fenster, in dem der Anwender einen Text eingeben kann. Der Übergabewert str ist der Text, der in dem Fenster erscheinen soll. Der Übergabewert standardEingabe ist ein String, der den Text enthält, der in der Eingabezeile als Vorgabe erscheinen soll.

Wird nach der Eingabe die *OK*-Schaltfläche gedrückt, liefert prompt() den eingegebenen Text zurück, ansonsten false.

resizeBy(dx, dy)

Verändert die Größe des Browserfensters relativ zu der aktuellen Größe.

resizeTo(breite, hoehe)

Setzt die Größe des Browserfensters. Einige Browser definieren aus Sicherheitsgründen eine Mindestgröße, die nicht unterschritten werden kann.

scrollBy(dx, dy)

Scrollt das Dokument in dem Fenster oder Frame relativ zu der aktuellen Position.

scrollTo(x, y)

Scrollt das Dokument in dem Fenster oder Frame zu der angegebenen Position.

setInterval(aktion, msek)

Gibt an, dass der mit aktion angegebene JavaScript-Code im Zeitintervall msek ausgeführt werden soll. Damit wird ein immer wiederkehrender Prozess gestartet, der sich durch clearInterval() stoppen lässt.

setTimeout(aktion, msek)

Gibt an, dass der mit aktion angegebene JavaScript-Code mit Zeitverzögerung ausgeführt werden soll. msek gibt die Anzahl der Millisekunden an, nach denen der Befehl in dem String aktion ausgeführt werden soll. Ist ein Timer abgelaufen, wird er nicht wieder automatisch gestartet. Ein Timeout lässt sich durch clearTimeout() stoppen.

A.44.3 Event-Handler

onblur

Gibt an, was passieren soll, wenn das Fenster deaktiviert wird.

onfocus

Gibt an, was passieren soll, wenn das Fenster aktiviert wird.

onload

> Gibt an, was passieren soll, wenn eine neue Seite geladen wird. Das Ereignis load tritt erst ein, wenn die Seite komplett geladen ist.

onresize

> Gibt an, was passieren soll, wenn die Größe des Fensters verändert wird.

onunload

> Gibt an, was passieren soll, wenn eine Seite vom Benutzer verlassen wird.

A.45   XMLHttpRequest

Ein XMLHttpRequest-Objekt ermöglicht die Kommunikation mit dem Server.

A.45.1   Konstruktor

XMLHttpRequest()

> Erzeugt ein neues XMLHttpRequest-Objekt. Im Microsoft Internet Explorer 5 und 6 ist dieses Objekt eine ActiveX-Komponente und wird folgendermaßen erzeugt:

```
var req = new ActiveXObject("Microsoft.XMLHTTP")
```

A.45.2   Eigenschaften

readyState

> Gibt den Status der Übertragung wieder. Folgende Tabelle zeigt die möglichen Werte. Nur die Werte 0, 1 und 4 werden von allen Browsern unterstützt.

Wert	Bezeichnung	Bedeutung
0	Uninitialized	Die open()-Methode wurde noch nicht auf-gerufen.
1	Open	Die open()-Methode wurde aufgerufen, aber es wurde noch keine Anfrage gesendet.
2	Sent	Die Anfrage wurde gesendet.
3	Receiving	Ein Teil der Antwort des Servers wurde erhalten.
4	Loaded	Die Antwort vom Server liegt vollständig vor.

responseText

Die Antwort des Servers.

responseXML

Die Antwort des Servers als XML-Dokument.

status

Gibt den HTTP-Statuscode wieder. Die folgende Tabelle zeigt einige
der möglichen Statuscodes:

Wert	Bezeichnung	Bedeutung
200	OK	Die Anfrage war erfolgreich.
401	Unauthorized	Der Zugriff ohne Login und Passwort ist nicht möglich.
403	Forbidden	Login und/oder Passwort waren nicht richtig.
404	Not Found	Die angeforderte Datei ist nicht verfügbar.
500	Internal Server Error	Auf dem Server ist ein Fehler aufgetreten.

statusText

Die Bezeichnung des HTTP-Statuscodes.

A.45.3   Methoden

abort()

Bricht die Anfrage ab.

getAllResponseHeaders()

Liefert sämtliche HTTP-Header als String.

getResponseHeader(headerName)

Liefert den angegebenen HTTP-Header als String.

open(methode, URL [, async [, userName [, passwort]]])

Bereitet das Objekt für eine Serveranfrage vor. Das erste Argument
ist normalerweise entweder "get" oder "post". Das zweite Argument gibt die Adresse des Server-Skripts an. async ist ein boolescher
Wert, der angibt, ob eine asynchrone Anfrage an den Server
geschickt werden soll. Weiterhin können eventuell notwendige
Login-Daten übergeben werden.

send(str)

Sendet eine Anfrage mit dem angegebenen Inhalt an den Server.

setRequestHeader(label, wert)

Setzt den HTTP-Header der Anfrage auf einen bestimmten Wert.

A.45.4   Event-Handler

onreadystatechange

Gibt an, was passieren soll, wenn sich die Eigenschaft readyState ändert.

Anhang B
Literatur und Online-Ressourcen

- Crane, Dave/Pascarello, Eric/James, Darren (2006): Ajax in Action, Manning Publication Co., Greenwich
- Wöhr, Heiko (2004): Web-Technologien, dpunkt.verlag, Heidelberg
- Zeldman, Jeffrey (2006): Designing with Web Standards, New Riders, Berkley, California

- World Wide Web Consortium – *http://www.w3.org/*
- ECMA – *http://www.ecma-international.org/*
- Mozilla – *http://www.mozilla.com/* bzw. *http://developer.mozilla.org/*
- Microsoft – *http://msdn.microsoft.com/ie/* bzw. *http://msdn.microsoft.com/scripting/*
- Safari – *http://www.apple.com/safari/*
- Opera – *http://www.opera.com/*
- Apache – *http://www.apache.org/*
- Sun – *http://java.sun.com/*
- Macromedia/Adobe – *http://www.adobe.com/products/flashplayer/*

- Stefan Münz – Selfhtml – *http://de.selfhtml.org/*
- Jesse James Garrett – Ajax: A New Approach to Web Applications – *http://www.adaptivepath.com/publications/essays/archives/000385.php*
- JavaScript-Bibliothek von Paul Johnston zur Verschlüsselung mit MD5 – *http://pajhome.org.uk/crypt/md5/index.html*
- JSON-Parser von Douglas Crockford – *http://www.json.org/js.html*

- Englische JavaScript-Newsgroup – *comp.lang.javascript*
- Deutsche JavaScript-Newsgroup – *de.comp.lang.javascript*
- Homepage zum Buch – *http://www.dpunkt.de/javascript/*

Stichwortverzeichnis

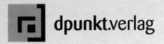

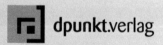

2004, 396 Seiten, Broschur mit CD, incl. Farbteil
€ 44,00 (D)
ISBN 3-89864-260-7

»Damit ist das Buch ein unverzichtbares Handbuch für jeden Webdesigner und Entwickler.«
(INTERNET PROFESSIONELL, Januar 2005)

Jan Eric Hellbusch

Barrierefreies Webdesign

Praxishandbuch für Webgestaltung und grafische Programmoberflächen

Hrsg. von Christian Bühler, Abl

Das Buch bezieht sich auf die 2002 gesetzlich vorgeschriebenen Richtlinien der BITV (Internet, Barrierefreiheit, Barrierefreies Webdesign) und präsentiert eine Fülle von illustrierten Gestaltungs- und Programmierbeispielen. Es bietet technische Grundlagen und Arbeitshilfen zur praktischen Umsetzung der gesetzlichen Standards und richtet sich in erster Linie an Webprogrammierer, Programmierer und Informatiker, aber auch an Grafiker und Designer.

Bei den Lesern werden Kenntnisse aus dem Bereich des Webdesign: Html, CSS und PC vorausgesetzt. Das Buch basiert auf einer Vielzahl von Fortbildungsveranstaltungen und Beratungen der Autoren, die von den Partnern des Aktionsbündnis durchgeführt wurden. Das Buch dient den Lesern als Grundlagen- oder Nachschlagewerk sowie als praktisches Handbuch. Es wird außerdem durch eine Begleit-CD praktische Hilfe bieten.

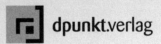 dpunkt.verlag

Ringstraße 19 • 69115 Heidelberg
fon 0 62 21/14 83 40
fax 0 62 21/14 83 99
e-mail hallo@dpunkt.de
http://www.dpunkt.de

2., aktualisierte und erweiterte Auflage
2005, 384 Seiten, Broschur
€ 33,00 (D)
ISBN 3-89864-316-6

Kevin Yank

PHP und MySQL

Schritt für Schritt zur
datenbankgestützten Website

2., aktualisierte und erweiterte Auflage

»PHP & MySQL« – der PHP-Bestseller
2003/2004 – liegt nun in der für PHP 5
überarbeiteten und erweiterten Fassung vor.
Sie bietet eine aktuelle und praxisorientierte
Einführung in die Werkzeuge, Techniken und
Arbeitsweisen, die Sie benötigen, wenn Sie
eine moderne datenbankgestützte Website
bauen wollen.

Behandelt werden alle wichtigen Aspekte,
beginnend bei der Installation von PHP und
MySQL unter Linux und Windows bis zur
Entwicklung eines voll funktionsfähigen, Web-
basierten Content-Management-Systems.
Außerdem geht es auf fortgeschrittene
Techniken ein wie die Speicherung binärer
Daten oder Cookies und Sessions. Abgerundet
wird das Buch durch PHP- und MySQL-
Kurzreferenzen. »PHP und MySQL« vermittelt
Ihnen das Know-how, alle vorgestellten
Techniken auch auf Ihr eigenes Website-
Projekt zu übertragen.

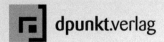

Ringstraße 19 · 69115 Heidelberg
fon 0 62 21/14 83 40
fax 0 62 21/14 83 99
e-mail hallo@dpunkt.de
http://www.dpunkt.de

2., überarbeitete und erweiterte Auflage,
2006, 496 Seiten, Broschur
€ 29,00 (D)
ISBN 3-936121-12-5

Andreas Buchmann · Ralf Smolarek

PHP 5 – interaktiv

2., überarbeitete und erweiterte Auflage

Dieses Lehrbuch umfasst die Grundzüge der Skriptsprache PHP. Im Vordergrund steht das didaktische Konzept, nach dem das Erstellen dynamischer Internetanwendungen erlernt wird. Die Themen reichen von der Einführung in die Skriptsprache PHP (Funktionen, Kontrollstrukturen) über die Anbindung einer ODBC-Datenbank am Beispiel ACCESS, Sessionmanagement-Cookies, Anbindung einer MySQL-Datenbank, die Integration einer Flash-Webseitenoberfläche bis hin zum dynamische Erzeugen von Grafiken und PDF-Dokumenten.

Die zweite Auflage ist um das Thema »objektorientierte Programmierung in PHP« und um viele aktuelle Beispiele zur Internetprogrammierung ergänzt worden. Außerdem enthalten: große DIN-A3-Funktionsübersicht zum Herausnehmen und ein individualisierter Zugang zum »virtual classroom« unter www.omnigena.com.

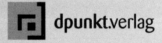
dpunkt.verlag

Ringstraße 19 · 69115 Heidelberg
fon 0 62 21/14 83 40
fax 0 62 21/14 83 99
e-mail hallo@dpunkt.de
http://www.dpunkt.de

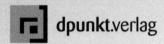

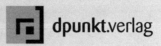

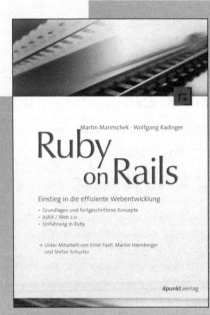
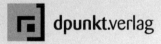

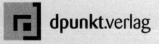